本书受中南财经政法大学出版基金资助

共产国际对武汉国民政府
政策和策略影响研究

黄家猛 著

中国社会科学出版社

图书在版编目(CIP)数据

共产国际对武汉国民政府政策和策略影响研究 / 黄家猛著 . —北京：中国社会科学出版社，2018.10

（中南财经政法大学青年学术文库）

ISBN 978-7-5161-6692-5

Ⅰ.①共⋯ Ⅱ.①黄⋯ Ⅲ.①共产国际-影响-武汉政府-研究 Ⅳ.①K262

中国版本图书馆 CIP 数据核字（2015）第 170492 号

出 版 人	赵剑英	
责任编辑	田	文
特约编辑	金	泓
责任校对	李	莉
责任印制	王	超

出　　版	中国社会科学出版社	
社　　址	北京鼓楼西大街甲 158 号	
邮　　编	100720	
网　　址	http://www.csspw.cn	
发 行 部	010-84083685	
门 市 部	010-84029450	
经　　销	新华书店及其他书店	
印　　刷	北京君升印刷有限公司	
装　　订	廊坊市广阳区广增装订厂	
版　　次	2018 年 10 月第 1 版	
印　　次	2018 年 10 月第 1 次印刷	
开　　本	710×1000　1/16	
印　　张	22	
插　　页	2	
字　　数	372 千字	
定　　价	89.00 元	

凡购买中国社会科学出版社图书，如有质量问题请与本社营销中心联系调换
电话：010-84083683
版权所有　侵权必究

《中南财经政法大学青年学术文库》
编辑委员会

主　任：吴汉东
副主任：郭道扬　　张中华　　陈小君
委　员：刘可风　　卢现祥　　熊胜绪　　杨灿明
　　　　范忠信　　罗　飞　　朱新蓉　　陈池波
　　　　齐文远　　张新国　　夏成才　　姚　莉
　　　　杨宗辉　　朱延福　　向书坚
主　编：张中华
编辑部成员：姚　莉　　陈敦贤　　刘普生　　朱冬生
本书主审：朱书刚

总　　序

　　一个没有思想活动和缺乏学术氛围的大学校园，哪怕它在物质上再美丽、再现代，在精神上也是荒凉和贫瘠的。欧洲历史上最早的大学就是源于学术。大学与学术的关联不仅体现在字面上，更重要的是，思想与学术，可谓大学的生命力与活力之源。

　　中南财经政法大学是一所学术气氛浓郁的财经政法类高等学府。范文澜、嵇文甫、潘梓年、马哲民等一代学术宗师播撒的学术火种，五十多年来一代代薪火相传。世纪之交，在合并组建新校而揭开学校发展新的历史篇章的时候，学校确立了"学术兴校，科研强校"的发展战略。这不仅是对学校五十多年学术文化与学术传统的历史性传承，而且是谱写 21 世纪学校发展新篇章的战略性手笔。

　　"学术兴校，科研强校"的"兴"与"强"，是奋斗目标，更是奋斗过程。我们是目的论与过程论的统一论者。我们将对宏伟目标的追求过程寓于脚踏实地的奋斗过程之中。由学校斥资资助出版《中南财经政法大学青年学术文库》，就是学校采取的具体举措之一。

　　本文库的指导思想或学术旨趣，首先在于推出学术精品。通过资助出版学术精品，形成精品学术成果的园地，培育精品意识和精品氛围，以提高学术成果的质量和水平，为繁荣国家财经、政法、管理以及人文科学研究，解决党和国家面临的重大经济、社会问题，作出我校应有的贡献。其次，培养学术队伍，特别是通过对一批处在"成长期"的中青年学术骨干的成果予以资助推出，促进学术梯队的建设，提高学术队伍的实力与水平。再次，培育学术特色。通过资助出版在学术思想、学术方法以及学术见解等方面有独到和创新之处的科研成果，培育科研特色，以形成有我校特色的学术流派与学术思想体系。因此，本文库重点面向中青年，重点面向精品，重点面向原创性学术专著。

春华秋实。让我们共同来精心耕种文库这块学术园地，让学术果实挂满枝头，让思想之花满园飘香。

2009 年 10 月

Preface

A university campus, if it holds no intellectual activities or possesses no academic atmosphere, no matter how physically beautiful or modern it is, it would be spiritually desolate and barren. In fact, the earliest historical European universities started from academic learning. The relationship between a university and the academic learning cannot just be interpreted literally, but more importantly, it should be set on the ideas and academic learning which are the so-called sources of the energy and vitality of all universities.

Zhongnan University of Economics and Law is a high education institution which enjoys rich academic atmosphere. Having the academic germs seeded by such great masters as Fanwenlan, Jiwenfu, Panzinian and Mazhemin, generations of scholars and students in this university have been sharing the favorable academic atmosphere and making their own contributions to it, especially during the past fifty-five years. As a result, at the beginning of the new century when a new historical new page is turned over with the combination of Zhongnan University of Finance and Economics and Zhongnan University of Politics and Law, the newly established university has set its developing strategy as "Making the University Prosperous with academic learning; Strengthening the University with scientific research", which is not only a historical inheritance of more than fifty years of academic culture and tradition, but also a strategic decision which is to lift our university onto a higher developing stage in the 21st century.

Our ultimate goal is to make the university prosperous and strong, even through our struggling process, in a greater sense. We tend to unify the destination and the process as to combine the pursuing process of our magnificent goal with the practical struggling process. The youth's Academic Library of Zhongnan University of Economics and Law, funded by the university, is one of our specific measures.

The guideline or academic theme of this Library lies first at promoting the publishing of selected academic works. By funding them, an academic garden with high-quality fruits can come into being. We should also make great efforts to form the awareness and atmosphere of selected works and improve the quality and standard of our academic productions, so as to make our own contributions in developing such fields as finance, economics, politics, law and literate humanity, as well as in working out solutions for major economic and social problems facing our country and the Communist Party. Secondly, our aim is to form some academic teams, especially through funding the publishing of works of the middle-aged and young academic cadreman, to boost the construction of academic teams and enhance the strength and standard of our academic groups. Thirdly, we aim at making a specific academic field of our university. By funding those academic fruits which have some original or innovative points in their ideas, methods and views, we expect to engender our own characteristic in scientific research. Our final goal is to form an academic school and establish an academic idea system of our university through our efforts. Thus, this Library makes great emphases particularly on the middle-aged and young people, selected works, and original academic monographs.

Sowing seeds in the spring will lead to a prospective harvest in the autumn. Thus, let us get together to cultivate this academic garden and make it be opulent with academic fruits and intellectual flowers.

Wu Handong

前　言

　　武汉国民政府是在国共两党领导的北伐战争胜利发展中，在中国人民第一次反帝反封建的革命洪流里建立起来的，它在中国近现代史上占有极其重要的地位。从1926年12月在武汉成立国民党中央执行委员及国民政府委员临时联席会议开始，至1927年7月15日汪精卫集团叛变，作为国共合作的武汉政府只存在7个月的时间。在这短短的7个月时间里，在共产国际的指挥下，经过中国共产党和国民党左派的努力，武汉国民政府成为中国革命的中心，势力雄踞11个省。但由于敌我力量悬殊等多种原因，使得武汉国民政府逐渐蜕变，最终走上了反共反革命的道路。武汉国民政府的崩溃，标志着中国大革命遭到了彻底的失败。

　　对党史界来说，研究和探讨共产国际与武汉国民政府的关系，总结这一历史进程的经验和教训有着重大的历史意义。这不仅仅因为当时中共是共产国际领导下的一个支部，更重要的是整个大革命期间，几乎所有关于中国革命和国共两党的各项政策、方针、策略等全部来自共产国际，特别是在武汉国民政府时期，共产国际影响了武汉国民政府的政治、经济、军事、外交等各个方面，这些指导对中国大革命失败的结局产生了重大的影响。

　　本书力求以实事求是的科学态度，依据已公布的档案资料，在现有研究的基础上，把共产国际对武汉国民政府内外政策和策略的影响放到大的历史背景中考察，以便更为全面地、实事求是地厘清共产国际、联共（布）和国共两党之间的关系。力图对北伐到武汉国民政府解体期间共产国际对中国革命推行的政策和策略及后果提出一些新看法、新见解。力求做到不重复研究，有所突破。研究中除了用事实（第一手材料）说话外，力求客观地利用政治文化、制度文化的比较方法，探讨共产国际指导武汉国民政府所犯错误的原因。

　　本书首先从共产国际与武汉国民政府的关系入手，分析共产国际、联共（布）、国共两党和武汉国民政府的关系；然后逐一分析共产国际对武汉国民政府若干政治、经济、军事、外交、工农运动等政策策略的影响，从而形成一个分析共产国际影响武汉国民政府内外政策的完整体系。第一章主要分析共产国际与武汉国民政府的关系，弄清楚共产国际、联共（布）、国共两党和武汉国民政府的关系。第二、三、四、五章是分析共产国际对武汉国民政府若干政治、经济、军事和外交政策及策略的影响。重点分析在武汉国民政府存续期间，随着革命形势的不断发展变化，共产国际的各种指示和武汉国民政府的各项应对，以及所产生的各种影响。第六章主要分析共产国际对武汉国民政府工农运动策略的演变，中国共产党领导工农运动策略的演变与共产国际的关系，在此基础上分析共产国际与工农运动失败的关系。

　　本书研究的共产国际对武汉国民政府内外政策和策略的影响，事实上是苏联对武汉国民政府内外政策和策略等各方面的影响，因为无论是共产国际、联共（布）以及鲍罗廷、维经斯基、罗易等驻华代表无一例外地听从苏联的指示。从本书的第一章可以看出，共产国际和联共（布）表面上是领导与被领导的关系，事实上共产国际却接受联共（布）的领导，但是联共（布）又有很多时候是通过共产国际发出指示影响中国革命。因此在本书研究时为了方便起见，将共产国际、联共（布）以及将其驻华代表、顾问对武汉国民政府和影响概括为共产国际对武汉国民政府的影响，换言之，本书标题所指的共产国际对武汉国民政府内外政策的影响，既包括共产国际、联共（布）及其领导人对武汉国民政府的影响，也包括它们驻华代表如鲍罗廷、维经斯基、罗易等的影响。

　　本书从联共（布）、共产国际对武汉国民政府政策和策略影响的视角切入，充分挖掘、利用三方面的档案资料：一是中共已公布的档案；二是莫斯科公布的联共（布）、共产国际与中国革命关系的重要档案；三是国民党的档案。这批档案分三部分：第一部分保存在台湾国民党党史馆，包括汉档、五部档案等；第二部分是保存在台湾国史馆的国民政府档案；第三部分在美国，主要在斯坦福大学胡佛研究所，有蒋介石日记、宋子文档案等。通过对联共（布）、共产国际影响武汉国民政府的政治、经济、军事、外交、工农运动等方面政策和策略制定和实施进行微观考察，力图全面诠释武汉国民政府与联共（布）、共产国际的关系。但是由于笔者理论水平有限加上资料掌握的限制，以上只能是初步的尝试，缺点和错误在所难免，希望得到批评和指正。

目 录

第一章 共产国际与武汉国民政府的关系 …………………… (1)
一 共产国际、联共（布）指导中国革命政策策略的理论基础 … (1)
（一）政策、战略和策略的概念及相互关系 ………………… (1)
（二）共产国际、联共（布）指导中国革命政策和策略的
理论基础 ……………………………………………… (2)
二 共产国际、联共（布）、中共与武汉国民政府的组织关系 …… (8)
（一）共产国际、联共（布）、中共三者间的组织关系 ………… (8)
（二）共产国际、联共（布）、中共与武汉国民政府的
组织关系 ……………………………………………… (18)
三 共产国际、联共（布）影响武汉国民政府的途径及特点 …… (22)
（一）共产国际、联共（布）影响武汉国民政府的三种途径 … (22)
（二）共产国际、联共（布）影响武汉国民政府的若干特点 … (38)

第二章 共产国际对武汉国民政府政治政策和策略的影响 ………… (47)
一 共产国际与武汉国民政府的"迎汪复职"运动 ……………… (47)
（一）共产国际与"迎汪复职"口号的提出 ………………… (47)
（二）武汉国民政府"迎汪复职"运动的经过 ………………… (52)
（三）共产国际对"迎汪复职"运动的影响评价 ……………… (59)
二 共产国际与武汉国民政府的"迁都之争" ……………………… (65)
（一）共产国际与国民政府迁都武汉决策的出台 …………… (66)
（二）共产国际及代表对"迁都之争"的处理 ………………… (72)
（三）共产国际对"迁都之争"处理的评价 …………………… (88)
三 共产国际与"四·一二"前后武汉国民政府的反蒋斗争 …… (96)
（一）共产国际与"四·一二"事变之前的反蒋斗争 ………… (97)
（二）共产国际与"四·一二"事变之后的反蒋斗争 ………… (109)

第三章 共产国际对武汉国民政府经济政策和策略的影响 ………… (122)
一 武汉国民政府面临的经济困难及产生原因 ……………… (122)

（一）武汉国民政府面临的严重经济困难 …………………（122）
　　（二）武汉国民政府严重经济困难产生的原因 ……………（127）
　二　共产国际指导下武汉国民政府经济政策的实施及评价………（131）
　　（一）共产国际指导下武汉国民政府应对经济困难政策的
　　　　　出台及实施 ……………………………………………（131）
　　（二）共产国际指导下武汉国民政府经济政策实施的效果
　　　　　及评价 …………………………………………………（148）
　　（三）共产国际指导下武汉国民政府经济政策失败的原因 …（154）

第四章　共产国际对武汉国民政府军事政策和策略的影响 ………（161）
　一　共产国际与国民政府的北伐 ……………………………………（161）
　　（一）共产国际、中共对北伐态度的演变 …………………（161）
　　（二）北伐高潮时共产国际对北伐的政策及影响 …………（172）
　二　共产国际与武汉国民政府第二次北伐 …………………………（186）
　　（一）共产国际、中共与武汉国民政府第二次北伐决策的
　　　　　出台 ……………………………………………………（186）
　　（二）共产国际对武汉国民政府处理内部反动事件的影响 …（197）

第五章　共产国际对武汉国民政府外交政策和策略的影响 ………（209）
　一　共产国际与武汉国民政府前期外交政策 ………………………（209）
　　（一）北伐时期列强对国民政府的外交策略 ………………（209）
　　（二）共产国际与武汉国民政府反帝外交政策的确立 ……（218）
　二　共产国际与武汉国民政府外交政策的执行 ……………………（224）
　　（一）共产国际与汉口、九江英租界的收回 ………………（224）
　　（二）共产国际与武汉国民政府对"南京事件"和"四·三"
　　　　　惨案的处理 ……………………………………………（244）
　三　共产国际和武汉国民政府的"战略退却"策略 ………………（258）
　　（一）鲍罗廷提出"战略退却"策略的背景及主要内容 …（258）
　　（二）鲍罗廷"战略退却"策略的实行及影响 ……………（261）
　　（三）武汉国民政府的"战略退却"策略评价 ……………（264）

第六章　共产国际对武汉国民政府工农运动政策和策略的影响 …（268）
　一　共产国际对武汉国民政府工人运动政策和策略的影响 ………（268）
　　（一）共产国际对武汉国民政府工人运动的重视和指导 …（268）

（二）中国共产党对武汉国民政府工人运动的领导 …………（275）
　（三）共产国际与上海工人三次武装起义 …………………（286）
二　共产国际对武汉国民政府农民运动政策的影响……………（293）
　（一）共产国际对武汉国民政府农民运动策略认识的演变 …（293）
　（二）中国共产党领导武汉国民政府农民运动的策略演变 …（299）
　（三）共产国际"五月指示"与农民运动的失败 ……………（312）

结束语 ……………………………………………………………（320）

参考文献 …………………………………………………………（323）

后　记 ……………………………………………………………（337）

第一章　共产国际与武汉国民政府的关系

第三国际（即共产国际，下同）是世界各国共产党的领导者，而武汉国民政府则是由中国国民党建立的、中国共产党参加的带有统一战线色彩的民主政权。那么共产国际与武汉国民政府到底是一种什么关系，他们之间是通过什么途径取得联系等，是研究共产国际与武汉国民政府关系必须搞清楚的首要问题。

一　共产国际、联共（布）[①] 指导中国革命政策策略的理论基础

（一）政策、战略和策略的概念及相互关系

根据《辞海》的解释，所谓"政策"，是"国家、政党为实现一定历史时期的路线和任务而规定的行动准则。具有鲜明的阶级性。革命政党的政策是一切实际行动的出发点，并且表现于行动的过程和归宿。无产阶级政党在马克思主义基本原理指导下，从实际出发，制定和执行正确的政策，是革命和建设事业获得胜利的重要保证。政策需要在实践中检验其正确与否，并在实践中得到丰富和发展。"[②] 按照这一解释，政策是政党或国家带有阶级性的行动准则，并且是在实践中受到检验和丰富发展的。通常一个国家或政党某个时期的政策总是和这一时期的战略和策略紧密相连的。

"战略"一词，最早见于西晋司马彪《战略》一书，19世纪末，中国开始用该词翻译西方的同一概念。依据《辞海》的解释，战略"泛指对全局性、高层次的重大问题的筹划与指导。如大战略、国家战略、国防战略、经济发展战略等"。战略亦称"军事战略"，即对战争全局方略的筹划

[①] 1925年12月以前称"俄国共产党（布尔什维克）"，简称"俄共（布）"，之后改为"苏联共产党（布尔什维克）"，简称"联共（布）"。

[②] 辞海编辑委员会编：《辞海》，上海辞书出版社1990年版，第1653页。

与指导。战略解决的主要问题：对战争的发生、发展及其规律和特点的分析与判断，战略方针、任务、方向和作战形式的确定，武装力量的建设和运动，武器装备和军需物资的生产，战略资源的开发、储备和利用，国防工程设施、战略后方建设、战争动员，以及照顾战争全局各方面、各阶段之间的关系等。按作战类型的性质，分为进攻战略和防御战略，还可以分为军种战略和战区战略等。① 通常我们所说的战略，指的是政党、国家为实现某种目的作出的一定历史时期内具有全局性的谋划。

所谓"策略"，指的是计策谋略。《人物志·接织》："术谋之人，以思谟为度，故能成策略之奇。"② 它的意思是指为了实现一定的目的而采取的计谋或手段，也就是为实现某个特定的战略任务而采取的手段。

通过上述的分析可以发现，政策、战略和策略三者之间既有联系又有区别。三者之间的联系在于：三者的出现，都是以国家、政党为了实现一定历史时期的特定目的为前提，并且三者均需要在实践中进行检验和修正。但是三者之间又是有明显区别的，战略是方向，是目标，政策和策略是为了实现目标所采取的措施或手段。政策是为实现目的所必须遵守的行动准则，具有比较强的操作性。一般而言，战略和政策在一定历史时期内具有相对稳定性，而策略具有较大的灵活性，它经常根据形势发展的变化而变化。

战略和策略的关系反映的是全局和局部、长远利益和当前利益的辩证关系。既是有区别的，又是一致的。策略是战略的一部分，他服从于战略，并为达到战略目标服务。而战略任务则必须通过策略手段来完成。战略在一定历史时期内具有相对稳定性，在达到这一历史时期所规定的主要目标以前基本上是不变的；而策略具有较大的灵活性，在战略原则许可的范围内，它随着革命形势、阶级力量对比的变化而相应地变化。按各种大小的范围来说，战略和策略的区分是相对的，在一定范围内的战略任务，在另一范围内可以是策略任务，反之亦然。但在同一个范围内，战略和策略之间的区别又是确定的。

（二）共产国际、联共（布）指导中国革命政策和策略的理论基础

共产国际、联共（布）指导中国革命的战略策略，其理论来源于列宁

---

① 辞海编辑委员会编：《辞海》，上海辞书出版社1999年版，第3833页。
② 同上书，第1524页。

的民族殖民地革命理论。正是在这一理论前提下，共产国际二大确立了东方革命战略。这两者构成了共产国际、联共（布）制定指导中国革命政策和策略的理论基础。共产国际二大后，共产国际、联共（布）与中国革命建立了密切的联系，开启了中国轰轰烈烈的大革命时代。

1. 列宁的民族殖民地革命理论是共产国际指导中国革命战略策略重要的理论基础

20世纪初，世界各地掀起民族解放运动的高潮。在亚洲，伊朗、土耳其、中国、越南、朝鲜等国家接二连三地爆发了反对帝国主义和封建主义的民族民主运动。列宁对于亚洲各国民族解放运动的高涨，给予了很高的评价，称为"亚洲的觉醒"，并指出："亚洲的觉醒和欧洲先进无产阶级夺取政权斗争的开始，标志着20世纪初所开创的全世界历史的一个新阶段。"[①] 他十分关心殖民地半殖民地国家的民族解放运动，特别是对于古老东方大国中国所燃起的革命烈火，给予了更多的关注，从1913年到1916年，列宁发表了一系列论及中国问题的文章，如《马克思学说的历史命运》《中华民国的巨大胜利》《文明的欧洲人和野蛮的亚洲人》《亚洲的觉醒》《落后的欧洲和先进的亚洲》等。在这些文章中，列宁在强调殖民地半殖民地国家的民族解放运动进行反帝斗争的重要性的同时，逐渐形成了他独特的民族殖民地革命理论。

1920年，共产国际二大在莫斯科召开。之前列宁撰写了《民族和殖民地问题提纲初稿》，罗易写了《关于民族殖民地问题的补充提纲》。在这次会议上列宁作了《民族殖民地问题委员会的报告》，大会形成了《关于民族与殖民地问题的决议》和《关于民族殖民地问题的补充提纲》。这标志着列宁的民族和殖民地革命理论的成熟。作为被压迫民族获得民族解放的重要理论，列宁的民族殖民地革命理论主要包括下列重要内容：

（1）殖民地半殖民地国家的无产阶级在民族解放运动中的政策和策略，就是同包括资产阶级的劳动群众在打倒地主和帝国主义的斗争中联合起来。列宁指出："共产国际在民族和殖民地问题上的全部政策，主要应该是使各民族和各国的无产者和劳动群众为共同目标进行革命斗争，打倒地主和资产阶级而彼此接近起来。这是因为只有这样接近，才能保证战胜资本主义，如果没有这一胜利，便不能消灭民族压迫和不平

[①] ［俄］列宁：《亚洲的觉醒》，《列宁选集》（第2卷），人民出版社1995年版，第316页。

等的现象。"① 具体怎样同这些革命群众相联合,列宁指出:殖民地半殖民地国家里,斗争矛头应该指向帝国主义和封建主义,在这场反对帝国主义和封建主义的革命斗争中,民族资产阶级是无产阶级在这场斗争的同盟军,因此,殖民地半殖民地国家的无产阶级及其政党应当支持资产阶级的民族民主运动,并同资产阶级民主派结成同盟,通过这种支持实现共产党对民族民主革命运动的领导权。但是,当同殖民地和落后国家的资产阶级民主派结成临时同盟时,"不要同他融合,要绝对要保持无产阶级运动的独立性,甚至这一运动还处在萌芽状态也应如此"②。他指出:共产党人不是支持殖民地半殖民地国家的一般的"资产阶级民主运动",而是支持"民族革命运动","只有在殖民国家的资产阶级解放运动真正具有革命性的时候,在这种运动的代表人物不阻碍我们用革命精神去教育、组织农民和广大被剥削群众的时候,我们共产党人才应当支持并且一定支持这种运动"。③ 在此列宁规定了无产阶级政党在同资产阶级民主派建立联盟时必须遵循的根本原则。

(2) 西方无产阶级应该援助东方日益增长的民族运动,并引导这个运动前进。列宁指出:"各国共产党必须帮助这些国家(殖民地半殖民地国家——笔者注)的资产阶级民族解放运动;把落后国家沦为殖民地或在财政上加以控制的那个国家的工人,首先有义务给予最积极的帮助。"④ 为了更好地指导世界无产阶级支援落后国家的民族解放运动,列宁强调:必须特别援助落后国家中反对地主、反对大土地占有制、反对各种封建主义现象或封建残余的农民运动,竭力使农民运动具有最大的革命性,在可能的地方把农民和一切被剥削者联合到农会里,从而使西欧共产主义无产阶级与东方各殖民地和一般落后国家的农民运动实现尽可能紧密的联盟。同时列宁对共产国际支持落后国家的民族解放运动作了严格的规定,他强调:"必须坚决反对把落后国家内的资产阶级民主解放思潮涂上共产主义色彩;

---

① [俄]列宁:《民族殖民地问题提纲初稿》,载中共中央党史研究室第一研究部编《联共(布)、共产国际与中国革命文献资料选辑(1917—1925)》,北京图书馆出版社1997年版,第114页。

② 同上书,第118页。

③ [俄]列宁:《民族和殖民地问题委员会的报告》,《列宁选集》(第4卷),人民出版社1995年版,第277页。

④ [俄]列宁:《民族殖民地问题提纲初稿》,载《联共(布)、共产国际与中国革命文献资料选辑(1917—1925)》,第117页。

共产国际援助殖民地和落后国家的资产阶级民主民族运动,只能是有条件的,这个条件是各落后国家未来的无产阶级政党(不仅名义上是共产党)的分子已在集结起来,并且通过教育认识到同本国资产阶级民主运动作斗争是自己的特殊任务。"① 在这里,列宁强调落后国家的民族革命是民主革命的性质,并且这些国家的无产阶级意识到自己在这场革命中的使命等,才是世界无产阶级援助落后国家民族革命的前提。

(3)以苏维埃俄国为中心,实现国际无产阶级的大团结。列宁认为要实现殖民地半殖民地的民族解放与独立,全世界无产阶级应该联合起来,而要实现世界被压迫民族的联合,就必须克服资产阶级的民族利己主义,坚持实行无产阶级国际主义。为实现上述目的,必须要做到以下两点:第一,要求一个国家的无产阶级斗争的利益服从全世界范围的无产阶级斗争的利益。为此列宁特别强调殖民地国家宗主国的无产阶级在这一问题上应该担负更大的责任和义务。第二,要求正在战胜资产阶级的民族,有能力和决心去为推翻国际资本而承担最大的民族牺牲。在苏维埃各国取得革命胜利的情况下,俄国便成为世界无产阶级革命的中心。他认为:"在目前的世界形势下,帝国主义战争以后,各民族的相互关系、全世界国家体系,将取决于少数帝国主义国家反对苏维埃运动和以苏维埃俄国为首的各个苏维埃国家的斗争。"② 因此,在世界各种反革命势力企图颠覆、破坏新生的俄国苏维埃政权的情况下,各先进国家的无产阶级革命运动和殖民地、半殖民地的民族解放运动,应该围绕着苏维埃俄国团结起来,只有这样才最终取得革命的胜利。列宁认为:"世界政治中的一切事变都必须围绕着一个中心点,这个中心点就是世界资产阶级反对俄罗斯苏维埃共和国的斗争,而俄罗斯苏维埃共和国必然要一方面团结各国先进工人的苏维埃运动,另一方面团结殖民地和被压迫民族的一切民族解放运动。"③ 这场斗争决定着各民族之间的相互关系以及民族解放运动的前途和命运,如果忽视这一点,无产阶级及其政党就不能正确地提出任何民族和殖民地问题,因此,"目前不能局限于

---

① [俄]列宁:《民族殖民地问题提纲初稿》,载《联共(布)、共产国际与中国革命文献资料选辑(1917—1925)》,第117—118页。

② [俄]列宁:《民族和殖民地问题委员会的报告》,《列宁选集》(第4卷),第276页。

③ [俄]列宁:《民族殖民地问题提纲初稿》,载《联共(布)、共产国际与中国革命文献资料选辑(1917—1925)》,第114—115页。

空口提倡各民族劳动者互相接近,必须实行使一切民族解放运动和一切殖民地解放运动同苏维埃俄国实现最密切的联盟的政策并且根据各国无产阶级中共产主义发展的程度,或根据落后国家或落后民族中工人和农民的资产阶级民主解放运动发展的程度,来确定这个联盟的形式"。[①] 在这里,列宁是着眼于世界革命的总的趋势而讲的,至于在后面共产国际具体执行这一政策的过程中,出现片面维护苏俄利益的情况,则恐怕是列宁始料未及的。

列宁有关民族和殖民地问题的理论创立后,通过共产国际的三大、远东大会和四大的具体运用,随着共产国际对于有关民族和殖民地问题理论的不断探索以及援助东方各国民族解放运动实践的展开,成为共产国际、联共(布)指导中国革命政策和策略的重要理论来源。

2. 共产国际的东方战略是共产国际、联共(布)指导中国革命政策和策略的直接理论来源

在列宁民族殖民地理论提出来以后,很快在共产国际引起了热烈的讨论。显然,列宁的《民族殖民地问题提纲初稿》及报告是共产国际制定和通过《关于民族和殖民地问题的决议》的蓝本,是共产国际指导中国革命的纲领性文件。在此基础上形成的共产国际东方战略,继承和发展了列宁的民族殖民地理论。共产国际认为,"由于要对世界帝国主义进行漫长而持久的斗争",所以应该把东方各国的"一切革命因素动员起来"。[②] 因此,共产国际二大的决议勾画出了俄共和共产国际对东方国家政策的总轮廓。

首先,努力在东方国家组建共产主义组织,使其将来能够成为共产国际政策传播者、马克思主义思想宣传者和共产主义运动与民族解放运动组织者的共产党。其次,鉴于在东方国家共产主义思想的影响在很长时间内将是有限的,民族解放革命在目前阶段按其性质是资产阶级民主革命,决议提出了共产党支持资产阶级民主运动而首先是民族革命运动的任务。共产国际二大主要内容就是号召、组织和领导东方革命。当然这一在东方建

[①] [俄]列宁:《民族殖民地问题提纲初稿》,载《联共(布)、共产国际与中国革命文献资料选辑(1917—1925)》,第115页。

[②] 《第四次代表大会关于东方问题的总提纲》(1922年),载中国社会科学院近代史研究所编译《共产国际有关中国革命的文献资料 1919—1928》(第1辑),中国社会科学出版社1981年版,第72页。

立共产党、发展民族革命运动的"革命政策",必须配合俄国新政权实现确保远东边界安全、消除撤退到满蒙的白卫军的进犯威胁,以及取得北京政府外交承认等对外政策目标和国家利益。① 基于这样的考虑,共产国际提出了东方殖民地半殖民地国家民族解放运动的战略计划、战略方针和策略任务。

战略计划:发动和组织东方各国的反帝力量,建立东方各国反帝统一战线,并最终建立全世界的反帝统一战线。

战略方针:(1) 殖民地半殖民地国家的无产阶级,应争取在反帝统一战线中成为一个独立的革命因素,保持在政治上的完全自主,只有在这个条件下,才能同资产阶级民主派达成暂时的妥协。(2) 因为力量对比还不允许把实现苏维埃的纲领作为当前的任务,因此这些国家的无产阶级应当支持并提出诸如建立独立的民主共和国、消灭一切封建权力和特权、实现男女平权等局部性的要求。(3) 这些国家的无产阶级应该提出有助于农民和小资产阶级在政治上同工人运动联合起来的口号。

策略任务:向广大劳动群众阐明同国际无产阶级和苏维埃共和国紧密结合、共同反帝的必要性。②

从共产国际东方战略的内容来看,其核心是建立反帝统一战线,因为帝国主义势力过于强大,只有建立统一战线才有可能打倒它们。从长远利益看,推翻帝国主义在全世界的统治,促使资本主义灭亡,建立社会主义制度,是人类历史发展的必然规律。东方被压迫国家的反帝革命,是争取民族独立、动摇帝国主义统治的最重要条件之一。所以在东方国家强调反帝,是共产国际世界革命战略的题中应有之义。从现实利益看,苏俄正处于帝国主义的包围之中,而在苏俄漫长的东部和南部边界之外,有土耳其、波斯(伊朗)、阿富汗、印度、中国、朝鲜等殖民地半殖民地国家,形成帝国主义进攻苏俄的缓冲区域。这些国家反帝革命的兴起,必将对帝国主义造成重大压力,成为对苏俄国家安全有利的因素。③ 共产国际非常重视这些因素的存在对苏俄国家安全的重大意义,因而强调:东方国家"同无产阶级苏维埃共和国紧密团结",是"反帝

---

① 张秋实:《瞿秋白和共产国际》,中共党史出版社2004年版,第30—31页。
② 姚金果、苏杭:《读解中国大革命史》,福建人民出版社2006年版,第5页。
③ 参见姚金果《共产国际东方战略与大革命时期的右倾错误》,《中共党史研究》2003年第3期。

统一战线的旗帜"。①

但是，共产国际的东方战略有一个明显的缺陷，即在强调落后国家的反帝斗争的同时，忽视了这些国家的反封建任务。东方殖民地半殖民地国家的革命运动实际包含两种性质的革命任务，即反帝的民族革命任务和反封建的民主革命任务。但东方战略却重点强调反帝革命，而将反封建革命置于反帝统一战线之下。即使有时提到反封建革命，也多半是偏重于反对帝国主义的附庸——封建军阀的统治。这样就为共产国际指导东方国家的革命带来一些消极负面的影响，即在强调反帝革命的同时忽视了反封建革命，极易造成反帝革命的实用主义化。以中国为例，在这种战略的指导下，在理论上，共产国际虽然也提出一些反封建的原则要求，但更多的是强调中国革命反帝的一面，忽视了反封建的一面，甚至在蒋介石已经背叛革命的情况下，还强调利用其反帝；在实践中，共产国际对中国革命的指导时时受到苏俄利益的牵制，不能不偏重于反帝革命的现实利益，即保卫苏俄国家利益，忽视了其长远利益。

二 共产国际、联共（布）、中共与武汉国民政府的组织关系

（一）共产国际、联共（布）、中共三者间的组织关系

通常在考察共产国际与中国革命关系的时候，会发现作为世界各国共产党领导者的共产国际，却常常听命于联共（布），而在名义上联共（布）则是共产国际的一个支部；联共（布）与中共是平等的两党关系，都是共产国际下设的一个支部，但在实际工作中却有指挥中共的权力；共产国际的组织原则是民主集中制，却对中共采取专断的领导方式等。② 这些互相矛盾的现象需要我们搞清楚一个问题：共产国际、联共（布）和中共三者之间的关系究竟是怎样的？这些错综复杂的关系对武汉国民政府的影响是怎样的？

---

① 《第四次代表大会关于东方问题的总提纲》，载《共产国际有关中国革命的文献资料1919—1928》（第1辑），第73页。

② 在探讨共产国际、联共（布）与中共三者间的组织关系的问题上，姚金果的《大革命时期共产国际、联共（布）与中共三者之间的组织关系》（《党的文献》2003年第5期）用翔实的史料论证了三者之间的关系，很有说服力。本书在论述这一问题时参考了姚文的研究成果。

1. 共产国际与联共（布）的关系

1919年3月共产国际成立大会通过的《共产国际章程（草案）》规定，共产国际是各国共产党的联合组织，是真正和事实上的统一的世界性的共产党，参加共产国际的各政党只是它的支部。章程还赋予共产国际执行委员会以不受限制的权力，执行委员会"指导共产国际的全部工作"，它的指示是"对所有参加共产国际的政党都具有约束力的方针"。① 从理论上看，共产国际应该是独立的集体的国际共产党人的组织，但是，由于共产国际是由列宁等人一手创立的，它的总部机关设在莫斯科，它的日常财政支出靠苏联②提供，这就造成了联共（布）成为共产国际理所当然的监护人，使共产国际从成立开始就在思想上、政治上、组织上、财政上处于联共（布）中央政治局的严密控制之下。

（1）联共（布）中央可以直接决定共产国际领导人的任免。按照联共（布）中央政治局的规定，担任共产国际领导人必须是联共（布）中央政治局委员。从共产国际成立到1927年，季诺维也夫和布哈林先后担任过共产国际的负责人。这两个人在担任共产国际领导人期间，同时又是联共（布）中央政治局委员。联共（布）中央可以直接决定共产国际领导人的任免，这种现象在季诺维也夫和布哈林两人的更替上表现得格外明显。从共产国际成立时季诺维也夫就担任执委会主席，在对待苏联国内经济建设、中国革命等问题上，他和另一名中央政治局委员托洛茨基比较接近。从1925年起，他由于支持托洛茨基的观点，引起斯大林、布哈林等人的不满。1925年12月联共（布）十四大以559票对65票通过了斯大林所作的联共（布）中央工作报告，以季诺维也夫为代表的新反对派遭到了彻底的失败，季诺维也夫被免去了共产国际执行委员会主席职务。③ 1926年7月联共（布）中央委员会和中央监察委员会联席会议作出决议，解除了季诺维也夫联共（布）政治局委员职务。1926年10月23日，联共（布）中央委员会和中央监察委员会联席会议作出决议，以季诺维也夫在

---

① ［奥地利］尤利乌斯·布劳恩塔尔：《国际史》（第2卷），杨寿国等译，上海译文出版社1986年版，第201页。

② 1922年12月以前称"俄罗斯苏维埃联邦社会主义共和国"，简称"苏俄"，之后改为"苏维埃联邦社会主义共和国"，简称"苏联"。

③ ［俄］罗伊·梅德韦杰夫：《让历史来审判——论斯大林和斯大林主义》（上册），何宏江等译，东方出版社2005年版，第150页。

共产国际中不能执行联共（布）的政治路线为由，"认为季诺维也夫不能继续在共产国际中工作"。① 联共（布）中央政治局的这个决定马上在共产国际内部人事变动上有了表现。仅仅过了两天，1926年10月25日，共产国际执委会主席团即作出《关于撤销季诺维也夫的共产国际主席职务的决议》，其中指出："考虑到苏联共产党内反对派集团的反列宁主义路线，考虑到季诺维也夫同志作为共产国际主席在执行这一错误路线中所起的作用，考虑到布尔什维克党的历史上从未有过反对派集团这个破坏性的宗派活动，并考虑到季诺维也夫同志把这种宗派阴谋带到了共产国际的队伍中，列席苏联共产党中央委员会和中央监察委员会联席会议的共产国际执行委员会代表团，根据几个最重要支部的决议，认为季诺维也夫同志已不能留在共产国际的领导职位上继续工作"。② 在同年召开的共产国际执委会第七次扩大全会上，通过了《关于撤销季诺维也夫同志共产国际执行委员会主席职务的决议》。取而代之的便是斯大林的支持者、党内多数派的骨干布哈林。

（2）联共（布）牢牢控制着共产国际，确保共产国际的决策与联共（布）中央的决策相吻合。这种控制是通过体外控制和体内控制两种形式实现的。③ 所谓体内控制，是指联共（布）中央派代表团进驻共产国际执委会，随时监控共产国际的决策，以保证共产国际的决策同苏联的根本利益相一致。共产国际决定于1926年2月17日召开执委会第六次扩大全会。为了保证全会所讨论的事项和作出的决议符合联共（布）中央政治局的要求，在全会开幕前出席会议的联共（布）代表团核心小组举行了会议。会议议程主要有"决定出席全会主席团的人员"等五项④。按正当的组织程序来讲，作为共产国际的一个支部，联共（布）中央政治局如果对共产国

---

① ［苏］季诺维也夫：《论共产国际》，中共中央编译局国际共运史研究所编译，人民出版社1988年版，第596—597页。

② 同上书，第597页。

③ 关于联共（布）中央政治局对共产国际进行体制内和体制外控制，参考了姚金果研究员的研究成果《大革命时期共产国际、联共（布）与中共三者之间的关系》，《党的文献》2003年第5期。

④ 当时会议议程主要讨论下列五项：（1）决定出席全会主席团的人员；（2）决定出席全会政治委员会、工会委员会、东方委员会和英国、法国、美国、斯堪的纳维亚等国委员会的人员；（3）决定是否审查季诺维也夫的开幕词；（4）决定由哪些党的代表在全会上致贺词；（5）决定中国国民党是否加入共产国际。参见中共中央党史研究室第一研究部译《联共（布）、共产国际与中国国民革命运动（1926—1927）》（上），北京图书馆出版社1998年版，第148—149页。

际的工作有什么建议和意见，可以将其意见向共产国际执行委员会反映，而不是代替共产国际执委会来直接决定全会的有关事项。从这次联共（布）代表团核心小组会议所讨论的内容来看，已经远远超出了联共（布）代表团的职权范围。

所谓体外控制，就是在共产国际组织之外由联共（布）中央政治局决策后再由共产国际来执行。联共（布）中央政治局常常根据具体情况的不同分为两种情况：一种情况是当联共（布）中央需要共产国际执委会了解并贯彻其决定时，便邀请共产国际执委会派代表团出席有关会议。例如1926年10月23日，联共（布）中央委员会和中央监察委员会召开联席会议，该会议重要的一项内容就是撤销季诺维也夫的共产国际执行委员会主席职务，为此会议邀请了共产国际执行委员会代表参加。果然，会后仅过了两天，共产国际执委会主席团即作出《关于撤销季诺维也夫的共产国际主席职务的决议》。二是共产国际将自己的决定向联共（布）汇报，经联共（布）中央政治局批准后，再由共产国际来执行。本来共产国际作为世界性的共产党组织，可以向其下属任何一个支部直接发出指示而不需要得到任何一个机构的批准，但是对联共（布）却是一个例外。例如，1927年6月当中国大革命形势急剧恶化时，布哈林准备以共产国际执委会的名义给在中国的鲍罗廷、加伦和罗易发去指示电。电报稿拟好后，布哈林并不是立即将电报发出，而是首先报到联共（布）中央政治局。待联共（布）中央政治局讨论批准后，电报始才发出。这充分说明，联共（布）是共产国际的上级组织，共产国际只是联共（布）中央的傀儡而已。

（3）共产国际成为联共（布）实施对外政策的机构。从共产国际诞生的历程来看，它是在列宁和俄国共产党领导下一手创办起来。这就使共产国际和俄国布尔什维克党的关系难以摆正。从理论上讲，列宁领导的俄国共产党，应该是共产国际领导下的一个成员党，俄共与其他国家的共产党一样，接受共产国际的领导。但事实上，共产国际从诞生之日起，越来越成为苏俄国家政权的一个机构，成为莫斯科政权实施对外政策的"工具"。在列宁看来，在外交政策中，苏俄的利益是服从整个无产阶级利益，也就是说服从于整个世界革命的利益。但是随着苏俄的领导权逐渐过渡到斯大林手中，苏俄与共产国际的关系随之发生了转化。此后不再是苏俄的外交政策适应共产国际，而是共产国际的政策反过来适应苏俄的外交政策了。共产国际变成了俄共领导的国家政权的一个机构，成为苏俄政府实施对外政策的"工具"。实际上,莫斯科=俄共中央政治局+共产国际。① 德国学者迪特·海茵茨希认为:1919年成立的共产国际逐步变成了向其他国家共产党转达莫斯科政策的传送带……所有重要的共产国际的决议并不是共产国际自己作出的而是在俄国共产党中央委员会的政治局中作出的。②

在苏俄介入中国革命之初,共产国际在实施苏俄外交政策方面发挥了巨大的作用。当时实施"东方战略"的一个重要途径就是通过共产国际执行委员会远东书记处派遣使者到东方各国,寻找革命力量。而且,共产国际的有关机构在完成苏俄外交任务中发挥了重要的协调作用。1920年9月,苏俄外交人民委员部远东事务全权代表维连斯基就国外远东事务工作给共产国际执行委员会的报告中提议:"为在东亚(中国、朝鲜和日本)直接进行实际活动,(在上海)成立组织中心——共产国际东亚书记处,下设三个科。""在伊尔库茨克设立中转站,转达莫斯科的指示,转送书报、工作人员和经费。"③ 维连斯基认为帮助东亚各国人民只能通过东亚书记处来进行,这样各条战线的机关工作就有一个中心机构来协调,而共产国际东亚书记处是最好的选择,很快这个建议得到了批准。

不仅在苏俄介入中国革命之初共产国际贯彻其外交政策不遗余力,而且随着中国革命的不断深入,共产国际贯彻苏联外交政策更是全力以赴。1926年,当中国南方革命政府的北伐如箭在弦,革命阵营里几乎一致同意北伐,但是由于苏联从其自身外交利益出发,担心北伐会引起帝国主义的干涉,因此坚决不同意北伐。为了贯彻联共(布)中央反对北伐的意见,共产国际执行委员会远东局在维经斯基的领导下,多次同中国共产党开会、谈话,硬是让早已经决定支持北伐的中共不得不改变态度反对北伐。

总之,表面上共产国际是独立的国际共产党人组织,而实际上却处在联共(布)中央政治局的严密掌握之中,在绝大多数情况下代替了共产国际的职能,而共产国际只能被动地认可和贯彻执行联共(布)的决定。共产国际即使有同联共(布)不同的政策,也要根据后者的意旨进行修改。

---

① 《瞿秋白和共产国际》,第31页。
② [德]迪特·海茵茨希:《中苏走向联盟的艰难历程》,张文武等译,新华出版社2001年版,第2页。
③ 《维连斯基—西比里亚科夫给共产国际执委会的信》,载中共中央党史研究室第一研究部译《联共(布)、共产国际与中国国民革命运动(1920—1925)》,北京图书馆出版社1997年版,第36页。

2. 联共（布）与中共的关系

由于联共（布）凌驾于共产国际之上的这种特殊关系，也就决定了联共（布）在共产国际内部优越于其他政党的特殊地位，这种特殊地位注定了联共（布）与中国共产党的关系不是平等的两党关系，而是领导与被领导的关系，是老子党和儿子党的关系。

（1）联共（布）中央利用共产国际严格控制中国共产党。由于联共（布）是共产国际中最大的也是唯一取得胜利并成为执政的党，所以它在共产国际中的地位举足轻重，共产国际执委会要求各国共产党以苏共为榜样，加强思想、组织建设，实际上是把苏共的经验神圣化、教条化。从1924年共产国际五大起，斯大林开始越来越多地过问共产国际的工作。并以"共产国际领袖"自居，对各国共产党的内部事务横加干涉。并把共产国际变成干预各国共产党内部事务，以及服务于苏联共产党和苏联国家利益的工具。俄国学者尤·米·加列诺维奇认为："在斯大林看来，根据世界发展的总体利益，一切支持马列主义、共产主义的人们理应绝对服从于一个中心，那就是他斯大林本人。……'保卫苏联'、'武装捍卫苏联'的口号是在当时条件下的重要口号，全世界一切共产党人的活动理应服从于这项任务……没有苏联，没有他本人，也就是斯大林，一切共产党人也都将消亡。只有捍卫苏联，一切国家的共产党人才能有望最终取得本国胜利，这就是斯大林的逻辑。基于对问题的这种认识，斯大林极力在中国寻求理解他的立场，对他言听计从的共产党领导人。"[①]

中国共产党于1922年7月正式加入共产国际，"成为国际共产党之中国支部"，这就使中国共产党与共产国际在组织上有了密不可分的联系，同时也为联共（布）严密控制中共创造了条件。联共（布）中央政治局根据其对华政策的需要，直接对中共中央发出各种指示或建议，要求中共中央领导人贯彻执行。当有些指示与中共中央的期望和决策相矛盾时，中共领导人在多数情况下是放弃自己的意见，执行联共（布）中央政治局的指示。而且联共（布）中央政治局，对中国革命采取的是干预和包办的策略。事无巨细地做了指示安排，让中国共产党去照办。更应该指出的是，联共（布）在对待中国革命与苏联国家利益的问题上，往往把苏联国家利益摆在中国革命和中华民族利益之上。正如德国学者迪特·海茵茨希所认

---

① ［俄］尤·米·加列诺维奇：《两大领袖：斯大林与毛泽东》，部彦秀等译，四川人民出版社1999年版，第9页。

为: "斯大林从一开始对中国共产党实行的就是一项通过共产国际的、以意识形态为掩饰的、实际服务于苏联利益的政策。"① 共产国际在苏联共产党的控制下, 过分强调了苏联的国家利益, 把中国革命的利益和中华民族的利益放在次要地位, 甚至牺牲中国革命和中华民族的利益, 来为苏联的利益服务。

中国共产党作为共产国际的一个支部, 自成立以来的成功和失败、所犯的右倾和"左"倾错误都与共产国际和联共(布)的指导密切相关。联共(布)和共产国际对中国革命问题随时都可以作出指令性的决议, 有时还要派人来中国帮助执行, 如果执行得不好, 将会受到严厉的指责与惩罚, 领导人被撤职查办, 领导班子也将被改组。总之, 通过共产国际联共(布)将中国共产党牢牢地控制在自己的手中。

(2) 联共(布)通过各种途径直接指导中共中央的工作。首先, 通过莫斯科驻华代表指导中共中央工作。自国共合作之后, 苏联向中国派驻了大量的政工、军事顾问, 这些顾问在指导中国革命方面起了重要的作用, 但不可否认的是, 这些代表在指导中国革命的过程中, 在许多时候直接干预了中共中央的工作。鲍罗廷使华时, 斯大林给他的任务是, "在与孙逸仙的工作中遵循中国民族解放运动的利益, 决不要迷恋在中国培植共产主义的目的"。② 鲍罗廷在中国工作的近四年里, 基本贯彻了上述要求。他凭借自己的地位, 在许多问题上不接受共产国际代表维经斯基、罗易的建议, 强行在中共中央推行自己的决策。1926年3月中山舰事件之后, 直到4月中旬, 中共中央收到陈延年关于中山舰事件的详细报告后, 这才对蒋介石制造中山舰事件的真正目的有了比较清醒的认识。在陈独秀主持下, 中央决定: 第一, 尽力团结国民党左派, 以便对抗蒋介石, 并孤立他。第二, 在物质上和人力上加强国民革命军二、六两军及其他左派队伍, 以便于必要时打击蒋介石。第三, 尽可能扩充叶挺的部队、省港罢工委员会指挥下的纠察队和各地的农民武装, 使其成为革命的基本队伍。为了实现这个计划, 陈独秀派彭述之赴广州, 与张国焘、谭平山、陈延年、周恩来、张太雷组织特别委员会, 与鲍罗廷共同商讨实现这个计划的步

---

① 《中苏走向联盟的艰难历程》, 第88页。
② 《俄共(布)中央政治局会议第21号记录》, 载《联共(布)、共产国际与中国国民革命运动(1920—1925)》, 第266页。

骤。但由于鲍罗廷的反对，这个计划最终落空。①

　　由于鲍罗廷的特殊身份，如果不是联共（布）中央政治局来限制他的权力，没有人能够控制他在中国的行动。事实上，鲍罗廷根本不顾及中共中央的态度，依然我行我素。1926年5月，蒋介石抛出整理党务案后，鲍罗廷无视中共中央代表的反对，数次在广东区委会上说服区委成员，要他们赞成整理党务案。出席国民党二届二中全会的共产党员不得不按照鲍罗廷的意见，同意了整理党务案。到了武汉时期，中共中央几乎是在鲍罗廷的一手操纵之下。联共（布）中央政治局也把这种情况视为正常，多次将对武汉方面的政策直接发电给鲍罗廷。

　　其次，给驻华代表以充分的权力，使其通过非正常工作程序直接决定与中国共产党有关的事务。第一，莫斯科驻华代表和外交官员可以越过中共中央直接指导中共地方组织的工作。按照联共（布）给驻华代表的大致分工，在北方，由苏联驻华大使加拉罕直接指导中共北方区委的工作；在南方，由国民党政治总顾问鲍罗廷直接指导中共广东区委的工作。鲍罗廷对中共广东区委的工作更是事无巨细，时时插手，基本上代替了中共中央。针对国共合作中的国共两党的矛盾和冲突，中共中央提出退出国民党，实行党外合作。此政策显然和苏联的指导思想不符，自然招致鲍罗廷的强烈反对。按照正当的工作程序，鲍罗廷应该听取中共中央的意见后，向中共中央解释坚持党内合作的原因及理由，及时化解矛盾。但他不是向中共中央陈述自己的意见，而是在中共广东区委全体会议上批评中共中央，并指导会议通过一个决议，指责中共中央"在准备可能退出国民党的问题上"，"实际上走上了一条不正确的道路"，②显然违反了党的组织原则。这样，在许多问题上中共中央无法保证全党的统一行动，甚至造成中央与广东区委之间的矛盾。第二，莫斯科驻华代表可以越过中共中央，直接决定国共两党间的有关问题。1924年8月，国民党中央执委会开会讨论国共关系问题。在这之前，孙中山为了安抚右派对中国共产党的攻击，提议成立一个机构专门解决国共两党之间有争议的问题。鲍罗廷开始考虑在国民党政治委员会中提议成立一个"国际联络委员会"，来"尽力弄清共

---

① 彭述之：《评张国焘的〈我的回忆〉——中国第二次革命失败的前因后果和教训》，香港前卫出版社1972年版，第5—6页。

② 《中共广东组织就鲍罗廷的报告作出的决定》，载《联共（布）、共产国际与中国国民革命运动（1920—1925）》，第508页。

产党对国民党之态度，以达到相互了解，消除误会之目的"。① 鲍罗廷的提议是没有同中共中央及中共代表瞿秋白进行商量后作出的。8月21日，国民党二中全会顺利地通过了政治委员会拟定的《国民党内共产党派问题》和《中国国民党与世界革命联络问题》两项决议草案。决定在国民党中央执行委员会政治委员会内设国际联络委员会，负责"直接协商中国共党活动与本党有关系者之联络方法"。② 鲍罗廷这种大包大揽的做法，显然已经将自己同中共的角色错位，代替中共作出本应由中共作出的决定，显然超出了他的职责范围，而设立"国际联络委员会"来监督共产党的活动，更是大错特错。作为中共中央的领导人陈独秀对鲍罗廷明显表示不满，他写信向维经斯基抱怨说："希望您向共产国际建议并提醒鲍罗廷同志，同孙中山打交道是要特别谨慎，以免再次陷入圈套，并要他经常同我们商量。"③ 一个月以后，陈独秀再次致信远东局说："中国无产阶级、中国国民革命应当采取联合行动的策略，而共产国际代表同中共也应当对国民党采取共同行动。然而鲍罗廷同志从不同我们党协商，好像在中国不存在共产党。""我们希望共产国际给他提出警告"。④ 然而，受联共（布）控制的共产国际就算知道了这种情况，又怎么可能对联共（布）默许的这种行为加以干涉呢？可见，尽管联共（布）和中共都是共产国际下属的成员党，但两者之间是领导与被领导的关系。

3. 共产国际与中共的关系

虽然联共（布）与中共是领导与被领导的关系，但并不意味着联共（布）事事都插手中共内部事务，更多的时候联共（布）是通过共产国际来执行自己的各种对华政策的。所以，共产国际及其驻华代表参与了中共中央的一些重大决策，有时甚至起到了决定性的作用。

（1）共产国际组织制度上的严重缺陷决定了其对中共实行的是集权制的领导。按照共产国际章程和纪律规定，共产国际与各国党的组织关系和

---

① 《国民党中央执行委员会第二次全会讨论与共产党人关系问题情况通报》，载《联共（布）、共产国际与中国国民革命运动（1920—1925）》，第523页。

② 荣孟源主编：《中国国民党历次代表大会及中央全会资料》（上），光明日报出版社1985年版，第74—75页。

③ 《陈独秀给维经斯基的信》，载《联共（布）、共产国际与中国国民革命运动（1920—1925）》，第529页。

④ 《陈独秀给共产国际远东部的信》，载《联共（布）、共产国际与中国国民革命运动（1920—1925）》，第539页。

有关纪律主要包括：第一，共产国际与各国共产党之间是上级与下级、领导与被领导的关系。第二，共产国际对各国党的指示必须得到执行。第三，共产国际有权对各国党进行纪律制裁。第四，共产国际派往各国的代表有权监督各国共产党的工作。执行委员会有权对加入共产国际的党对共产国际决议的执行情况进行监督，授权自己的"特别代表"执行这项监督任务。共产国际执委会派驻各国党的机构及代表，"完全隶属于执行委员会"，直接对执行委员会负责，而不受所在国党中央的领导。[①] 共产国际对各国共产党实行高度集中的领导，从莫斯科来发号施令，他们把在俄国革命中的经验生搬硬套到中国来，在指导中国革命的方针上犯了教条主义的错误，而且把这种错误的方针政策以国际高度集中的领导形式迫使中共中央去实行。共产国际的政治纪律是非常严厉的，作为下级的中共中央只有绝对服从，不管你理解不理解，在这种情形下，无论是作为总书记的陈独秀，还是中共中央都根本没有独立自主的权力，无论共产国际决定正确与否，都只有服从。在严格的纪律和高度集中的组织制度之下，作为共产国际支部的中国共产党，没有充分的独立自主的权力，除了对共产国际的指示唯命是从外，很少有对重大问题独立作出决策的空间。

（2）共产国际驻华代表及机构对中共中央实行严密的监视，甚至"越俎代庖"。由于共产国际章程规定对下属各国党拥有广泛的权力，造成了共产国际的驻华代表常常无视中共的独立性，居高临下，发号施令。无论是马林、鲍罗廷，还是随后来到中国的维经斯基，特别是维经斯基，一直比较同情中共的困难处境，一度支持陈独秀退出国民党和变党内合作为党外联盟的主张，但是和鲍罗廷一样无一例外地对中共进行事无巨细的干涉。这显然与共产国际的领导体制密不可分。

为了加强对中共的直接领导和控制，共产国际决定在上海成立共产国际执行委员会远东局。陈独秀代表中共中央参加远东局，远东局主席维经斯基参加中共中央和它的日常工作。中共代表"应定期向远东局报告中央工作，必要时还应就主要的政治问题同远东局预先进行协商"[②]。这就意味着中共中央的任何重大决策和行动，必须经过远东局批准，而远东局则必

---

① 参见中共中央党史研究室第一研究部主编《共产国际、联共（布）密档与中国革命史新论》，中共党史出版社 2004 年版，第 211 页。

② 《共产国际执行委员会远东局俄国代表团会议第 1 号会议纪录》，载《联共（布）、共产国际与中国国民革命运动（1926—1927）》（上），第 305 页。

须请示莫斯科。如此实行仅一个月后,远东局的工作报告承认:对中共中央"我们远东局起了领导作用","变成中国党的第二个中央,取代实际上的中央委员会,从而破坏党的正常发展";① 还发生"不经党中央的事先决定就派俄国同志到党的地方组织工作"的情况②;远东局三个月工作总结还得意地说中共"政治生活和活动中没有一个问题不是在远东局俄国同志的参与下解决的";"我们还要监督中共的军事工作。"③

共产国际远东局成立后指导中共中央办的第一件事,就是反对立即北伐。就当时的情况来看,经过两次东征广东革命根据地已经比较巩固,苏联军事顾问已经制订了详细的军事计划,国民党已经做好了北伐的准备,中共亦认为北伐是顺理成章的事,因此在中共中央内部形成了支持北伐的一致意见。维经斯基到达上海后,即开始做陈独秀等人的工作,要他们改变支持立即北伐的态度,陈独秀表示难以接受。但在维经斯基反复施加压力下,中共中央改变了立场,陈独秀公开发表文章反对北伐。从这件事上可以看出,共产国际代表在中共党内贯彻莫斯科的方针和政策是不遗余力的。

总之,共产国际、联共(布)和中共三者之间的组织关系,是特殊历史条件下,在违背正常党派关系和民主集中制原则的情况下,形成的特殊关系。这种特殊关系的存在,很自然影响到对武汉国民政府正确的政策和策略的制定,结果导致中国大革命的失败。

(二) 共产国际、联共(布)、中共与武汉国民政府的组织关系

1. 共产国际、联共(布)与武汉国民政府的组织关系

(1)武汉国民政府是在共产国际、联共(布)的帮助和支持下建立起来的。自孙中山实行联俄策略后,共产国际、联共(布)就积极参与帮助中国革命运动,其中国民政府的成立就是其帮助的成果之一。

1923年开始,共产国际、联共(布)派遣了大量的代表来华,虽然这些代表的身份不同,从事的工作各异,但是其目的则完全一致,就是帮助中国国民党实现民主革命,建立一个新型的民主政权。1925年随着广东

---

① 《共产国际执行委员会远东局1926年6月18日至7月18日期间的工作报告》,载《联共(布)、共产国际与中国国民革命运动(1926—1927)》(上),第350页。

② 同上书,第352页。

③ 同上书,第532、534页。

革命根据地的巩固以及革命形势发展的需要，在共产国际、联共（布）及其驻华代表的帮助下，1925年7月1日国民党在广州成立国民政府。1926年北伐战争开始之后，随着战事进展顺利，北伐军队开始进军长江流域，共产国际、联共（布）的领导人开始意识到，随着革命形势的发展，广州国民政府在广州已经不能够及时领导革命的继续进行，于是维经斯基建议国民政府北迁武汉。

共产国际、联共（布）的驻华代表、国民政府的总顾问鲍罗廷，率领第一批政府官员到达武汉后，鲍罗廷马上意识到，广州国民政府已经停止办公，而原政府的官员只有一部分随自己到达武汉，这时如果不及时成立相应的机构行使国民政府的权力，势必出现权力真空，影响革命的进一步开展。于是在1926年12月13日召开的武汉临时联席会议第一次会议上，鲍罗廷提出成立临时联席会议执行最高职权，[①] 这就是武汉国民政府的前身。

武汉临时政府建立之后不久，蒋介石在南昌扣留了广州国民政府第二批北迁的政府官员，并发表言论宣布武汉临时联席会议为非法机构，就此挑起了"迁都之争"。在共产国际和联共（布）的指导之下，鲍罗廷领导武汉临时国民政府采取电报规劝、派员规劝、在武汉国民政府辖区内展开提高党权运动等方式同蒋介石进行了坚决的斗争。随着运动的深入，武汉国民政府倡导的反帝反封建斗争推向了一个新的阶段，在全国人民的反蒋怒潮面前，蒋介石屈服了。1927年3月，被蒋介石扣留的谭延闿等相继来到武汉，武汉政府的"迁都之争"取得胜利，武汉临时政府得到进一步的巩固和发展。1927年3月10日至17日，在鲍罗廷的领导下，武汉临时政府在汉口召开的国民党二届三中全会上，通过了许多限制削弱蒋介石专制独裁的重要议决案，包括《中央执行委员会军事委员会组织大纲案》《统一革命势力案》《修正政治委员会及分会组织条例案》《军事委员会总政治部组织大纲案》《中国国民党第二届中执会第三次全会宣言》《对全体党员训令案》《统一财政案》《统一外交案》《国民革命军总司令条例案》等，还决定中国共产党人参加国民政府。会后不久武汉国民政府正式成立。

（2）共产国际、联共（布）的驻华代表在武汉国民政府中起着举足轻重的作用。首先，在武汉国民政府人员结构中，共产国际、联共（布）

---

① 《中国国民党中央执行委员国民政府委员临时联席会议第一次会议录》，载郑自来、徐莉君主编《武汉临时联席会议资料选编》，武汉出版社2004年版，第30页。

的驻华代表鲍罗廷是武汉国民政府领导决策成员之一。从1926年12月13日成立的临时联席会议开始,作为国民政府的总顾问鲍罗廷就是临时政府的重要组成人员之一。国民党二届三中全会后,于1927年3月20日正式成立了武汉国民政府,鲍罗廷仍然担任总顾问。从鲍罗廷参加武汉国民政府的各种会议来看,在武汉临时政府所召开的26次临时联席会议中,鲍罗廷参加了其中的16次。[①] 武汉国民政府正式成立后,鲍罗廷出席了多次国民党中央执行委员会政治委员会。其次,共产国际、联共(布)的驻华代表鲍罗廷在武汉国民政府的决策中起着重要的作用。鲍罗廷是武汉国民政府的总顾问,他在武汉国民政府中是重要的决策人之一,有着重要地位。例如,武汉临时联席会议的建立和执行最高职权,是在鲍罗廷顾问提议之下而作出的决定。除此之外,从当时武汉国民政府一些重大斗争的实际情况,足以说明共产国际及其代表鲍罗廷在武汉国民政府的领导作用。如反对蒋介石迁都南昌,收回汉口、九江英租界,上海三次工人武装起义,处理南京事件、"四·三"惨案等,作为国民政府的总顾问的鲍罗廷起了至关重要的作用。

2. 中共与武汉国民政府的组织关系

武汉国民政府是国共两党在反帝、反封建的旗帜下建立和发展起来的联合政权,它所担负的历史任务是反对帝国主义和新老军阀,是在深入反对蒋介石军事独裁斗争中巩固和发展的,因此中国共产党在武汉国民政府中有着十分重要的地位。

(1) 中国共产党直接参与武汉国民政府。从武汉国民政府的人员结构和阶级结构来看,中国共产党处于重要地位。1926年12月13日成立的武汉临时联席会议,其构成人员有鲍罗廷、陈友仁、徐谦、孙科、宋子文、宋庆龄、邓演达、吴玉章、唐生智、詹大悲、于树德、张发奎、蒋作宾等。其中包括共产党员吴玉章和于树德。1927年2月成立的国民党中央五人行动委员会,则由吴玉章、徐谦、邓演达、孙科、顾孟余组成。国民党二届三中全会后,于1927年3月20日成立了武汉国民政府,共产党员谭平山、苏兆征直接参与,担任了农政部长和劳工部长。

从当时的情况来看,工人阶级的政治代表,在名义上虽然没有直接参

---

① 田子渝、曾成贵:《1926—1927年武汉临时联席会议述评》,载《武汉临时联席会议资料选编》,第4—7页。第一次临时联席会议出席名单上没有鲍罗廷,但会议记录有他的提案。第七次会议出席名单上也没有鲍罗廷,但会议记录中有他的发言。

加"武汉临时联席会议",即临时政府。但组成临时政府的国民党二届中央执行委员 36 人中,共产党员占九人,是李大钊、吴玉章、林祖涵、谭平山、恽代英、杨匏安、于树德等,候补中央执行委员 24 人中,共产党员有毛泽东、邓颖超、董必武、夏曦、许苏魂、韩麟符等八人。其中特别是谭平山、吴玉章、林祖涵三人,被选为国民党二大中央常务委员,占常委的三分之一。可见,共产党人实际上参加了临时政府。后来作为领导机构的五人行动委员会,则有吴玉章参加。至于国民党二届三中全会以后,正式成立的武汉国民政府,共产党人则直接参加了政府。

从武汉国民政府的人员构成中,可以看到其阶级结构是比较复杂的。除了有工人阶级、农民、小资产阶级、民族资产阶级外,还有一部分大地主、大资产阶级的政治代表,这是由中国半殖民地的特殊的经济状况决定的。武汉国民政府中一部分大地主、大资产阶级的利益,是由国民党右派所代表;民族资产阶级的利益,是由国民党中派为代表;工人、农民和小资产阶级的利益,则是由中国共产党和国民党左派所代表。因此,无论从武汉国民政府的人员组成还是从武汉国民政府的阶级结构来看,中国共产党确实参加了武汉国民政府。

(2) 中国共产党在武汉国民政府中起着重要的作用。首先,武汉国民政府是在共产国际的帮助下,中国共产党参与领导的情况下建立和发展起来的。例如,武汉临时联席会议的建立和执行最高职权,是在鲍罗廷顾问提议之下而作出决定的;国民党中央执行委员会,是在吴玉章等的主持下开展工作的;共产党人直接参加武汉国民政府是共产党人吴玉章、毛泽东、林祖涵等团结国民党左派进行斗争的结果。共产国际和工人阶级代表在国民政府中所起的实际作用,表明共产党在武汉国民政府中具有一定的领导权。其次,中国共产党在武汉国民政府中的领导作用,还通过国共两党联席会议的形式得到保证。中国共产党在武汉国民政府中的领导作用是通过国共两党联席会议的形式来实现的。本来在国民党二次中央执行委员会时,就已经决定组织国共两党联席会议,但当时由于蒋介石的破坏,联席会议没有进行。1927 年 3 月 13 日,在国民党二届三中全会上,所通过的《统一革命势力案》,明确规定"中国国民党和中国共产党两党联席会议,须立时开会,讨论一般的合作办法"[①]。当时参加国共两党联席会议

[①] 《统一革命势力案》,载中国第二历史档案馆编《中国国民党第一、二次全国代表大会会议史料》(下),江苏古籍出版社 1986 年版,第 774 页。

的，除共产国际代表鲍罗廷、罗易外，国共两党的人数是相等的，共产党的代表有陈独秀、张国焘、瞿秋白，国民党的代表有汪精卫、唐生智等。在武汉国民政府的决策过程中，有关政治、经济、外交，以及工农运动中的重大问题，都是先经过两党联席会议讨论后，交由武汉国民政府执行。最明显的一个例子就是在武汉国民政府是东征还是北伐的决策上，中国共产党起了相当大的作用。1927年4月，在武汉国民政府内外交困之际，东征还是北伐是当时的一个重大问题，但它是先由中国共产党中央讨论后，拿到两党联席会议上讨论，作出了北伐的决定之后，再通过武汉国民政府执行的。

此外，从当时一些重大斗争的实际情况，也可以看出中国共产党在武汉国民政府中的一定的领导作用。如同蒋介石的迁都之争，收回汉口、九江英租界，组织上海三次工人起义，反经济封锁等等，都是当时关系到时局中心的斗争。这些斗争都是在中国共产党领导下进行的。例如，收回汉口、九江英租界时，无论是"一·三"惨案发生后的措施和处置办法的提出，1月5日英租界的接管，或者整个对英谈判等，都是中国工人阶级及其政党——中国共产党，在共产国际的帮助下，通过武汉国民政府这一统战组织进行领导的。

三 共产国际、联共（布）影响武汉国民政府的途径及特点

中国大革命是在共产国际、联共（布）的直接指导下进行的。共产国际从世界革命的角度出发，希望中国革命能够取得成功，对中国革命进行了真诚的支持。已经解密的档案资料显示，仅从1923年到1927年，联共（布）中央政治局为讨论中国问题而开会122次，通过了738个决议，平均每两天半通过一个决议。[①] 但是由于共产国际远离中国，这些决议传到中国后通过何种途径影响武汉国民政府？这种影响有何特点？是众多学者关注的问题。

（一）共产国际、联共（布）影响武汉国民政府的三种途径

一般来说，共产国际、联共（布）关于中国革命的指示精神，无外乎

---

① 沈志华主编：《中苏关系史纲（1917—1991）》，新华出版社2007年版，序言第2页。

通过电报、信函、文件等形式传到中国，或者直接由所派代表带到中国，这些指示到达中国之后，通常交到共产国际、联共（布）通过其驻华机构及驻华代表、中国共产党或者国民党及其政府的手中，由指示指定的接收人负责贯彻执行，从而达到影响武汉国民政府的目的。具体来说，共产国际、联共（布）影响武汉国民政府主要是通过下面三种途径实现的。

1. 共产国际、联共（布）通过其驻华机构及驻华代表影响武汉国民政府

通过其驻华机构及驻华代表影响武汉国民政府是共产国际、联共（布）指导中国革命的最主要的方式。共产国际、联共（布）通过其驻华机构及驻华代表，一般由共产国际或联共（布）直接设立或直接委派，一般来讲能够准确理解和贯彻执行其指示和命令，在影响武汉国民政府的内政外交政策中发挥了重要的作用。

（1）共产国际、联共（布）通过其驻华机构对武汉国民政府的影响。苏联驻华机构主要包括驻北京的大使馆以及驻天津、上海等地的领事馆，另外还有共产国际执行委员会远东局，但是在联共（布）指导中国大革命过程中，发挥作用最大、影响最显著的要数苏联驻北京大使馆了。十月革命后，苏俄主动接近北京政府，1919年7月和1920年9月苏联通过外交人民委员会副委员加拉罕，宣布放弃旧沙俄在中国的一切权利，史称加拉罕宣言。[①] 1924年，加拉罕与中国外交部总长顾维钧达成建交协议，苏联正式同中国建立外交关系。同年驻北京苏联大使馆正式设立。驻北京大使馆设立后，立即在苏联指导中国的过程中发挥了重要的作用。就对武汉国民政府的影响来说，苏联驻北京大使馆主要在协调各驻华代表、分配各种援华物资和指导北方各方开展革命工作等方面。

首先，苏联驻华使馆在协调各驻华代表、分配各种援华物资方面发挥了重要作用。自从国共合作开展后，共产国际和苏联向中国派遣了大量的政工、军事顾问，这些顾问如何在中国工作，经费如何分配等，通常是由苏联驻华使馆完成。此外，苏联的大批援华物资，也是由苏联驻华使馆进行分配的。到了武汉国民政府时期，苏联驻华使馆延续了上述作用。虽然，在广州有了出海口，但是仍然有大批的援华物资从天津港输入，运抵南方的物资自然由南方的驻华代表进行分配，但运抵北方的物资是由北京

---

① [美] 费正清、费维恺编：《剑桥中华民国史（1912—1949）》（下卷），杨品泉等译，中国社会科学出版社1998年版，第126页。

大使馆进行分配的。虽然说自1926年以后苏联逐渐减少对国民军的援助，但是并不是说苏联完全放弃了对冯玉祥的援助，因此北京使馆还是将援华物资的一部分分配给了国民军。同时，在向武汉国民革命军派遣军事顾问的同时，北京使馆仍然向国民军派遣了军事顾问，正是有了这批军事顾问卓有成效的工作，使得在南口大战中国民军拖住了吴佩孚的主力部队，为北伐军顺利进军武汉创造了条件。同样，在武汉国民政府内从事各种工作的顾问，其经费的分配等也都是由苏联驻华使馆统一安排的。

其次，苏联驻华使馆在指导国民党北京政治分会开展工作方面发挥了重要的作用。驻华使馆设立后，加拉罕就和李大钊取得了联系，并指导以李大钊为领导人的国民党北京政治分会积极开展工作。武汉国民政府时期，李大钊领导中共北方区委在冯玉祥的国民军中做了大量的工作。同时北京政治分会还对内外蒙古的相关工作予以布置，以期配合国民革命军的北伐。同时中共派出代表与阎锡山积极磋商，以期拉住阎锡山共同对付奉系张作霖。同时北京政治分会准备像上海一样，组织工人举行罢工，必要时举行武装起义，以配合部队的军事行动。在李大钊的领导之下，北京政治分会在奉军中做了大量的思想工作，奉系军人事先向北京政治分会接洽投降者，有兵力四五万人，其中具有很强战斗力的有一二万人。① 为了方便北京政治分会就近处理相关事宜，1927年4月2日，国民党中央执行委员会第四次扩大会议作出决议："本会给北京政治分会对于此事的特权，于必要时可由该会先行委任两个军长。"② 国民党北京政治分会工作的开展与苏联驻华使馆的指导分不开的，其带给武汉国民政府的直接影响是，在不久召开的国共两党联席会议上，武汉国民政府作出了二期北伐的决定。

正是由于苏联驻华大使馆在指导中国革命中卓有成效的工作，使得中外反革命势力对苏联驻北京大使馆恨之入骨。1927年4月6日，在帝国主义者的支持下③，张作霖派警察对驻北京苏联大使馆进行了搜查，共逮捕

---

① 《陈涛报告》，载《北京政治分会会议纪录》（汉口），转引自蒋永敬《鲍罗廷与武汉政权》，中国台北传记文学出版社1972年版，第199页。

② 《中国国民党中执会第二届常委会第五次扩大会议速记录》，载《中国国民党第一、二次全国代表大会会议史料》（下），第912页。

③ 有史料证明此次行动是受帝国主义者支持的。1927年4月4日北京东交民巷公使团团长欧登科曾召集列强公使举行秘密会议，会议同意准许军警进入领事区内搜查。4月6日上午10时京师警察厅向首席公使欧登科递交要求搜查的公文，得到欧登科的批准。《京师警察厅致首席公使函》，参见习五一《奉系军警查抄苏联使馆事件》，《北京社会科学》1986年第4期；《国闻周报》1927年4月16日。

22名苏联人和36名国民党党员,其中包括共产党著名的领导人李大钊。国民党北京执行部的9名执行委员中,有6人被抓。警察发现了中国共产党和国民党的文件、共产党党旗、印章和一些武器弹药。最后,警察搬走了7卡车文件。在搜查后的数月间,许多文件被公布,从而透露了苏联秘密支援中国革命,援助国民党和冯玉祥的详细情况,以及苏联卷入两党革命运动的许多历史史料。这次搜查的直接后果,破坏了国民党和共产党在北方的活动,破坏了苏联军事顾问同北京苏联武官处的联系,① 更重要的是苏联支持中国革命的行为因此暴露,使得苏联在外交上处于被动。

另一个途径是通过共产国际执行委员会远东局实现的。1926年4月29日,联共(布)中央政治局召开会议,决定"批准远东局以下组成人员在华工作:维经斯基(主席)、格列尔(书记)、拉菲斯、福京和中朝日三国共产党代表同志"②。以便就近加强指导中国、日本和朝鲜等国共产党对革命运动的领导。

远东局在它存在期间,几乎成为中共的第二个中央,大到党的大政方针,小到对派遣两名同志去东方劳动者共产主义大学学习以及东大的学习年限问题都进行了讨论,③ 可见其对中国革命领导的参与之深。远东局到上海之后首先解决了有关共产党退出国民党的问题。1926年7月12日至18日中共中央在上海召开了四届三中全会。在这次会议上,陈独秀、彭述之联合提出提案,要求共产党人退出国民党,理由是:只有摆脱国民党的控制,实行党外合作,我们才能真正实行独立领导工农运动的政策。维经斯基立即批判了退出国民党的思想。会议最后通过了《中国共产党和国民

---

① [美]费正清编:《剑桥中华民国史(1912—1949)》(上卷),杨品泉等译,中国社会科学出版社1994年版,第623页正文及脚注。关于此次突然搜查所得的文件,后来被整理公开出版。大部分收录在韦慕庭、夏连荫编《有关共产主义、民族主义和在华苏联顾问文件,1918—1927年:1927年北京搜捕中查获得文件》里。Wilbur, C. Martin and How, Julie Lien-ying, eds. Documents on communism, nationalism, and Soviet advisers in China, 1918—1927: papers seized in the 1927 Peking raid. New York: Columbia University Press, 1956. 也有学者认为,京师警察厅查封的文件中显示共产国际、苏联宣传"赤化"的文件是伪造的,是张作霖故意制造共产国际、苏联唆使中共制造南京事件等"排外"暴乱的铁证。参见向青等主编《苏联与中国革命》,中央编译出版社1994年版,第192页。

② 《联共(布)中央政治局会议第22号(特字第16号)记录》,载《联共(布)、共产国际与中国国民革命运动(1926—1927)》(上),第237页。

③ 《共产国际执行委员会远东局会议第2号记录》,载《联共(布)、共产国际与中国国民革命运动(1926—1927)》(上),第316页。

党关系问题议决案》，严肃地批评了党内要求退出国民党的倾向，明确决定"我们留在国民党里"，采取的策略是：扩大左派与左派密切联合，和他们共同应付中派，并公开反对右派。这样，中共四届三中全会坚持了统一战线，基本上结束了有关共产党人退出国民党的争论，并明确了对国民党中派的政策。

第二个例子就是使中共改变了对北伐的态度，从而造成整个武汉国民政府时期中国共产党对革命领导权的丧失。由于联共（布）中央政治局认为北伐时机尚不成熟，所以维经斯基到上海后，一个很重要的工作就是劝说陈独秀和中共中央改变北伐的态度。7月7日，在广州北伐军如箭在弦的时刻，陈独秀在《向导》周报上发表了《论国民政府之北伐》一文，表述了他对北伐的意见：北伐的意义，是南方的革命势力向北发展，是推翻军阀统治的一种重要方法，但不是唯一的方法；北伐军之本身必须是真革命的势力向外发展，然后北伐才算是革命的军事行动；若其中夹杂有投机的军人、政客个人权位欲的活动，即有相当的成功也只是军事投机之胜利，而不是革命的胜利；如若因北伐增筹战费，而搜刮及于平民，因北伐而剥夺人民之自由，那更是牺牲了革命之目的，何况近来国民政府对农民的态度，已使农民产生怀疑；北伐时机尚未成熟，现在的实际问题不是怎样北伐，乃是怎样防御吴佩孚之南伐。不难看出，陈独秀不赞成立即北伐。很明显，这篇文章是在远东局的维经斯基和拉菲斯等人的授意下写的。维经斯基说："陈独秀的文章是在与我们远东局成员长时间交谈后写成的，我们一致认为，在陈独秀的文章中所表述的中央的方针在政治上是完全正确的。"[1] 拉菲斯对陈独秀的这篇文章也给予了充分的肯定，他说："陈独秀的文章对于我党具有重大政治意义，在北伐问题上它使党的注意力转到内部反革命的危险上。这样一来，党的方针就纠正过来了"。[2]

中共对待北伐态度的转变给北伐期间及整个武汉国民政府时期中共的政策和策略带来了消极的影响。陈独秀的文章发表后的第三天，即7月9日国民革命军在广东正式誓师北伐。接着，中共中央召开了四届三中全会。面临革命大发展的关键时刻，中央政治报告根据陈独秀文章的精神指

---

[1] 《共产国际执行委员会远东局委员会与鲍罗廷会议记录》，载《联共（布）、共产国际与中国国民革命运动（1926—1927）》（上），第392页。

[2] 同上书，第393页。

出北伐战争不可能是向北讨伐的进攻战，它只能是防御反赤军攻入湘粤的防御战，而不是真正革命势力充实的彻底北伐，也就是说北伐战争的意义仅仅是防御以"自保"。这样一来中国共产党在北伐战争中的任务就无从谈起了，也无疑回避了向国民党争夺领导权的重大问题，从此中国共产党放弃争夺革命的领导权就一直延续到武汉国民政府时期。显然，全会的政治报告是同远东局协商而成的。全会召开以后陈独秀和瞿秋白及时向维经斯基作了汇报。1926年7月15日，共产国际执行委员会远东局俄国代表团在上海召开会议，会上维经斯基向代表团作了关于中共中央全会情况的通报，认为在全会上"分歧没有暴露，因为大家知道，中央局的方针是同共产国际远东局协商过"①。

（2）共产国际、联共（布）通过其驻华代表对武汉国民政府施加影响。除了在华设立各种办事机构之外，共产国际、联共（布）向中国派遣了大量的驻华代表，即便是前面所述驻华机构，其影响中国革命的决策亦是通过驻华代表来实现的，因此，通过其驻华代表对武汉国民政府施加影响是共产国际、联共（布）最主要的一种方式。就武汉国民政府时期来说，比较重要的驻华代表主要有国民政府的总顾问鲍罗廷、共产国际驻华代表罗易、共产国际执行委员会远东局负责人维经斯基、共产国际军事顾问加伦等，在此只选取鲍罗廷为例说明他们对武汉国民政府的影响。

鲍罗廷是一位身份极为特殊的人物，他既是苏联政府派到广州革命政府的代表，又是国民党中执委的总政治顾问，还是共产国际的驻华代表。同时，他也是在华工作时间最长的驻华代表之一，1923年9月来华，1927年被调回国，前后历时4年。作为苏联政府的常驻代表，鲍罗廷在孙中山的充分信任和国民党左派、共产党人的支持下，始终以国民党总政治顾问的身份，参与了大革命时期几乎所有的重大政治军事活动的决策，并发挥了他人所不能发挥的特殊作用。

首先，鲍罗廷忠实地执行联共（布）、共产国际的指示从而影响武汉国民政府。苏联、共产国际指导中国革命，对派驻中国的代表要求可以归纳为两条，首先是"我们在远东的总政策是立足于日美中三国利益发生冲

---

① 《共产国际执行委员会远东局俄国代表团第14次会议第8号记录》，载《联共（布）、共产国际与中国国民革命运动（1926—1927）》（上），第338页。

突,要采取一切手段来加剧这种冲突",其次才是支援中国革命。① 就是说指导中国革命的路线,要服从苏联的外交政策即苏联国家利益。那么,当时苏联对华政策追求的国家利益是什么呢？是追求苏联远东边界线上的安全,在中国寻找一个与苏联"结盟"的政府。因为当时的俄国作为第一个社会主义国家被帝国主义和各国反动派包围、封锁,处境十分孤立和困难。因此,联共(布)、共产国际关于中国革命的指示都是围绕这个总目标制定的。

进入武汉国民政府时期,随着北伐进展的顺利和蒋介石叛变革命的倾向日益明显,联共(布)围绕上述总目标发出了一系列的指示,共产国际七大和八大作出了一系列的决议,试图扭转这种不利的局面,但由于联共(布)、共产国际的所有指示、命令、决议均要求中国共产党不准退出国民党,必须维持国共合作的统一战线;土地革命必须通过国民政府去实行。因此,直到中国大革命最终失败,莫斯科对中国革命的指示也没有太大的变化。

鲍罗廷为了实现苏联援助中国革命的总目标,忠实地执行了联共(布)、共产国际的绝大部分命令、指示和决议,对武汉国民政府产生了极大的影响。例如,"三·二〇"事件和整理党务案之后,鲍罗廷为了执行联共(布)、共产国际对蒋介石让步的方针,对蒋介石步步退让,有时甚至不惜牺牲中国共产党的利益。国民政府迁都武汉之后,蒋介石在南昌挑起了"迁都之争",鲍罗廷遵照联共(布)的指示,对蒋介石采取了极力拉拢(其中包括各种斗争)的政策和策略,甚至为了换取蒋介石同意迁都武汉做好了辞职离开中国的准备,虽然最后迫使蒋介石放弃定都南昌的想法,但加速了蒋介石反革命集团的形成。同样因为鲍罗廷为了执行莫斯科的利用蒋介石的策略,使得武汉国民政府开展的轰轰烈烈的提高党权运动并未取得预期的效果。

"四·一二"政变之后,同样为了执行莫斯科的利用蒋介石策略,鲍罗廷放弃了一次又一次倒蒋的机会,无论在东征和北伐的矛盾决策中,还是在迁都南京的决议上,甚至在逮捕蒋介石命令的发出及执行时,鲍罗廷几次犹豫不决,除了他本人对蒋介石抱有幻想之外,更重要的是他在忠实地执行莫斯科的对蒋方针。甚至在中外反动派全面干涉中国革命,武汉政

---

① 《维经斯基—西比里亚科夫就国外东亚人民工作给共产国际执委会的报告》,载《联共(布)、共产国际与中国国民革命运动(1920—1925)》,第38页。

权摇摇欲坠之时，鲍罗廷依然严守莫斯科制定的政策和策略，即不准退出国民党，不准分裂统一战线；土地革命必须通过国民政府去实行；共产党不必自己掌握强大的革命军队。从而，使得中国共产党在面对武汉国民党叛变时，回天乏术。

其次，鲍罗廷在忠实执行共产国际、联共（布）的指示精神外，在具体的问题上亦有自己的意见。作为苏联、共产国际在中国的重要代表，鲍罗廷在中国工作历时四年，加上他和斯大林之间的特殊关系，因此在执行斯大林、共产国际的具体指示、命令时，融入自己对时局的理解，这是相当正常的，特别是在莫斯科远离中国，苏联、共产国际的领导人不可能对中国瞬息万变的革命局势及时了解和作出准确判断时，鲍罗廷根据自己的判断作出相应的应对措施就显得尤为必要。尤其是在北伐推进到长江流域时，中国革命的形势发生了很大的变化，而此时斯大林在国内面临反对派的攻击，大部分精力放在同反对派的斗争上，无法就中国革命的指导发出更多的指示，此时的鲍罗廷只有根据其革命经验相机处理。但是，我们应该看到，没有得到莫斯科明确指示的鲍罗廷在就中国国情作出相应的决策时，始终是遵循莫斯科制定的总目标进行的，而且没有突破莫斯科划定的框框，因此鲍罗廷的这种创造是极其有限的。

例如，在国民政府迁至武汉肇始，鉴于广州国民政府已经停止办公，大部分政府官员尚在前往武汉的路上，加上北伐的形势发展迅猛，在没有得到苏联方面指示的情况下，鲍罗廷果断提议在武汉成立临时联席会议代行国民政府的各项职权，其决议的有效性待武汉国民政府正式成立后予以追认。事实证明，鲍罗廷的这一提议在当时是十分明智和必要的，武汉临时联席会议在领导人民群众开展提高党权运动、收回汉口、九江英租界的运动中发挥了重要的作用。不仅如此，武汉临时联席会议成立之后，鲍罗廷就武汉国民政府的政治斗争、经济政策、外交策略、武装斗争等方面，绝大多数是自己根据中国国内的实际情况独立自主作出的，因为在此时莫斯科决策层由于远离中国，不可能及时了解中国的革命形势并作出准确的判断，同时莫斯科一般地只是就中国革命大的方针政策作出指导，而具体细化到每项具体的政策和策略，则主要靠鲍罗廷来提出和执行。因此，鲍罗廷在武汉临时联席会议成立伊始，就提出了统一财政、整顿金融的经济政策，提出了缓和美日、反对英国的外交政策等，这些都是鲍罗廷在指导武汉国民政府时的创造。

当然，鲍罗廷作为武汉国民政府的总顾问，在遵循共产国际指导中国革命的总体目标的前提下作出上述决策，理所当然只能认为是其本职工作的一部分。问题是在大革命后期，鲍罗廷经常置莫斯科的指示、命令之不顾，或公然抗命，或消极对待，这些现象应作如何解释？如，在收到莫斯科的"五月指示"后，鲍罗廷明确说"我们不同意这些电报的方针"，"反对没收大地主的土地"，认为若进行彻底的土地革命，"共产党人应该反对国民政府，而这必然会导致十分危险的武装起义"。① 鲍罗廷认为莫斯科的指示不了解中国的实际情况，根本不具备执行可能性，而此时中共亦认为执行起来十分困难，因此这一重要指示被搁置。再如，马日事变之后，莫斯科指示中共必须对此进行坚决反击，待武装人员整装待发时，控制在鲍罗廷手中的军饷却迟迟不发，结果讨伐许克祥不了了之。同样在武汉国民政府的北伐、东征，以及开展土地革命等问题上，鲍罗廷作出了一些与罗易、维经斯基等不同的决策，有些是与莫斯科的指示明显相违的。为此，罗易很气愤地抨击鲍罗廷"处在统治地位，因而俨然是共产党的太上皇。中共上层领导人大多是他的门生，思想接近他的路子，所以都拥护他，常常无视国际的指示，并当场反对国际代表"。② 从上述例子看出，似乎鲍罗廷违背了莫斯科的指示，在中国擅自作主，"无视国际的指示"，这实在不符合事实。

鲍罗廷作为苏联政府和共产国际在华的常驻代表，加上他在国民党中总政治顾问的特殊身份，在华四年间，在众多共产国际驻华代表中的地位，可谓举足轻重。即使在大革命后期，面对危局，共产国际驻华主要代表鲍罗廷、维经斯基、罗易之间及其与中共领导人之间，彼此争论不休，意见不一，但鲍罗廷在其中基本"拥有决定权"。这主要是因为，相对于其他共产国际驻华代表而言，鲍罗廷对中国情况了解多一些，特别是他长期在国民党中担任政治顾问，对国共两党的情况都比较熟悉，因此在争论中，常常"占了上风"。③ 这只能说明鲍罗廷在指导中国革命中的重要地

---

① 《罗易就第二次北伐给斯大林的书面报告》，载中共中央党史研究室第一研究部译《联共（布）、共产国际与中国国民革命运动（1926—1927）》（下），北京图书馆出版社1998年版，第427—442页。

② 中共中央党史研究室第一研究部编：《共产国际、联共（布）与中国革命文献资料选辑（1926—1927）》（上），北京图书馆出版社1998年版，第577—578页。

③ 参见吴明刚《鲍罗廷在中国大革命中的历史功过评析》，《党史研究与教学》2004年第1期。

位。其反对执行"五月指示",坚决支持北伐,反对土地革命,正是为了忠实地执行苏联、共产国际指导中国革命的目标和要求。因为莫斯科指导中国革命是以保障本国利益为前提,不要触动在华帝国主义,因此鲍选择北伐而放弃东征;斯大林严令共产党必须留在统一战线内,不准退出国民党,土地革命只能在武汉国民政府的领导下进行,而深知武汉国民政府内部领导人意图的鲍罗廷自然知道土地革命的开展只不过是莫斯科的良好愿望,干脆予以拒绝,这正是维护莫斯科制定的政策和策略的具体体现。

总之,无论是忠实地执行莫斯科的各种指示,还是在指导中国革命实际中偶尔为之的创造,鲍罗廷均很好地贯彻了斯大林的指示精神,其对武汉国民政府的影响自然是巨大且深远的。

2. 共产国际、联共(布)通过中国共产党影响武汉国民政府

作为共产国际下属的一个支部,中国共产党理应服从共产国际作出的各种决议,必须执行共产国际、联共(布)下达的各种指示和命令。同时,由于武汉国民政府是在中国共产党的帮助下建立和巩固起来的,因此中国共产党在武汉国民政府中占据着重要的地位,共产国际、联共(布)通过中国共产党影响武汉国民政府,便成为其指导中国革命的又一途径。

(1)通过驻华代表向中国共产党布置工作并监督执行来影响武汉国民政府。这是苏联、共产国际影响中国革命的一个重要的途径。一般来说,联共(布)、共产国际所作出的决定在中国执行的一个重要的渠道:由共产国际发布决议或指示、命令、训令等,命共产国际在华代表布置给中共中央并监督其执行。

大革命后期,武汉国民政府政权岌岌可危,为了拯救中国革命,1927年5月30日,联共(布)中央书记莫洛托夫通过征询政治局委员意见,决定给在中国的鲍罗廷、罗易和苏联驻汉口总领事柳克斯发去电报。这一电报的主要内容就是通常所说的五月紧急指示。从电报的内容来看,实际上是要求中共采取措施来影响武汉国民政府,从而挽救中国大革命。

为了督促中共执行联共(布)的这一指示,鲍罗廷在6月1日收到电报后就同罗易和中共中央政治局多次举行联席会议讨论这个指示,除罗易和瞿秋白持保留态度外,其他人一致认为无法执行。这自然与之前共产国际的一贯要求,即中共必须留在国民党内的政策相矛盾。从内心讲瞿秋白"完全同意"紧急指示,但具体如何执行?他也"回避明确提出问题"。

陈独秀认为"莫斯科的指示我弄不明白，我不能同意。莫斯科根本不了解这里发生的事情"。"莫斯科要求没收土地，我们不能这样做"。[①] 这些指示要求由工农领导人来加强国民党的领导，但是国民党的领导是在党的代表大会上选举产生的，"现在我们怎么能改变它呢？"[②] 他最后表示，共产国际的紧急指示"原则上是正确的"，但是实际运用"不是一件容易的事，并且需要时间"。周恩来则怕莫斯科出尔反尔："莫斯科经常这样做。应当弄清楚，莫斯科到底想怎么办。"[③] 鲍罗廷也明确表示反对。所有这些意见，都集中到一点：如果不准中共退出国民党，不准对抗国民政府，那么紧急指示的任何一条都不可能贯彻。于是会议决定由陈独秀回答莫斯科："命令收到，一旦可行，立即照办。"[④]

本来这个紧急指示是发给鲍、罗、柳三个俄国人，并要求中共在实际工作中予以贯彻，但是这个指示又明显不符合中国国情，执行起来实属不可能。在这时俄国人为逃避不执行莫斯科命令的责任，将回复斯大林电报的任务推给了陈独秀。于是，陈一人承担了对抗莫斯科指示的责任，为下一步成为承担大革命失败的责任的替罪羊，提供了口实。[⑤]

又如在东征和北伐的问题上，共产国际代表先是在中共内部讨论，几经反复之后决定北伐，然后将这一决定拿到两党联席会议讨论并通过，武汉国民政府最终作出了北伐的决定。类似的例子还有很多，在大革命中，以陈独秀为首的中共中央独立领导中国革命的实际权力和工作范围是很有限的，大量工作实际上是在共产国际驻华代表的监督下进行的，通过这种方式，莫斯科将苏联的本国利益同中国的革命运动联系起来，通过中共来起到影响武汉国民政府的作用。

（2）共产国际、联共（布）直接向中共发出指示，从而影响武汉国民政府。联共（布）、共产国际所作出的决定在中国执行的另外一个重要的渠道：共产国际的决议或指示、命令、训令等，直接发给中共中央，

---

① 《希塔罗夫关于中共中央政治局与共产国际执行委员会代表联席会议的报告》，载《联共（布）、共产国际与中国国民革命运动（1926—1927）》（下），第361页。

② 陈独秀：《告全党同志书》，《陈独秀著作选》（第3卷），上海人民出版社1993年版，第87页。

③ 《希塔罗夫关于中共中央政治局与共产国际执行委员会代表联席会议的报告》，载《联共（布）、共产国际与中国国民革命运动（1926—1927）》（下），第357、361页。

④ [美] 罗伯特·诺思、津尼亚·尤丁编著：《罗易赴华使命（一九二七年的国共分裂）》，王淇等译，中国人民大学出版社1981年版，第122页。

⑤ 转引自唐宝林《重评共产国际指导中国大革命路线》，《历史研究》2000年第2期。

要求中共中央领导人贯彻执行。在莫斯科的眼中，只有国民党才有资格承担起中国革命的艰巨任务，在未来的政权中，没有共产党的份儿，所以共产党现在应该做国民党的苦力。特别是在"三·二〇"事件开始后，莫斯科虽然对蒋介石有所防范，但处于利用蒋介石的目的，还是将国民革命和北伐的希望寄托在蒋介石的身上，根本就没有将中国共产党放在眼里，其随后所发给中国共产党的指示和命令都是为了维护国共合作的统一战线，维持所谓国民党左派和中共建立的武汉国民政权，以陈独秀为首的中共中央对于国际代表不正确的指导，虽曾有过抗争，但对于来自莫斯科的指示，一般情况下都是尽量予以理解、消化，并在实际工作中贯彻落实。

通过此种方式影响武汉国民政府最显著的例子就是"四·一二"政变前武汉政府的反蒋政策。人们在批评陈独秀在大革命时期的右倾错误时，总要提到"四·一二"政变前夕陈独秀提出要"缓和反蒋"的问题，不明白真相的人认为这是陈独秀右倾投降主义最明显的体现，现在通过解密的档案资料发现，这恰恰冤枉了陈独秀，事实的真相是陈独秀的这个提议正是遵照了联共（布）中央政治局的指示，而中共的态度又使得武汉政府放松了对蒋的警惕。

蒋介石到达南昌后，其反革命倾向日益明显。首先在南昌发表煽动力极强的反革命演说，随后挑起了"迁都之争"，再后来在九江等地破坏工农运动，枪杀共产党员。当中共得知蒋介石在赣州等地开始屠杀共产党人后，对蒋介石的叛变行为有了警惕。1927年3月25日晚，陈独秀在上海特委会议上阐发了准备与国民党新右派进行决斗的思想。他说："中国革命如不把代表资产阶级的武装打倒，中国就不想要革命……我意我们现在要准备一个抵抗，如果右派军队来缴械，我们就与之决斗，此决斗或许胜利，即失败则蒋介石的政治生命完全断绝，因此此决斗，实比对直鲁军斗争还有更重要的意义。"[①]

1927年3月26日蒋介石到上海后，加紧部署政变。失去自主权的中共感到情况紧急，他们已清醒地意识到，蒋介石将集中力量向中国共产党人开刀，而收缴工人纠察队的武器将是其反革命的第一步。在关键时刻，中共非常希望莫斯科能有明确的指示，支持与蒋介石斗争。于是一面部署

---

① 上海市档案馆编：《上海工人三次武装起义》，上海人民出版社1983年版，第389页。

反击蒋介石的行动,一面向莫斯科发电,希望莫斯科给予支持。3月28日,联共(布)中央政治局向中共中央发出如下电报:"请你们务必严格遵循我们关于不准在现在举行要求归还租界的总罢工或起义的指示。请你们务必千方百计避免与上海国民军及其长官发生冲突"。[①] 接到莫斯科的指示后,陈独秀当即写信给中共上海区委,指出:"表面上要缓和反蒋、反张(静江),实际准备武装组织。"3月30日,陈独秀决定"以市政府与老蒋冲突"。3月31日,他以中共中央名义给莫斯科发电,报告了这一决定。联共(布)领导人收到电报后,立即举行秘密会议,会上决定给中共中央发出电报,提出"在群众中开展反对政变的运动","暂不进行公开作战","不要交出武器,万不得已将武器藏起来"。[②]

莫斯科给中共的指示表明,蒋介石仍然是其利用的对象,在蒋介石没有公开表明态度之前不能予以打击。中共严格执行了共产国际的这一指示。其直接影响是:武汉国民政府发现蒋介石背叛革命的企图之后,曾讨论迁都南京、捉拿蒋介石等应对措施,然而莫斯科上述指示束缚了武汉政府领导人思想,对蒋介石没有采取断然措施,导致其从容发动了"四·一二"政变。

3. 共产国际、联共(布)通过国民党影响武汉国民政府

按照莫斯科指导中国革命的总目标,苏联支援中国革命的目的是追求苏联远东边境线上的安全,在中国寻找一个与苏联结盟的政府。而在共产国际的眼中,国民党拥有比共产党更能实现他这一目标的实力,因此,重视国民党、重点援助国民党,变成了苏联、共产国际指导中国革命的主要工作。在这一前提下,共产国际、联共(布)通过国民党影响中国革命似乎显得顺理成章、理所当然了。但是,正是由于对国民党的工作如此重要,其各项工作均由国民党的总顾问鲍罗廷亲自完成,共产国际、联共(布)直接发给武汉政府或者国民党领导人的命令和指示则少之又少。正因为上述原因,共产国际、联共(布)通过国民党影响武汉国民政府才未引起学者们的注意。事实上,莫斯科在指导武汉国民政府时,通过国民党对其施加影响也是一个重要的途径。仔细归纳起来这个途径是通过下面三条线来实现的:

[①] 《联共(布)中央政治局秘密会议第93号(特字第71号)记录》,载《联共(布)、共产国际与中国国民革命运动(1926—1927)》(上),第169页。

[②] 同上书,第167页。

（1）共产国际通过武汉国民党要人来影响武汉国民政府。这是共产国际通过国民党影响武汉国民政府最主要的方式。这种方式又分为两种形式，一是将电报直接发给国民党的主要领导人，试图通过他们来影响武汉国民政府；二是通过与国民党要人会谈，强调从政治和道义上对中国革命予以支持，希望通过他们影响武汉国民政府。

通过解密的有关资料来看，共产国际、联共（布）发给武汉国民党领导人（主要指汪精卫）的指示和命令，主要是在大革命后期。随着武汉国民政府的政治、经济危机日益加重，武汉国民政府中的国民党领导人逐渐开始动摇，中国革命形势急剧恶化，莫斯科意识到先前依靠驻华代表和中国共产党对武汉国民政府的影响有限，为了极力拉拢武汉国民政府，力争将国民党留在革命阵营，莫斯科决定直接同汪精卫为首的国民党人联系，企图通过以汪精卫为首的武汉国民政府制定相应的政策和策略，以此来挽救中国大革命。

例如，1927年6月23日，斯大林致电汪精卫，电文如下："我们认为，国民党必须支持土地革命和农民。以为反对农民或置身于农民运动之外可以推动革命，那是目光短浅的。恳请您用您的全部威望，对国民党的其他中央委员施加影响。国民党的整个命运和中国革命的前途，在很大程度上都取决于国民党的立场。我们认为，通过国民党民主化、更多地联系群众、停止领导层内的动摇是可以挽救事业的。国民党左派与共产党人的合作有坚实的客观基础。我们希望，借助于您的威望，国民党中央内的动摇是会减少的。我们建议从下面农民运动首领中找人来帮助工作。"[①] 这封电报很清楚地说明，在武汉国民政府日趋走向反动至公开分共的前夕，斯大林仍然对它抱有幻想，寄希望武汉国民政府能够主动发动土地革命。因此他认为"国民党的命运""很大程度上中国革命的前途，都取决于国民党的立场"，斯大林指望汪精卫等国民党领导人在国民党内施加影响，使武汉国民政府制定相应的政策和策略，支持土地革命，以挽救革命。

共产国际通过与国民党要人会谈从而影响武汉国民政府是共产国际的又一思路。在"迁都之争"中，共产国际执行委员会远东局负责人维经斯基曾经奉命与蒋介石谈话，寻求解决问题的办法。维经斯基期望说服蒋介石同意迁都武汉，从而打破鄂赣之争的僵局，后因蒋介石坚持去鲍而与共

---

① 《联共（布）中央政治局秘密会议第113号（特字第90号）记录》，载《联共（布）、共产国际与中国国民革命运动（1926—1927）》（上），第346页。

产国际意见相距甚远不得不作罢。尽管共产国际这一目的没有达到,但可以看作是其企图通过与国民党要人会谈从而影响武汉国民政府的一次尝试。

共产国际的一次更大的尝试便是斯大林在汪精卫回国前与其的谈话。中山舰事件后汪精卫蛰伏国外,1927年4月见国内政治环境对其回国极为有利之时,汪准备回国。远在欧洲的汪精卫,竟然绕道莫斯科,目的就是寻求苏联的支持。斯大林便借此机会同汪会谈,希望通过汪来影响武汉国民政府。斯大林与汪精卫会谈的详细内容目前尚不得而知①,但通过汪精卫事后的叙述可见一斑。汪一到武汉就告诉罗易,在莫斯科时,"苏联政府和共产国际都答应给他以全力支持"。这正是他4月初回到上海后与陈独秀共同发表联合声明,保证要与共产党"相互尊重、事事开诚"的一个基本动力。② 这次同汪精卫的谈话对武汉国民政府的影响起了一定的作用,汪精卫在回国后很长时间内,武汉国民政府基本上按照苏联的意思维持了同中共组成的统一战线,坚持了反帝反封建的革命立场。

(2) 共产国际通过向国民党提供军火、金钱等来影响武汉国民政府。向国民党及其军队提供武器弹药和金钱支援是共产国际影响中国革命的一种重要方式。早在共产国际介入中国革命伊始,这种方式就开始施行了。

到了武汉国民政府时期,蒋介石之所以迟迟没有下定决心同共产国际决裂,很大程度上就是看中苏联的经济、军事援助。有两个明显的例子证明莫斯科期望通过这种方式来影响武汉政府,一是上述提到的斯大林同汪精卫的谈话,在这次谈话中斯大林答应给予汪精卫1600万卢布的金钱援助。当罗易看到冯玉祥倒向蒋介石,汪精卫即将分共之际,他急忙致电莫斯科,要求火速答应早先向汪精卫作出的援助许诺,以取得汪精卫的信任。③ 但是,斯大林与莫洛托夫等人商量来商量去,却只同意给汪精卫区区三百万至五百万卢布,既不同意照早先答应过那个数字提供款项,更不

---

① 从目前俄罗斯解密的档案中没有发现与此次会谈有关的内容,斯大林等人的著述亦未发现。但从罗易同汪精卫谈话中,以及罗易发给莫斯科的催款电报中看出,这次会谈是存在的,而且斯大林作过某种承诺。

② 《汪精卫、陈独秀联合宣言》,载罗家伦主编《革命文献》第16辑,台北"中央"文物供应社经销,1978年影印再版,第26—27页。

③ [美] 罗伯特·诺思、津尼亚·尤丁编著:《罗易赴华使命(一九二七年的国共分裂)》,王淇等译,中国人民大学出版社1981年版,第116—117页。

同意为汪精卫的东征提供援助。①

但是，为了拉住汪精卫、唐生智，苏联以继续贷款的许诺作为诱饵。6月27日，联共（布）致电武汉政府："至于你们的新贷款请求，目前我们还不能满足，但不拒绝今后讨论你们这一请求。请你们在近期内指望兑现我们的第一笔贷款"。"为了组建忠实的军队，应该准备做出各种牺牲。我们方面准备给予一切可能的进一步的物质支持"。② 虽然，在给武汉的电报中，苏联明确指出贷款是用于组建可靠的军队，但是，苏联领导人心中很清楚，这笔贷款实际上是期望拉住武汉国民党控制的武汉政府不要过早右转。

第二个例子是鲍罗廷形象的比喻，他宣称："我的箱内还有草（指苏联对武汉政府之借款），他（指唐）还要吃我的草，还不至于跑掉。"③ 蔡和森在《党的机会主义史》中也指出：最后的买卖是很明白的，老鲍与共产党所要的是在东征时期还不要分共；汪精卫与唐生智所要的是东征时期还要吃草，还要请苏联的借款快些汇来。④ 从这个例子看出，共产国际及其代表希望通过经济援助拉住国民党要人，从而影响国民政府，他们对此充满了自信。

然而，苏联的援助对后期武汉国民政府的影响并没有起到多大的作用。特别是苏联原先承诺1600万卢布，而最终只汇来不到五百万卢布。不难想见，这区区几百万卢布对汪精卫的武汉政府完全是杯水车薪，远不足以被汪用来吸引他周围的那些实力派领导人，它更不足以使汪精卫牺牲自己在国民党中的声望，转过头去与共产党结为连理。面对构成其权力基础的整个武汉国民党可能四分五裂，而苏联自食其言，完全不足以依赖的严重情况，汪精卫不能不迅速作出了抛弃共产党的重大政治决定，⑤ 而莫斯科期望通过这种方式影响武汉国民政府的目的显然没有达到。

从武汉国民政府后期革命形势发展来看，共产国际、联共（布）通过

---

① Lih, Las T., Naumov, Oleg V. and Khlevniuk, Oleg V. edited *Stalin's Letters to Molotov*, Yale University Press, 1995, pp.136-137.

② 《联共（布）中央政治局秘密会议第113号（特字第91号）记录》，载《联共（布）、共产国际与中国国民革命运动（1926—1927）》（下），第364—365页。

③ 《联共（布）、共产国际与中国革命文献资料选辑（1926—1927）》（上），第535页。

④ 中共中央党史研究室第一研究部编：《联共（布）、共产国际与中国革命文献资料选辑（1926—1927）》（下），北京图书馆出版社1998年版，第538页。

⑤ 杨奎松：《中共与莫斯科的关系（1920—1960）》，台湾东大图书公司1997年版，第138页。

国民党影响武汉国民政府的目的显然没有能够实现,各种的原因是多方面的,但有一点可以肯定的是,共产国际、联共(布)对武汉国民政府中的国民党领导人的阶级属性的错误估计,是莫斯科努力最终落空的重要原因之一。

(二) 共产国际、联共(布)影响武汉国民政府的若干特点

中国革命是世界无产阶级革命的中心之一,支持中国革命,就是支持世界无产阶级革命,就是支援苏联。这一指导思想构成了共产国际指导中国革命的主要思路。莫斯科不遗余力通过各种途径影响武汉国民政府,力图使中国革命向民主革命的方向发展,对中国革命起到了一定的积极作用。但是蒋介石在帝国主义的支持下发动了"四·一二"政变,革命遭到局部失败。随后,汪精卫实行"七·一五"分共,大革命彻底失败。武汉国民政府在莫斯科的直接指导下遭到了失败,其原因是多方面的,其中与共产国际、联共(布)影响武汉国民政府的某些特点密不可分。

1. 始终坚持苏联国家利益至上原则

斯大林、共产国际从苏联国内社会主义建设需要和平环境,避免帝国主义发动反苏战争出发制定指导中国革命的方针政策。苏联、共产国际支持殖民地解放运动的东方战略主要是围绕这个中心开展的。东方战略向中国伸出两只手,一手抓中国共产党,一手抓民主力量。为了在中国寻找长远的革命力量进行反帝,共产国际和苏联寻找并培养长远合作的中国共产党,共产国际对之充满期待,寻找进步的实力派,作为可以暂时可依赖的反帝力量,达到促进中国承认苏联并与之建立外交关系,继而继承旧俄在中国的利益。但是在寻找实力派时,苏联一方面考虑它的实力一方面考虑它的进步性和向社会主义方向的可推动性。中国共产党和共产国际、苏联近期的反帝利益具有一致性,也与其远期反帝利益具有一致性,但是它目前的力量还比较薄弱,是一支可持续发展的力量。苏联和两支力量合作,是把长远而弱小的革命力量,寓于近期而强大的革命力量之中求得迅速发展。二者都具有反帝作用,把二者的反帝力量联合起来会更加强大,因此反帝是一块大石,而共产国际找到了反帝的支点就是国民革命,杠杆是国共合作。

1924年国共合作后,中国反帝反封建的民族民主革命蓬勃发展,国民党确实是中国一股举足轻重的政治力量,他们在反帝反封方面体现出的革命性不容怀疑。从反帝反封这个角度讲，他们是世界无产阶级革命的同盟军。斯大林、共产国际最看重的就是国民党的反帝性质，因此对国民党寄予厚望，希望在国民党的领导下将中国变成亲苏的民主政权。他认为国民党政权将会是未来全中国革命政权的萌芽，"这个政权不会不是反帝国主义的政权，这个政权的每一步进展都是对世界帝国主义的打击"。① 这样一来，苏联、共产国际便试图实现直接控制国民党的目标。一方面，共产国际几乎采取强制命令的方式要求共产党人加入国民党，并把它当作反对帝国主义力量的民族革命的支柱来加以支持，明确说明在国民党领导的这场民主革命的过程中，共产党只是参与者，而非领导者。另一方面，斯大林、共产国际向国民党派遣了大批顾问，希望建立一个亲俄的政府。② 这都是苏联从自己的国家利益出发，实现利用中国革命力量达到与帝国主义抗衡的目的，避免帝国主义的反苏战争。而此时的中国共产党既没有影响，又没有实力，自然不被斯大林、共产国际看好。随着革命的深入发展，中国共产党的力量开始发展壮大，无产阶级与国民党内大资产阶级争夺革命领导权的斗争日趋激化，面对革命过程中出现的新情况，斯大林、共产国际为了获得国民党的信任，继续利用国民党反帝而屡次压迫共产党予以退让。斯大林对此解释是："在埃及或中国这类国家中民族资产阶级已经分裂成革命派和妥协派，但资产阶级的妥协部分还不会和帝国主义联合在一起。"③ 即便是在"三·二〇"事件和整理党务案之后，蒋介石明显右转的情况下，针对中国共产党反对蒋介石的计划，莫斯科明确予以拒绝，主张对蒋介石退让。共产国际执委会第六次扩大会议无视蒋介石右倾的事实，一味夸大了国民党的革命性和作用，尤其重视蒋介石、汪精卫的影响。所有这些，均对武汉国民政府的各项政策的制定造成了不利的影响。

在蒋介石发动"四·一二"政变之前，1927年4月5日斯大林还声称："现在，我们需要右派，这些右派是有能力的人，他们能够直接指挥

---

① 《斯大林全集》（第8卷），人民出版社1985年版，第327页。

② Schwartz, Benjanin. *Chinese communism and the rise of Mao*. Cambridge, Mass.: Harvard University Press, 1968, pp.44—79.

③ 《斯大林全集》（第7卷），人民出版社1985年版，第123—124页。

军队,并且领导军队去反对帝国主义。"① 不仅如此,莫斯科对蒋介石深信不疑,"他(蒋介石——笔者注)除了反帝而外,不可能有其他作为"。②一周之后,蒋介石用政变给予了回应。甚至在蒋发动"四·一二"政变后,斯大林1927年5月在《和中山大学学生的谈话》中还说:"甚至国民党右派蒋介石,在发动政变以前就用种种阴谋诡计来反对国民党左派和共产党人的蒋介石,当时也要比克伦斯基之流和策烈铁里之流高出一些……蒋介石进行战争——无论进行得好坏——则是反对奴役中国,从而削弱帝国主义的。"③ 当武汉政府在蒋介石叛变后,在决定先东征讨蒋还是继续北伐时,斯大林、共产国际反对东征讨蒋,原因是蒋介石虽然叛变了革命,但还是举着反帝的旗号,这显然是与苏联的利益是一致的。"倒不如暂时让蒋介石在上海地区挣扎,跟帝国主义在那里纠缠吧。"④ 既然蒋介石反帝,对苏联有利,何必还去讨伐蒋介石?这是莫斯科在蒋介石背叛革命之后拒绝从军事上打击蒋介石的最简单也是最直接的理由。蒋介石叛变革命后,斯大林、共产国际还把中国革命的希望寄托在汪精卫及其领导的国民政府身上,要求中国共产党拥护汪精卫和武汉国民政府,继续维护同国民党的统一战线,为的是更好地利用国民党继续反帝。在中国革命转变的紧急关头而召开的共产国际第七次和第八次全会正因为莫斯科对国民党抱有幻想,并没有真正解决中国大革命中存在的根本问题。他们对武汉国民政府的影响就是,完全彻底地放弃了无产阶级领导权。

为了维护苏联国家利益,斯大林、共产国际制定中国革命政策首先想到的就是怎样减轻自己的反帝压力。因此,为拖住帝国主义发动反苏战争,把中国革命作为苏联外交的组成部分,便构成了共产国际影响武汉国民政府的主要内容。在实际操作中共产国际、联共(布)压迫中国共产党向国民党右派屡屡妥协退让,以求得国民党中的实力派人物如蒋介石、汪精卫、唐生智之流反帝,放弃中国共产党的无产阶级领导权,导致了中国共产党内右倾错误的产生,这是武汉国民政权垮台的一个重要原因。

---

① Schwartz, Benjanin.*Chinese communism and the rise of Mao*.Cambridge, Mass.: Harvard University Press, 1968, p.79.

② Trotsky, Leon.*Problems of the Chinese revolution*.New York: Paragon Book Gallery, 1962, p.390.

③ 《斯大林全集》(第9卷),人民出版社1985年版,第222页。

④ 同上书,第230页。

2. 指示命令前后矛盾，令执行者无所适从

在中国整个大革命时期，掌握着共产国际最高指挥权的斯大林从未到过中国进行实地考察，而始终处在万里之外实行遥控。这样一来，斯大林因不了解中国的国情和瞬息万变的客观形势，导致他主观判断和决策错误。斯大林作出决策的依据，主要来自两个方面：一是依靠派驻中国的鲍罗廷、维经斯基、布勃诺夫、罗易等人写的报告，其中有些信息并不准确，也不及时，加上这些代表的素质及每个人的理解各不相同，经常出现对同一事件，不同代表的分析出现互相矛盾的情况。在这种情况下，很难想象斯大林能够作出符合中国革命实际情况的决策来。二是照搬俄国布尔什维克党在 1905 年革命时期的斗争策略和经验。显然在这个问题上，斯大林犯了公式化和定型化的错误。"所谓公式化，是教条主义地搬用俄国 1905 年反对沙皇和资产阶级立宪民主党的公式到中国来，对中国的资产阶级，特别是民族资产阶级不能正确地认识，不能分析统治阶级内部的矛盾，把中国的小资产阶级看成与西欧资本主义国家的小资产阶级一样。所为定型化，是把人定死了，不懂得人是会变的。"[①] 例如，斯大林在认识到中国"半殖民地"地位的同时，却忽视了存在"半封建"的特点；把中国仍然严重存在的封建因素说成只有"封建残余"，并且只是反映在社会上层建筑领域军阀和官僚的反动统治，却忽视在经济基础方面广大农村的封建土地制度。显然斯大林机械地照搬俄国 1905 年反对沙皇和资产阶级立宪民主党的一些观念和做法，忽视了中国半殖民地半封建社会与十月革命前的俄国有很大的不同，对中国封建势力的估计严重不足。因而在革命任务上只看到反对帝国主义侵略的一面，却忽视了广大农民迫切要求土地的反封建斗争。到大革命后期湖南等省农民夺取土地的斗争已经成为时局中心问题的时候，斯大林虽然提出要立刻满足农民最迫切的要求，同时却又不恰当地提出"应该引导到土地国有化"[②]，因而这种不符合中国国情和当时形势的主张，根本不可能产生积极的效果。斯大林还机械地套用俄国 1905 年革命、1917 年二月革命和十月革命的模式，将中国革命划分为三个阶段，认为第一阶段是"全民族联合战线的革命"，第二阶段是"资产阶级民主革命"，第三阶段是"苏维埃革命"。[③] 又如对中国阶级关系的分

[①] 《周恩来选集》（上卷），人民出版社 1980 年版，第 167 页。

[②] 《斯大林全集》（第 8 卷），第 330 页。

[③] 向青等主编：《苏联与中国革命》，中央编译出版社 1994 年版，第 258—259 页。

析，斯大林套用欧洲资产阶级革命时期的老观念，过高估计了资产阶级和国民党的力量，轻视无产阶级和共产党的作用。为了利用蒋介石进行北伐，竭力扶持他，主张迁就他。直到蒋介石叛变革命，还认为他所进行的战争是"削弱帝国主义的"。之后又把希望寄托在汪精卫和冯玉祥的身上，认为汪精卫是代表小资产阶级的国民党左派领袖，冯玉祥是"农民领袖"，对他们抱有希望，并未估计到他们会叛变革命。

斯大林、共产国际基于上述原因所作出的指导中国革命的决策，自然是无法解决当时中国面临的急需解决的问题的。我们现在来看看莫斯科面对中国大革命危局所采取的措施，这就是在1926年11月至12月共产国际执委会第七次扩大会议《关于中国形势问题的决议》，1927年3月3日联共政治局会议决定和5月30日"紧急指示"三个文件。

共产国际执行委员会第七次扩大会议决议与以前相比有以下转变：第一，"共产党人参加国民政府"（过去是退出或不担任国民党内的领导职务）；第二，"重点是土地革命"（过去的重点是军事北伐，不准进行削弱战斗力的土地革命）；第三，革命的前途是"非资本主义即社会主义"，为此，共产党要"在革命中占领导地位"即争取无产阶级革命领导权（过去是国民党掌握领导权，共产党甘心情愿做苦力）。①

1927年3月3日，共产国际注意到蒋介石在南昌已经形成了反革命中心，而且蒋开始公开发表反共反革命的言论，莫斯科才意识到如果再沿着先前制定的革命政策和策略执行的话，革命的失败将不可避免。斯大林要求中共的政策和工作制度必须作出改变。按照斯大林的想法，中共在现阶段工作的主要内容是：第一，改造国民党"吸收工农群众加入国民党"；"大力为国民党左派建立农民、小资产阶级和工人的基础"；"在这一基础上实行排挤国民党右派的方针，从政治上使他们声誉扫地并有步骤地自下而上地撤销他们担任的领导职务"。第二，改造军队"必须坚决加强提拔国民党左派和共产党员担任军队、军校、重要军事技术等部门干部职务工作"；"必须坚持把军队从个别军阀的雇佣军变为革命政府的、联系群众的常备军的方针；实行掌握军队中重要职位的政策"；"必须加强军队中共产党支部的工作"，"凡是没有支部、能够建立支部的地方都应建立支部"。第三，加强领导工农运动的工作，"必须使共产党在各地公开进行活动"；

---

① 《共产国际有关中国革命的文献资料（1919—1928）》第1辑，第373—385页。

"必须实行武装工农、把各地农民委员会变成拥有自卫武装的实际政权机构的方针。"① 很显然，斯大林忽视了中国的国情，武汉政府目前拥有的几支军队，绝大多数是没有经过改造的旧军队，其军队的长官本身就是一个新军阀，他们视军队为生命，自然不会容忍共产党对其军队进行改造而使其失去对军队的控制；同样的道理，让共产党去改造拥有军队的国民党，无疑是痴人说梦。

1927年5月30日，莫斯科给鲍罗廷、罗易和柳克斯发来最后挽救革命的"紧急指示"："不进行土地革命就不可能取得胜利。不进行土地革命，国民党中央就会变成不可靠将领中的可怜的玩物。必须同过火行为作斗争，但不能用军队，而要通过农会。""对手工业者、商人和小地主做出让步是必要的，同这些阶层联合是必要的。只应没收大、中地主的土地。不要触及军官和士兵的土地。如果形势需要，暂时可以不没收中地主的土地。""应从下面多吸收一些新的工农领导人加入国民党中央。他们的大胆意见会使老头们坚决起来，或者使他们变成废物。""必须消除对不可靠将军的依赖性。要动员两万共产党员，再加上来自湖南、湖北的五万革命工农，组建几个新军，要利用军校学员做指挥人员，组建自己可靠的军队。""要成立以著名国民党人和非共产党人为首的革命军事法庭，惩办和蒋介石保持联系或唆使士兵迫害人民、迫害工农的军官。不能只是说服教育。到采取行动的时候了。"②

应该说，到了大革命的后期，苏联、共产国际已经找到了中国革命的症结所在，所出台的指示和命令在想法上是正确的，当时如果中国共产党能够退出国民党，组建属于自己控制的军队发动土地革命的话，中国大革命的历史很可能会重写。但是，莫斯科上述指示要求在先前划定的框框范围内执行，即：第一，不准退出国民党，不准破裂统一战线；土地革命必须通过国民政府去实行。第二，不想建立强大的共产党领导的革命军队。在武汉国民党领导人反对土地革命，中国共产党又没有革命军队保障的前提下，开展土地革命根本无从谈起；组建军队、成立军事法庭，无异于破裂统一战线。前后矛盾的指示和命令，不仅使共产国际驻华代表无法执

---

① 《联共（布）中央政治局秘密会议第89号（特字第67号）记录》，载《联共（布）、共产国际与中国国民革命运动（1926—1927）》（下），第135—136页。

② 《罗易就中国形势给共产国际执行委员会政治书记处和斯大林的书面报告》，载《联共（布）、共产国际与中国国民革命运动（1926—1927）》（下），第294—295页。

行，而且使中国共产党感到根本不具备执行的条件。这不能不说，莫斯科脱离中国实情的指导使中国丧失了挽救中国革命的最后机会。

3. 工作作风带有浓厚的"斯大林色彩"

苏联、共产国际影响武汉国民政府，实际上是由联共（布）中央政治局的最高决策人——斯大林的决策影响武汉国民政府。受斯大林个人专断的领导作风和联共（布）党内斗争的影响，斯大林作出了指导中国革命的一系列错误决策，这些都带有浓厚的"斯大林色彩"，即领导作风上独断专行，大搞一言堂。

首先，个人专断的领导作风和过火打击"反对派"，必然导致斯大林拒绝采纳别人的正确意见。从苏联共产党和共产国际的领导层来看，由于共产国际内部领导人对中国革命的认识和理解不同，对中国大革命的指导存在着不同的主张，这是很正常的事情，但是由于在共产国际中斯大林占据着主导地位，很难听取与之不同的正确意见。例如，1923年5月24日布哈林对共产国际执委会东方部给中国共产党第三次全国代表大会的指示草案的修正案中，就提出了不少很有价值的指导性意见：一是强调在中国进行民族革命和建立反帝统一战线的同时，必须进行反对封建主义的"农民土地革命"，并且认为"全部政策的中心问题乃是农民问题"，只有在这个基础上才能顺利地进行反对帝国主义和彻底消灭中国封建制度的斗争，因此，"共产党作为工人阶级的政党，应当力求实现工农联盟"。二是明确提出"领导权应当归于工人阶级的政党"，强调在工会中聚集工人阶级的力量，是"共产党人的首要任务"。[①] 当时担任共产国际执行委员会主席的季诺维也夫完全赞同这些修改。现在看来，布哈林在修改中提出的主张是正确的，和同年1月共产国际《关于中国共产党与国民党的关系问题的决议》片面强调"合作是必要的"相比较，无疑是重大的进步。可是，唯我独尊的斯大林并没有予以重视。又如，季诺维也夫鉴于国民党内部右派活动猖獗，1926年5月曾提出中共党员应立即退出国民党。可是同年7月斯大林主持召开的联共（布）中央政治局会议，却武断地当作"取消中国革命运动"的错误观点予以否定。接着，共产国际执行委员会第七次全会又通过了经斯大林精心加工的《关于中国形势问题的决议》，再次批评了季诺维也夫的主张，并且撤销了他从共产国际创立以来就担任的主席职务。

[①]《布哈林对共产国际执行委员会东方部给中国共产党第三次代表大会的指示草案的修正案》，载《联共（布）、共产国际与中国国民革命运动（1920—1925）》，第254—255页。

从此，随着联共（布）党内频繁开展的过火的斗争，把围绕苏联社会主义建设问题上的意见分歧统统当成敌我矛盾对待的同时，凡是被指责为"反党集团"的人对中国革命的一些正确观点也统统拒不考虑了。① 斯大林的这种独断专行作风，也就成为接连发生决策失误的重要原因。

其次，联共（布）党内斗争对斯大林制定政策有很大的影响。1924年以后，联共（布）内在如何进行国内社会主义建设和对中国革命的具体指导上出现了分歧。因此，中国革命的成败体现了苏联、共产国际对华政策正确与否，涉及政策制定者的责任。中国问题自然成为托季反对派与斯大林布哈林双方斗争的一张重要的牌。1926年蒋介石从开始右转到最终发动"四·一二"政变；之后汪精卫叛变革命，武汉国民政府终结。中国革命出现严重的挫折和失败，这段时间斯大林在中国问题上与托季反对派的斗争一直处于被动地位。但是斯大林并不愿意承认自己的错误，为了不使反对派抓住把柄，斯大林在1926年11月的共产国际执委会七次全会，1927年5月的八次全会，以及"四·一二"政变和"七·一五"政变之前，关于中国革命的讲话和文章总是在为自己的政策辩解，虽然在实际指导中国革命的斗争和策略时，斯大林采纳了反对派的某些建议，但是在口头上他一直不承认自己的失误。自"四·一二"政变后，斯大林为论述中国革命问题和批驳反对派而发表的文章和演说主要有：1927年4月21日的《中国革命问题》、5月9日写答马尔秋林的《论中国革命的几个问题》、5月13日的《和中山大学学生的谈话》、5月24日在共产国际执行委员会的演说《中国革命和共产国际的任务》。斯大林的这些文章和演说体现了对国民党存在幻想和放弃无产阶级领导权。即使看到武汉国民政府的失败不可避免、国共合作已经破裂的时候，斯大林仍然坚持自己原来的错误主张，并不认为自己在指导中国革命的问题上存在任何错误，而将错误推到中国的共产党人身上，抱怨其没有很好地执行自己既定的中国革命政策。

显然，从斯大林的言论来看，斯大林对中国革命问题看法的变化是明显的，造成这一变化的主要原因是国际关系的变化和党内派别斗争，而不完全是因为中国的实际情况改变而引起的。反对派愈是在中国问题上指责斯大林有错误，斯大林愈是坚持说自己是正确的，即使后来斯大林意识到

---

① 参见中共中央党史研究室第一研究部主编《共产国际、联共（布）密档与中国革命史新论》，第305—306页。

自己在这一问题上的错误之后，仍然坚持自己的意见以避免让反对派抓住把柄。在这一背景下，在大革命后期，苏联、共产国际发往中国的指示、命令完全成为斯大林个人的意思表示，带有浓厚的"斯大林色彩"。正因为如此，斯大林指导中国革命的错误迟迟得不到纠正，最后导致了大革命的彻底失败。平心而论，托洛茨基和季诺维也夫反对派在中国革命问题上基本看法有错误，但不乏正确的意见和建议。如果当时不是出于派别之争，也许可以在中国问题上展开心平气和的争论，对挽救中国革命或许有益。

总之，在大革命中斯大林、共产国际为了拖住国民党反帝，在统一战线内部共产党与国民党争夺领导权的斗争中，压迫共产党妥协让步，牺牲了中国革命的根本利益。

第二章 共产国际对武汉国民政府政治政策和策略的影响

自北伐开始以来,国民政府根据革命形势的发展制定了若干政治政策和策略,这些政治政策和策略的制定和实施,自然与联共(布)、共产国际密不可分,同时对武汉国民政府的命运产生了重大而深远的影响,因此探讨共产国际和武汉国民政府政治政策之间的关系就显得尤为必要。由于学术界对武汉国民政府时期的政治政策做过较多的研究,亦取得过较为丰硕的成果,但仍有些问题尚未深入,本章选取若干重要的政策措施作一些粗浅的分析。

一 共产国际与武汉国民政府的"迎汪复职"运动

1926年,在共产国际的领导下,国民党左派和中共提出了"迎汪复职"的口号,试图恢复到"中山舰事件"以前的状态。然而,由于共产国际和中国共产党过高地估计了汪精卫的作用,使得汪精卫利用"迎汪复职"运动轻而易举地取得了武汉政权。共产国际和中共没有达到团结国民党左派,推动国共合作,深入进行国民革命的目的。

(一) 共产国际与"迎汪复职"口号的提出

1. "迎汪复职"运动产生的背景

1926年3月20日,蒋介石利用东征和处理"廖案"所建立起来的威信与掌握的军事力量,对中共和国民党左派进行突然袭击,制造了"中山舰事件"。汪精卫愤于对事变一无所知,且一度遭到软禁,于3月23日称病请假,不久又秘密出走法国,致使国民党左派顿失重心。"三·二〇"事变之后,蒋介石通过一系列的表演,骗过了布勃洛夫使团,共产国际决定对其采取妥协退让的方针。5月15日,蒋介石不失时机地操纵国民党二届二中全会，通过了旨在削弱、限制共产党人的"整理党务案"。一方面排斥了共产党，限制共产党员在国民党中央和省执行委员会中的人数不得超过总数的三分之一；另一方面也打击了国民党左派势力，从而导致自己的实力上升，时任国民党中央政治委员会主席兼军委主席、国民政府主席的汪精卫被蒋介石赶到国外，蒋趁机篡取了国民党中央组织部长兼军事部长的职务。6月5日，国民政府特任蒋为国民革命军总司令。7月初，国民党中央执委会临时会议又选举蒋为中执会常务委员会主席，并特任蒋为国民政府委员。这样，在北伐战争之初，就出现了"党权政权军权皆集中于总司令一身"的不正常状况，以至于形成"蒋所在地，就是国民党中央所在地，国民政府所在地；蒋就是国民党，蒋就是国民政府，威福之甚，过于中山为大元帅时"[①]。同时蒋介石借北伐之机，大肆扩充自己的实力，军事独裁初现端倪。

对于蒋介石的独裁倾向，共产国际和中共自然看得很清楚，期望通过某种方式来改变这种现状，因此自然而然想起了国民党内的另一重要人物汪精卫。汪精卫生于1881年，早年开始从事革命活动，参加了孙中山建立的革命民主组织"同盟会"，1901年他曾参加了谋杀摄政王之举，事败入狱。汪精卫是孙中山的老战友，国民党内卓越的演说家和政论家。汪与廖仲恺、胡汉民并称为孙中山麾下"三杰"，孙中山逝世后一直以左派领袖面目出现，在国民党内威信颇高。

国民党内部对蒋介石排除异己，扩充自己势力亦有诸多不满。随着北伐战争的顺利发展，国民革命军内部各派系为争夺地盘发生了矛盾。福建、浙江两省的军队基本不服从蒋介石的指挥。第三军军长朱德培被任命为江西总司令后，并不执行蒋介石的政策，因为蒋介石主张国民政府迁都南昌，如此一来朱德培在江西的权力将丧失殆尽。第四军、第十军都被唐生智疏通后反对蒋介石。李宗仁后经唐生智劝说后，亦公然反对蒋介石。在所有的派系斗争之中，以蒋介石和唐生智之间的矛盾尤其突出。除此之外，国民党内左派人士如宋庆龄、陈友仁等对蒋介石独揽党、政、军表示不满和担心，因此希望通过某种方式改变一下现状，试图恢复到"中山舰事件"之前的状况。

对于中国共产党来说，蒋介石一系列的反共行径严重背离了孙中山

---

① 《中央局报告（九月份）——最近全国政治情形与党的发展》，载中央档案馆编《中共中央文件选集》（第2册），中共中央党校出版社1989年版，第341页。

的三大政策,在这种情况下,如何保持同国民党的统一战线,同时又进一步推进国民革命是中共领导人考虑的重要问题。陈独秀认为蒋介石发动"中山舰事件",限制共产党员在其军队中活动,使得原先的党内合作的形式不利于中国共产党的发展,因此陈独秀向共产国际提出将国共合作的形式从党内合作变为党外合作。陈独秀的提议遭到了莫斯科的强烈反对,在1926年4月29日召开的联共(布)中央政治局会议上,斯大林强调:"认为国共破裂的问题具有头等重要的意义。认为这种破裂是绝对不能允许的。"为此,共产党"要在内部组织上向国民党左派(指蒋介石——引者注)作出让步,重新安排人员。"① 经过共产国际的批评后,陈独秀不得不重新回到同国民党党内合作的路线上来,为此他发表文章阐述党内合作,认为"帮助与领导国民党"这个责任"我们一时不能放弃。""若是放弃这个责任,甚至于退出国民党,便是完全让代表资产阶级的新右派结合代表小资产阶级的左派来领导革命。"② 按照共产国际的设想,中国革命的领导者应该是国民党,共产党只是帮助国民党,这是中国共产党扶助左派的条件。当时中共的政治态度是,联合左派并中派,向反动的右派进攻;只能扶助左派而不能代替左派;只能联合左派控制中派使之左倾,而不能希望消灭中派,在社会势力中我们现在还不能敌视资产阶级,有时还需扶助中派。

当时的国民党左派在中国共产党提出"迎汪复职"思路的同时,亦想提出"迎汪复职",其目的是以"迎汪"作为策略口号,造成全国舆论的压力,以约束和限制蒋介石的个人专制和独裁活动,恢复和提高国民党的权威。此时广州地区的革命群众也对蒋介石独揽大权表示不满,希望汪精卫回国重掌国民政府和国民党的大权,而蒋介石专务军事。因此"现时广东内外反蒋迎汪的空气异常浓厚,不仅在一切民众运动中,就是在所有军队中,甚至蒋之根据地黄埔军校学生,亦不满现状而提出迎汪口号。"③

---

① 《联共(布)中央政治局会议第22号(特字第16号)记录》,载《联共(布)、共产国际与中国国民革命运动(1926—1927)》(上),第236、237页。

② 广东省党史委编:《广东区党、团研究史料(1921—1926)》,广东人民出版社1983年版,第415页。

③ 《中央致粤区的信——制订左派政纲,促成汪蒋合作》,载《中共中央文件选集》(第2册),第314页。

2. "迎汪复职"口号的提出

陈独秀在国民政府北伐开始后不久便提出了"迎汪复职""汪蒋合作"的政治主张,按照陈当时的想法就是想通过汪精卫来限制蒋介石势力的扩张。他认为"我们的政策是赞助左派在广东在全国取得政治上的指导","我们同志在民党中,应向左派宣传'革命势力统一'的口号,便是必须汪蒋合作,使汪能主持国民党,若反汪并同时反对坚定的左派政策,不但是使北伐消失革命意义,而且可危及广东的根据地"。① 显然,在陈独秀的眼中,汪精卫俨然成了国民党左派的代表者,在蒋介石日益右倾的情况下中国共产党只有通过支持汪精卫来同蒋介石抗衡。陈独秀认为汪精卫回来之后,"事实上变成为左派的中心,政治的中心,并且是党的中心,所以我们当极力设法劝汪回"②。1926 年 9 月,中共以《中央局报告》的形式将陈独秀的意见向全党提出。《报告》认为:"革命势力分散了是不好的;但现时的军队,若果权力集中在一人之手,反更有右倾的危险。因此我们现时对于蒋唐的冲突,不去助长,也不去消灭,只维持其平衡,在这个平衡的维持中,还可逼他们多做点革命工作。"③ 为了保持权力的平衡,蒋介石"只能做国民政府军事首领,党及政府首领仍应请汪回任,否则无法减少"唐生智等人对蒋的"反感"。④ 陈独秀的目的有两个,一是通过迎汪精卫来限制蒋介石右倾;二是希望汪精卫回来从蒋介石那里分担党和政府的权力,从而回到"中山舰事件"之前的状态。

但在共产国际及其代表看来,对于蒋介石独裁倾向日益明显的应对措施似乎与中共的看法并不一致。"三·二〇"和"五·一五"事件后莫斯科对中国革命贯彻退让方针时,宣称是对蒋介石集团采取利用其反帝积极性的策略。与其说"利用",不如说实际执行的是"依靠"蒋介石,想依靠他取得北伐和国民革命的胜利。所以在谈到"三·二〇"的起因时,共产国际指责"共产党人的过于突出,他们过多地占据重要职位,以及对中国将领,包括蒋介石本人,常常采取没有分寸的'同志式

---

① 《中央通告第十七号——对国民党中央扩大会议的政策》,载《中共中央文件选集》(第 2 册),第 311 页。
② 《对于目前时局的几个重要问题》,载《中共中央文件选集》(第 2 册),第 443 页。
③ 《中央局报告(九月份)——最近全国政治情形与党的发展》,载《中共中央文件选集》(第 2 册),第 339 页。
④ 同上书,第 338 页。

的'无礼行为","忽视为将领们而首先是为蒋介石'提供服务'的必要性"。① 因此对于中共提出"迎汪复职"口号，共产国际首先考虑的是蒋介石的态度和反映。

在最初讨论迎汪复职问题时，时任国民政府总顾问的鲍罗廷表示反对。鲍认为当时北伐在军事准备等方面均不充分，迎汪必须在时间的选择上更策略一点，以免汪回国后，会出现类似"中山舰事件"的结果。维经斯基更是认为"蒋未必是新右派"，如果中共"拥汪回来"则易"致启纠纷"。② 随着北伐的进展，蒋介石随着势力扩张，反动倾向加剧，他们逐渐改变了原先的看法，赞成中共提出的迎汪回国复职。然而，蒋介石与汪精卫的地位，在共产国际和中共中央的天平上，始终难以平衡。中共中央认为为了巩固国民革命的根据地广东，"我们应该不踌躇地要汪回来"③，而汪回来之后"左派始有中心，左派政权在广东始能建立"④，但是汪精卫回来必须取得"蒋同意和前敌战事大胜为条件，万不可鲁莽从事"，也就是说不要让蒋介石为汪精卫回来的事而离开北伐前线。而共产国际更倾向于重视和利用蒋介石，莫斯科把蒋视为他们在中国实现苏联利益的主要依靠对象。把蒋"作为同孙逸仙联系最密切的人和作为最有军事素养的人，毕竟是指挥北伐的惟一候选人"，指示中共"现在应当客观地把蒋介石看作是革命运动方面一个重要力量"来扶持。⑤ 可以说，共产国际和中共中央对蒋介石的倾向性始终超过对汪精卫的考虑。

尽管中共产生"迎汪复职"的想法很久，但是最早提出"迎汪复职"口号的却是国民党左派。早在汪精卫出国不久，就有一些国民党左派人士和地方党部"电请中央函催汪精卫同志销假视事，俾中枢有主，成就北伐大业"。⑥ 北伐战争开始后，国民党的一些省市党部纷纷电请远在欧洲的汪

---

① 《穆辛关于中共在广州的任务的提纲》，载《联共（布）、共产国际与中国国民革命运动（1926—1927）》（上），第 210—217 页。

② 广东省党史委编：《广东区党、团研究史料（1921—1926）》，第 419 页。

③ 《中央给粤区信——关于汪精卫复制问题及对唐生智态度等》，载《中共中央文件选集》（第 2 册），第 447 页。

④ 《对于目前时局的几个重要问题》，载《中共中央文件选集》（第 2 册），第 446 页。

⑤ 《罗加乔夫关于广州 1926 年 3 月 20 日事件的书面报告》，载《联共（布）、共产国际与中国国民革命运动（1926—1927）》（上），第 234 页。

⑥ 中国第二历史档案馆编：《中国国民党第一、二次全国代表大会会议史料》（上），江苏古籍出版社 1986 年版，第 586 页。

精卫回国。8月10日,何香凝在国民党中常会第47次会议上提议:"现在请汪主席销假者函电分驰,中央应分别答复及将原函电转汪主席。"会议决定"将各党部及团体请汪主席销假各件抄寄汪先生"①,正式提出了"迎汪复职"的口号。8月下旬,汪精卫自请复职的信寄往广州。随后,何香凝等主张将此信公开,"借此请汪复职"。②

(二) 武汉国民政府"迎汪复职"运动的经过

1. 共产国际、中共与"迎汪复职"运动方案的出台

尽管国民党左派已经提出"迎汪复职"的口号,中共也有"迎汪复职"的想法,但是迎汪便意味着倒蒋,怎样才能使蒋介石接受迎汪的事实,共产国际、中共并没有一个具体的方案。按照共产国际依靠蒋介石的方针,即使迎汪也不能提倒蒋,不仅如此,在实际迎汪运动中不能造成抑蒋或倒蒋的势头。在此指示下,中共制定了"迎汪复职"运动的策略。

按照莫斯科的想法,当前国民政府必须在维护蒋介石领导地位的前提下,使汪精卫能够同蒋介石合作,这样既可以保证北伐的顺利进行,又能够改变蒋介石独霸党政军大权的现状。为贯彻莫斯科的这一指示精神,1926年9月16日,共产国际远东局与中共中央举行联席会议,讨论迎汪复职问题,会议在维经斯基主持下通过决议:"1. 我们党在汪精卫问题上的政策现在应当是,无论如何不给蒋介石以任何借口来坚决反对国民党左派和从前线撤退。2. 因此,我们对蒋介石的政策现在应当是,在国民党十月全会上要向左派和蒋介石表明,我们确实真的希望他们合作。3. 因此,全会的主要问题应当是通过一个政治纲领,动员左派,不给蒋介石及思想上的中派提供反对左派的可能性。这个纲领应在全会召开前公布,并以这个纲领为基础进行代表会议的准备工作。4. 老头子(陈独秀——作者注)应根据以上精神对蒋介石向共产党人提出的请求做出答复。5. 汪精卫回来的问题应当在国民党代表会议期间根据政治局势做出具体决定。"③ 这个决

---

① 中国第二历史档案馆编:《中国国民党第一、二次全国代表大会会议史料》(上),江苏古籍出版社1986年版,第635页。

② 《瞿秋白由粤回来报告》,载广东省党史委编《广东区党、团研究史料(1921—1926)》,第415页。

③ 《共产国际执行委员会远东局委员与中共中央执行委员会委员联席会议决议》,载《联共(布)、共产国际与中国国民革命运动(1926—1927)》(上),第503—504页。

议反映了共产国际代表和陈独秀对待迎汪复职运动非常矛盾的心理：共产国际代表和陈独秀赞成汪回国复职的主要目的，是想削弱蒋介石的权力，将党权、政权和军权分开，蒋做军事首领，汪做党和政府首领，以缓和蒋与各派军阀的冲突，维持军阀间的均势，以保持广东政府的革命性质；但同时又怕蒋误会迎汪即是为了倒蒋招致蒋再制造一个"三·二〇"事件，动摇北伐的局面。因此，把蒋介石是否愿意与汪精卫合作，作为迎汪复职的前提。

在中国共产党看来，"迎汪复职"是刻不容缓的，而且中共责无旁贷。为了统一全党思想，贯彻共产国际关于这一问题的指示精神，按照中央九月会议决议，中共中央向全党发出《中央通告第十七号——对国民党中央扩大会议的政策》，提出"迎汪绝不是就要倒蒋，在现时内外情势之下采此政策是很危险的：一动摇了北伐的局面，二继蒋之军事将领不见比蒋好。我们向蒋诚恳的表示，汪回后我们决无报复行为，决不推翻整理党务案。""如果蒋能执行左派政纲成为左派，我们亦可不坚持要汪回来。"①在维经斯基和陈独秀看来，请汪精卫回国复职有三大好处：第一，使国民党增加得力负责人以扩大局面；第二，新起来的小军阀与蒋之间的冲突，有汪可以和缓一些；第三，张静江等在粤的腐败政治，汪回可望整顿。根据联席会议的决定，陈独秀告诉蒋介石的代表：中共在三个条件下赞成汪回，"一是汪蒋合作不是迎汪倒蒋；二是仍维持蒋之军事首领地位，愈加充实蒋之实力做更远大之发展，决不主张别的军人拥汪以倒蒋；三是不主张推翻整理党务案"。② 客观地说，中共中央是在极其矛盾的心态下作出上述决定的，一方面，大家清楚地看到自从"中山舰事件"以后，蒋介石集党权政权军权于一身，已形成个人专权的局面；另一方面，中央又不能不执行共产国际远东局和鲍罗廷的决定。同时，中国共产党还看到，消灭北洋军阀是目前革命最主要的任务，在北伐顺利发展的形势下，反对蒋介石势必影响北伐的进行。在这样的矛盾心态中，陈独秀认为对"迎汪复职"运动中共可以做三种选择：（1）迎汪倒蒋；（2）汪蒋合作；（3）使蒋成为一个左派，执行左派政策。但第一个办法太危险，在现时北伐的非常时

---

① 《中央通告第十七号——对国民党中央扩大会议的政策》，载《中共中央文件选集》（第2册），第311—312页。

② 《中央给广东信——汪蒋问题最后的决定》，载《中共中央文件选集》（第2册），第325—326页。

期,一旦去蒋,将对国民政府发生极坏的影响,将会动摇北伐的局面;继蒋而起的军事领袖如唐生智、李济深等也并不可靠,他们因现时反蒋,故行动较蒋左,恐去蒋后行动比现之蒋还右。第三个办法实行起来也很困难,因为张静江、叶楚伧等人控制的广东政权,根本不可能执行左派政策,"比较最好的是取第二办法(即汪蒋合作)"①。

为了实现"迎汪复职"运动所需达到的蒋汪合作目的,中共中央在1926年9月至10月多次指示各地党部特别是中共广东区委要做好"迎汪复职"的宣传、组织工作,要求各省尽量选派可靠的国民党左派分子出席国民党十月联席会议,以制定左派政纲,通过迎汪复职的决议案。在发出的各种指示中,共产国际代表和陈独秀一再强调"迎汪复职"要实现的是汪蒋合作,而非迎汪倒蒋,告诫各地党部在进行"迎汪复职"的宣传工作时,要注意内外环境的形势,勿授蒋以隙,被蒋借口打击左派。10月3日中共中央在给粤区信再次明确提出"汪精卫回粤固然重要,而实现时期必须万分谨慎",若"不顾蒋之意硬迎汪殊太危险"。特别告诫中共广东区委,"迎汪决定必须以蒋同意或前敌战事大胜为条件,万万不可鲁莽从事。至要!"②

1926年10月15日至28日,国民党中央执监委员及各省区党部代表联席会议在广州召开。会议正式通过了《迎汪案》,即"迎汪复职"、拥戴汪精卫为国民党领袖的决定,并决定要"切实进行宣传汪蒋合作……极力向左派表示诚意的合作,与左派共同制定一左派政纲,给左派一行动的标准;同时又使蒋不能反对此政纲"。③ 这个决定是在综合了共产国际和中共中央意见的基础上形成的,但有一点是比较一致的,即"须将党权和军权分开……维持蒋之中央军事领袖地位……既适合蒋好大喜功之心,又使汪蒋及各小军阀间的权力或者不致冲突。"④ 会议特别选派何香凝、彭泽民、张曙时、褚民宜、简琴时5人为"迎汪代表",前往巴黎迎接汪精卫,

---

① 《中央致粤区的信——制订左派政纲,促成汪蒋合作》,载《中共中央文件选集》(第2册),第316页。

② 《中央给粤区信——时局变动与我们对于汪蒋问题之新决定》,载《中共中央文件选集》(第2册),第371页。

③ 《中央致粤区的信——制订左派政纲,促成汪蒋合作》,载《中共中央文件选集》(第2册),第317页。

④ 《中央给广东信——汪蒋问题最后的决定》,载《中共中央文件选集》(第2册),第326页。

并敦请汪精卫"眷念党国,立即命驾回粤"。

2. 共产国际、中共与"迎汪复职"运动的实施

"迎汪复职"运动方案确定之后,在中共的领导下,武汉国民政府辖区内掀起了"迎汪复职"的高潮。工农商学兵及党政机关纷纷集会,发表通电和宣言,呼吁汪精卫回国。仅根据《汉口民国日报》不完全统计,到1927年4月上旬,迎汪的函电、宣言就达一百二十余件,这主要是中共的得力领导和大力扶持的结果。"迎汪复职"政策不仅在共产党内得到了贯彻,而且也推行到国民党内。因为"迎汪复职"是以削弱蒋介石的权力为目的的,这在当时不仅为国民党左派所拥护,也为一些右派分子所接受。特别是国民党左派的许多领导人在同蒋介石的斗争中,自感缺乏领袖人物,深感汪精卫不在党内,使他们"群龙无首",无法与蒋介石抗衡。

为了分析国民革命联合战线中出现的各种危险倾向,制定党的斗争策略,中共中央于1926年12月中旬在汉口举行特别会议。共产国际代表维经斯基、苏联顾问鲍罗廷都出席了这次会议。陈独秀在政治报告中指出,从江西战场胜利以后,我们和国民党的关系发生许多新变化,出现许多危险倾向,使联合战线随时随地都有破裂的危险。陈独秀在分析造成这种危险的原因时,虽然也承认蒋介石有左的言论,而实际行动很右,但是却拿不出任何有效的解决问题的办法来。会议作出挽救时局危机的重要策略,即"极力促成迎汪复职的运动","扶助国民党左派领袖获得在政府及党的领导地位","扶助左派建立以汪精卫为领袖的文人派政府","以推动国民党的军事政权向左","以减少国民政府之军事独裁的性质"。[1] 以使"左派能有中心领袖,使国民政府能有中心人物"[2]。显然,陈独秀对蒋在北伐中的地位与作用做了过高的估计,并且对蒋抱有幻想,又害怕因反蒋而破裂统一战线。他把挽救危机的希望完全寄托在汪精卫身上,似乎依靠汪精卫能够组成一个强大的左派集团,以推动蒋介石的军事政权由右向左转,担负起完成国民革命的重任。

随着北伐战争的节节胜利,蒋介石利用战时的特殊环境和北伐军总司令的地位,企图号令一切,凌驾于国民党与国民政府之上。国民革命军占领南昌之后,以蒋介石为核心的新右派开始逐渐形成。1926年11月16

---

[1]《政治报告》,载《中共中央文件选集》(第2册),第567页。

[2] 中央档案馆编:《中共中央政治报告选辑(1922—1926年)》,中共中央党校出版社1991年版,第116页。

日，为了适应革命形势的发展，在蒋介石的一再催促下，国民党中央政治会议决定国民政府及国民党中央党部北迁武昌。广州国民政府的国民党中央委员和国民政府委员分两批出发，第一批抵汉后于1926年12月13日在武昌成立国民党中央执行委员暨国民政府委员临时联席会议，行使国民政府和国民党中央的最高职权，处理决定各项重要问题。但是，原来主张迁都武汉的蒋介石却出尔反尔，将第二批出发的委员们截留在南昌，于1927年1月5日公开发表通电，反对迁都武汉，妄图将国民党中央和国民政府迁到北伐军总司令部大本营所在地南昌，从而挑起了"迁都之争"。通过迁都之争，共产党人对蒋介石的反动嘴脸有了进一步的认识。1927年2月12日中共中央向党内发出通告，明确指出，"现在蒋介石区已成为右派反动势力的中心"，"我们在各地应即刻开始作反蒋的宣传"。[①] 此后，共产党人联合国民党左派由下而上在武汉、上海、广州以及全国各地掀起了声势浩大的反对独裁、恢复党权的运动。

　　1927年3月10日至17日，国民党二届三中全会在汉口召开，出席大会的有33人，中央执行委员18人，其中国民党左派占大多数。大会坚持国共合作的原则，通过了《统一党的领导机关案》等一系列旨在提高党权、限制蒋介石军事独裁的决议案。会议决定取消主席制，设立常务委员会，这就无形中免去了蒋介石的中央常委会主席、张静江的中央常委会代主席职务。同时取消军事委员会主席的设置，改由军事委员会主席团处理日常事务。在相当程度上削弱了蒋介石的权力。但是，当时并没有拿出任何有效的具体措施，而仍然是把希望寄托在尚在国外的汪精卫身上，推举汪精卫身兼中央常务委员、中央政治委员会主席团委员、军事委员会主席团委员、中央组织部长及国民政府常务委员等要职，赋予党政军之大权、希冀以提高其权力来限制蒋介石。

　　1927年4月1日，人们千呼万唤近一年的汪精卫终于由欧洲姗姗回到上海。汪一回国，就被反革命势力所包围，蒋介石一面发表通电，表示他愿意"统率各军，一致服从"汪之"指挥"[②]；一面于1927年4月2日至5日，同汪精卫举行会议，密谈分共问题，企图将昔日的政敌拉拢为"清党"的伙伴。但由于分共时机汪与蒋有异，而蒋又未满足汪当国民党领袖的欲望，汪蒋未能达成一致意见。这时共产党和国民党左派已经注意到汪

---

① 《上海工人三次武装起义》，第120—121页。
② 张宪文等：《蒋介石全传》（上），河南人民出版社1996年版，第188页。

第二章 共产国际对武汉国民政府政治政策和策略的影响　　57

精卫有被蒋介石拉拢的危险，经过他们的努力，4月5日汪精卫与陈独秀公开发表《汪陈联合宣言》，以示"不与蒋合作"。汪精卫于6日离沪赴鄂，10日抵汉，武汉群众举行了盛大的欢迎会，汪精卫宣誓就职复任国民政府主席。至此，"迎汪复职"运动宣告结束。

3. 蒋介石与武汉国民政府的"迎汪复职"运动

"迎汪复职"的主张提出之后，蒋介石本能地感到不高兴，他很快意识到这是冲着自己而来的。他既怕汪精卫回国后实力派拥护汪精卫以倒自己从而动摇自己的地位，又害怕无法统一各部军队绝对受自己指挥。因此1926年8月下旬，蒋介石在北伐前线获悉广州方面正在紧锣密鼓地"迎汪复职"后，立即意识到这是"倒蒋"的信号，非常恐慌。他首先想到了向各方施加压力，大造舆论："我以为党政军只能有一个领袖，不能有两个领袖。如果大家要汪先生回来，我便走开。如果大家要我不走，汪先生便不能回来。"[①]此时蒋介石自己感到了前所未有的孤立，一方面由于其通过"三·二〇"和"五·一五"事件独揽党政军大权，引起全国人民的不满，就连当时国民党的将领也表示了不满。这一点陈公博说得很明白，"想到三月二十日之变，大家遂不满意于蒋先生。那时虽然说不上反蒋，可使崇拜汪而惧怕蒋倒是一个显而易见的心理。惟其（蒋介石——笔者注）三月二十日之变太莫名其妙，所以一般党人和将领都有寒心，就是没有汪先生在国府那一段的成绩，大家也有点芒刺在背的恐怖"[②]。另一方面，各军事将领对于蒋介石发展嫡系、排除异己表示不满。"三·二〇"事件之前，汪精卫当时坐镇国民政府和军事委员会，无偏无袒，使各军得其平衡，加上汪实行廉洁政治，一时颇得人心。蒋介石集党政军大权于一身之后，利用北伐之机大肆发展自己的势力，同时打击其他各系，在北伐战争中有意保存自己的实力，加上在江西战场军事失利，在北伐的军事将领，如唐生智、李宗仁等纷纷表示对其不满。一时间蒋介石感到危机四伏、摇摇欲坠。

为了挽回不利局势，蒋介石一方面派胡公冕去上海找陈独秀，声称汪回来将为小军阀利用和他捣乱，会分散国民革命的势力，要求中共"勿赞成汪回"；另一方面请维经斯基赴鄂，企图假借共产国际的权威，说服共产党人不支持"迎汪复职"运动。此时危机四伏的蒋介石知道，要想改变国民党左派提出的"迎汪复职"策略，只有求助于中国共产党。于是蒋向

① 陈公博：《苦笑录》，东方出版社2004年版，第63页。
② 同上书，第56页。

中共和苏联顾问请求维持一军，维持蒋之总司令威信。蒋之后又派人面见陈独秀，"请 C. P. 勿赞成汪回"①。面对蒋介石提出的要求，陈独秀予以委婉的拒绝，他对蒋介石说："在现时的情况下，我们自然绝对不赞成'迎汪倒蒋'的口号，因为这样做动摇了北伐的全局。"②他认为："在现时北伐的内外形势中，一旦去蒋将使国民政府发生极坏影响。"③陈独秀还告诉蒋介石："我们赞成汪回，于 K. M. T 于国民政府于蒋有三种好处，第一，是武汉攻下后国民政府局面扩大，工作扩大，汪出来更能得力负责之人，更能增加国民政府力量；第二，是新起来归的小军阀，现时国民政府还不能丢掉这般人，他们与蒋之间的冲突，有汪出来可以缓和一些；第三，现时张静江在粤的腐败统治，汪回可望整顿，不致被贪官污吏土豪劣绅所断送了国民政府之民众的基础。"④但是陈独秀又强调"迎汪复职"不是无条件的，而是有条件的。汪精卫回来之后，是同蒋介石合作，并不是迎汪倒蒋；蒋介石的军事首领总司令的地位仍然予以保留，不仅如此，将更加充实蒋介石的实力，做更远大的发展，绝不主张别的军人拥戴汪精卫以帮助其他小军阀倒蒋。此外陈独秀还向蒋介石表示，中国共产党不主张推翻整理党务案。

应该说陈独秀对蒋介石的谈话很好地贯彻了共产国际关于"迎汪复职"的指示精神，中国共产党从中国革命的大局出发，采取了对蒋介石退让的政策，并没有采取利用汪精卫回国打倒蒋介石的策略，而是寄希望汪精卫回国后同蒋介石合作，从而拉住蒋介石不使之右转。应该说陈独秀同蒋介石的谈话是推心置腹、坦诚相见的，但是蒋介石似乎摸准了共产国际的心思，即共产国际将蒋介石视为中国唯一支持的对象，无论他做出什么出格的事情来，共产国际也会支持他，因为他是共产国际在中国反对帝国主义的一张牌，蒋介石已经通过"三·二〇"和"五·一五"事件证明这个想法的正确性。但是在当时国民政府上下拥护"迎汪复职"的政治气候下，蒋介石自己也明白公然反对"迎汪复职"无异于是自掘坟墓，于是

---

① 《中央给广东信——汪蒋问题最后的决定》，载《中共中央文件选集》（第 2 册），第 325 页。

② 《中央局报告（九月份）——最近全国政治情形与党的发展》，载《中共中央文件选集》（第 2 册），第 346 页。

③ 《中央致粤区的信——制订左派政纲，促成汪蒋合作》，载《中共中央文件选集》（第 2 册），第 315 页。

④ 《中央给广东信——汪蒋问题最后的决定》，载《中共中央文件选集》（第 2 册），第 325 页。

蒋介石便暗地里进行阻挠和破坏"迎汪复职"。其表现之一：蒋介石虽然当面对别人口口声声愿意请汪精卫回来，实际上暗中拖延和阻挠汪精卫回国。开始之际，蒋介石采取拖的办法，声称"等军事告一段落，即当迎汪"①。这显然是一句托词，北伐开始不久，于胜利之日尚远，"军事告一段落"定是遥遥无期，迎汪自然是一句空话；即便是北伐很快取得胜利，到时蒋介石羽翼已丰，势力巩固，汪精卫回归与否已无关大局。但后来随着民众呼声日高，蒋介石暗中派人与汪精卫联络，企图阻止汪精卫回国。顾孟余同陈公博谈话时提到："介石以前对我说要请汪先生回国，我也信以为真。最近石曾（李石曾——笔者注）的侄子告诉我，说介石打听先生在欧洲的住址，还托石曾设法阻止汪先生回国。"②表现之二：蒋介石在与"迎汪复职"直接相关的一些问题上，节外生枝，挑起事端，企图变相阻止汪精卫回国复职。鲍曾对张国焘说，蒋氏一直要建立他个人的军事独裁，将国民政府和国民党完全置于掌握之中，而汪精卫是他实现野心的最大障碍，因此他反对汪精卫回国复职。③

（三）共产国际对"迎汪复职"运动的影响评价

由中国共产党倡导、共产国际支持的"迎汪复职"运动是一场反对蒋介石独裁的民主运动，这场运动曾经起过积极作用。首先，"迎汪复职"运动是在北伐时期蒋介石新右派面目开始暴露、军事独裁日趋严重的形势下发展起来，以抑制和削弱蒋介石的个人军事独裁局面为目的革命运动。它打破了"中山舰事件"和"整理党务案"以来的沉寂气氛，第一次开展公开的、群众性的反对蒋介石军事独裁活动的斗争。其次，中国共产党利用这一运动动员和组织人民群众、国民党左派以及其他革命势力揭露了蒋介石背叛孙中山三大政策、镇压工农运动、摧残农会、杀戮农民运动领袖、袒护反动工贼等反革命罪行，打击了蒋的反动气焰，并削弱了蒋的部分权力。最后，"迎汪"口号的提出和深入宣传，使蒋介石在国民党内和全国人民中十分孤立，这就为揭开蒋介石假左派真右派的丑恶面具起了积极的铺垫作用，并为"四·一二"政变后全国人民的反蒋高潮奠定了基础。但是，共产国际代表维经斯基、苏联顾问鲍罗廷和陈独秀等人过分看

---

① 《苦笑录》，第67页。
② 同上。
③ 张国焘：《我的回忆》（第2册），东方出版社1998年版，第169、170页。

重迎汪复职运动的作用,未能在精神上和实际工作中做好应付各种突然事变的准备,而是把希望寄托在汪精卫和其他国民党军事将领身上,幻想以退让求团结。具体来说,共产国际在指导武汉国民政府的"迎汪复职"运动中存在以下几个错误。

1. 共产国际关于中国革命由国民党领导的理论使中共从"迎汪复职"运动开始便放弃了大革命的领导权

大革命时期共产国际始终重视国民党,轻视共产党,把大革命时期称作"中国革命的国民党阶段"。斯大林认为,在革命的第一阶段即在广州时期,中共应该在统一战线中"进行自己独立的政治工作和组织工作,把无产阶级组织成独立的政治力量,从而为无产阶级获得领导权准备条件"①。这段话看似强调无产阶级在资产阶级民主革命中的领导权,但实际上没有突破无产阶级通过自己的政治、组织、思想的影响,从政治上对革命统一战线进行领导的思想框框。中共仍然必须通过国民党来领导革命,只有国民党领导的国民革命取得胜利之后,共产党对于革命的领导权才有可能实现。

在"中山舰事件"之后,共产国际认为:"现在革命取得胜利后走向全国政权的党不是共产党,而是国民党。在人民民主革命取得胜利时,中国无产阶级只能指望自己目前常常是奴隶般的地位有一定的改善和为进一步争取自己在政治上和经济上的解放创造有利的条件。""我们的任务不是把国民党变成共产党组织,而是通过吸收新的阶层和阶级参加国民革命事业来发展、加强和巩固国民党本身。"② 在共产国际看来,共产党现在应该帮助国民党作苦力,帮助国民党完成国民革命。既然这样共产党应该放弃独立性和革命领导权,做国民党的苦力和附庸。在这种思想的指导之下,共产国际向中国共产党提出了"迎汪复职"的工作任务,"联合和团结国民党左派在广州政府中和在党的中央执行委员会政治委员会中的主要核心力量,重新使汪精卫复职,使这一派(汪精卫、蒋介石)联合和团结起来。""排挤或不让蒋介石或汪精卫积极参与领导政治生活,这会造成致命的后果"。③ 从共产国际给中共的指示可以看出,"迎汪复职"是以维持蒋介石和汪精卫"联合和团结"为前提,尽管蒋介石现在有种种反动迹象,

---

① 《斯大林全集》(第10卷),人民出版社1954年版,第16页。
② 《穆辛关于中共在广州的任务的提纲》,载《联共(布)、共产国际与中国国民革命运动(1926—1927)》(上),第212页。
③ 同上书,第211页。

但依然是中国共产党团结和联合的对象。

共产国际的这种指导思想对陈独秀产生了深刻的影响。陈独秀认为中国民主革命只能以资产阶级为主体,无产阶级只能处于"帮助者"的地位。基于这样的思想认识,面对蒋介石的倒行逆施,中共本应该团结国民党左派,发动工农群众,利用各派地方势力同蒋介石的矛盾,武装讨伐蒋介石。但是共产国际及其驻华代表和陈独秀不是组织无产阶级去反击,他们对蒋在北伐中的地位与作用做了过高的估计,并且对蒋抱有幻想,又害怕因反蒋而破裂统一战线,所以企图通过扶持汪精卫恢复职务来与蒋介石相抗衡。在"迎汪复职"的运动中,中共提出"迎汪"的目的,是要"汪蒋合作"、"党权交与汪精卫",同时,"保持蒋之军事首领"地位,建立以汪精卫为领袖的文人政府,这是彻头彻尾贯彻执行共产国际指示的表现。由此可见,共产国际和中国共产党面对日益反动的蒋介石新右派的进攻,丝毫不讲斗争,而是两袖清风地替人家分配权力,自动地放弃无产阶级领导权,实际上等于帮助蒋介石巩固了他的军事"霸主"地位,而军事在中国有着特殊的决定性地位,因此实际帮助确立了蒋的政治"霸主"地位。为了支持汪精卫回国复职,党中央还一再指示各地党组织,要使国民党左派完全"独立起来","要帮助左派,使左派自己起来负责任,使左派自己有群众、有力量"①,反对我党所谓"包办"国民党的错误。他们说:"过去我们包办 K. M. T. 的工作已发生很大的错误,使党及革命的前途均受着许多坏的打击",现在"倘使我们不扶助国民党左派有力的独立起来工作起来,便是等于背叛革命的利益"②。就这样,从"迎汪复职"运动开始,中国共产党便开始主动放弃了大革命的领导权。

2. 共产国际对汪精卫阶级属性的错误定位使中共错失了发展群众运动的良机

汪精卫曾有过一段革命的历史,曾经追随孙中山参加过反对清王朝的革命行动,但是随着国共合作民主革命的开展,汪精卫作为资产阶级革命者的局限开始显露出来了。正如周恩来所指出的,他在"大革命初期并不积极,孙中山曾说:精卫、展堂(即胡汉民——引者注)已不能代表俄国式的革

---

① 中央档案馆编:《中共中央政治报告选辑(1922—1926年)》,中共中央党校出版社1991年版,第114页。

② 《中央致粤区信——关于对国民党左派的政策等》,载《中共中央文件选集》(第2册),第374页。

命"①。在"中山舰事件"发生之后,身为国民政府主席和国民党军事委员会主席的汪精卫,本想组织力量制裁蒋介石的反革命罪行,当时也有些军事将领想利用这个机会反对蒋介石,但汪精卫却过多地寄希望于共产国际代表团,期望在共产国际的支持下反击蒋介石,当他得知共产国际代表团无意反对蒋介石后,感到非常失望。这时的汪精卫完全失去了一个资产阶级革命家应有的胸襟,在国民党和中国革命面临重大困难的紧要关头,他选择了逃避,企图以流亡的方式来表达自己对蒋介石的不满。如果当时汪精卫能够勇敢地站出来,义正严辞指责蒋介石的反动行径,号召全体党员及革命同志团结起来,情况很可能不会是后来发展的样子,至少张静江不会轻而易举地当上国民政府的代主席,蒋介石独霸党政军大权的阴谋不会轻易得逞。这就表明,作为资产阶级政治代表的汪精卫在反动的大地主大资产阶级的进攻面前,是软弱的、妥协的、无能为力的。应该说,通过"中山舰事件"和"整理党务案"共产国际代表是能够从中瞧出一些端倪,对资产阶级革命的局限性应该有所认识和防范。但是,共产国际和以陈独秀为首的党中央却对中国资产阶级的作用作了错误的估计,认为"自'五卅'以来,中国的资产阶级已渐渐成了民族运动中之重要成分,且有领导此运动之倾向","中国的国民革命若没有资产阶级有力的参加,必陷于异常困难或至于危险"②,以为只要汪回国复职,国民党左派就有了坚强中心,可以恢复它在国民党和国民政府内的指导地位,达到削弱、抑制以至于打倒蒋介石军事独裁的目的。因此,共产国际和以陈独秀为首的党中央认为汪精卫是反蒋的"最适当的党务政治领袖",只要他回国主持国家大计,"事实上变成了左派的中心,政治的中心,并且是党的中心"③,即可制止蒋介石的日益反动。共产国际远东局使团有过这样的表述:"对于广东来说,整个政策的主要的和最近的任务是让汪精卫回来重新执政……他是公认的左派领袖。"④甚至把汪看作党的象征,进而由"迎汪"发展为崇汪。没有透过汪精卫左派领袖的外衣看到他投机的特点和反动的本质,没有认识到他的政治态度是随着革命形势和

---

① 《周恩来选集》(上卷),第166页。

② 中央档案馆编:《中共中央政治报告选辑(1922—1926年)》,中共中央党校出版社1991年版,第56页。

③ 《中共中央政治报告选辑(1922—1926年)》,第113页。

④ 《共产国际执行委员会远东局使团关于对广州政治关系和党派关系调查结果的报告》,载《联共(布)、共产国际与中国国民革命运动(1926—1927年)》(上),第474页。

阶级力量对比的变化而变化的；而是把"迎汪复职"作为我党的中心工作，忽视并逐步放弃了发动工农群众运动这一当时革命最根本的任务。这就为国民革命预伏下失败的祸根。

汪精卫自"中山舰事件"被蒋介石排挤出国后，一直郁郁不得志，时刻窥视着国内政局的变化，伺机回国抢占有利位置。"迎汪复职"运动掀起之后，提高党权运动日渐高涨，反对蒋介石的浪潮不断高涨，汪精卫的呼声一浪高过一浪，汪精卫迎来了重返国民党最高领导岗位梦寐以求的良机，但是汪精卫是一个典型的投机分子，他非常清楚自己在共产国际指导武汉国民政府中的地位和作用，于是利用这个机会同共产国际进行讨价还价。1927年3月，汪从欧洲回国途经莫斯科时，共产国际和苏联政府答应给他全力支持。① 1927年4月1日，汪精卫回到上海。回到上海之后汪精卫就被反革命分子所包围，4月2日至5日，汪精卫参与了蒋介石、张静江、吴稚晖等策划的连续举行的反共会议。汪表示同意"分共"，以解决"党事纠纷"。但是汪精卫对蒋介石要价颇高，蒋介石一时无法满足其要求，同时国民党"左派"和中国共产党不停地向汪精卫施加影响，汪精卫暂时没有被蒋介石拉拢。4月5日，陈独秀同汪精卫发表了联合声明，表示了共产党对所谓左派领袖的"忠心"。尔后，汪精卫重新登上了国民政府主席和国民党中央常务委员会主席的宝座。嗣后，汪玩弄两面派的手法，逐步投入反动地主豪绅阶级的怀抱，限制和打击工农群众运动，摧残革命力量，暴露了假左派的本来面目。因此可以说，"迎汪复职"运动，一方面并未起到抑蒋的作用，相反，蒋介石的翅膀越加坚硬；另一方面，汪精卫以"恢复党权"运动和"迎汪复职"口号为契机，利用了共产党和国民党左派的幼稚，握得了武汉政府的最高统治权，然后又出卖了党权运动。最终由宁汉分裂走向宁汉合流，使蒋汪两人殊途而同归，先后叛变革命，把轰轰烈烈的国民革命的烈火扑灭。

3. 共产国际过高估计了蒋介石失去了团结真正左派的机会

共产国际对蒋介石的反动面目认识不清，对蒋介石存在幻想，对其在北伐战争中的作用估计过高。尽管到了1926年秋，共产国际已明确认识到"三·二〇"事件、"整理党务案"都是蒋介石向中共和国民党左派的进攻，蒋已成为新右派首领，但仍主张维持蒋之中央军事领袖地位，依然

---

① 《罗易赴华使命》，第116页。

把蒋视为完成北伐大业不可替代的军事领袖。这主要是因为在莫斯科看来，蒋介石领导的北伐具有反对帝国主义的性质，所以只要蒋介石能够北伐，就需要维持其目前的地位。到后来蒋走向公开反动时，也仍然希望他回心转意，对他迁就退让，不愿与之公开进行坚决斗争，姑息养奸，结果使蒋的反共阴谋得逞，也使得中共无法团结到真正的左派。

"迎汪复职"运动是武汉政府时期共产党人和国民党左派联合进行的反对国民党新右派斗争的一场运动。在这场运动中，国民党左派扮演了比较重要的角色，其中邓演达是突出的代表。邓演达是孙中山三大政策的忠实拥护者和捍卫者，是国民党左派的杰出代表。如果说武汉时期邓演达的思想精华是反对封建土地所有制、主张没收地主阶级的土地分配给农民的话，那么，恪守孙中山三大政策，同蒋介石反革命军事独裁进行殊死的斗争，则是他"艰苦卓绝、忠勇奋发，忠实革命"的崇高精神的展现。值得注意的是，武汉时期的邓演达是一位地位与作用十分突出、职位显赫的政治军事将领。他是总司令部武汉行营主任（代行总司令职务）、中央军校代理校长、国民党中央执行委员、中央军事委员会委员和主席团成员、中央政治委员会委员、军事委员会总政治部主任、中央农民部部长、湖北省政务委员会主任等。当时汪精卫尚在国外，蒋介石则在南昌，因此邓演达成为武汉政府的"最高负责人"，[①] "实际上的中心人物"[②]，由此可见，形成以邓演达为首的武汉政府的政治中心，是具有坚实的基础的。然而，共产国际却一直盯着汪精卫，把"迎汪"作为党的中心工作，却没有把邓演达的实际地位和他对国民革命军的左右能力以及他在"恢复党权"运动中旗帜鲜明的立场作为推动革命向前发展的有利条件，没有能够促进武汉政府形成国民党左派与共产党人联合的领导核心，并以此作为坚强的反蒋堡垒。很显然，"迎汪复职"运动没有迎来真正的左派，真正的国民党左派却没有得到应有的支持。

当时，共产国际和中国共产党应当利用"迎汪复职"运动推动下的武汉地区蓬勃高涨的革命形势，利用邓演达在国民政府中的地位以及在军队和国民党左派中的影响，形成以邓演达为核心的左派领导集团，形成国民党左派与中共的坚强合作，以促进国共合作为基础的各革命阶级的统一战线的巩固和发展。遗憾的是，共产国际看中的是手中拥有军事实力的蒋介

---

① 《我的回忆》（第2册），第548页。
② 文强：《难忘的几件事》，载《邓演达》，文史资料出版社1981年版，第61页。

石和表面上充当国民党左派的汪精卫，除此之外，对其他国民党领导人一律视而不见。若干年之后，周恩来在《关于党的"六大"的研究》一文中说，邓演达"是小资产阶级激进的代表……能与我们长期合作，是国民党的左派"。"在武汉时，若以邓演达为中心，不以汪精卫为中心，会更好些。""这人的人格很高尚，对蒋介石始终不低头。"① 包惠僧也曾说过："国民党人没有哪一个比邓演达得人心，能联系群众。"② 但是，我们党对邓演达在武汉政府中的地位与作用是缺乏认识的，并且没有很好地接近他，党的组织"从来没有谈到对邓演达的工作如何做法"。③ 总之，对于邓演达"当时我们不重视他"，这样，在共产国际的领导下，中共既没有在统一战线中取得领导地位，也没有使领导权掌握在国民党左派手中，却使国民党右派一步步掌握了武汉政府的船舵，将其驶向反革命的深渊。④ 如果武汉政府能够形成以邓演达为中心，以国共合作为基础的各革命阶级的长期合作的局面，那么有可能抑制蒋介石的军事专政，制止他后来发动的政变，从而避免国民革命的失败。

二 共产国际与武汉国民政府的"迁都之争"

发生在 1927 年前后的"迁都之争"是影响武汉国民政府的一件重大事件，共产国际及其代表在"迁都之争"中起了重要的作用。史学界对此进行过比较充分的研究，⑤ 但对共产国际在此问题上的指导，却缺乏系统的探讨。本节试图在回顾整个"迁都之争"的过程之后，对共产国际在这一问题上的指导作一个粗浅的分析。

---

① 《周恩来选集》（上卷），第 166—167 页。
② 包惠僧：《包惠僧回忆录》，人民出版社 1983 年版，第 346 页。
③ 同上书，第 344 页。
④ 参见李玉荣《武汉政府时期"迎汪复职"运动论略》，《山东师范大学学报》（社会科学版）1999 年第 4 期。
⑤ 对此问题研究的主要成果有：曾成贵《鲍罗廷与国民政府迁移中的政治角力》（《史学月刊》2005 年第 8 期）、吴珍美《析 1927 年前后鲍罗廷与蒋介石的权力争斗》（《史林》2006 年第 1 期）、龚松柏等《北伐时期武汉国民政府提高党权运动述评》（《西南民族大学》（人文社科版）2003 年第 12 期）和王正华《国民政府北迁后蒋中正驱逐鲍罗廷之议》（《"国史馆"学术集刊》2002 年第 2 期）等。学者们将焦点集中在分析鲍罗廷同蒋介石如何围绕"迁都"一事展开的革命领导权的具体争夺上。本书在撰写的过程中参考了他们研究的成果，并在有些问题上提出了不同的看法。

(一) 共产国际与国民政府迁都武汉决策的出台

北伐军进入湖南之后很快取得了胜利,1926 年 9 月北伐军攻克汉阳、汉口,这样国民革命军的势力就从珠江流域扩大到了长江流域,以广州为中心的国民政府办公驻地很难满足革命形势发展的需要,因此国民政府办公驻地北迁便提上了议事日程。

1. 蒋介石迁都武汉提议的背景及动机

(1) 迁都武汉提议出台的政治军事背景。北伐开始后,蒋介石为利用北伐达到巩固其个人独裁的目的,想方设法扩大其嫡系第一军的实力而抑制其他各军的发展,"渠身为国民革命军的统帅,然其意念中,总是以第一军为主体。军中一切弹械补充、给养、调剂、编制扩充等等,第一军常比其他军优厚。"① 在作战时,蒋又往往用其主力进攻弱旅,而把硬骨头甩给其他各军,在北伐时,蒋即有意将其主力放在侧翼次要方向福建,仅以一部即第一、二师参加主要方向两湖战场的作战,而其他各军则绝大部分都放在两湖第一线。蒋如此安排,明显是想借北伐消耗其他各军的实力,到时自己坐收渔翁之利。这种做法,自然使其在北伐军各将领心目中的形象大打折扣,就连北伐时期一直站在拥蒋阵营的李宗仁也认为,蒋"最多只可说是偏将之材,位居主帅之尊,其智慧、德性、涵养,俱不逮远甚。"② 在这种情况下,各军将领为了保存和扩大自身实力,与蒋的明争暗斗也就逐渐展开,在这方面,最主要的人物是唐生智。

唐生智之所以加入革命军实在是为形势所迫,他是在同赵恒惕、叶开鑫等军阀内讧失利后归向广州的。北伐之初,在北伐军各军中,以唐生智的第八军实力最雄厚,"合一、二、三、六军之总和始能及第八军"。③ 长沙攻克后,唐生智控制了湖南省的实权。对于迅速崛起的唐生智,蒋有如芒刺在背。于是,在湖北的争夺中,常常令唐军连续打硬仗,拼命消耗,在合围武汉时,故意令第八军攻打汉阳、汉口之强敌,而令第一军的第一、二师直驱自认为敌军薄弱的武昌,以便早下武昌而控制鄂省,但结果

---

① 李宗仁口述,唐德刚撰写:《李宗仁回忆录》(上卷),华东师范大学出版社 1995 年版,第 309 页。
② 同上书,第 309 页。
③ 《中央局报告(十、十一月份)》(1926 年 12 月 5 日),载《中共中央文件选集》(第 2 册),第 495 页。

却事与愿违。唐生智迅速顺利地攻下汉阳、夏，而武昌却久攻不下，于是鄂省实权又落唐手，蒋被迫去江西另图发展。至此，唐对蒋的地位形成了极大的威胁。为控制唐，蒋首先提出以司令部支配湘中的民政、财政，继而又要陈公博、邓演达留汉口与唐争湖北政权，欲借总司令的权力压制唐。面对蒋的压制，唐也毫不示弱，一面要求扩充编制，将第八军扩充为四个军，与蒋较劲；一面竭力拥护国民党中央，并支持工农运动，以获取国民党中央党部、共产党及共产国际的支持。

本来，在蒋介石登上权力顶峰的过程中，不仅打击了共产党，而且也排挤了当时国民政府及国民党中央的主要领袖汪精卫，从而大大损伤了国民政府及国民党中央的威信。北伐开始后，蒋集党政军大权于一身，更是不把中央放在眼里，致使国民政府内，"只见个人意识，不见党的意识"，这就不能不引起国民党中央的强烈不满，再加上蒋在北伐中那种培植嫡系，压制异己的行为，这种不满就逐渐转化成了一种担忧。为了达到国民革命的真正目的，国民党中央也就慢慢开始了改变这种个人独霸中枢权力的斗争。这种斗争首先表现在1926年10月15日至26日召开的中央各省区联席会议上。此次会议上，通过了《请汪精卫销假案》《省政府与国民政府之关系决议案》《省党部与省政府之关系决议案》《国民革命军党代表条例》等文件，其中主要包括如下内容：请汪精卫销假复职，欲以汪在国民政府和国民党中央的地位分掌蒋的部分权力；把省政府的军事、政治、外交、财政置于国民政府管辖之下；确定省党部须在中央执行委员会领导下，中央有权指导和参与省政府的工作；把军队团以上的党代表的任命权收归中央执行委员会，军人部长对党代表的任命权只在营级以下机关，并只有提名的权力。这次会议是对蒋的权力的第一次较大规模的挑战，使"迎汪复职"、反对独裁的声浪达到了一个小高潮。但是这次会议并未解决实质性的问题，因为没有对蒋的职位提出异议，蒋依然是党政军首脑，故而，除了"迎汪复职"对其有所威胁外，其他提高国民政府和国民党中央权威的议案并不能起到削弱蒋介石权力的目的。

当唐生智的军队攻克汉阳、汉口之后，蒋介石意识到自己只能到江西开辟属于自己的地盘了。为了直接控制唐生智，同时控制共产党和汪精卫，蒋介石自己率先提出了迁都武汉的主张。

（2）蒋介石迁都武汉提议的提出及动机。1926年9月9日蒋介石在给广州张静江、谭延闿的电报中写道："广州张、谭二主席钧鉴：汉阳、汉口既克，而武昌城敌因无退路故尚负隅，现在正在设法劝降中。城虽未下而军事实无问题。武昌克后，中即须入赣督战，武汉为政治中心，务请政府常务委员先来主持一切，应付大局，否则迁延日久，政治恐受影响，请勿失机，最好谭主席先来也。如何？乞复。中正叩。"① 同日，蒋介石再次致电张静江、谭延闿："张、谭二主席钧鉴：密。政府常务委员至少要来武汉三人执行职权，并请顾孟余、鲍罗廷等同志亦速来汉。闻俄同志胡定康（维经斯基——笔者注）已来粤，可否请其来此也。中正。"② 继蒋介石于9月9日要求广州政府常务委员来汉之后，他又于9月14日致电张静江，再次要求广州常务委员来汉，电文如下："张主席钧鉴：杰密。函悉铁先生（铁罗尼——笔者注）赴苏进行军事亦可，惟行营苦无政治帮手，不胜苦楚。弟将于一二日内入赣督战。武汉为政治中心，务请常务委员速来数人进行一切为要，黄埔学生铁先生可派也。中正。"③ 又过了两天，即9月16日，蒋介石又致电鲍罗廷，"胡定康同志有否在粤？如在能速来汉指导党务政治，尤为盼却。"④ 然而，又过了两天（9月18日），蒋介石再次致电张静江、谭延闿，要求国民政府从速迁都武汉，电文如下："广州张、谭二主席钧鉴：杰密。文（12日）元（13日）电敬悉。中明日由长沙入赣督战，湖北军事交孟潇负责办理，民政以邓演达为政务委员会主席，财政以陈公博为财政委员会主席。另设湖北临时政务会议，由中兼任主席，入赣期间，派孟潇代理之；凡民财军政皆由政务会议通过，该会直属于中央党部。政务会议到鄂设施，凡政务须有省党部、政治部、政务局通过施行。惟中离鄂以后，武汉政治，恐不易办，非由政府委员及中央委员先来数人，其权恐不能操之于中央，必中央来人另组政治委员会，以代临时政治会议为妥。讨孙宣言，请先预备，但南昌未下奉方态度未明之前，不宜发表。尊意以为如何？中正叩。巧。"⑤

---

① 毛思诚编：《民国十五年前之蒋介石先生》第8编4，香港龙门书局1965年影印版，第55页；中国第二历史档案馆编：《蒋介石年谱初稿》，档案出版社1992年版，第677页。

② 《蒋中正电张静江、谭延闿》，台北"国史馆"蒋中正档案，0051/51号；武汉地方志编纂委员会办公室编：《武汉国民政府史料》，武汉出版社2005年版，第55—56页。

③ 《蒋中正电张静江》，台北"国史馆"蒋中正档案，0056/56号；《武汉国民政府史料》，第56页。

④ 《蒋中正电鲍罗廷》，台北"国史馆"蒋中正档案，0061/61号；《武汉国民政府史料》，第55页。

⑤ 毛思诚编：《民国十五年前之蒋介石先生》第8编4，香港龙门书局1965年影印版，第55页。

蒋介石为什么在前方战事吃紧的情况下，还把心思集中在国民政府所在地问题，且再三电催政府委员来鄂主持一切工作呢？蒋介石要求迁都武汉，是为了革命发展需要？还是另有他图？笔者认为蒋介石要求迁都武汉的动机有四个：一是便于控制国民政府和国民党中央。蒋自率军北伐后，一直担心北伐前篡夺的国民党大权是否牢靠，故征程中时时担忧，距广州愈远，忧虑愈甚。这种心境蒋在其 8 月 31 日的日记中袒露出来。日记中写道：武昌距离愈近，"而忧患与之俱深，个中心事，其谁知之"。① 蒋恨共产党，恨鲍罗廷，恨他们不让自己稳稳地独揽大权。蒋在 8 月 30 日日记中愤愤地写道："前后方隐忧亟增，肘腋生患，共党在内作祟，非使本党分裂与全军崩溃而不止。遍地荆棘，痛苦万分。"② 31 日，蒋又叹曰："鲍等限制革命军发展，防范本党北伐成功之心，到底不懈，悲夫。中师倏忽逝世，何使吾辈后死者艰棘至此耶。"③ 很显然，蒋介石以命令的口吻要求国民政府迁都武汉，就是要国民政府和国民党中央跟着自己走，以便控制。二是防止中国共产党力量占领武汉。蒋介石虽然在前方指挥作战，但他主要考虑的还是政治问题，即中共和苏联势力的影响和发展问题。为了在北伐中借用工农力量，蒋介石不得不求助于共产党员的力量，于是放松了对共产党活动的限制。但是他时刻关注着中共中央和苏联顾问的动向，特别是鲍罗廷的动向，因为鲍罗廷代表苏联的援助且对蒋介石印象不好。蒋介石对国共合作持排斥的态度，在一次演讲中他说道："究竟哪个是真正的党员，哪个是跨党的党员？究竟哪个是忠实的中央执行委员，哪个是跨党的中央执行委员？不说各位同志不明白，要怀疑，就是我做主席的，也弄得不明白了。如此，所以弄得大家没有一个坚决的信仰，就是不能够互信。……这种怀疑之点，不明白地解决，怎能使党的权威确定、提高呢？"④ 三是遏制唐生智权势膨胀。蒋恐唐得志于武汉之后，形成尾大不掉之局。国民政府迁至武汉，可以制约唐之权力。四是阻止汪精卫销假回国。在蒋看来，迎汪回国复职，就无异于是直接反对他。蒋认为如果自己坐镇中央，就没有人敢公开地竭力要求汪精卫回国主持中央工作，而与他作对。

---

① 中国第二历史档案馆编：《蒋介石年谱初稿》，档案出版社 1992 年版，第 669 页。
② 《蒋介石日记》（手稿本），1926 年 8 月 30 日，美国斯坦福大学胡佛研究所档案馆藏（以下所引蒋日记出处同此）。
③ 《蒋介石日记》（手稿本），1926 年 8 月 31 日。
④ 蒋介石：《南昌总部第 14 次总理纪念周演讲词》，载《武汉国民政府史料》，第 79 页。

2. 共产国际及其代表对迁都武汉决策的影响

共产国际对中国革命的发展有着比较清醒的认识，1926年9月，共产国际执委会远东局结束8月6日以来接近一个月的调研活动返回上海以后，在给共产国际的报告中，就谈到国民政府迁移问题。报告说："随着对武昌的必然占领，给国民党中央提出了在重新占领的各省从政治上巩固北伐成果的问题和把国民政府迁都武昌的问题。""这个问题是在蒋介石作为总司令同时又是国民党中央主席和整个国民政府形式上的领导人在前线领导斗争的时候提出来的。"① 这个报告签发的日期为9月12日，很显然这是共产国际对蒋介石9月9日要求国民政府首都北迁武汉的反应。

9月15日，鲍罗廷致电苏联政府驻华大使加拉罕、中共中央总书记陈独秀和远东局负责人维经斯基，其中说："我刚接到蒋介石的电报，他建议一些中央委员和国民政府成员去汉口。他也请我立即去那里，他担心那里会出现政治上的麻烦"。鲍罗廷并没有答应蒋介石的要求。他告诉蒋介石："国民政府和中央迁往汉口的问题应在占领武昌后最终解决。""与此同时，我们派了几名中央委员和国民政府委员去汉口。蒋介石对此不会乐意。但他必须忍耐。我们不应把广东置于不顾，因为这里在加强新政权方面有许多工作要做。加之在10月1日前这里还要召开中央和省党部代表的全体会议。"鲍罗廷之所以这样回复蒋介石，是因为他已经看清楚了蒋介石急于迁移国民政府的真实意图，认为："蒋请我们到汉口去，为的是以国民政府和中央在当地的声望帮助他保持住政权"，借以震慑已在军事上控制了湖北的第八军军长兼北伐军前敌总指挥唐生智，因为"在前线主力部队不听从他指挥"；② 另外，是要借以控制广东业已兴起的"有利于汪精卫的左派运动"，他已经猜到鲍罗廷是偏向于汪精卫回来的。

鲍罗廷对蒋介石的回复是建立在其对北伐结局判断的基础之上，他认为北伐占领武汉之后蒋介石不可避免会遭到失败，到时国民政府就会形成汪蒋合作的局面。鲍罗廷所设计的汪蒋合作的方案，成为共产国际驻华代表和中共中央的共识。8月16日，维经斯基表示："我们的做法不是反对蒋介石"，"决不要打击蒋介石。""目前最好的出路是汪精卫和

---

① 《共产国际执行委员会远东局使团关于对广州政治关系和党派关系调查结果的报告》，载《联共（布）、共产国际与中国国民革命运动（1926—1927）》（上），第474、475页。

② 《鲍罗廷给加拉罕、陈独秀和维经斯基的电报》，载《联共（布）、共产国际与中国国民革命运动（1926—1927）》（上），第495—496页。

蒋介石之间，即以左派和共产党人为一方和以思想上的中派为另一方之间达成协议。"① 以此为基调，远东局在同中共中央执委会特别委员会、中共中央执委会代表团举行的多次会议中，就召开国民党非常代表大会即中央各省联席会议、代表大会应制定的政纲、同左派的协议作出决定。这些决定，也得到了中共中央的赞同。9月16日，中共中央发出第17号通告，9月22日，又发表《对于国民党十月一日扩大会的意见》，明确提出：反对国民政府迁移武汉；产生左派政纲；汪蒋合作，迎汪而不倒蒋；改造广东省政府；要求国民政府注重省自治，打破总司令的委任制度。②

但是，鲍罗廷很快改变了原来的态度。11月16日，他偕同国民政府外交、司法、交通、财政四部长陈友仁、徐谦、孙科、宋子文等人，以迁都调查委员的身份离粤北上。随后，国民党中央政治会议第二次临时会议决定国民政府北迁武汉，并决定分批出发。显然，国民党中央是受鲍态度转变之影响，而且鲍罗廷作出北迁武汉的决策并没有同中共打招呼。中共中央局抱怨说："鲍罗庭对于前方后方的实际情形都没有看清楚……关于迁移后所影响于前方后方的各种实际问题都没有弄好，贸然主张马上迁移，还发出一篇必需迁移的大议论。"③

鲍罗廷为什么突然转变了迁都武汉的态度呢？笔者认为有下列三个因素：一是受国民革命军总政治部首席顾问铁罗尼的影响。10月30日，铁罗尼致电鲍罗廷，主张迁都武汉。电曰："国民革命军来到武汉，人民在政治观念上似乎没有什么改变。这件事，我们实在责无旁贷。武汉没有一个中央政治机构。尽管在长沙我们就主张建立这样一个机构，但到现在还什么都没有。国民党省执行委员会缺乏权力和能力适当地处理政治事务。唐生智独自主宰形势，和他对抗的只有邓演达和陈公博这个懒家伙。""很有必要有二至三名中央执行委员来此建立委员会。因为不如此，就不可能

---

① 《共产国际执行委员会远东局使团关于对广州政治关系和党派关系调查结果的报告》，载《联共（布）、共产国际与中国国民革命运动（1926—1927）》（上），第489页。
② 参见曾成贵：《鲍罗廷与国民政府迁移中的政治角力》，《史学月刊》2005年第8期。
③ 《中共中央致粤区信——关于国民政府迁汉后应付粤局的策略》，载《中共中央文件选集》（第2卷），第471页。

开始严格的工作,不能树立党的权力。"① 铁罗尼的电报对鲍产生了积极影响。鲍罗廷原先反对迁移的态度有了改变,他主张迁都的想法很快在国民政府中有了反映,他们认为:现在武汉是最糟的,但是武汉是全国一个中心,又是重要的,不可放弃他,所以需要把国民政府拿去压一压,有几个大人物到武汉去或者还可以做一点事,使武汉的现象转变好一点。② 二是牵制蒋介石。如前所述,鲍罗廷主张打击蒋介石,目的是防止蒋独裁和右转,但不想与蒋决裂,造成蒋的势力为帝国主义所利用,还想拉住蒋介石向左转。鲍罗廷认为,蒋介石能否向左转,主要取决于蒋周围的人。他说:"许多事情不仅仅取决于蒋介石,或者与其说取决于蒋介石,不如说取决于他周围的人,他周围的这些人是否允许蒋介石向左转呢?"③ 据此,鲍罗廷考虑再三后,最终决定将广州政府迁到武汉,离蒋介石近些,便于牵制蒋介石。三是革命形势发展的需要。到了10月中旬,南昌、武昌相继克复,广东、湖南、湖北、江西连成一片,革命中心已经从珠江流域移至长江流域,国民政府驻地如果再偏驻广州将会对国民革命产生不利影响。鲍罗廷等共产国际代表皆认为,革命地区迅速向北扩展,"领导机关迁徙到华中是必要的,不然政府就有可能变成对革命进程不发生重大影响的广东省机关,从各方面看来新的中心自然是解放了的武汉。"④ 就这样,在鲍罗廷的建议下,广州国民政府决定迁都武汉。

(二) 共产国际及代表对"迁都之争"的处理

1. 蒋介石"迁都之争"的挑起及破产

(1) 蒋介石极力怂恿国民政府迁都武汉。蒋介石于9月18日致电广州要求政府北迁遭到鲍罗廷的婉拒之后并不死心,试图从国民政府内部产生迁都的呼声,从而达到其目的。对此远在广州的张静江心领神会。1926年9月中旬。以张静江为代主席的国民党中央突然宣布于10月1日在广州

---

① C.Martin Wilber and Julie Lien-ying How. *Missionaries of Revolution: Soviet Advisers and Nationalist China* 1920—1927, Document 69.Harvard University Press, 1989, pp.773-776.

② 《联席会议议案起草委员谈话会记录》,参见曾成贵《鲍罗廷与国民政府迁移中的政治角力》,《史学月刊》2005年第8期。

③ 《共产国际执行委员会远东局委员会和鲍罗廷会议记录》,载《联共(布)、共产国际与中国国民革命运动(1926—1927)》(上),第392页。

④ [苏]亚·伊·切列潘诺夫:《中国国民革命军的北伐》,中国社会科学院近代史研究所翻译室译,中国社会科学出版社1981年版,第492页。

召开国民党中央同各省党部联席会议。会议讨论的议题主要是迁都问题以及迎汪复职和组织广东省政府的问题。中共中央得到这个消息后认为：张静江和蒋介石等人酝酿召开这次大会的用意"乃在蒋欲迁移中央政府，抬高党权，以统治实力强大的唐生智等"。中共中央也认为："国民政府迁至武汉，则左派群众的影响越少，政策愈右，行动愈右（张静江曾说国民政府迁武汉后张继等均可请其加入）"。因此，中共"应反对国民政府迁移武汉"。反对的办法，"表面上我们可以说国民政府不能放在前线上；若武昌、修水战事未了我们更可以'此问题须待军事结束后才能讨论'"。① 张静江等人包办会议，阻滞国民党左派出席会议，故意将开会日期定得十分急迫。9月10日发出通知，10月1日开会，由通知到开会仅20天。② 路程稍远的左派代表很难赶到。

9月11日，政治会议决定了包括鲍罗廷在内的联席会议议案起草人。9月14日，议案起草委员举行第一次谈话会。谭延闿、孙科、李济深、甘乃光、徐谦和鲍罗廷出席。这次谈话会重点讨论国民政府发展议题，形成七条决定要点，"国民政府地点应视其主要工作所在之地而决定之"；"此种主要工作以首先由广东省实施最为适宜"。③ 10月14日，国民党中央各省联席会议举行预备会，10月15日至28日举行正式会议，参会代表八十多人，共产党员十余人。在15日的开幕式上，谭延闿在致辞中提出："先把几个最重要的问题讨论一下，如国民政府现在要不要迁移，国民会议如何召集，都要请大家共同讨论，以求一个适当的方法。"④ 16日大会讨论迁都问题，经吴玉章等人力争，大会通过如下决议："国民政府地点，应视其主要工作所在之地而决定之。现在国民政府之主要工作在巩固各省革命势力之基础，而此种主要工作以首先由广东省实施最为适宜，故国民政府仍暂设于广州。"⑤ 实际上打消了张静江、蒋介石迁都的念头。

---

① 《对于国民党十月一日扩大会议的意见》，载《中共中央文件选集》（第2册），第228页。

② 参见刘志强、王德京编著《中华人民共和国通史》（第3卷），上海人民出版社2001年版，第540页。

③ 《联席会议议案起草委员谈话会纪录》（影印件），1926年9月14日，湖北省社会科学院历史所藏。转引自曾成贵《鲍罗廷与国民政府迁移中的政治角力》，《史学月刊》2005年第8期。

④ 荣梦源主编：《中国国民党历次代表大会及中央全会资料》（上），光明日报出版社1985年版，第265页。

⑤ 同上。

10月21日，谭延闿打电报把迁都问题的决议告诉蒋介石。电文如下："蒋总司令鉴：密。中央及省联席会议议题如下：第一，国民政府迁移；第二，省政府之改组；第三，省与国民政府之权限；第四，本党对时局方针。以上各项拟分别讨论议案，以备提出大意。政府迁移须战事结束始可实行，须先巩固革命策源地，使广东基础稳固，党部与省政府确能负责。"①

得到张静江的消息之后，蒋介石仍在努力。10月22日，蒋电张静江、谭延闿，电文如下："广州张、谭二主席转中央执行委员会及各省联席会议诸同志公鉴：武昌既克局势大变，本党应速谋发展。中意中央党部与政府机关仍留广州；而执行委员会移至武昌为便。否则政府留粤，而中央党部移鄂，亦可使党务发展也。如何？请裁核为祷！中正叩。"② 同日，电张、谭转鲍罗廷，提出"如党部移鄂，其进行必较粤为利，如欲发展，非速移不可。至于国民政府，仍设广州亦可也"③。这时蒋介石见国民政府主意已决，仍向鲍罗廷努力希望国民政府留粤，中央党部移汉。这一时期蒋介石对迁都武汉十分关切，一再申明迁都的重要性。得知广州政府决定后的日子里，蒋介石烦恼异常。11月3日，正是南浔路线战争取得决定性胜利之时，蒋介石却没有一点喜悦之情，"近日多怒，使人难堪，而己亦伤神"④。11月8日，当南浔路取得全胜后，蒋介石却颇有感慨地写道："三年来，酸辛泪时自暗吞，历史无事是事实，决不能记载也。知我者其唯鬼神乎。"⑤ 即便如此，蒋介石并没有放弃说服国民政府北迁的企图。11月8日，蒋介石致电宋子文，邀请鲍罗廷北上共商大计，电文如下："宋部长勋鉴：密。拟请兄邀同鲍顾问来赣商决大计，未定以前中暂不赴鄂。请此意转告鲍顾问为要，来否盼复。中正。"⑥

11月9日，《广州民国日报》发表消息，宣布国民政府即将迁都武汉。

---

① 《张静江档案》，《中华民国史档案资料汇编》（第4辑上），江苏古籍出版社1986年版，第373页。

② 《蒋中正电张静江、谭延闿》（1926年10月22日），台北"国史馆"蒋中正档案，00417/59号；《武汉国民政府史料》，第77页。

③ 《蒋介石年谱初稿》，第754页。

④ 《蒋介石日记》（手稿本），1926年11月3日。

⑤ 《蒋介石日记》（手稿本），1926年11月8日。

⑥ 《蒋中正电宋子文》（1926年11月8日），台北"国史馆"蒋中正档案，00110/11号；《武汉国民政府史料》，第56页。

第二章　共产国际对武汉国民政府政治政策和策略的影响　　75

得知此消息蒋介石欣喜之情溢于言表。14日蒋介石在南昌表示："现在中央党部、国民政府已议决迁移到武昌，这是我们总理生平所希望的，现在总算能够达到了。但总理主张建都有两个地方，第一个是在南京，第二个是在武昌。现在南京虽然没有打下，武昌已为我们占领，总理主张第一个目的虽未达到，而第二个目的则已实现了。党部、政府既已议决，仍请早日迁移，这是我们所最希望的。"①11月19日，复电张静江、谭延闿，称："闻徐、宋、孙、鲍诸同志来赣，甚喜。务请孟余先生速来。中意中央如不速迁武昌，非政治党务不能发展，即新的革命根据地亦必难巩固。此中非有所私。且中以后必不能驻武昌也。如中央与政府未迁武昌以前，中亦不到武汉。以此时除提高党权与政府威信外，革命无从着手。如个人赴武昌，必有认人不认党之弊，且自知才短，实不敢负此重任也。"②11月25日政治会议决定政府和中央党部于12月5日停止办公，于7日和20日分两批赴汉。蒋介石惊喜交加，11月24日在日记中写道："接粤电，中央党部及政府决于下星期内迁武昌，喜惧交集。惧责任加重，不能兼顾广东根据地；喜党务与政治可以从此发展也。"③蒋介石在此比较隐晦，明明是中央迁来，他可以以中执委的身份独揽大权，他却谓之"责任加重"；明明此后他可以用中央党权和政权来控制工农运动和排斥共产党，他却谓之"党务和政治可以从此发展"。④不管怎么说自9月上旬提出迁都主张，期间尽管被联席会议正式否定，但蒋坚持不懈并最终达到了目的。

　　(2) 蒋介石挑起"迁都之争"。蒋介石所期望的迁都武汉变成了现实，但是他很快发现自己利用军权控制党权的愿望很难实现了。12月2日，蒋介石在南昌招待第一批赴汉的各委员，期间鲍罗廷发表演说，表达了对蒋介石税收过重、军费开支不清、不实行土地革命等现象的不满，并对蒋介石提出了警告。12月4日，鲍罗廷、宋庆龄、徐谦、孙科、陈友仁等人由南昌专车经九江抵庐山。5日蒋介石"伴各委员出行"。5日晚"与鲍罗廷谈话"。此次谈话使蒋介石对共产党产生了悲观的想法，8日下午蒋介石在同湖南省党部执行委员谈话后说："本党与

---

① 《蒋介石年谱初稿》，第792页。
② 同上书，第800页。
③ 《蒋介石日记》(手稿本)，1926年11月24日。
④ 刘志强、王德京编著：《中华人民共和国通史》(第3卷)，第542—543页。

CP意见冲突日见明显，可叹也。"① 10日，宋庆龄、鲍罗廷等抵汉，受到民众热烈欢迎。在此期间，广州中央党部与国民政府也于7日和11日分两批离穗赴汉。

12月1日开始，在广州的国民党中央和国民政府机关陆续停止办公。为了使国民政府工作不中断和政治领导不停顿，鲍罗廷在已到武昌的国民党中央执行委员、国民政府委员谈话会上提议：成立中央执行委员国民政府委员临时联席会议，在中央党部及国民政府未到之前，执行最高职权。这个提议，得到与会者赞同。② 12月13日，中央执行委员国民政府委员临时联席会议，通电通告在武昌成立。③ 12月15日，临时联席会议召开第二次会议决议："中央党部及国民政府地点均在武昌"。④ 这就在事实上宣布了武汉政府的正式成立。从毛思诚编辑的蒋介石言论、文电、日记集《民国十五年以前之蒋介石先生》的记载中，没有对临时联席会议成立表示异议。当天蒋是这样记载的："中央执行委员及国民政府委员在武昌议决，在政府未迁来以前组织联席会议，执行最高职权。"⑤ 14日，蒋介石在打给李济深电报谈到总部迁移时间时还说，"待政府到武昌后再定"。12月19日，蒋致电邓演达，表示："联席会议议决事，甚妥。中皆同意，汉群事可照委，想到矣。"⑥ 次日，再电武昌，"赞成中央执行委员国民政府委员临时联席会议"。⑦ 12月15日，他在日记中记载："晨醒，思量处境之苦，遭忌之深，痛与泪并。革命事业艰难竟至于斯，感喟不已。"⑧ 12月31日他又写道："今日已是15年（1926）最后一天。范围扩大，责任加重，党务纠纷说不出记不下的痛苦日多一日，所见闻之革命怪现状至堪悲

---

① 《蒋介石日记》（手稿本），1926年12月8日。
② 《中国国民党中央执行委员国民政府委员临时联席会议第十三次会议议事录》（1927年1月15日），台北国民党中央党史馆藏，载《武汉临时联席会议资料选编》，第214页。
③ 《武汉临时联席会议秘书处通告》（1926年12月13日），台北国民党党史馆档案，汉5246号。
④ 李云汉：《从容共到清党》（中），中国学术著作奖助委员会1973年影印版，第534页。
⑤ 《蒋介石日记》（手稿本），1926年12月13日。
⑥ 《蒋中正电邓演达》（1926年12月19日），台北"国史馆"蒋中正档案，00241/43号，载《武汉国民政府史料》，第1页；《蒋介石年谱初稿》，第851页。
⑦ 《中国国民党中央执行委员国民政府委员临时联席会议第四次会议议事录》，载《武汉临时联席会议资料选编》，第72页。
⑧ 《蒋介石日记》（手稿本），1926年12月15日。

愕。大海茫茫，何时能达彼岸？总理期我事业，父母生我意义，果为如何？每一念及，唯有莫怠、莫荒、不屈不挠，奋斗力前，勿负党国。如是而已矣。"① 很明显，在这段时间蒋介石十分苦恼，一方面自己翘首期望的迁都已经实现，另一方面他担心自己的主张和权力将受到在武汉革命势力的限制。应该说这时蒋介石正在犹豫是否挑起迁都之争与武汉分庭抗礼。

12月31日，张静江、谭延闿、顾孟余、丁惟汾、何香凝等中央党部和国民政府第二批人员到达南昌。按照原先政治会议决议，本应迅速集中到武汉开始办公。但1927年1月3日，蒋介石、张静江、谭延闿等人即自行在南昌召集政治会议临时会议，并以中央执行委员会名义宣布国民政府暂住南昌。1927年1月5日，蒋介石发表通电，电文如下："各省党部均鉴：江日政治会议临时会议决议，现因政治与军事发展便利起见，中央党部及国民政府暂住南昌，待三月一日中央执行委员会全体开会公决中央党部和国民政府驻在地后，再行迁移。支日（四号）又在中央常务委员会第七次会议席上报告，无异议通过。特此布闻。中国国民党中央执行委员会。歌。印。"② 正式挑起了迁都之争。

蒋介石为什么转而反对迁都武汉？这是因为：其一，蒋介石要维持其在"三·二〇"和"五·一五"之后取得的领导地位。鲍罗廷一行到武汉后，鲍就提议成立临时联席会议，代行中央职权。目的是先发制人，造成既成事实，迫使蒋介石处于被领导地位，以便抑制其独裁。用鲍罗廷的话讲："俾中枢大权不致为蒋个人所操纵。"因为蒋介石"一直要建立他个人的军事独裁，将国民政府和国民党完全置于掌握之中。"所以我们"成立了一个联席会议"③，用来遏制蒋介石的权力。加之共产党人到武汉后，即刻组织工农，武汉的工农运动很快发动起来了，逐渐形成为革命的中心。对此蒋介石已有觉察，认为武汉政府已为鲍罗廷和共产党所操纵。陈公博在追述这段历史时说，蒋介石惧怕共产党，才极力反对迁都武汉。④其二，蒋介石借迁都打压唐生智的目的未能实现。蒋介石强烈要求国民政府迁都武汉的另一个目的，就是借中央党部和国民政府来打压唐生智。北伐军占领两湖之后，唐生智不只是实际控制的地盘有了扩大，更重要的是

---

① 《蒋介石日记》（手稿本），1926年12月31日。
② 《商务日报》1927年1月10日第1张；《武汉国民政府史料》，第77页。
③ 《我的回忆》（第2册），第169、170页。
④ 《苦笑录》，第68页。

其军队数量扩充了几倍，蒋介石认为两湖地区已是唐生智的地盘，不容他染指。唐生智采取了拥护以左派为主的国民党中央和拉拢中共的策略，同时，驻守在武汉的张发奎也表现为左倾，这样，迁都武汉反而造成了国民党中央与唐生智等军事首领的联合。武汉临时联席会议成立后，唐生智并未被打压，反与鲍罗廷结合，似如虎添翼。其三，蒋介石在南昌已经形成了蒋氏中心。南昌较为偏僻，地主官僚势力较强，"江西地区处在蒋介石嫡系军队的控制之下，南昌已成为右派的巢穴"①。而共产党和国民党左派的群众基础较弱，便于蒋介石控制。很显然，蒋介石是要把国民政府置于自己的掌握之中，以便任意摆布。蒋的企图正是"司马昭之心，路人皆知"，连孙科也愤愤地说，"蒋介石这样把持着党，终有一天要做皇帝了。""国民政府必须迁汉，才能表示蒋介石服从中央，才能免去党的分裂。"②因此，蒋不惜食言，改变决定，将已到赣之赴鄂人员留驻南昌。

（3）蒋介石驱逐鲍罗廷的努力及失败。蒋介石挑起了迁都之争后，很快演化成革命阵营的分化。1927年1月11日，应武汉方面的邀请，蒋介石赴汉视察，沟通意见。12日晚宴会间，鲍罗廷警告蒋："如果有压迫农工反对C.P.的这种事情，我们无论如何，要想法子来打倒的！"③他指责蒋袒护张静江，视之为党中老朽，丧失革命精神，声色俱厉，使蒋感到难堪，意在逼蒋消极辞退。④蒋介石言道："为被压迫而革命，不自由何不死？余决伸中华民族正气，以救党国，俾外人知华人非尽是贱者，而不可侮辱也。"翌日，蒋叹道："为何革命而受辱至此？"⑤ 17日晚与顾孟余、何香凝谈党事，"不胜悲伤！"复与黄郛谈政治，"亦唯沉痛而已！"⑥鲍罗廷的讲话使蒋介石受到了强烈的刺激。

蒋介石自武昌回南昌后，对所受鲍罗廷之辱，即起去之而快的主张。19日过九江，第六军军长程潜谒谈，直告之与鲍不能共事，他愤然道："余与鲍罗廷不能相容！既不能为国雪耻，何忍复为余辱国？革命至此，

---

① 吴玉章：《吴玉章回忆录》，中国青年出版社1978年版，第138页。
② 《苦笑录》，第73页。
③ 李云汉：《从容共到清党》（中），中国学术著作奖助委员会1973年影印版，第537页。
④ 孙诒编：《民国十六年之蒋介石先生（一月至三月）》遵订稿（一），第4页。《蒋中正总统档案》，载《武汉国民政府史料》，第339页。
⑤ 《蒋介石日记》（手稿本），1927年1月8日。
⑥ 《蒋介石日记》（手稿本），1927年1月17日。

尚受帝国主义与外人压迫，何如及时解职，以谢国民与已死同志灵？"① 当日下午蒋介石上庐山，与张静江谈话，"不禁郁慨系之"②。20 日蒋介石在庐山晨起，想到鲍罗廷唆使共产党排外，引起英国交涉，叹道："余既不能为国雪耻，何忍为余辱国？今日情况，余唯有一死，以殉国难，为中华民族争人格，为三民主义留精神，使全国同胞起而自救危亡！夫苏俄解放被压迫民族主义，余深信其必不误也；然而来华如鲍罗廷等最近之行动，则徒使我国人丧失人格，倍增压迫，此与其主义完全相反矣。国人有知，应驱而逐之苏俄同志乎？尔诚为解放弱小族，不使第三国际之信用破产，应急自悟，改正方法，不使恢复至帝国资本主义之道路，则世界革命必有成功之一日，否则余虽一死，不足救国，且无以见死同志于地下！余唯愿我全国同胞速起以图独立自主，不负总理三十年革命之苦心。"③ 蒋介石又言："余自知初之误信鲍罗廷之非，何敢再误国民，以为万世罪人也！"④ 是日午后，与张静江、谭延闿谈党事，"感郁系之"，翌日又痛斥鲍罗廷，"凡有正气者，誓必驱而逐之"。⑤ 27 日顾孟余、何香凝、邓演达、戴季陶同蒋介石谈话，蒋说："余必欲去鲍罗廷，使我政府与党部得以运用自如。"顾孟余等害怕牵动大局，不敢决断。蒋介石叹道："书生办事，则非至败坏不可！"晚上又与谭延闿、戴季陶谈至午夜，蒋谓："余决去鲍，并迁中央党部与政府于武汉，以应付时局。"⑥ 谭延闿、戴季陶表示同意。29 日，戴季陶、张静江、谭延闿又和蒋介石谈论关于鲍罗廷，当时"季怯而静硬，组公（谭延闿）则默默尔"⑦。

　　蒋介石连日为驱逐鲍罗廷而得不到大家的支持而苦恼，大家认为驱逐鲍罗廷顾问将对孙中山既定的联俄方针带来负面影响。而蒋介石认为只有驱逐鲍罗廷才能使中俄关系免于破裂。蒋介石认为："吾欲使政府与党部贯通一致，故非去鲍尔（罗）廷不可，吾人当不顾外间之诽议，以期立于革命独立之地位，横暴如鲍尔（罗）廷不能速去，尚何能革命

---

① 《蒋介石日记》（手稿本），1927 年 1 月 19 日。
② 王宇、高塘、正垣同编：《困勉记》（卷 5），第 12 页。
③ 《蒋介石日记》（手稿本），1927 年 1 月 20 日。
④ 同上。
⑤ 孙诒编：《民国十六年之蒋介石先生（一月至三月）》遵订稿（一），第 8 页。
⑥ 《蒋介石日记》（手稿本），1927 年 1 月 27 日。
⑦ 《蒋介石日记》（手稿本），1927 年 1 月 29 日。

乎？"又道："惟欲联俄革命，亦非速去鲍尔（罗）廷不可，以其实为革命障碍也，否则何必汲汲去之。党中干部多不知原委，一味迁就畏缩，为可叹也。"① 戴季陶翌日劝蒋"须忍耐！"并言："众意皆欲公不可去鲍。"蒋表示："余坚持前议，不可动也。"此时因汉浔事件英国报纸大肆挑拨国民政府和苏联关系，蒋介石亦认为，此时驱逐鲍罗廷正中帝国主义的奸计，实属不妥。他自叹道："余本决心去鲍，见此报，则知此事适中帝国主义之计，余惟有忍耐以待将来耳！呜呼，处境之难，莫甚于今日焉！"不复言去鲍矣。② 1927年2月1日，蒋介石又与张静江、戴季陶、顾孟余商议党务和鲍罗廷等事，他表示："吾不愿为帝国主义者所诽笑，宁屈己卑志，以求革命发展，故放弃主张，虽英国派兵恫吓，日本想来妥协，皆毅然与之决斗，生死成败置之度外而已。"③ 蒋介石见自己的驱逐鲍罗廷的提议得不到大家的支持，而此时因为汉口"一·三"事件和九江事件而导致的中英关系的影响，不得不暂时放弃了驱逐鲍罗廷的想法。

经过各方的努力和争取，2月8日南昌政治会议作出决议，中央党部与国民政府迁至武汉。这时谭延闿有电致蒋介石商党国事，蒋又旧事重提。此时蒋介石对鲍罗廷记恨甚深，认为"此全由鲍罗廷一人所驱使也"。21日，在致黄埔军校教育长方鼎英并转李济深电中，声称对鲍"誓必驱而逐之"。④ 2月25日，蒋介石与谭延闿、张静江、黄郛交谈，道："合中外共党之力以攻我，使我内部纠纷，不能统一，鲍之罪不容于天地间。"复叹："国人奴性如此之重，无异于亡矣！"⑤ 最后，他们商量处理办法，一致认为电告共产国际，要求撤换鲍罗廷。蒋介石气愤地认为："鲍罗廷因为小人，而一般趋炎附势，不知党国为何事者，更可杀也！"这时的蒋介石"忧患抑郁，不堪言状！"⑥ 南昌中央政治会议于26日致电共产国际执

---

① 孙治编：《民国十六年之蒋介石先生（一月至三月）》遵订稿（一），第9—10页。
② 同上；王宇、高埔、正垣同编：《困勉记》（卷5），第13页；《蒋中正总统档案》，"文物图书：事略稿本"；《武汉国民政府史料》，第339页。
③ 《蒋介石日记》（手稿本），1927年1月31日；王宇、高埔、正垣同编：《困勉记》（卷6），第13页。
④ 《蒋中正总统档案》（第1卷），台北"国史馆"2003年，第22—27页。
⑤ 《蒋介石日记》（手稿本），1927年2月25日；王宇、高埔、正垣同编：《困勉记》（卷6），第3页。
⑥ 同上。

行委员会，要求共产国际将鲍罗廷撤回苏联。① 28日，蒋介石又与谭延闿等讨论迁汉和驱逐鲍罗廷的问题。

蒋介石驱逐鲍罗廷是为了争夺中国革命的领导权，同时希望维持同共产国际的密切关系。这是因为苏联能够提供武器弹药，而这些武器弹药对广东军队的胜利是绝对不可缺少的。② 在他看来中国的国民革命是世界革命的一部分，但中国革命的领导者是国民党，在统一战线中的中国共产党必须承认国民党是领导国民革命的政党。③ 当时共产国际执委会远东局负责人维经斯基并不想鲍罗廷和蒋介石闹得很僵，曾经前往武汉和九江分别同鲍罗廷、蒋介石商谈解决的办法，但无功而返。为了拉住蒋介石，同时对鲍罗廷早有不满，维经斯基致电莫斯科要求召回鲍罗廷，因为蒋介石"不会作出让步"④。然而，自国民政府迁汉之后，鲍罗廷得到了莫斯科的支持，因此蒋介石和维经斯基要求召回鲍罗廷的意见自然遭到了共产国际的批评，不仅如此，共产国际明确指示鲍罗廷在武汉负责政治上的决策，并拥有军事上的决定权。⑤

通过共产国际召回鲍罗廷的努力失败之后，蒋介石同鲍罗廷之间的隔阂越来越深，蒋介石一直没有放弃驱鲍的努力。1927年2月24日，武汉方面派第一军军长兼武汉卫戍司令陈铭枢随陈公博赴赣，向蒋介石疏通，蒋介石反而说服陈铭枢支持反共。⑥ 陈铭枢回汉复命，蒋介石将亲函交付他策动武汉要人驱逐鲍罗廷。陈铭枢返汉之后，3月2日、3日分别拜访了孙科、宋庆龄、宋子文、邓演达、李宗仁等。李宗仁的一席话基本代表了大多数人的意见，李宗仁认为鲍顾问是总理孙中山请来，又系第二次代

---

① 《第六十六次政治会议议事录》（1927年2月26日），第2页。《中国国民党中央政治会议记录》，党史会档案，档号：00-1/32，油印件。

② Jonathan.D.Spence：*To Chang China：Western Advisers in China*, 1620—1960.Boston：Little, Brown and company, 1969, p.179.

③ [德]郭恒钰：《俄共中国革命密档（一九二六）》，台北，东大图书公司1997年版，第175—177页。

④ *The Letter from Shanghai*（March 17, 1927）, Leon Trotsky, *Problems of the Chinese Revolution* (New York：Paragon Book Gallery, 1962), p.406.

⑤ 杨奎松：《中共与莫斯科的关系（1920—1960）》，第115页。

⑥ 王正华：《国民政府北迁鄂赣之争议》，《近代中国》1996年第114期。

表大会礼聘的,① 言下之意驱鲍不合情理。此时,武汉国民党人基本团结一致,反对蒋介石的驱逐鲍罗廷的主张。3月4日晚陈铭枢电蒋介石云:"此间空气仍恶,期决不迁就。"当晚唐生智派人要求陈铭枢发表支持武汉意见,否则去职。5日陈铭枢将武汉使命失败通知蒋。6日蒋电示陈铭枢:"空气紧张,无足为虑,应以镇定处之。"② 陈铭枢终于被迫离汉。3月7日,国民党二届三中全会在汉口南洋大楼召开预备会,10日至17日召开正式会议,拒绝了蒋介石延迟至12日开会的要求。10日,刚刚到汉开会的李烈钧当场退会并立即返赣,向蒋报告了会议情况,蒋愤怒至极,大骂"鲍氏之肉,尚足食乎"③。二届三中全会通过了《统一党的领导机关决议案》《中央执行委员会军事委员会组织大纲案》《统一革命势力案》《修正政治委员会及分会组织条例案》《中国国民党第二届中执会第三次全会宣言》等文件,改选了国民党中央各机构成员和国民政府委员。3月20日,新一届国民政府委员在武昌宣誓就职。国民党二届三中全会的召开,标志着迁都问题最终得以解决。至此,蒋介石驱逐鲍罗廷的努力彻底失败了。

2. 鲍罗廷与武汉国民政府的反蒋斗争

对于蒋介石主动挑起"迁都之争",鲍罗廷组织武汉当局同蒋介石进行了坚决的斗争,最终挫败了蒋介石迁都南昌的企图。

(1) 通过与蒋介石谈话警告蒋介石不要脱离革命阵营。早在国民政府北移的途中,鲍罗廷经过南昌时发表演说,要点有两个问题:第一,此次革命应实行民权主义,"一个民权政府,至少要实现三件事:第一公平的税则,第二政府要有一定的预算,第三清楚的收支报销;这样才可以说是开始实现民权主义"。第二,指出当前北伐中应解决土地问题,"人民得到政权,还是不够的,还要实现民生主义。要解决人民的生活问题,非解决土地问题不可"。最后鲍罗廷还带有警告式地表示:"我们俄国同志要帮助的是中山先生的整个三民主义的国民党,而不是一民主义,也不是两民主

---

① 《蒋中正电谭延闿接陈铭枢函感言特抄该函与诸同志阅》,《筹笔》(北伐时期)拓影,档号: 2010.10/4450.01-006/70。《蒋中正总统档案》。

② 《蒋总司令致陈铭枢转朱绍良鱼辰电》(1927年3月6日于南昌)(第2号),手稿,载《革命文献》(北伐时期)(第13册),《宁汉分裂与北伐中挫之(一)》,第21页;《蒋中正总统档案》。

③ 《事略稿本》(第1卷),台北"国史馆"2003年印行,第117页;《武汉国民政府史料》,第341页。

义的。"① 鲍罗廷的这番话，实际上委婉地表达了对蒋介石的不满，批评了蒋介石借北伐之名向辖区百姓征收过重的捐税，借战争之名大手大脚，在军费的使用上铺张浪费，同时限制辖区内的工农运动。

蒋介石挑起"迁都之争"之后，鲍罗廷为了争取蒋介石对迁都武汉的理解，邀请蒋访问武汉。1927年1月9日，蒋介石从南昌到武汉。蒋介石此行的目的，主要是做某些上层人物和群众的工作，争取群众，消除一些对他不利的影响；同时也是一个步骤，树立他维护革命团结的形象。鲍罗廷利用这一机会，趁机对蒋介石截拦国民政府第二批赴汉人员挑起"迁都之争"进行了尖锐的批评，语气之严厉，用词之刻薄，当属少见。据陈公博在《苦笑录》中回忆，末后蒋先生和鲍罗廷有过一次交涉，任翻译之责的是宋子文，他们争论了许久，鲍罗廷最后对蒋先生说："你想众人都不说话是不可以的。我告诉你一个故事，古时西方有一个国王极讨厌各大臣说话。有一天他对各大臣说：'你们说话太多了，我不喜欢。'各大臣说：'只有狗是不会说话的，陛下要我们不说话，只有找狗去。'"鲍罗廷的话挖苦尽致了，蒋介石听了这段故事，遂决议驱逐鲍罗廷。② 关于这段口辩舌讥，陈公博回忆的可能不够准确，但是从蒋介石事后的反应来看，鲍罗廷的一席话对蒋介石产生了极大的触动，一直以来蒋介石对此耿耿于怀。会后，蒋介石叹道："席间受辱被讥，生平之耻，无逾于此！"③ 15日以前，鲍罗廷同蒋长谈数小时，申述他本人和在汉人员的主张，建议就在武汉召开中央政治会议，把政府、党部迁鄂问题定下来，但蒋仍坚持一星期以后在南昌由政治会议再作研究。虽然双方并没有取得共识，但鲍罗廷通过几次与蒋介石直接交谈，当面直接或间接警告了蒋介石。

（2）通过大力宣传唤起广大民众给蒋介石造成舆论压力。蒋介石挑起迁都之争后，鲍罗廷指导中国共产党通过大力宣传唤起广大党员和人民群众对这场运动的实质及其重要性的认识，给蒋介石造成巨大的舆论压力。在1927年元旦汉口群众大会上，鲍称："国民政府迁到中国的中心武汉三镇"，"这个国民政府是建筑在人民身上的，是我们人民的政府"，"人民是政府的基础，所以你们应该管理并监督国民政府及省政府"，其办法是

---

① 中国社会科学院现代史研究室编译：《鲍罗廷在中国的有关资料》，中国社会科学出版社1983年版，第132页。

② 《苦笑录》，第65页。

③ 王宇、高埔、正垣同编：《困勉记》（卷5），第11页。

组织省民大会。① 汉口"一·三"事件和九江事件发生之后，武汉的民众在共产党的领导下，多次举行大型集会，要求收回英租界，国民政府尽快迁之武汉，坚决反对军事独裁等。1月9日，蒋介石来到武昌意在打探武汉方面的虚实，人民群众利用此机会当面要求蒋介石迅速完成迁都。在一次国民政府召开的有30万群众参加的欢迎蒋介石的大会上，蒋介石在民众面前极力树立自己的反帝，支持民众革命和呼吁团结的形象，"群众当场起来质问：为什么违抗国民党中央迁都武汉的决定？为什么无理扣留国民党中央委员？蒋介石被问得张口结舌、面红耳赤。"② 2月10日以后，国民党中央在一系列会议及各种活动中都反复宣传巩固中央权威、迎汪复职、扩大民主、反对独裁等的主张，如13日的湖北省党部汉口特别市党部临时联席会议上；15日在汉口举行的中国国民党宣传委员会会议上；19日国立武昌中山大学举行的开学典礼上及同日中华全国总工会扩大执行委员会会议上等。其中，15日在汉口举行的中国国民党宣传委员会会议上系统地提出了提高党权运动的纲领，即：第一，巩固党的权威，一切权利属于党；第二，统一党的指导机关，拥护中央执行委员会；第三，实行民主政治，扫除封建势力；第四，促汪精卫销假复职；第五，速开中央执行委员会全体会议，解决一切问题；第六，以打倒西山会议派的精神，对付党内昏庸老朽的反动分子。③

武汉国民党中央的这些宣传，很快取得了明显的效果。1927年2月、3月间，迅速掀起了巨大的拥护武汉国民政府、拥护国民党中央执行委员会、反对蒋介石个人军事独裁的浪潮。2月24日在武昌阅马场举行的武汉国民党党员大会上，参会国民党党员达1.5万之众，普通群众亦达二十余万。"巩固中央权威"、"拥护武汉国民政府"的呼声响彻云霄。2月中旬至3月初，北伐军克复的大部分省份如湖南、湖北、贵州、四川等的执行委员会纷纷响应武汉国民政府的号召，通电要求："以党治国"，"本党应该建立至高无上的权威，使一切权利属于党"，"本党党员均应绝对服从和

---

① 《武汉市民庆祝大会上鲍顾问之演讲》，《汉口民国日报》（汉口民国日报中央党部国民政府北迁纪念增刊）1927年1月6日，第二张。

② 吴玉章：《第一次大革命回忆》，《吴玉章回忆录》，中国青年出版社1978年版，第140—141页。

③ 中共中央党史教研室编：《中国国民党党史文献资料选编》，中共中央党校出版社1985年版，第101页。

拥护中央执行委员会"等，① 这样由鲍罗廷领导的，反对蒋介石挑起的迁都之争，在提高党权运动中逐渐走向高潮。

（3）团结中共和北伐其他将领，争取得到与蒋抗衡的实力。鲍罗廷深知，要想在同蒋介石的迁都之争中取得胜利，就必须团结一切可以团结的力量，形成一股强大的合力，这样才能与蒋介石的实力相抗衡，取得迁都之争的胜利。

首先，鲍罗廷争取到了中共的支持。尽管鲍罗廷可以通过共产国际来压制中共，但是鲍罗廷还是得到中共的支持。在迁都武汉之初，中共和鲍罗廷在意见上曾有分歧。中共当时并不主张迁都，为此对鲍罗廷进行过抱怨，中共认为"倘因国民政府迁移而在前方或后方发生不幸的事变（都有可能），便是鲍又做了一件大错"②。对迁都上的顾虑，在中共基层干部中比较普遍存在，"自三月以来，广东的革命基础是危机四伏。在这个时候，我认为我们的主要任务应该是以全力来巩固广东的革命基础……如果这个时候我们冒冒失失地把中央党部和国民政府搬到武汉前方去，不仅使党部和政府将受前方军事势力的挟制，而且中央党部和国民政府离开了广州，广东一切反动势力从此可以跳梁无忌，这不是把广东交给了反动派"。③ 但是，国民政府迁都武汉既成事实，在鲍罗廷的指导下中共开始全力支持武汉国民政府。2月，彭述之撰文指出："国民政府目前的问题不仅只是迁移问题，尤其重要的是民主主义的统一集中政权的问题"，"第一，须彻底打破军事的独裁，第二，须真正的革命民众参加政权"。④ 论说了国民政府应当迁至武汉的理由。17日至26日，邓演达撰写的《现在大家应注意的是什么？》在《汉口民国日报》上连载。他呼吁人们"认识目前的争斗是恢复党权，增进党权，是封建与民主之争，是革命与妥协之争，是成功与失败之争"。同时，武汉国民政府及国民党中央在各种宣传中频繁出现诸如"支持工农运动"，"拥护三大政策"等口号；在二届三中全会上，还通过《统一革命势力案》重新调整了国民党和共产党的关系，改变了"整理党

---

① 万仁元、方庆秋主编：《中华民国史史料长编（民国十六年）》（上），南京大学出版社1993年版，第246—252页。

② 《中共中央致粤区信——关于国民政府迁汉后应付粤局的策略》，载《中共中央文件选集》（第2卷），第471页。

③ 朱其华：《一九二七年的回忆》，上海新新出版社1933年版，第22页。

④ 述之：《国民政府迁移问题》，《向导周报》1927年第188期。

务案"对共产党参与党和政府领导机构的限制,允许共产党参与党的决策及进入各级政府,并任命共产党员苏征兆、谭平山分任劳工、农政两部部长。①

其次,鲍罗廷注意联合其他军事力量,从而在军事上压倒蒋介石。这一方面的力量也是最主要的力量就是北伐军将领。武汉政府真正的决策人鲍罗廷深知,如果不能在军事上压倒蒋介石,其他的一切努力都是徒劳。于是,他策划了一个反蒋阵营,这个阵营的人员主要有唐生智、谭延闿、张发奎、程潜、朱培德、李宗仁。为了使这个阵营真正形成,他不惜把本认为连蒋都不如的唐生智拉进国民党中央常委,并在蒋离开江西后把江西省主席的宝座送给朱培德,对李宗仁更是煞费苦心,1927年2月、3月间,他动员党政军三界重要领袖人物反复游说,在李不为所动时又以安徽省省长甚至北伐军总司令的职位相诱。② 这部分军事将领如唐生智、朱培德、程潜等竭力支持武汉中央,主要是出于对蒋限制异己力量做法的不满,想通过这场运动抑制蒋的独裁而得以保存和扩大自身的实力。不管怎样,这些人偏向武汉国民政府对"迁都之争"的胜利起到了决定性的作用。

(4)组织武汉各方面力量对蒋介石进行斗争。首先,鲍罗廷指示武汉国民党有关同志通过电报规劝蒋介石。在1927年1月5日蒋介石发表国民政府暂住南昌的通电之后,徐谦、孙科、陈友仁、宋庆龄、蒋作宾等均致电蒋介石要求政府迁汉。蒋通电后的第二天(1月6日),徐谦和孙科就致电蒋介石、张静江、谭延闿,电文中说道:"政府不迁汉消息,暂宜秘密。如宣布,民众必起恐慌,武汉大局将受影响。"③ 此时汉口事件刚刚发生,武汉方面正在同英国进行协商,此时蒋介石宣布国民政府暂留南昌,势必给英国造成国民政府不团结的印象,必然会影响此事的解决,因此徐谦等人希望蒋介石先说明理由,再宣布南昌的决定。1月7日,陈友仁、宋庆龄、蒋作宾致电蒋介石等,电文如下:"南昌蒋总司令、张主席、谭主席鉴:师密。微电奉悉。前在粤中央政治会及国民政府迁鄂,先头一部分委员来鄂,准备途出南昌,经牯岭谈话会,均认为革命势力之集中及迁

---

① 《中国国民党第一、二次全国代表大会会议史料》(下),第774页。
② 《李宗仁回忆录》(上卷),第328页。
③ 《徐谦等致蒋介石等电》,载《中华民国史档案资料汇编》(第4辑上),江苏古籍出版社1986年版,第374页;《武汉国民政府史料》,第77页。

鄂为必要。弟等初到鄂时，时局颇感困难。但因人民对国民政府之信用，得将时局改造日趋稳定，外交地位顺利，军事消息日升，财政大有起色。最近占领英租界之举，内顺民心，外崇威信，务希坚持到底，不独战争必须身先士卒，政治亦然。中央领袖必须亲临政治冲激之地，始能战胜敌人。弟等以为苟有军事之急变，不易变更决议，坐失时机。兹将会议地点问题及中央执行委员会决定，武汉政治有维持现状之必须，特此电陈，意解务求在南昌诸同志谅解是幸。陈友仁、孙宋庆龄、蒋作宾。阳。印。"①在武汉的各位国民党要人纷纷致电蒋介石，要求其按原议定的决定迁都武汉。1927年2月8日顾孟余致电蒋介石，电曰："中央政府迁鄂不可再缓，务祈即日开会正式决定发表，以安人心，至为感盼。"② 2月9日，李宗仁致电蒋介石，希望国民政府迅速迁移武汉，电文如下："南昌蒋总司令钧鉴：亲译。师密。军事日趋紧急，而政治、外交、财政似有松懈停顿之势，揆原因，实因中枢尚在游移不定，以至陷于无政府状态。值此千钧一发，措施稍一不慎，党国前途急殆实甚，恳请钧座审查理论事实，毅然决定中央政府迅速仍迁移武汉，党国前途实利赖之。至党务问题，一俟军事告一段落，再行严密整理较为妥当。一愚之见，冒昧电陈，伏乞裁察。宗仁呈。佳。"③

其次，鲍罗廷动员武汉各民众团体通过电报对蒋介石进行斗争。1927年1月27日，汉口特别市商民协会致电蒋介石，希望中央党部和国民政府速迁武汉，电文如下："蒋总司令钧鉴：皓电敬悉。无任欢愉。武汉为革命新根据地。中央党部暨国民政府迁此，早经中联会决定，甚望即日迁移，震慑中枢。临电神驰，不胜企祷。"④ 29日，武昌总商会致电蒋介石，曰："南昌蒋总司令、张代主席、谭主席钧鉴：国民政府迁鄂，屡电欢迎。武汉为全国中心，极称便利。现大局底定，急盼旗旌莅止，指导一切，谋商业之发展，朴全国之先声，民众鼓舞，毋任翘企。"⑤ 进入2月，又有湖南省农民协会等致电蒋介石，要求国府迅速迁移武汉。2月3日，湖南省

---

① 《陈友仁等致蒋介石等密电》，载《武汉国民政府史料》，第77页。
② 《顾孟余致蒋介石等电》，载《武汉国民政府史料》，第78页。
③ 《李宗仁致蒋介石电》，《武汉国民政府史料》，第78页。
④ 《汉口特别市商民协会致蒋介石电》，载《中华民国史档案资料汇编》（第4辑上），第375页；《武汉国民政府史料》，第78页。
⑤ 《武昌总商会致蒋介石电》，载《武汉国民政府史料》，第78页。

农民协会暨全省总工会致电蒋介石等，从多方面多角度阐述了迁都武汉的理由，电文如下："分逆南昌中国国民党党部、国民政府、蒋总司令、武昌唐总指挥钧鉴：武汉枭昔为形胜之地，今更成为南北交通之枢纽，军事、政治之重心，在经济上为聚散货物之处，在历史上为先烈起义之区，首都迁此，实足以指挥南北，控驭中原。中央决议移都斯土，具见卓识鸿猷，莫名钦佩。近闻有暂都南昌之说，湘省工农群众以为迁都国移，关系重大，务恳维持原议；移都武昌，革命前途，实利赖之。临电不胜企祷之至。"①2月8日，湖北省妇协会致电蒋介石劝其速迁都武汉。电文如下："南昌谭、张两主席、蒋总司令及中央各执行委员钧鉴：自闻中央党部及国民政府议决迁都，群情欢腾。近拟该迁南昌，闻之甚为惊惧。武汉地势险要，交通便利，政府奠都于此，实为万便。望党部及政府火速迁鄂，以巩固革命新根据地为幸。"国民政府辖区各团体纷纷致电蒋介石，阐述迁都武汉的种种好处，对主张改都南昌的蒋介石施加了巨大的压力，对迫使其放弃原主张产生了一定的影响。

此外，在鲍罗廷的安排下，武汉国民政府先后组织宋子文、陈铭枢等到南昌对蒋介石当面进行规劝，对"迁都之争"取得胜利起到了一定的作用。

（三）共产国际对"迁都之争"处理的评价

发生在1926年底到1927年初的"迁都之争"，从迁都的发起、迁都政策的出台，到同蒋介石进行坚决的斗争，到最后取得斗争的胜利，应该说整个过程同共产国际及其代表有着密切的联系，那么怎样看待共产国际在这场斗争中的作用和影响？史论家各有不同的说法。笔者赞同下列说法：这场博弈，其实质是国民党左派、国民党中的反蒋派和共产党人联手为一方与蒋介石围绕领导权所展开的斗争，鲍罗廷充当了前者的代表。迁都问题的解决，鲍罗廷起了举足轻重的作用，一些关键性的建议都是他提出来，经国民党政治会议或武汉临时联席会议议决而得以实施的。具体说来，第一阶段，在蒋介石提出迁都动议之后，他设法将其搁置，把工作重点放在准备国民党中央各省联席会议和加强广东政权上；第二阶段，中部地区形势变化，他不顾中共中央的反对，继续主张政府迁移；第三阶段，

---

① 《湖南省农民协会暨全省总工会致蒋介石等电》，载《武汉国民政府史料》，第78页。

倡议成立武汉临时联席会议，代行最高职权；第四阶段，促成在武汉召开国民党二届三中全会，巩固迁都、反蒋成果。① 但这是否说明共产国际及其代表在国民政府的"迁都之争"中没有错误或者说失误呢？答案显然是否定的，笔者认为，共产国际在以下两个方面存在着不可推卸的责任。

1. 在未做好充分准备的情况下贸然迁都使得武汉政府在"迁都之争"处于被动的地位

（1）在尚未经过充分论证和准备的情况下作出迁都决定。这不能不说是共产国际和鲍罗廷的一大失误。国民政府迁都是涉及中国革命成败的一件大事，理应经过充分地论证和详细的安排，才能最终作出决定。然而，在蒋介石提出迁都武汉的意见之后，身在广州的鲍罗廷只是简单地将蒋介石的意见进行搁置，并没有引起太大的重视。虽然有共产国际执行委员会远东局的调查报告提出："随着对武昌的必然占领，给国民党中央提出了在重新占领的各省从政治上巩固北伐成果的问题和把国民政府迁都武昌的问题。"② 鲍罗廷仍然对当时革命形势的发展对于迁都的重要性和必要性缺乏足够的研究，他的认识仍然停留在北伐初期关于北伐的结果、蒋介石命运等的基础之上，对中国革命形势发展的瞬息万变缺乏足够的思想准备，在这种情况之下鲍罗廷贸然作出迁都的决定也就不足为怪了。

果然，在通过铁罗尼的电报得知武汉地区的革命形势发展之后，鲍罗廷作出了立即迁都武汉的决定。应该说迁都武汉的决定本身并不存在什么问题，问题是在迁都决定作出之前，国民政府应该将迁都过程中的一系列问题考虑清楚，并作出相应的安排。笔者认为，在以下几个方面鲍罗廷做的不够。第一，对迁都的意义、目的没有进行广泛的宣传和动员。迁都武汉是一件大事，作为国民政府的总顾问，鲍罗廷应该指示国民政府将迁都的意义、目的等在广大民众中进行宣传，取得共识。然而，鲍罗廷并没有这样做。中共对迁都的反应充分地说明了这点。按照鲍罗廷、加拉罕、远东局和中共事先商定的对待迁都的态度来看，当时中共是反对迁移国民政府驻地到武汉的，而主张巩固革命根据地广东。从事后中共对鲍罗廷的抱怨来看，鲍罗廷作出迁都武汉的决定显然没有同中共进行沟通并取得共识。这样中共被动地接受了鲍罗廷迁都武汉的决定，没有及时有效地确定

---

① 参见曾成贵《鲍罗廷与国民政府迁移中的政治角力》，《史学月刊》2005年第8期。
② 《共产国际执行委员会远东局使团关于对广州政治关系和党派关系调查结果的报告》，载《联共（布）、共产国际与中国国民革命运动（1926—1927）》（上），第474、475页。

迁都武汉之后中共的斗争策略。同样由于没有得到政府广泛的宣传，国民政府辖区的军民对迁都不甚了解。反过来，如果国民政府在迁都之前进行广泛的宣传，使包括中共在内的广大民众知晓迁都的意义、目的等，在全国形成一种拥护迁都的洪流，蒋介石挑起"迁都之争"可能会是另外一种情况。第二，对迁都的具体事宜没有作出周详的谋划。国民政府迁都武汉，举世瞩目，按理说鲍罗廷应该就迁都的具体事宜进行周详的安排，例如，迁都的时间、方式、路线的选择、迁都中可能会遇到的意外情况、迁都过程中或迁都之后国民政府的运行、广州革命根据地工作的开展等，都应该作出周详的安排，只有这样才能做到迁都万无一失。遗憾的是，鲍罗廷只是就上述几个方面进行简单的安排之后就仓促出发了。如果说，当时鲍罗廷能够对上述问题多考虑一些，把可能遇到的困难考虑得充分一点，多做一点迁都过程万一出现其他情况后国民政府的预案，也许蒋介石挑起"迁都之争"后，武汉方面就不会感到手足无措。

（2）由于缺乏思想准备，使得鲍罗廷在同蒋介石的斗争中经常处于被动的地位。鲍罗廷自然没有想到蒋介石会出尔反尔，在迁都即将结束之际挑起"迁都之争"，因此在应对蒋介石的挑衅时经常处于被动的地位。首先，鲍罗廷不惜将自己推到前台，公开挑战蒋介石的自尊心，从而导致与蒋介石的关系完全破裂。鲍罗廷到达武汉后第二天，即13日，马上召集了一个谈话会，提议在中央执行委员会政治会议未迁到武昌开会之前，先由国民党中央执行委员和国民政府委员组织临时联席会议，"执行最高职权"。此一提议当即得到通过，会议并决定以国民政府司法部长徐谦为联席会议的主席。① 蒋最初对这种联席会议的设置可能带来怎样严重的权力挑战，内心尚未十分了然。因此，他开始虽有不满，但并没有公开反对。经过短暂的犹豫之后，他终于发现同意联席会议可以代行最高职权，势必等于重新让苏联顾问说了算。即使这只是一个暂时的过渡形态，一旦它通过决议推翻二届二中全会以来的种种军政体制，"三·二〇"以来的所有努力都将化为泡影。据此，蒋不得不于1927年1月3日趁张静江、谭延闿等中央执行委员路过南昌北上武汉之际，召集中央政治会议第六次临时会议，劝说与会者同意将最高权力机关暂时设置于他直接掌控的南昌，迁都问题以后再议。②

---

① 《中央党部及国民政府迁鄂决议》，载《广州民国日报》1926年12月17日，第2版。
② 《蒋中正通电》，载《商务日报》1927年1月10日，第1版。

蒋介石对联席会议的抵制态度大大出乎鲍罗廷的意外，也使鲍罗廷进退维谷。无论是鲍罗廷，还是中共中央，最初都不同意蒋的迁都建议，原因就是担心刚刚可以趁蒋北上不在广州而对国民党的最高权力中心施加一些影响，万一把它迁到军事占领区去，又会落入到蒋的直接掌控之中。即使是后来鲍罗廷注意到蒋无法在武汉亲政，因而改变了态度，中共中央也一直固执地表示怀疑。如今若向蒋妥协，同意中央党部和国民政府暂驻南昌，鲍罗廷不仅将颜面尽失，更重要的是等于拱手把中央权力送到蒋介石手上去。鲍罗廷早就设想北伐军到武汉后，可利用蒋介石与唐生智等地方派系的矛盾，逼蒋交权。他趁中央党部和国民政府北上之机迅速成立联席会议，接管"最高职权"，即含有此意。如今在北伐期间军政权力已经相当分散的情况下，竟因自己一个算计错误而导致蒋轻易地重掌党政大权，鲍罗廷对此难以善罢甘休。

但是面对这样一种局面，鲍罗廷并没有想到应对的良策。鲍罗廷首先想到了致电莫斯科，声称在迁都问题上不能对蒋妥协，否则不仅会大大加强蒋的独裁地位，而且难免会被北方军阀和帝国主义看成是广州软弱的表现，进而导致对方转入攻势，自己也将会因此而无法在现在的岗位上继续留任，非辞职不可。莫斯科回电反对鲍罗廷因为任何理由离开国民党中央的领导岗位，但也赞同鲍罗廷的担心，同时仍建议鲍罗廷应亲赴南昌劝蒋，争取妥协解决争端。①了解到莫斯科基本赞同他的意见，鲍罗廷不惜把自己推上第一线，与蒋介石摊牌。其意在利用国民党领导层多数坚持联苏，并不愿国民党再生分裂的心理，促使南昌方面的国民党领导人离开蒋介石，使蒋陷于孤立而被迫屈服。据此，在1月12日欢迎蒋介石一行的宴会上，他直言不讳地批评有军人摧残党权、欺压C.P.和妨碍工农运动的发展，进而指名道姓地对蒋说："蒋介石同志，我们三年以来共事在患难之中，所做事情，你应该晓得，如果有压迫农工，反对C.P.的这种事情，我们无论如何要想法子来打倒他的。"②用蒋介石的话来说："我校长教学生还没教得这样子严重。乃在宴会场中几百人的中间，把我一个国民革命军的领袖，又是中国国民党里面的一个领袖，来给他一个外国顾问苏俄代表当奴隶一样教训，这是怎么一回事？""你不止是欺负我个人，不止是压

---

① 《联共（布）中央政治局会议第78号（特字第59号）记录》，载《联共（布）、共产国际与中国国民革命运动（1926—1927）》（下），第66页。

② 李云汉：《从容共到清党》，第537页。

迫我一个人，你完全是欺负我们中国国民党，欺负我们中国人。我哪里可以放过你！"①

"三·二〇"事件就是因为苏联军事总顾问季山嘉过于忽视了蒋的自尊心所引起的，在蒋成功地通过这一事件打击了俄国人的威信，并限制了顾问们的权力之后，鲍罗廷却重蹈覆辙，自己出面来向蒋的自尊心挑战，这多少让人有些难于理解。鲍罗廷这时的杀手锏，多半有三个，一是在武汉的财政部长宋子文掌握着蒋所需的大笔军费；二是留在南昌的其他中央执行委员，如谭延闿、何香凝等亦不愿随蒋破裂；三是唐生智等相当一批北伐将领已在武汉方面领导之下。②而与此同时，鲍罗廷同样相信各地工农运动正在广泛兴起，它势必对国民党及其北伐军形成强大的牵制作用，各地赞成迎汪的国民党人声势日渐浩大，必然对蒋介石造成极大的压力。

鲍罗廷看似深思熟虑实则仓促应战的做法在迁都之争中起了一定的作用，但是它带来的消极后果是极具破坏性的，从此以后，蒋介石对鲍罗廷积怨日深，两人已到水火不相容的地步，"几乎永久破裂"③，于是蒋介石加快了反共反革命的步伐。试想，鲍罗廷当时如果能够更策略一点，采取其他的方式同蒋介石周旋，取得迁都之争的胜利还是极有可能的，毕竟蒋介石改都南昌并没有充足的理由。

其次，武汉方面委派陈铭枢赴南昌规劝蒋介石，结果被蒋介石说服，鲍罗廷自己差点被逼回国。当南昌、武汉僵持不下之际，蒋介石派陈公博赴汉探听虚实。鲍罗廷派第十一军军长兼武汉卫戍司令陈铭枢回赣规劝蒋介石，岂料陈本是蒋介石的心腹，蒋介石反而说服陈回汉反共并驱逐鲍罗廷。1927年3月2日，陈到汉后先拜访孙科，转达蒋介石驱鲍的意思，孙科初表示可负责驱鲍，"如此则一切纠纷均迎刃而解"，鲍罗廷此时在迁都久拖不决的问题上开始倾向放弃，他向孙表示：必去他亦可，"向中央各同志疏通，必可办到，不经过须经过会场正式通过手续"。④翌日，陈铭枢

---

① 《黄埔同学会会员大会训词》，《蒋介石言论集》（第4集），北京中华书局1964年校定稿，第280页。

② 参见杨奎松《蒋介石从"三·二〇"到"四·一二"的心路历程》（续），《史学月刊》2002年第7期。

③ Jonathan.D.Spence：To Chang China：Western Advisers in China，1620—1960.Boston：Little，Brown and company，1969，p.179.

④ 《蒋中正电谭延闿接陈铭枢函感言特抄该函与诸同志阅》，载《筹笔（北伐时期）》拓影，档号：2010.10/4450.01-006/70。

和宋庆龄、宋子文讨论，"均于去鲍无异词"。午后，陈铭枢约总政治部主任邓演达来谈，邓主张汪精卫回然后鲍去，陈表示："一面鲍去，一面汪回，两属无碍。"邓亦表示同意。陈铭枢又与李宗仁讨论良久，李认为鲍是孙中山请来，又经过第二次代表大会聘请，言下之意，去鲍不合情理。3月4日，陈铭枢奉蒋介石命见鲍罗廷约谈，讨论如何能安全回国，准备由得到鲍罗廷的同意之后，即由武汉方面发表蒋介石的驱逐鲍罗廷宣言。但是武汉的形势发生了变化，3月5日蒋介石的宣言并没有发表。徐谦、吴玉章、顾孟余、邓演达、陈友仁等在孙科处开会，引陈铭枢入座后，陈质问孙蒋介石的宣言为何没有发表。会议上多数人反对撤换鲍罗廷，徐谦主张为了"照顾蒋介石的面子"而撤换鲍罗廷，但是吴玉章强烈反对，他表示："这不是面子问题，鲍罗廷是否要换，应由大多数中央委员来决定，蒋介石一句话怎能算数！究竟是蒋介石服从中央呢，还是中央服从蒋介石？再说鲍罗廷的话根本没有错误，凭什么理由撤换他？这不是鲍罗廷个人去留问题，这是蒋介石对中央、对政府的蔑视。我们一定不能让步！"[①]顾孟余接下来发言表示，蒋之宣言不发表为宜。吴玉章接着说："如要发表，可由陈同志私人持交言论界发表，党不宜为之负责发表。"[②]最后会议决定不接受蒋介石撤换鲍罗廷的请求。

可以看出，鲍罗廷派去南昌规劝蒋介石的目的不仅没有达到，反而弄得自己差点被蒋介石驱逐，要不是吴玉章等的据理力争，蒋介石的目的就很有可能达到了，这不能不说是鲍罗廷的一大失误。

2. 莫斯科对武汉政府的错误领导使得"迁都之争"并没有取得完全的胜利

（1）斯大林对蒋介石的利用策略，使鲍罗廷在"迁都之争"中不得不在某些方面向蒋介石作出让步。虽然共产国际七大提出了中国革命的非资本主义前途，提出了无产阶级革命领导权，大讲农民问题的重要性，但事实证明斯大林依旧认为这些都是以后的事，并不是当前的政策，当前主要是利用资产阶级。斯大林的这种"利用论"基于对国民党和蒋介石如下估量："国民党是一种联盟，一种由右派、左派和共产党人组成的革命议

---

① 《吴玉章回忆录》，第141页。
② 《蒋中正电谭延闿接陈铭枢函感言特抄该函与诸同志阅》，载《筹笔（北伐时期）》拓影，档号：2010.10/4450.01-006/70；《蒋中正总统档案》。以上参见王正华《国民政府北迁后蒋中正驱逐鲍罗廷之议》，《"国史馆"学术集刊》2002年第2期。

会，如果我们拥有多数，右派又顺从我们，他们中有领导军队进行反帝斗争的有才干的人。蒋介石可能并不同情革命，但他掌握着军队，正好可以做反帝斗争之用。""我们要充分利用他们，就像挤柠檬汁那样，挤干后再扔掉。"①

在此基础上，鲍罗廷同蒋介石在迁都问题上的斗争注定不会取得完全的胜利。从共产国际与蒋介石就迁都问题的交谈可见一斑。时任共产国际远东局负责人的维经斯基并不赞成鲍罗廷的"倒蒋"做法，认为这会激化国民党内部冲突。② 1927年2月，正在上海工作的维经斯基自上海到武汉与鲍罗廷商谈对蒋政策。他不赞成革命阵营分化太快，曾前往九江寻求蒋介石的妥协，试图化解武汉与南昌的对立，但无功而返。③ 根据苏联档案，蒋介石和维经斯基于2月22日、23日在九江进行会谈，蒋表达了南昌和武汉的冲突要由鲍罗廷负责，因为鲍执行了分裂国民运动的政策，蒋说："我个人对鲍没有任何恶感，我迄今为止一直把他当作老师看待。但我现在反对他，因为他的坚持会造成两个政府的危险方针。我认为这不是共产国际的方针，因为这种政策会在中国人民的思想中造成对共产国际的不信任。这不仅在我们国家，而且在东方各被压迫国家都会有反应。帝国主义者对鲍的离去作何解释，这并不重要。重要的是要解决根本问题——国民党的内部问题。"④ 接下来，蒋介石问维经斯基："共产国际持什么方针？共产国际是否主张国民革命运动分裂？如果不是，那么作为共产国际代表的鲍为什么实行这样的政策呢？我认为他在这个问题上没有持客观的态度。他在这个问题上非常主观。这会破坏共产国际在中国人和一切东方弱小民族心目中的威信。即使我现在反对鲍，也不等于我反对共产国际。政府任何时候都可以迁往武汉。但有两点很重要：一、迁政府同鲍离开有关系，二、必须在党内确立严格的纪律。"⑤

据《蒋中正总统档案》中所记两人谈话，蒋介石请撤去鲍罗廷，蒋问

---

① Trotsky, Leon: *Problems of the Chinese revolution*.New York: Paragon Book Gallery, 1962, pp.389-390.

② 杨奎松:《中共与莫斯科的关系（一九二〇至一九六〇）》，第1—3页。

③ 张国焘:《我的回忆》（第2册），第580—581页；《俄共中国革命密档（一九二六）》，第109、114—115页。

④ 《1927年2月22日和23日维经斯基和蒋介石在九江的谈话记录》，载《联共（布）、共产国际与中国国民革命运动（1926—1927）》（下），第133页。

⑤ 《联共（布）、共产国际与中国国民革命运动（1926—1927）》（下），第133—134页。

维经斯基:"君之主张使本党分乎?合乎?使政府迁汉?抑驻南昌?总之,本党纠纷皆由鲍罗廷一人所起,故政府延期必待第三国际撤回鲍氏,与鲍氏回俄后,始能定耳。"① 蒋介石在此恶人先告状,将迁都之争的全部责任推到鲍罗廷的身上,并以此为契机想一举驱逐鲍罗廷回国。

但是,远在莫斯科的斯大林对蒋介石的所作所为毕竟有所了解,虽然他采取利用蒋介石的策略,但是并不意味他可以任由蒋介石胡作非为,因此在鲍罗廷的去留上,他明显反对蒋介石。在明确表示支持鲍罗廷的同时,又采取了温和的对蒋斗争的策略。联共(布)中央政治局指示鲍罗廷:"一、不要突出鲍罗廷,免得人们认为这场冲突是鲍罗廷和蒋介石之间为了争夺影响而进行的斗争。二、不要把事态发展到与蒋介石决裂的地步,以蒋介石完全服从国民政府为限。"② 这就为鲍罗廷同蒋介石的斗争定下了基调。在以后同蒋介石的斗争中,鲍罗廷领导武汉政府忠实地执行了莫斯科的这一指示。随后召开的国民党二届三中全会,虽然对蒋介石的权力进行了限制,但是还是保留了最重要的国民革命军总司令的职位,而蒋介石正是利用了这一职位,在随后的北伐战争中通过拉拢其他北伐将领,同帝国主义秘密勾结,在取得他们的支持之后,蒋介石便向共产党人举起了屠刀,这就是迁都之争并没有取得完全胜利的含义之所在。

(2) 共产国际在"迁都之争"中的工作重心的错误使国民政府失去了壮大人民群众的机会。统一战线的策略总方针应该是紧紧抓住发展进步势力这个中心环节,即大力开展工农运动,建立人民军队。抓住这个环节就能争取中间力量,就有力量打击右派。然而,斯大林不是这样做的,他过于看重民族资产阶级势力,忽视人民的力量,不抓人民的枪杆子。斯大林一直认为,"共产党人需要国民党右派,右派中有能干的军事将领"。因此在"迁都之争"的过程中,斯大林并没有想到怎样打倒以蒋介石为代表的新右派,而仅仅是希望蒋介石表面上服从国民政府而已。1927年3月国民党二届三中全会后,蒋介石发表了一个表示服从三中全会的声明,斯大林更加确信了自己对蒋所持政策的正确性。3月16日《真理报》社论写道:"下层的革命压力是如此之大,使得蒋介石在目前发展阶段也只好随

---

① "2月23日,晚,往访谭主席,与第三国际代表胡定康谈话"。见孙诒编《民国十六年之蒋介石先生(一月至三月)》遵订稿(一),第33页。详见《困勉记》2月24日。

② 《联共(布)中央政治局第87号(特字第65号)》,载《联共(布)、共产国际与中国国民革命运动(1926—1927)》(下),第118页。

机应变，发表风格与过去截然不同的声明。"斯大林对待右派的态度是："如果右派服从国民党的纪律，就利用他们，利用他们的联系和经验，如果右派破坏这种纪律并背叛革命的利益，就把他们开出国民党。"[①] 斯大林所定的这个对待右派的原则是正确的，问题是如何贯彻实行，如何把握时机。蒋介石挑起"迁都之争"，很显然是为了继续实现他的以军权驾驭党权的企图，这是赤裸裸地背叛革命的行径，而此时斯大林却是忍让迁就，就着实让人难以理解了。

同时，斯大林对"迁都之争"中蓬勃高涨的工农运动却采取了抑制的态度。在迁都之争中，武汉地区的工农运动风起云涌，特别是在收回汉口、九江英租界的过程中，中国工农阶级展示了自己强大的实力。然而，斯大林视而不见，他之所以不采取有力的支持工农的政策，其原因在于他对中国工农势力和中国共产党的影响估计太低。他采取的是：从长远来看，要扶植中国无产阶级势力，但在眼前，却主要是利用资产阶级力量。由此导致出斯大林害怕因过急地发展革命势力而吓跑资产阶级的错误估计。可见，影响斯大林制定政策的基本估计是他认为革命势力目前尚很弱，不足以依靠。他说：北伐军打到武汉之后中国共产党仅仅"有了公开组织无产阶级的可能（工会、罢工委员会）；共产主义小组成了政党；成立了一批农民组织的基层组织（农民协会）；共产党人渗入了军队。"[②] 很显然，斯大林对武汉政府的工农力量估计严重不足。在这种情况之下，他自然认为手中掌握军事权力，有能力的军事将领蒋介石是不能够轻易得罪的，因为不管怎样，蒋的军队还在进行着反对帝国主义和封建军阀的北伐战争，而前者正是苏联政府所看中的，基于这样的考虑，斯大林将迁都之争的工作重心放到国民党的身上，为了拉住蒋介石不惜放弃工农运动就不难理解了。

三 共产国际与"四·一二"前后武汉国民政府的反蒋斗争

"迁都之争"后，蒋介石表面上受到了打压，但是由于保留了国民革命军总司令的职位，他便充分利用这一特殊职位，专心经营东南，一旦实

---

① 斯大林：《中国革命问题》（单行本），人民出版社1953年版，第4页。
② 斯大林：《时事问题简评》，载《共产国际、联共（布）与中国革命文献资料选辑（1926—1927）》（下），第264页。

机成熟，便向共产党人举起屠刀。蒋介石右倾并不是突然的，而是有一个从量变到质变的过程，遗憾的是在斯大林领导下的共产国际，无论是在"四·一二"事变之前还是在之后，都未能组织起武汉国民政府有效的反蒋斗争，最终导致了大革命的失败。①

（一）共产国际与"四·一二"事变之前的反蒋斗争

1927年4月12日，蒋介石在上海发动的政变并不是突然的，事前，他早已公开表态，并且在南昌、九江、安庆、南京、杭州、福州等地大打出手。对此，共产国际和鲍罗廷对蒋介石可能采取的行动并非完全没有警觉，在鲍罗廷的指导下，武汉政府曾经采取过一些措施。但总的来说，麻痹天真、优柔迟疑、失去时机，使蒋介石从容地发动了"四·一二"政变。

1. 蒋介石开始准备背叛革命

（1）蒋介石公开发表反革命言论。② 1927年1月，蒋介石来到武汉刺探武汉方面的虚实，同时宣传自己在北伐战争中功高卓著。蒋介石从武汉回到南昌以后，就决心与武汉分道扬镳。这时蒋介石并不敢放弃反军阀反帝国主义旗帜，因为放弃这两面大旗会失去中国人民的支持，包括资产阶级的支持。所以，他嘴里反军阀反帝国主义的口号虽然叫得很响，但在实际行动上却有些变化，当时他还不敢树敌太多。将打击的目标转向了中国共产党和武汉政府，开始公开叫嚣镇压共产党和工农运动。与此同时，不断向帝国主义让步，对其持软化的方针。

首先，蒋介石公开表示愿同帝国主义友好相处。蒋介石在北伐出师就任总司令典礼时说："中正今兹就职，谨以三事为国人告：第一，必与帝国主义者及其工具为不断之决战，无妥协调和之余地"。蒋介石这里所说的"必与帝国主义及其工具"决战，是有先后顺序的，他指出："北伐之目的第一步在打倒帝国主义之工具卖国军阀，并开国民会议，废除不平等

---

① 对此问题的研究首推杨奎松的《蒋介石从"三·二〇"到"四·一二"的心路历程》（《史学月刊》2002年第6、7期），该文从多角度对蒋介石一步步走向反革命的过程进行了细致入微的分析，同时也对武汉政府、鲍罗廷、中国共产党在这一时期的政策策略作了详细的分析。本节在撰写的过程中参考了其研究成果。

② 本小节所引用蒋介石的讲话，除特别标注外，均转引自刘志强、王德京编著《中华人民共和国通史》（第3卷），第579—584页。

条约，然后建设人民的统一政府。"虽然表明帝国主义是敌人之一，但并不是当前面对的敌人。

1926年7月20日蒋介石发表对外宣言："中正奉命北伐，完全应全国人民国民革命军之要求，履行吾党孙总理求中国自由平等之使命。其有赞助我国之国民革命者，皆以最惠爱之友邦视之；其有妨害我国之国民革命者，皆与四万万人民共攘之。须知国民革命皆各国历史所必经，自由平等皆各国国家所需要。一国之不独立，即为国际战争之祸胎，一国之受压迫，即为正义人道所不许。自工业革命以至今日国际战争，皆为殖民被压迫者因痛苦不可得伸，而压迫者之人民损失亦恒超过其所得之利益。"蒋介石在此礼劝帝国主义者不要插手，不要干涉中国内政，这样北伐成功后对他们有好处，如干涉中国事务，国民政府将反对帝国主义。蒋介石期望在北伐期间能够同帝国主义者和平共处，流露出不敢依靠人民群众同帝国主义作斗争的态度。

1927年1月3日汉口发生"一·三"惨案后，迫于全国人民的反帝怒潮，蒋介石发表了"一·三惨案告民众书"，提出："我们必须做到：一、立即收回租界。二、立即收回海关。三、立即取消英伦在中国内地之航行权。四、立即撤销英人在华领事权。"同时，在《一·三惨案宣传大纲》中表示："现在无论如何，反英运动应该再接再厉，除非是英帝国主义者自动的取消一切不平等条约，决不和它谈亲善。"他还呼出口号："立即收回英租界！实行与英经济绝交！收回英国领事裁制权！收回海关权！禁止英船航行内河！废除一切不平等条约！为死难同胞复仇！打倒英国炮舰政策！打倒英帝国主义！"在全国人民反对帝国主义的大潮之下，蒋介石也表现了他反对帝国主义的态度。

但是，蒋介石的反帝是表面的。1927年3月他抵达上海之后，很快就露出了其真面目。他在上海对外国报纸谈话时讲道："国民政府绝不采用武力或借群众骚动以变更外国租界之治制，迭经负责长官发表宣言，余于此再赘一语，即国民政府唯有采用和平方法谈判是也。""现在租界情况，实予人以难堪，深望租界当局，自动废除戒严条例，撤退战舰、驻军，使国民政府得尽其职责，以保护外侨生命财产。"① 蒋介石此时发表这些言论，自然是别有用心的，在迁都之争已经失败的情况下，他把目光转向了

---

① 秦孝仪总编纂：《总统蒋公思想言论总集》（卷38），台北供应文物社1987年版，第3页。

西方帝国主义,意图在取得他们的支持后同武汉政府相抗衡。

其次,蒋介石公开发表反对共产党、反对工农运动的言论。迁都之争失败之后,蒋介石将怨气发在中国共产党和其领导的工农运动之上。1927年2月19日,蒋介石在总司令部特别党部的成立大会上发表讲话,他污蔑中国共产党把持武汉政府,破坏革命。"在同一个革命大道上的同志们,却故意加以丑恶的罪名,污蔑他们的赤胆忠心,驯至使他不能够革命,没从事革命的余地。是这样的故意破坏本党同志间的结合,便不算作本党的忠实党员。拼命排斥人家来革命,自己却关起门来,把持革命的机关,那才是'独裁制'!"1927年2月21日,蒋介石在南昌总部第十四次总理纪念周演讲,公开指责共产党:"现在共产党员,事实上有许多对国民党,事实上有许多对国民党党员加一种压迫,表示一种强横的态度,并且有排挤国民党员的趋向,使得国民党党员难堪。这样,我便不能够照从前一样的优待共产党了。""共产党员对待国民党党员如同近来这样排挤压迫,我以为决非共产党之幸。"进而蒋介石对共产党进行威胁,"我是中国革命的领袖,并不仅是国民党一党的领袖。共产党是中国革命势力之一部分,所以共产党员有不对的地方,有强横的行动,我有干涉和制裁的责任及其权力。"①

1927年3月5日和7日,蒋介石连续发表演讲,谈到他要做文天祥、岳飞,实际上蒋介石暗示自己像文、岳二人一样在前线杀敌,而鲍罗廷和共产党却在后方捣乱。"现在我敢自居,我对于党,要做一个文天祥!我们中国的历史,各位都是很熟悉的,每到国家将要灭亡,终有许多爱国的忠烈志士出来挽救,最著名的算是文天祥、岳飞一流人物。岳飞在前方同金兵作战,后方有许多奸贼捣乱,使他不能不败退。""中正预备着做岳飞,预备着做史可法、预备着做文天祥。""如果有反宣传,阻碍我们的革命,那我们就当作他是反动派,当他是我们的敌人看待。现在我们只希望中国的自由平等能够实现,只希望中国国民革命能够成功,谁来反对我们革命的,就要当作他是反革命看待。请各位留心明白我们现在的环境。"②他后来公开警告说:不要试图让我走开,"总理在生的时候,我无论对那一个同志,或者有一句话与我不对,或者有一点得罪了我,我马上就要跑开"。"现在可不是了。如果我一走开的时候","中国革命根芽从此就要

---

① 《蒋介石在南昌总部第 14 次总理纪念周演讲》,载《武汉国民政府史料》,第 80 页。
② 《蒋介石在南昌总部第 16 次总理纪念周讲话》,《时事新报》1927 年 3 月 18 日。

断绝了!"谁也不要想让我放弃责任,因为,"我只知道我是革命的,倘使有人要妨碍我的革命,反对我的革命,那我就要革他的命!"①蒋介石在这几次讲话中指名攻击鲍罗廷和共产党,但表示要继续联俄,继续反帝,他明白武汉地区的工农运动和倒蒋运动,都是鲍罗廷和中共党员支持或领导的。在这一时期,蒋介石已经下定决心反共、反俄、反工农了,很快他便将这些想法付诸实践了。

（2）蒋介石在行动上开始走向反革命。首先,蒋介石在北伐军所到之处连续制造反共反工农事件。1927年3月6日,蒋介石秘密指使新编第一师国民党党代表倪弼杀害了江西赣州总工会委员长、共产党员陈赞贤,同时在赣州、南昌、九江、安庆等地制造惨案,屠杀工人领袖,镇压工农运动。蒋介石用武力解散国民党南昌市党部,捣毁了国民党九江市党部和九江市总工会,打死打伤10人。安徽省党部和省总工会、省农会筹备处都先后被捣毁。这是因为蒋介石的军队所经过的江西、福建、安徽、浙江等省,社会中上阶层所表现出来的拥蒋热情。在这些地区,共产党人和左派国民党员通常都影响着相当一批工人群众,并掌握着省市一级的党部,但运动中出现的种种过激行为,却在倾向平和、渴望安定的社会中间阶层中造成了很大的恐慌。蒋介石到来后,为抗拒共产党人和左派国民党人,往往会借助于本地倒戈的军事领袖,或选派政治上区别于激进派的亲信,另立党政机关,以控制地方。由于这些人明显地倾向于沿袭旧体制和旧秩序,因而自然会受到习惯于旧体制、旧秩序而恐惧激进革命的社会中上阶层的欢迎。对于这些地方的工人、店员和农民群众,凡与共产党工会农会不合者,他们都会积极予以扶植。纵使找不到合适的扶植对象,他们也能够找到青红帮组织伪造工会团体与共产党人的工会组织相对抗。对此,蒋介石也并非一无所知,但已经习惯于用强力解决问题的他,并不反对部下出于他所认为的革命的目的而采取非常手段。②结果,就出现了诸如总政治部副主任郭沫若这时在蒋的总部中所看到的那些让他倍感吃惊的情景:蒋对其亲信支持、指使拥蒋的工人、店员,甚至是青红帮分子,在众目睽睽之下冲击共产党人和左派分子领导的各地国民党党部、工会等机关团

---

① 《总司令部特别党部成立大会演讲词》,《蒋介石言论集》（第4集）,中华书局1964年校定稿,第124—125页。
② 参见杨奎松《蒋介石从"三·二〇"到"四·一二"的心路历程（续）》,《史学月刊》2002年第7期。

体，甚至大打出手，造成流血冲突等，常常是睁一只眼闭一只眼，时而默许，时而干脆就是变相鼓励。① 就这样蒋介石从江西，经安徽、江苏一直杀到上海。

其次，蒋介石开始同中外反动势力相勾结。蒋介石很清楚能否顺利拿下上海和南京这两大中心城市是他能否同武汉政府相抗衡的关键。因此，在上海、南京未夺取之前，蒋的态度仍旧犹豫不决，即使是对武汉中央的二届三中全会也没有敢于公开指责和否认。何应钦、蒋伯诚、顾祝同、潘宜之、杨虎等蒋之重要部属早就对共产党强烈不满，"以半年来之努力奋斗，其结果不过为造成共产党扰乱地方之基础"，谈起来"多激昂唏嘘"。蒋介石此时既感到权力被限制恼怒，又对此时无法同武汉抗衡的无奈。但蒋介石隐忍不发，为的是积蓄力量。何应钦就明确讲：对党务问题，非蒋自己拿定主张始有办法，他人都不敢十分表示自己的主张，因为蒋"屡次游移，且事后每由他人受过"。② 南京攻克在即，张静江就明白告诉邵元冲、蔡元培等人说："介石对于与共产党分离事已具决心，南京定后，即当来宁共商应付。"③

1927年3月23日，刚刚被占领的南京城就发生了有组织的排外抢劫事件。从上午8时开始，大批在江右军总指挥程潜率领下的国民革命军官兵，对城内各处外国领事馆、侨民住宅等地大肆抢掠，直至午后5时才逐渐停止。停在长江上的美、英军舰遂从下午3时左右开始炮击南京，造成了中国军民的大量死伤。蒋得到消息后，马上于25日中午从上海赶到南京，急匆匆部署追查之后，便于次日又赶回上海。虽然，在公开场合蒋并没有把南京事件归结为共产党人的阴谋，但内心怀疑其借故挑拨自己与列强政府关系。④ 随后蒋介石即宣称南京事件乃共产党指使的，为自己的分共清党制造舆论。回到上海的第二天，即27日，蒋就急忙将吴稚晖、李石曾、蔡元培、张静江、蒋梦麟、邵元冲、马叙伦等一并邀入总部行营，秘密"开会讨论与共产党分裂之办法"，并显然倾向于吴稚晖的主张。吴的主张是："由中央监察委员会提出弹劾共产党员及跨党分子谋危本党，动摇后方及卖国之行为，其证据则根据数星期前陈独秀对稚晖之谈话，谓

---

① 郭沫若：《请看今日之蒋介石（1927年4月9日）》，《近代史资料》1954年第2期。
② 邵元冲：《邵元冲日记》，上海人民出版社1999年版，第310页。
③ 同上书，第312页。
④ 《蒋介石言论集》（第4集），中华书局1964年校定稿，第193—197页。

共产党二十年内必可实行共产,又去年双十节共产党在湖北秘发之传单阴谋破坏国民党者以为证,然后再由监察委员会召集中央执行委员之非附逆者开会商量以后办法,而开除及监视一切附逆及跨党之首要等,听候代表大会裁判云云。"① 这样蒋介石就开始同国民党老右派勾结到一起,密谋实施反革命计划。

同时,蒋介石开始同日、英、美等帝国主义相勾结。早在南昌的时候,蒋介石就秘密派戴季陶赴日本,寻求日本的支持。"南京事件"后,帝国主义者利用蒋介石插手"南京事件"的处理对其力尽拉拢之能事,诱使蒋介石反共、反苏、反人民。1927 年 3 月 26 日,蒋介石抵达上海。帝国主义者特地派专车把他从高昌庙码头"护送"到法租界祈齐路交涉署。蒋介石向帝国主义者表示:"决不用武力改变租界的现状","保证与租界当局及外国巡捕房取得密切合作以建立上海的法律和秩序"。② 帝国主义者表示愿以在沪的三万多军队,帮助蒋介石镇压革命,这样蒋介石获得了同武汉政府相抗衡的各种条件,反革命政变一触即发。

2. 鲍罗廷领导下的反对蒋介石斗争

(1) 武汉政府以党权限制蒋介石。1927 年 1 月,蒋介石刚一离开武汉,在鲍罗廷的领导下武汉地区的共产党人和国民党左派领袖就大张旗鼓地发起了恢复党权运动。最初,鲍罗廷和武汉的国民党左派准备动员李宗仁反蒋。他们纷纷去李处游说,告诉他:蒋介石"集党、政、军大权于一身,现在已成为一新军阀,本党如不及早加以抑制,袁世凯必将重见于中国"。鲍罗廷并曾推心置腹地动员李宗仁取代蒋介石的总司令位置,遭到李的拒绝。③ 无奈之下,共产党人和武汉政府的国民党左派决定以党权来限制蒋介石。鲍罗廷积极推动蒋之行营主任、总政治部主任邓演达以及孙科等人公开撰文,影射抨击蒋搞个人独裁,呼吁提高党的权威。1927 年 2 月 15 日,国民党宣传委员会在汉口举行会议,到会的有邓演达、顾孟余等三十余人。提出巩固党的权威,一切权力属于党;统一党的指挥机关,拥护中央执行委员会;实现民主政治,扫除封建势力;促汪精卫销假复职;速开中央执行委员会全体会议,解决一切问题等主张。会议通过的

---

① 《邵元冲日记》,第 313—314 页;参见杨奎松《蒋介石从"三·二〇"到"四·一二"的心路历程》(续),《史学月刊》2002 年第 7 期。

② 《蒋总司令告民众书》,上海《字林西报》1927 年 4 月 2 日 1 版。

③ 《李宗仁回忆录》(上卷),第 441 页。

《党务宣传要点》指出:"封建思想在党员头脑中潜滋暗长,不即加以纠正,必定演成个人独裁。"考虑到当时的条件,《要点》主要矛头指向张静江,但是,没有点他的名,而是提出"对于党内一切昏庸老朽的反动分子,以及相与勾结的官僚市侩彻底肃清,防止他们趁机作恶,危害本党"。《要点》要求,"要用打倒西山会议派的精神的对待一切党内的昏庸老朽的反动分子,然后才能铲除党外的危害本党的官僚市侩"。军队要明白"惟有在党的指导之下,才能得到统一指挥","才能与奉系军阀作最后之决斗"。[①] 自此,各地即掀起恢复党权运动。

恢复党权运动在国民党二届三中全会期间达到了高潮。会议于1927年3月10日开幕,于3月17日闭幕。会议通过了统一党的领导机关案、统一革命势力案、统一财政决议案和统一外交决议案。这些决议案的主旨都在于提高党权、集中党权。会议纠正了国民党二届二中全会的许多错误决定,是国民党制度上的一次大改革。会议改选了国民党中央政治委员会、常务委员会、军事委员会和国民政府委员会,在实际上解除了蒋介石的常务委员会主席和军事委员会主席两项职务,把蒋介石从最高领导的地位上拉了下来,权力大大缩小了。会上,孙科点名批评蒋介石,"蒋介石同志之在南昌宣言则为军阀及帝国主义所欢迎"。[②] 会后发表的《本会经过概况》对蒋介石进行了最严厉的不点名的指责。认为:自"中山舰事件"以来,"不但总理之联俄及容纳共产党政策被其破坏,即本党军队中党代表制与政府制度亦完全破坏,开个人独裁之渐,启武人专横之端";"自设总司令以来,党国大政,无不总揽于一人。党与政府,等于虚设"。并宣称将不采取"委曲求全"方针。[③]

北伐转向东南之后,鲍罗廷和国民党左派一直担心蒋介石抵达东南后,会和帝国主义以及中国大资产阶级发生关系,因此,也力谋控制南京、上海,进一步限制和削弱蒋介石的权力。3月21日上海工人第三次武装起义之后,武汉方面就召开会议讨论应对方案。3月23日,北伐军攻克南京,武汉国民政府立即任命程潜等11人组成江苏省政务委员会,共产

---

① 《党务宣传要点》(1927年2月),载《武汉国民政府史料》,第45页。
② 《中国国民党第二届中执会第三次全体会议第七日速记录》(1927年3月17日),中国第二历史档案馆藏,引自《中国国民党第一、二次全国代表大会会议史料》(下),第868页。
③ 《中国国民党第二届中央执行委员会第三次全体会议宣言及决议案》,转引自杨天石《蒋氏密档与蒋档真相》,社会科学文献出版社2002年版,第207页。

党人和左派占绝对优势。3月27日，武汉政府电令上海各机关，所有江浙财政均须经宋子文办理，否则概不承认。这一切，都是武汉政府为了加强对南京、上海的控制，限制蒋介石的权力。

1927年4月1日，针对蒋介石在上海私自发表谈话、委任政府官员的行为，鲍罗廷在国民党政治委员会第八次会议上，提议将二届三中全会统一外交、财政各决议案通知蒋介石以及各军，要求遵照执行，并警告不得违反，否则以反革命论。鲍罗廷直接指出："将决议案寄一份把蒋介石，如再有反动行为，即开除党籍！"[①] 4月2日，孙科在武汉国民党中央常务委员会第五次扩大会议上提出："因为蒋总司令自由江西到上海后，即被反动势力包围与利用，在形成一个反动中心。他现在已被帝国主义利用，进而勾结帝国主义。在外交、财政、交通各方面进行之计划与策略，均因他一人而破坏无余。"[②] 会议通过了有关电文，声称："同志在沪，已有不能团结革命之表征，徒为外人所乘，于此紧急之外交形势殊属不利，必同志离沪，中央始可对上海之严重形势指挥自如，而负完全之责任。"决议要求蒋介石"对于外交未得政府明令以前切勿在沪发表任何主张，并勿接受任何帝国主义口头或文字之通牒。"[③] 鲍罗廷期望通过这种方式对蒋介石进行最后的挽救，他说："假使我们不是爱惜蒋同志，就任从他在上海，听他将弄到一个失败的结果给我们看的。现在我们要他离开上海反革命的重心，免他受包围走出去反革命如他真能接受中央的训令，离开上海而是最好了。"[④]

鲍罗廷显然没有想到，在中国，不仅政权要靠枪杆子来取得和维系，而且蒋介石的革命自觉性和执行武汉国民政府命令的决心显然没有达到他所希望的那种程度。3月上旬之后，当蒋介石被迫同意中央党部和国民政府迁鄂，紧接着武汉又召开了旨在削弱其权力的二届三中全会，蒋开始大踏步地转向了极端。很明显，蒋因中央党部和国民政府迁鄂而产生的权力

[①] 《中国国民党中央政治委员会第八次会议速记录》（1927年4月1日），中国第二历史档案馆馆藏，载《中国国民党第一、二次全国代表大会会议史料》（下），第1009页。

[②] 《中国国民党中执会第二届常委会第五次扩大会议速记录》（1927年4月2日），中国第二历史档案馆馆藏，载《中国国民党第一、二次全国代表大会会议史料》（下），第908页。

[③] 《命令蒋总司令离沪赴宁电文》、《中国国民党中央执行委员会第二届常务委员会第五次扩大会议决议案》，参见《蒋氏密档与蒋档真相》，第210页。

[④] 《中国国民党中执会第二届常委会第五次扩大会议速记录》（1927年4月2日），中国第二历史档案馆馆藏，载《中国国民党第一、二次全国代表大会会议史料》（下），第910页。

失落感和政治恐惧感实在是太大了。他深信,如果这个时候再不采取断然措施,他所占有的那些省区,转眼间就会落到武汉中央的手掌心去。而丢掉这些地区,他连讨价还价的资本可能都没有了。如果他最终不得不向武汉中央臣服,不要说此前的一切可能功亏一篑,就连自己的政治生命都可能因之而结束了。[①] 不甘心失败的蒋介石当然知道该怎么利用手中的军权。

(2) 逮捕蒋介石与迁都南京计划的流产。除了向蒋介石发出措辞激烈的电报之外,武汉政府还决定通过逮捕蒋介石的方式逼迫蒋介石交出军权。1927年3月下旬,在鲍罗廷的支持下武汉政府起草了一个逮捕蒋介石的密令,由谭延闿亲笔写在一块绸子上,准备交给程潜执行,同时责成二、六两军控制南京地区。3月27日,林祖涵将密令缝在衣服内,以代表国民政府慰问前方将士的名义东下。[②] 同时,武汉政府要求中共以机密方法,通知上海的中共中央,要求就近给予程潜以协助。

然而,被鲍罗廷寄予厚望的程潜并不愿意执行武汉政府的密令。林祖涵离汉赴宁时,程潜正与何应钦一起应蒋介石的要求赴上海商谈。程到沪之后,力主调和蒋介石同武汉政府的矛盾,并表示愿意赴汉劝和。然而通过和李石曾、吴稚晖的交谈,得知上海方面正准备"清党",便于30日离开上海回到南京。适逢当晚林祖涵抵达南京。程潜得悉武汉政府的任务之后,表示:"那不行,我不能做分裂国民党的罪魁祸首。这样对不起孙中山先生。"六军政治部主任李世璋以形势危急相劝,告诉程潜:"蒋介石已经把何应钦派进来了,他们已经占领了高地,恐怕来意不善。"程潜却告诉他不要害怕。[③] 程潜不愿意执行武汉政府的命令,到现在并没有得到合理的解释。笔者认为,3月30日以后,是蒋介石作好了同武汉政府翻脸的充分准备的。此时的蒋介石已经处在重兵的保护之中,程潜想执行武汉政府逮捕蒋介石的密令简直是难上加难。因为逮捕蒋介石的时机已经失去了。早在南京事件发生的第二天,蒋介石便乘军舰过宁,没有上岸,只是在军舰上听取了有关人员的汇报。很显然,蒋介石对于倾向武汉政府的第二、六军是持戒备态度的,他深知一旦上岸,万一自己被人挟持,长时间

[①] 参见杨奎松《蒋介石从"三·二〇"到"四·一二"的心路历程(续)》,《史学月刊》2002年第7期。

[②] 程潜:《对谢慕韩〈关于"东征""西征"和第六军被消灭的片段回忆〉一文的订正和补充》,《湖南文史资料》1969年第4辑,第31页。

[③] 李世璋:《关于北伐前后的第四军》,《江西文史资料》1982年第2辑(内部版),第42页。

的努力就会化为乌有。自此以后，蒋介石时时处在重兵的保护之中，想逮捕他是不可能的任务，在这种情况之下，程潜自然而然不愿意为了这个根本实现不了的计划而去冒险，因此用不愿意分裂国民党的理由来搪塞林祖涵和武汉政府。

对于逮捕蒋介石计划的失败，鲍罗廷认为："第六军军长程潜未能及时执行逮捕蒋介石的命令，因为没有中央政府坚定而明确的指示，他自己不知道怎么办。送逮捕令的交通员晚到南京一周时间。"① 显然，鲍罗廷回避了一个重要的事实，就是武汉政府对蒋介石心存侥幸，在下决心同蒋介石破裂之前犹豫不决，当蒋介石作好分裂的准备之后，再来执行逮捕蒋介石的计划，已经是错失良机了。随后，蒋介石通过收买二、六军部分军官的办法，将上述两军调离南京，并派遣自己的嫡系部队占领南京，取得了对南京的完全控制。

虽然逮捕蒋介石的计划未能执行，但是武汉政府对于蒋介石可能发动政变的认识仍不以为然，而是积极准备第二次北伐。1927年4月4日，程潜到汉，报告了上海方面准备"清党"的情况，李富春也密电陈述蒋介石、何应钦即将来宁建立政治组织的消息。武汉政府开始紧张起来了。4月7日，武汉国民党中央政治委员会召开紧急会议，决定"为适应革命势力之新发展及应付目前革命之需要"，将中央党部及国民政府迁至南京，迁移日期另行决定。武汉政府决定迁都的理由，主要基于五个方面：①对付帝国主义。武汉政府认为，英、美帝国主义正在联合日本，准备武力干涉中国革命，封锁上海、南京、天津各口岸，武汉政府必须先发制人。迁都南京、坐镇南京，帝国主义就不敢进攻。②统一外交。武汉政府感到，地处武汉，不便于"对付长江下游的外交"。③掌握财政。长江下游是富庶之区，迁都有利于控制下游财政。④团结下游革命力量，控制蒋介石。谭平山说："最近长江下游，帝国主义利用种种机会，用挑拨的方法以分离革命势力。现在一部分同志已被帝国主义和反动派利用，但我们知道，在反动军事领袖之外，还有许多革命领袖在长江下游。这些同志我们要拉他一路走。""少数在下游的军事领袖，想利用军队造成自己的地位，但中央要在长江下游，就完全能指导他们。不能用电报来指挥，我们要到军队

---

① 《鲍罗廷关于中国政治局势的报告》，载《联共（布）、共产国际与中国国民革命运动（1926—1927）》（下），第220页。

势力中来指挥他革命。"① ⑤沿津浦路北伐。② 武汉政府认为,京汉路北伐有确实把握,必须将注重点转移至津浦线。8日,常务委员会第六次扩大会议听取了孙科的说明。孙科慷慨激昂地表示:"帝国主义与残余军阀勾结,将革命转为反革命,所以为应付外交,要下一决心,拼命移至南京。""全体送去受他压迫,看蒋介石有无决心?"③ 当天,武汉政府举行了东下的誓师典礼。由张发奎率领第四军、十一军东下加强南京防御,支持上海的革命力量。

4月9日,四军登轮,准备东征。同时武汉政府命令六军留在南京,不要听命于蒋介石;又命令已进至长江北岸的二军回师南京,协同六军卫宁反蒋。但是武汉政府内部意见并不统一,有的举张不应该将铁军调离武汉。结果四军登轮的当天,就得到在船上待命的通知。11日,又得到命令退回原地。④ 就这样四军、十一军东下的计划就这样流产了,迁都南京的决议成了一纸空文。

武汉政府派兵东下计划的改变与共产国际对蒋介石的态度密不可分。1927年2月,共产国际的机关刊物《国际新闻通讯》发表文章称:"国民党内的分裂和工人阶级与革命军士兵之间的敌对情绪,在目前绝无可能","蒋介石这样的一位革命家不会去和反革命的张作霖合作行动"。4月5日,斯大林在莫斯科发表演说,对中国的反革命与国民党右派的关系,作了如下阐述:"蒋介石明天会做什么,走向何方,我们拭目以待,但至少现在,他领导着军队,命令军队反对帝国主义,这是事实。在这方面他比所有的策连捷里和克伦斯基们⑤都高。当然,蒋介石没有读过马克思著作,

---

① 《在中央宣传委员会第十五次会议上的报告》,《湖南民报》1927年4月18日。
② 参见《蒋氏密档与蒋档真相》,第213页。
③ 《中国国民党中央执行委员会第二届常务委员会第六次扩大会议速记录》,油印件,转引自《蒋氏密档与蒋档真相》,第214页。
④ 黄霖:《八一起义前后的几点回忆与认识》,载《中国共产党在江西地区领导革命斗争的历史史料》(第1辑),江西人民出版社1970年版,第17页;朱其华:《一九二七年底回忆》,上海新新出版社1933年版,第101—102页;[苏] A. B. 勃拉戈达托夫:《中国革命纪事(1925—1927)》,李辉译,生活·读书·新知三联书店1982年版,第293页;[苏] 巴库林:《中国大革命武汉见闻录》,郑厚安等译,中国社会科学出版社1985年版,第128—135页。
⑤ 策连捷里,俄国1917年二月革命后领导孟什维克护国派,曾任临时政府内务部长。克伦斯基,1917年任俄国临时政府首脑。

而策连捷里和丹①以及克伦斯基也许读过马克思著作。蒋介石没有自称社会主义者,但情况恰恰是,他高于这些社会主义者,高于这些克伦斯基、策连捷里和丹之流。为什么?因为,由于事物的逻辑所致,他领导着反帝的战争,迫于形势他在打仗。"接下来斯大林针对蒋介石及国民党右派所采取的策略作了阐述:"既然我们有多数,既然右派听从我们,为什么把右派赶走?只要有农场,农民连一匹疲蹶的老驽马也需要。他不把它赶走。我们也一样。等到右派对我们没有什么用场,我们就把它赶跑。目前我们需要右派。它有的是能干的人,这些人尚率领军队且指导它去反对帝国主义者。蒋介石也许对革命没有同情,但他正带着军队,且除了引导他去反对帝国主义者之外,便不能干别的事情。此外,右派中人尚和张作霖的将领有关系,且非常懂得如何去使他们军心涣散,不经一击便引诱他们全部转到革命方面来。他们和富商也有关系,可以从他们那里募钱。所以他们必须要被利用到底,像柠檬一样榨干,然后丢掉。"②

斯大林这段话道出了联共(布)不主张反蒋的两个原因:一是蒋介石正领导着反帝的军队,而中国的反帝斗争与苏联的利益息息相关;二是莫斯科方面有能力控制蒋介石,可以在利用完之后再从容地将其抛弃。然而,斯大林没有预见到,以蒋介石为首的国民党右派在利用苏联帮助增强自己的实力之后,会从容地抛弃孙中山的三大政策,拉着军队走向反动之途。事情的结果恰恰如此,斯大林讲过此话仅仅过了七天,蒋介石就制造了"四·一二"政变。③

与此同时,共产国际代表仍然在作挽救蒋介石的努力。4月6日,新近到达武汉的共产国际代表罗易,在维经斯基等人的支持下建议代表团去上海会见蒋介石,和他商谈革命力量的统一问题。如果蒋介石同意,就邀请他到武汉参加和解会议;如果他拒绝,就证明他反对党的政权,号召群众团结在武汉政府的周围。鲍罗廷反对这一意见。此后十多天罗易和鲍罗廷在如何对待蒋介石的问题上争论不休。④ 4月10日中共

---

① 丹,孟什维克领导人之一,1917年任彼得格勒苏维埃委员。

② Harold R.Isaacs, *The Tragedy of the Chinese Revolution*. Stanford: Stanford University Press, 1938, pp.183-184; Trotsky, Leon, *Problems of the Chinese revolution*. New York: Paragon Book Gallery, 1962, pp. 389-390.

③ 姚金果、苏杭:《读解中国大革命史》,福建人民出版社2006年版,第11—12页。

④ 参见《蒋氏密档与蒋档真相》,第216页。

中央在武汉召开临时会议，维经斯基认为蒋介石"有办法"，罗易也认为蒋介石"还有办法"。①都不愿意同蒋介石最后决裂的准备。瞻前顾后、犹豫不决。就这样武汉政府在无谓的争论中浪费了宝贵的时间，让蒋介石从容地做好了反革命的准备，几天以后，蒋介石便向共产党人举起了屠刀。

（二）共产国际与"四·一二"事变之后的反蒋斗争

得知武汉政府即将迁都南京的消息，蒋介石既惊又怕，同时上海工人运动持续高涨，工人反帝呼声日盛一日，这对于期望同帝国主义列强保持友好合作的蒋介石来说，是无论如何不能容忍的。在选择苏俄还是选择英、美、日帝国主义上犹豫良久之后，蒋介石终于在1927年4月12日开始动手了，其矛头直接指向了中国共产党人。蒋介石镇压工农固然蓄谋已久，但共产国际对工农运动的激进策略的刺激不可忽视。政变后，共产国际对蒋介石出乎意料地宽容，似在情理之外，实在情理之中。

1. 上海工人运动与蒋介石"四·一二"政变的发动

众多的史家在研究"四·一二"政变时，大多从蒋介石的角度来进行分析，这固然可以找到这段历史发展的脉络。蒋介石镇压工农运动的想法固然蓄谋已久，但是上海工人运动对他的刺激则是其最终下定决心翻脸的重要因素。而上海工人运动的开展与共产国际密不可分。

（1）共产国际的指示刺激了上海工人运动的高涨。自1926年下半年以来，上海工人发动了两次武装起义，虽然遭到了失败，但还是激发了工人的斗志。1927年1月武汉国民政府收回汉口、九江英租界的胜利，极大地鼓舞了上海的工人阶级，他们开始酝酿第三次武装起义。与此同时，共产国际执委会第七次扩大会议提出的要超越民主革命界限的要求传到中国，在上海的中共领导人这时显得相当振奋，他们对于自己在上海工人中的号召力充满信心，在各种会议上反复强调：我们党"已到夺取领导权的时期"，因此力主公开打出自己的旗帜。"要在群众中宣传C.P.，或用公开代表形式，或指定同志在群众会议时故意问C.P.是

---

① 李立三：《党史报告》，载中央档案馆编《中共党史报告选编》，中共中央党校出版社1982年版，第245页。

什么，借此宣传 C. P."。① 上海中共领导人的这种思想，与共产国际七大的指示精神密切相关。

事实上，尽管受到武汉、九江群众运动的鼓舞，上海工人运动一开始也没有超出一定的范围。在准备夺取上海之初，中共上海区委没有马上收回租界的打算。曾明令"罢工工人不准打外国人，不准捣毁机器"，并要求工人纠察队切实"维持一切治安，禁止流氓、土匪乘机骚扰与抢劫"。包括对店员问题，也曾再三强调"现在广州、汉口已经闹坏了，这个问题很复杂"，一定要与商人接洽，"注意条件，不要太高"，避免闹出乱子。上海总工会甚至有声明给英国巡捕房总巡先生，以安其心。② 应该说这时的上海区委的头脑是清醒的，当时上海的情况比较复杂，是帝国主义在华的最后一块落脚之地；同时各种反革命势力长期盘踞于此，伺机进行反攻倒算。因此谨慎对待工人运动不仅是必需的而且是必要的。然而，共产国际要求中国共产党同国民党争夺领导权的指示，加上上海工人在第三次武装中高昂的斗志改变了这一切。

针对共产国际的指示，自3月24日以后，共产党方面的态度就有了明显的改变。当天，总工会下达了复工令，外资厂主却拒绝工人复工，租界巡捕因此武装阻止工人进入租界，致使一些想要复工的工人与巡捕房发生了对峙和冲突。一时间总工会将要攻击巡捕房，或工人纠察队将要猛扑租界的谣传四起。面对这种情况，基于武汉、九江的斗争经验，上海中共领导人内部已经开始提出了尽快收回租界的设想。除少数人强调还要避免发生冲突以外，相当一部分人的意见是主张对外国资本家下最后通牒，对租界亦不能示弱，对方越界筑路，我可自由拆除铁丝网，准备进行收回租界的总罢工。③ 此时，蒋介石将与闸北上海总工会关系密切的闸北驻军薛岳部调开，而调刘峙部接防，以便对设在那里的上海总工会严加防备。蒋介石的做法自然引起了中共的强烈不满。他们组织群众集会并派人质问白崇

---

① 《中共上海区委召开活动分子大会记录》（1927年3月19日晨九时）、《中共上海区委行动大纲》（1927年3月19日）、《中共上海区委各部委书记联席会议记录》（1927年3月23日）、《中共上海区委各部委产总联席会议记录》（1927年3月23日），载《上海工人三次武装起义》，第338、348、369、374页。

② 《上海总工会在第三次武装起义前给英捕房的声明信》，载《上海工人三次武装起义》，第404页。

③ 《中共上海区委各部委产总联席会议记录》，载《上海工人三次武装起义》，第386页。

禧，坚决反对调离薛岳。同时还通过市政府致函租界工部局，强硬提出限期三日内"正式表示不复阻止复工"，否则将再行总同盟罢工，此后发生一切问题概由工部局负责。①

不仅如此，他们还严厉批评有同志怕被人说是 C.P.，说这是纯粹软弱卖党的心理，要求所有党员必须公开宣传这次革命是在 C.P. 领导下，大开门户，吸收党员，三个月要征收五万党员，准备"公开取政"、"包办革命"。② 中共马上便付之行动。在中共看来，既然共产国际的指示要求夺取革命的领导权，而上海此时的机会难得，于是上海共产党人指挥总工会四处冲击国民党右派组织，并积极筹组上海特别市临时政府。"街市上共产党呼声很高"，人人都在打听 C.P.，"很想晓得内幕"。③ 而这显然与中共中央的态度有关。中共中央支持强硬的对抗态度，陈独秀在上海特委会上直截了当地鼓动说：中国革命如不把代表资产阶级的武装打倒，中国就不要想革命。只有把此武装打倒，资产阶级才能服从革命的力量。现在上海的资产阶级和国民党右派已经与党军勾结在一起了，"我们如果情愿抛弃上海，就很容易，如果争斗，就要马上动作"。即"右派军队来缴械，我们就与之决斗，此决斗或许胜利，即失败则蒋介石的政治生命完全断绝"。④ 因为"蒋介石现为一切反动势力所包围，现在他将集中势力与 C.P. 算账，以挽其在武汉方面之失败。"⑤ 因此，中共要领导工人与其进行坚决的斗争。

上海区委和中共中央之所以持强硬的立场，一则与共产国际的指示有关，二则是因为共产党掌握着一支武装，即上海总工会属下的工人纠察队。上海区委明确讲："重要的为工人与纠察队问题，这次工人大流血大牺牲夺取许多枪械为自己解放的保障，上海工人有力武装，上海工人的政治地位与一切行动都有保障，同时 C.P. 也跟随有力。如果工人武装被解

---

① 《上海特别市临时市政府为复工问题给法租界公董局的函》，载《上海工人三次武装起义》，第 405 页；参见杨奎松《蒋介石从"三·二〇"到"四·一二"的心路历程》（续），《史学月刊》2002 年第 7 期。

② 《中共上海区委召开扩大活动分子会议记录》，载《上海工人三次武装起义》，第 398、400 页。

③ 《中共上海区委各部委书记联席会议记录》，载《上海工人三次武装起义》，第 368—369 页。

④ 《特委会议记录》，载《上海工人三次武装起义》，第 389 页。

⑤ 《中共上海区委召开活动分子会议记录》，载《上海工人三次武装起义》，第 406 页。

除，则工人又将入于过去黑暗之域。因此，维持工人武装为目前最重要的问题。"① 26 日，上海区委正式决定：目前最主要策略就是"反对反动的新军阀，积极响应宁案，举行反英大罢工，达到收回租界的目的。我们要随时随地准备武装与右派军队发生总决斗。"他们确信，"如果上海工人把右派打倒，租界收回，在革命的前途非常伟大。"② 一时间，上海工人与反动势力的冲突一触即发。

（2）共产国际具体指导的退让与蒋介石的反动。3月底的上海工人第三次武装起义使得北伐军几乎不费吹灰之力占领了上海，此时的蒋介石对工人运动的态度比较友好。但随着工人运动趋于激进，直接将斗争的矛头指向帝国主义时，蒋介石开始改变了先前对待工人的友好态度，不惜以镇压工人运动来取悦英美日等帝国主义。

3月22日前敌总指挥白崇禧初到上海时，对共产党领导的总工会态度还好，还同意各工会的武装纠察队统归总工会管辖，对共产党推动组建的市政府也未加反对。此时的租界挤满了大量从武汉、九江以及其他国民革命军占领区逃亡避祸而来的外国侨民和中国人，他们对于两湖、江西等地激烈的工农运动充满恐惧，生怕国民革命军占领上海后会重现汉口、九江下层民众冲击租界的情景，因而人心惶惶。白崇禧第二天听到各方反映之后，态度立即转了一百八十度，扬言"将设法根本消灭武汉风潮之再现于上海"。次日白"请市党部等吃饭，独不请 C.P."。且马上就有种种传说，称市政府为 C.P. 所组织，蒋介石亦坚决反对。③ 25日，当外国记者据此询问东路军前线总指挥白崇禧时，白公开强硬地表示，工人一旦有扰乱，驻军必将负责缴械。并立即做了对付工人纠察队的军队调动。

正在蒋介石同上海工人剑拔弩张之际，中共上海区委收到了莫斯科27日的来电。来电提出："我们认为，长时间地举行总罢工要求归还租界，在现阶段是有害的，因为这可能使上海工人处于孤立状态并便于当局对工人采取新的暴力。最好是组织示威性的罢工，抗议在南京的暴行，而租界

---

① 《中共上海区委召开活动分子会议记录》，载上海档案馆编《上海工人三次武装起义》，上海人民出版社1983年版，第397、399、401页。

② 同上书，第406—409页。

③ 《上海工人三次武装起义》，第372、375、385页。

问题要同国民政府商量。"①显然，莫斯科出于对帝国主义干涉中国革命的担心和利用蒋介石的目的，反对上海工人直接进攻租界，强调同蒋介石保持良好关系。中共中央向莫斯科阐述了采取行动的理由，但是遭到了共产国际的强烈反对。联共（布）政治局28日又再度来电，强硬表示："请你们务必严格遵循我们关于不准在现在举行要求归还租界的总罢工或起义的指示。请你们务必千方百计避免与上海国民党及其长官发生冲突。"②对于共产国际反对上海工人进一步采取过激措施的指示，中共中央选择了屈服。在收到电报当天，陈独秀函告中共上海区委，要求他们"表面上要缓和反蒋反张，实际准备武装组织"，对总同盟罢工，也"要得民党及老蒋同意"③。接到陈独秀的指示，上海区委决定于第二天，即29日召开上海市民代表会议举行临时市政府就职典礼静观其变。

但是蒋介石并没有出席就职典礼，而且致函临时市政府，要求其"暂缓办公，以待最后之决定"④。上海临时市政府是经过武汉国民政府中央认可的，蒋否认它就已经表明了决心与武汉中央抗衡的态度。中共中央的领导人陈独秀感到事态紧急，当即致电莫斯科，强调准备抵抗的必要，希望得到共产国际支持上海工人运动的指示。但是，联共（布）中央政治局仍然坚决不同意中共的主张。它一方面致电在武汉的鲍罗廷，要求他考虑"对蒋介石作出某些让步以保持统一和不让他完全倒向帝国主义者一边"的可能性；另一方面电示上海中共中央称："①在群众中展开反对政变的运动；②暂不进行公开作战；③不要交出武器，万不得已将武器藏起来；④揭露右派的政策，团结群众；⑤在军队中进行拥护国民政府和上海政府、反对个人独裁和与帝国主义者结盟的宣传。"⑤共产国际主席布哈林和斯大林严厉地批评托洛茨基反对派关于立即实行反蒋或中共退出国民党的主张，认为这是极端愚蠢的策略，反复宣称蒋介石"领导反帝斗争，起的

---

① 《联共（布）中央政治局秘密会议第93号（特字第71号）记录》，载《联共（布）、共产国际与中国国民革命运动（1926—1927）》（下），第168页。
② 同上书，第169页。
③ 《中共上海区委主席团会议记录》，载《上海工人三次武装起义》，第428页。
④ 《蒋介石致上海特别市临时市政府函》，《蒋介石言论集》（第4集），第196页。
⑤ 《联共（布）中央政治局秘密会议第93号（特字第71号）记录》，载《联共（布）、共产国际与中国国民革命运动（1926—1927）》（下），第168—169页。

是进步作用"。① 联（共）中央政治局还准备派维经斯基到上海安抚蒋介石，劝他不要采取极端行动。

4月1日，汪精卫抵达上海，而此时的蒋介石还没有最后下定同共产党决裂的决心。据邵元冲日记："此间日内正拟以断然手段处置者，乃不得不暂行延搁。"因"精卫以为武汉诸人，非不可理喻，故仍拟约彼等来宁，以会议方式解决之云"。② 一则因为汪精卫在党内的威望，蒋介石未敢造次；二则蒋介石想拉拢汪精卫一同反共"清党"。

但是蒋介石等并没有停止分共"清党"的准备工作。4月2日晚吴稚晖等几位监察委员召开秘密会议，通过了弹劾共产党案，决定提请各军警机关将辖区内之共产党人"分别看管监视，免予活动"。③ 3日上午蒋介石、吴稚晖、李石曾、蔡元培、李济深、李宗仁、白崇禧、邵元冲等人一同往孙中山故居与汪会晤。谈到清党问题时，吴稚晖直言相告："此次监察委员会提出对共产党弹劾案，必将采断然之处置，故只系通知而非商榷。"但是汪精卫并没有对蒋介石等的提议表示赞同，汪表示可以在中共中间做些工作，缓解同蒋之矛盾。汪精卫于会后马上找到了陈独秀，转达了蒋介石等人要求共产党员暂停一切活动的提议。为了打消蒋介石的顾虑，汪精卫和陈独秀联合发表了一份宣言。宣言声称，无论是共产党将组织工人政府、冲入租界、打倒国民党，还是国民党将驱逐共产党、压迫工会、解散工人纠察队，所有这类说法，都纯属谣传。

汪精卫与陈独秀的联合宣言，并没有达到蒋介石的目的。这时，武汉国民政府又有训令要蒋"克日离沪赴宁，专任筹划军事"，并威胁蒋若一意孤行，定将免职除名，决不姑息云云。④ 注意到武汉中央公开宣布决定迁都南京，蒋再也沉不住气了。因为，武汉中央如果真的迅速动身迁来南京，无论政治上还是军事上蒋都将陷入投鼠忌器的困境，何况汪陈宣言已经证明汪的承诺绝不可靠。考虑到这一危险的后果，蒋自然不能照3日所定方针，等汪劝说武汉诸位来宁开会了。在发现汪不打招呼悄悄遁迹之

---

① 《布哈林在共产国际执行委员会主席团会议上关于中国形势的报告》，载《联共（布）、共产国际与中国国民革命运动（1926—1927）》（下），第164页。

② 《邵元冲日记》，第315页。

③ 《中国国民党第二届中央监察委员会第三次全体会议第二号会议录》，台北党史会藏档，2—6.1/6。

④ 《中国国民党第一、二次全国代表大会会议史料》（下），第908—910页。

后,蒋随即公开发表了与汪精卫的谈话要点,以防汪巧言惑众。之后,蒋于9日一早转赴南京,表面上是遵从武汉训令,实则双管齐下,准备照江西等地的办法用强力来夺取南京和上海的党政权力"。①

9日,蒋下令查封了直接受武汉邓演达领导的上海总政治部机关,指责其"假借名义,潜植反动势力,妨碍北伐进行,甚至嗾令党羽,引起暴乱,丧失本军之信用,阻碍北伐之大计"②。4月11日,新成立的淞沪戒严司令部正副司令白崇禧、周凤岐,将大批士兵开到南市、闸北、浦东、吴淞等区,荷枪实弹,巡逻街头。12日在蒋密令下,白、周二人以制止械斗为名,成功利用青红帮做前锋,在一天之内顺利地缴了纠察队在各处的武装。13日,全市罢工工人在闸北青云路广场开大会,决议总同盟罢工,要求还我武装,会后组织示威游行,在宝山路遭到周凤岐的二十六军枪杀。而正在此时,共产国际代表罗易还致电蒋介石,声称"一切革命力量的团结是最大的需要",表示"将乐于访问南京",③企图和蒋介石达成和解。

"四·一二"之后,蒋介石露出了其伪装已久的真面目。4月15日,他正式草拟签发了《清党布告》,宣布了与共产党决裂的决定。布告称:"照得此次中国国民党中央监察委员会举发共产党连同国民党内跨党之共产党员等有谋叛证据,请求中央执行委员会各委员在所在各地将首要各人就近知照公安局或军警机关,暂时分别看管监视,免予活动,致酿成不及阻止之叛乱行为,仍须和平待遇,以候中央执行委员会开全体大会处分等因。"④蒋随即电令各军师长,立即拘捕"总政治部主任邓演达、副主任郭沫若及军政治部主任李富春、朱克靖、林祖涵、彭泽湘、廖乾五等以及在师团连各党代表及政治部指导员之跨党分子"⑤。同日,广东的李济深积极响应蒋介石,在广州实行"清党",大肆捕杀共产党员。自此,由蒋介石发起的分共"清党"运动波及全国,中国大革命遭到了局部的失败。

---

① 参见杨奎松《蒋介石从"三·二〇"到"四·一二"的心路历程》(续),《史学月刊》2002年第7期。
② 《查封上海总政治部布告》,《蒋介石言论集》(第4集),第223页。
③ 《中国新闻》1927年4月14日;参见《罗易赴华使命》,第65页。
④ 《蒋介石言论集》(第4集),第225页。
⑤ 《总司令蒋致南京何总指挥、贺军长、鲁代军长、广州李总参谋长、上海白总指挥、周军长等电》,台北国史馆藏,蒋中正档案,特交文电16010245。

2. 共产国际与武汉政府"四·一二"政变后的反蒋斗争

蒋介石在上海发动"四·一二"政变之后,中共中央以前的预测变成了现实。在蒋介石及其帮凶所控制的区域,分共"清党"大规模地展开,各省党部、工会被捣毁,无数共产党员遭到屠杀。在这种情况下,莫斯科却对蒋介石采取听之任之的政策,没有指导武汉政府对蒋采取坚决斗争的政策,从而使蒋介石在反革命的路上越走越远。

(1)武汉政府从政治上对蒋介石进行谴责。1927年4月13日下午4时,武汉国民党中央政治委员会第十二次会议正在举行,收到了蒋介石的通电,要求中央各执行委员、监察委员在14日以前赶到南京开会,随后又得到上海市党部的来电,工人纠察队被缴械。汪精卫当即表示:"这件事比南京会议还要严重,简直是反了!"[①] 与会人员对蒋介石仍然存有幻想,致电蒋介石,要求查办肇事者。电文曰:"现本党驻沪军队,竟有用武力令上海纠察队缴械之举,显系违背命令,甘为反革命。在党纪上,万难宽恕。望即将此次胆敢违犯党纪之部队官长,即刻停职拘捕,听候国民政府查明事实,依法惩办,总司令及总指挥未能事前防范,本应依法严重处分,并应勒令将已缴枪械,退回纠察队。"[②] 作为武汉国民政府的总顾问,鲍罗廷虽然参加了会议,但是针对蒋介石如此明目张胆地叛变革命,居然没有任何谴责的表示,实在是让人百思不得其解。相反,倒是武汉地区的国民党人则纷纷发表言论,谴责蒋介石的反革命暴行。

汪精卫在演讲时宣称:"反共产派已经与帝国主义军阀妥协,已经把真正革命的血献给军阀帝国主义者了,国民革命军总司令已经变做讨赤副司令了。""我现在什么嫌疑也不怕了,非为这些工友复仇不可,就如有一批数十年的老师友,像吴稚晖,现在就该杀,杀了来填几十个工友的命"。当日在大会上发表演说的还有徐谦、何香凝、孙科、高语罕等人。何香凝说:"现在蒋介石却公然摧残工农了,我们怎样对付呢?就只有照廖先生说的话,打倒这些反革命。"孙科表示:"我们今日若对蒋再不予以处分,则他仍要利用国民革命军的招牌,来违法作恶。现在已经不是讲情面的时

[①] 《中国国民党中央执行委员会政治会议第十二次会议速记录》(油印件),中国第二历史档案馆藏,载《中国国民党第一、二次全国代表大会会议史料》(下),第1057页。

[②] 《中央严电查办解散上海纠察队主使者》,《汉口民国日报》1927年4月14日,第1张新闻第2页。

候，我们一定要求中央对蒋严厉处分。"① 4月14日，武汉国民党中央监察委员会开会，提出处分蒋介石、张静江，取消蒋介石一切本兼各职、开除党籍，由国民政府将其撤职查办。

4月15日，国民党中央执委常务委员会召开第七次扩大会议，谴责蒋介石的罪行并讨论惩蒋的问题。参加者有28人，列席者鲍罗廷、唐生智、张发奎三人，主席为徐谦。会上宣读了湖北省执行委员会等17个各级党部、各机关、各民众团体一致要求惩办蒋介石以及开除其党籍的请愿书。当时与会代表普遍态度强烈，要求中央改变迟疑态度，作出决定。董用威说："务希中央毅然决定，加以处置，以申党纪。"彭泽民说："如再犹豫，不是蒋氏自杀，是我们自杀。"高语罕说："（蒋介石）自四川杀起，一直杀到上海，（我们）日日不作声，等待他杀，这是何等的麻木啊！"孙科说："蒋介石是革命敌人，尤其是中央执行委员会敌人，无论对蒋介石有无私人感情，今日皆不能缄默的。"② 当时在讨论具体惩办蒋介石时出现了两种意见，以邓演达为代表的委员要求，免去蒋介石的职务，下令军队进行讨伐；而以顾孟余为代表的委员们认为，对蒋介石一个人只有惩办，不必用讨伐。会议最后同意了顾孟余的意见，最后作出决议："蒋中正戮杀民众，背叛党国，罪恶昭彰，着即开除党籍，并免去本兼各职，交全体将士各级党部及革命民众团体拿解中央依法惩治。附：俟一、二日后发表宣布罪状及训令各级党部，交由秘书处起草交下星期一政治委员会通过。"③ 同日，汪精卫表示："总理所定联俄、容共、农工三政策是整个的，破坏一个政策，即是破坏整个政策，即是将改组本党的精神意义根本取消。一切革命同志应该起来，拥护整个的政策。"④ 汪对蒋介石屠杀共产党人和革命群众的反动行径进行了谴责。

4月18日，政治委员会召开第十三次会议。吴玉章提出："关于免蒋介石职的宣言同训令，应当提出来通过。"会议主席汪精卫指出："这是秘书处

---

① 《省市两党部昨晚欢宴汪精卫同志志盛》，《汉口民国日报》1927年4月14日，第1张新闻第2页。

② 《中国国民党中央执行委员会第二届常务委员会第七次扩大会议速记录》（油印件），中国第二历史档案馆藏；参见杨天石《蒋氏密档与蒋档真相》，社会科学文献出版社2002年版，第218页。

③ 《中国国民党中央执行委员会第二届常务委员会第七次扩大会议议事录》，载《中国国民党第一、二次全国代表大会会议史料》（下）第930页；《国民党中央免蒋介石本兼各职令》，载《武汉国民政府史料》，第88页。

④ 《汪先生对三大政策之解释》，《汉口民国日报》1927年4月17日，第1张新闻第2页。

所拟的，一是训令，一是宣言，都还没有发来。现一人有一份，可以不必宣读，先讨论训令，再讨论宣言。有文字上要修改的处所，大家提出来就是。"经长时间之详细修改，形成决议：均照修正文字通过。[①] 与此同时，国民党中央监察委员会第十七次会议决议："对于张静江背叛党国实与蒋中正同科，应即削除党籍，交前方将士及各级党部严行拿办。"[②] 18日同时发表的文件还有《为惩治蒋中正训令全体党员》，指责蒋介石自"中山舰事件"以来的作为，声称："凡此种种，皆为极端反革命行为，既不能感之以诚，复不能喻之以理，似此罪大恶极，是已自绝于党，自绝于民众，本党为革命前途计，不能不毅然决定，执行党纪，加以严厉之惩治。"[③]

4月20日，国民党中央执行委员、候补执监委员、国民政府委员、军事委员会委员汪精卫、谭延闿、孙科、徐谦、顾孟余、谭平山、吴玉章、唐生智、邓演达、宋子文、程潜、朱德培、张发奎、宋庆龄等40人联名发表通电，指责蒋介石由反抗中央进而自立中央等反动行为。指出蒋介石制造反革命事端"此种阴谋，蓄之已久"。号召："凡我民众及我同志，尤其武装同志，如不认革命垂成之功，堕于蒋中正之手，惟有依照中央命令，去此总理之叛徒，本党之败类，民族之蟊贼，各国民革命军涤此厚辱。"[④]

此时的武汉政府内部对蒋介石的谴责显然是比以前鲜明、强烈多了，但是对于蒋介石来说，武汉国民政府的强烈谴责对其只能是隔靴搔痒，其主要依赖的军事力量并没有遭到武汉政府的打击，在这种情况下，蒋介石自然不屑同武汉方面进行口舌之争，而是按照自己的意愿一步步将革命纳入满足自己权欲的轨道。

（2）武汉政府未能从军事上打击蒋介石。"四·一二"政变后，武汉政府面临的军事形势十分险恶，东面受到蒋介石的威胁，南面广东已归蒋，西面是四川军阀，北面受到奉军的威胁。当时出现了两种意见，一是东征讨蒋，二是北伐讨奉，这两种意见各有利弊。向东讨蒋，则奉军必然南下；北伐讨奉，又担心蒋介石西进。为此在武汉政府领导人，苏联顾

---

① 《中国国民党中央执行委员会政治委员会第十三次会议速记录》，载《中国国民党第一、二次全国代表大会会议史料》（下），第1062页。

② 转引自《中华人民共和国通史》（第3卷），第715页。

③ 《为惩治蒋中正训令全体党员》，《革命生活》1927年第59期。

④ 《国民党中央执行委员等联名讨蒋通电》，载《武汉国民政府史料》，第88页。

问、共产国际代表和中国共产党人中间产生严重的分歧。4月13日，罗易在中共中央会议上提出："在发起下一步进攻前应拥有巩固的根据地"，当前的革命任务是：发展工农运动，集中和加强国家机关，改革和集中军队。14日，罗易再次表示：北伐将给工人、农民带来损害，主张首先完成三项任务：通过实行土地革命和先进的劳工政策发动民主力量；依靠民主力量夺取农村政权；建立革命军队。

  罗易的意见和鲍罗廷发生了冲突。鲍认为：如果会议作出反对北伐的决定，他就辞去在国民党中担任的职务。4月15日，罗易继续提出反对北伐的理由，认为既没有取得胜利的保证，又会敞开南方的根据地任凭反动派的进攻。但是，他也作出了部分妥协，同意将军队调往河南前线，与冯玉祥配合行动。① 4月16日，汪精卫以政治委员会名义召开国共两党联席谈话会，讨论北伐和东征问题。同日，中共中央通过罗易起草的《关于继续北伐问题的决议》，认为"在目前情况下，立即北伐去占领京津地区，不仅不符合革命的需要，而且有害于革命。采取北上扩大领域的军事行动之前，必须将早已在国民党统治下或革命已经部分完成的那些地区的革命基地加以巩固。然而，最需要的是保卫国民政府的所在地。否则，巩固革命基地的事业就不能胜利进行。"② 决议提出，只能采取占领河南南部、安徽西部等军事行动。

  但是，鲍罗廷突然又改变了原先的想法，4月18日，武汉国民党中央政治委员会根据鲍罗廷的新意见，突然宣布，决定向东推进，占领南京，首先消灭蒋介石的力量，然后渡江北上，进攻北方军阀。③ 罗易和共产国际代表团的另一位成员多里奥立即对这一改变表示满意。④ 但是，军事顾问加伦说服了邓演达，邓逐一做工作，到了当天晚上，政治会议又决定，经河南向北推进，打败张作霖，让冯玉祥的国民军进入河南，将反奉的任务交给他，而武汉北伐军则沿陇海路东进，袭击南京。这一方案

---

  ① 《罗易就第二次北伐给斯大林的书面报告》，载《联共（布）、共产国际与中国国民革命运动（1926—1927）》（下），第422—428页。
  ② 《关于继续北伐问题的决议》，参见《罗易赴华使命》，第176页。
  ③ 《鲍罗廷在老布尔什维克协会会员大会上所作的〈当前中国政治经济形势〉的报告》，载《联共（布）、共产国际与中国国民革命运动（1926—1927）》（下），第501页。
  ④ 《共产国际驻华代表团的决议》（1927年4月18日于汉口）、《罗易给共产国际执行委员会的电报》（1927年4月18日于汉口），载《联共（布）、共产国际与中国国民革命运动（1926—1927）》（下），第198、204页。

于是被视为"最佳方案"。① 就这样,武汉政府作出了第二期北伐的决定。

4月19日,在南湖北伐誓师典礼上,汪精卫说:"我们要使全国民众能得到解放,必须要打倒奉系军阀。""我们要打倒帝国主义与军阀,尤必须打倒本党的内奸蒋介石。"② 事实上,军事讨伐蒋介石已经被搁置一边。徐谦甚至说:"反革命蒋介石,用不着出兵声讨,就是用党制裁,开除党籍,免除军职,在东南的革命力量,不久就会把反叛的蒋介石,拿送中央惩办的。"③ 这显然是一种不切实际的空想。

武汉政府对"四·一二"政变之后的蒋介石采取政治上高调谴责和军事上回避决战,是有深刻的原因的。除了武汉国民政府本身处境困难的原因之外,与斯大林关于此时中国革命形势的判断有关。早在北伐开始之初,斯大林就担心中国的北伐战争会引起帝国主义的武装干涉,因此在北伐的过程中斯大林一再告诫北伐军不要同帝国主义发生冲突。当北伐军进占武汉之后,斯大林就明确指示北伐军应向北进攻,不要转向东南,以免触动帝国主义在华利益而引起干涉。在蒋介石背叛革命之后,斯大林反对对蒋介石采取军事行动,主要是利用蒋介石的反帝来牵制帝国主义。当武汉政府决定北伐而不东征时,斯大林对这一决策给予了肯定,第一,因为奉军向武汉蠢动,要肃清它,所以进攻奉军是完全刻不容缓的防御办法;第二,因为武汉派希望同冯玉祥军队会合,更向前推进以扩大革命根据地,这在目前对于武汉政府又是极重要的军事政治事件。既然武汉政府无法在反对蒋介石和进攻张作霖的两条战线上同时作战,"倒不如暂时让蒋介石在上海地区挣扎,同帝国主义者纠缠在一起吧"。因此武汉国民政府应该,"首先同冯(玉祥)军会师,在军事方面充分巩固起来,以全力开展土地革命,进行紧张的工作以瓦解蒋介石的前线与后方。"④

鲍罗廷显然理解斯大林的意图,除了害怕同蒋介石的正面冲突外,还担心同帝国主义的正面冲突。他又提出"西北路线",即必要时退到西北。

---

① 《鲍罗廷在老布尔什维克协会会员大会上所作的〈当前中国政治经济形势〉的报告》,载《联共(布)、共产国际与中国国民革命运动(1926—1927)》(下),第504—505页。
② 《为惩治蒋中正训令全体党员》,《革命生活》1927年第59期。
③ 《中央执行委员会欢迎北伐将士大会记录》(油印件),中国第二历史档案馆藏,转引自杨天石《蒋氏密档与蒋档真相》,第222页。
④ [苏]斯大林:《和中山大学学生的谈话》(单行本),人民出版社1953年版,第18—20页。

第二章 共产国际对武汉国民政府政治政策和策略的影响

鲍认为，由于革命力量太弱，武汉将不能保持，建议将残余的力量安全地撤退到西北的新基地。那里是帝国主义势力所不及的地方，不会有武汉这样尖锐的社会阶级矛盾，又接近苏联和外蒙，便于获得援助。[①] 此后鲍罗廷多次提出武汉国民政府应该到西北去，否则将始终处于帝国主义的打击之下。

就这样，武汉国民政府在斯大林、鲍罗廷的影响下，放弃了东征讨蒋的机会。随后，武汉国民政府开始北伐，并将革命的希望寄予冯玉祥和阎锡山，但是事实证明，这两个人根本就靠不住。当冯玉祥同蒋介石达成一致背叛革命时，武汉国民政府亦就不可避免地遭到了彻底的失败。

[①] M.N.Roy, *My Experience in China*, pp.56-57；参见《张国焘回忆录》第3章。

第三章 共产国际对武汉国民政府经济政策和策略的影响

武汉国民政府建立之前,由于北洋军阀的掠夺,农村经济凋敝,城市工商业萧条,生产遭到严重破坏,这给新生的政权造成了极大的困难。武汉国民政府建立之后,经济状况一直无法好转,随着政治军事斗争的进一步发展,经济形势进一步恶化,最终成为武汉政权崩溃的重要因素。"经济困难无疑最终威胁到武汉政权的生命"[1],然而,这种经济问题是如何产生的,武汉国民政府是如何应对的,共产国际在武汉国民政府经济政策制定的过程中起了什么样的作用等问题,学术界进行实证研究的却不多。本章在弄清楚武汉国民政府经济困难产生原因的基础上,探讨武汉国民政府应对这一困难时共产国际及其代表的作用。

一 武汉国民政府面临的经济困难及产生原因

(一)武汉国民政府面临的严重经济困难

1. 财政收支入不敷出

庞大的军费开支是财政入不敷出的重要原因。国民革命军开始北伐后,随着战线的扩大和军队的扩充,军费开支急速增长。[2] 国民政府迁都武汉后,随着北伐的继续推进,武汉国民政府的军队进一步扩大,军费也急剧增加。在国民革命军未进至沪宁地区时,军费由广东负担大洋每月

---

[1] John K.Fairbank (ed), The Cambridge History of China, Vol.12, Republican China, 1912—1949 (New York: Cambridge University Press, 1983), Part, p.640.

[2] 余捷琼:《民国十六年武汉的现金集中风潮》,《社会科学杂志》1936年第4期。

400万，并不敷用。① 而除海军 1927 年 3 月中旬归附又新增开支外，原靳云鹗之河南自卫军副司令兼第八军军长魏益三亦在 2 月 27 日宣布就任国民革命军第三十五军军长，通电讨奉，3 月 15 日要求按月支给薪弹，蒋介石批准薪饷 53 万，给养费 14.3 万。② 到宁汉分裂前后，武汉国民政府管辖范围之内国民革命军共计 15 万余人，包括谭延闿、唐生智及粤桂系等各路军队，其所有饷需、器械及服装作战费用皆需政府支出。另外，冯玉祥部队尚需领取津贴，湖南、江西各部队还需要补助。③ 由此可见，军费开支带给武汉国民政府的财政压力是可想而知的。

政府及党务机关、其他民众团体等费用的支出是财政入不敷出的另一原因。武汉饱经战乱之苦，武汉被克之后，到处断壁残垣，加之国民政府迁都，要在百废待兴的武汉建立一个新的政治中心，所需的经费不可计数。仅以 1926 年 12 月 22 日湖北教育报告中所提出的经费预算为例，"从前湖北教育经费每月二十三万七千元，现拟增加至三十九万七千元。大学从前六万四千元，加三万余元，中学八万元，加三万余元，小学十三万元，加一万元，各教育机关、图书馆等一万三千元，加七千余元。此外，私立学校津贴留学费等，总共三十九万，照从前加十五万。"④ 1926 年 12 月底，政府费用与党务费用、军费等项合计，据说每月便在四百六十万左右。⑤

收入方面，"武汉政府表面拥有三省的地盘，除湖北之外，只有湖南和江西。湖南仿佛是唐孟潇的采邑，一切收入是不会解到中央的，江西也只能供给朱益之的军费，中央为着不能兼顾起见，似乎给了江西与朱益之，不够不管，有余也不要。"⑥ 可见武汉国民政府除湖北外，管辖的其他省如湖南、江西的税收几乎完全被地方截留，以供军需及政府开支，即便

---

① 《孔祥熙呈蒋中正鱼电》，载《外交档案：一般资料》第 20 册（1927 年 3 月）；"蒋介石档案"，第 160364 号。

② 《国民革命军第三十五军军长魏益三呈蒋中正函》，载《外交档案：一般资料》第 20 册（1927 年 3 月）；"蒋介石档案"，第 160387 号。

③ 《武汉经济近况》，《银行月刊》1927 年第 9 号。转引自冯筱才《自杀抑他杀：1927 年武汉国民政府集中现金条例的颁布与实施》，《近代史研究》2003 年第 4 期。

④ 《中国国民党中央执行委员国民政府委员临时联席会议第四次会议事录》，载《武汉临时联席会议资料选编》，第 72 页。

⑤ 《湖北财政之近况》，《银行月刊》1927 年第 2 号。

⑥ 陈公博：《苦笑录》，第 82 页。

如此,地方财政尚有赤字发生。如在湖南,"早在1926年12月时,湖南地方政府的收入每月相当于八十万美元,而支出是一百四十万美元。"① 湖南、江西如此,看看湖北的情况,湖北一省共二十余县的税收,加上盐关杂税等不过一百余万元。即便这样,湖北的财政机关一部分掌握在军人手里,财政部并无充分的管理权。收支失衡,财政赤字严重。北伐军攻占武汉后,"湖北财政状况在七十天中计支六百二十多万,每月盐税二十多万,烟税四五万,田赋二十万。厘金二十多万,共收入不过一百多万,每月支出三百余万(党费在外)实差二百余万。"② 到了1927年7月,武汉市的财政状况没有好转,以5月、6月收入统计为例,包括筵席捐10800元,乐户牌酒捐600元,灯吸捐18000元,堂条捐3500元,房捐80000元,肉捐2510元,蛋捐530元,猪牛捐5506元,鸡鸭捐190元,鱼捐120元,典业捐437元,汉口征收局附加税3750元,各种车捐4132元,戏园捐100元。总计洋131663元,而支出在6月以前总数为98000元,市政府及所属各局审计处行政费,6月以后各局处政费加至15万元,且因市面萧条收入之数往往不能足额,以致入不敷出,月有亏欠,自开办日(2006年11月1日)起截至现在负债共计约11万元。③ 庞大的军费始终令国民政府不堪重负,最初军费每月为350万元,以后逐月增加,1927年年初军费预算为1600万元,而政府辖区粤鄂赣湘闽等五省财政收入约750万元,加上国库券300万,军政费尚缺四五百万元。④

2. 金融濒临崩溃的边缘

当北伐军占领武汉之后,上海和天津等地的国外银行停止了向武汉放款的金融业务,不断催逼在汉的业务部门和商号缴还欠款,催收的货币额达数千万元。在汉的汇丰、麦加利银行更是大量吸收存款,套走现金。以英国的汇丰银行为例,"华人存款,已达三千五百万元,而存底不过十余万两"。⑤ 随着北伐战争的推进和民众运动的高涨,工潮运动此起彼伏,在

---

① [苏]亚·伊·切列潘诺夫:《中国国民革命军的北伐——一个驻华军事顾问的札记(1926—1927)》,中国社会科学院近代史研究所翻译室译,中国社会科学出版社1985年版,第532页。
② 《陈公博同志外交财政报告》,载《中国国民党中央执行委员国民政府委员临时联席会议第三次会议录》;《武汉临时联席会议资料选编》,第58页。
③ 《武汉市政府行政概况——武汉市政委员会报告》,载《武汉国民政府史料》,第362页。
④ 《宋子文报告》,载《中国国民党中央执行委员国民政府委员临时联席会议第十四次会议事录》;《武汉临时联席会议资料选编》,第234页。
⑤ 《物价飞腾与增加工资》,《汉口民国日报》1927年1月17日,第1张新闻第1页。

汉的各家银行纷纷卷走资金，关门歇业，尤其是"一·三"事件及"四·三"事件后，外国各家银行大量关闭，外人纷纷离开武汉避难。3月21日，外国银行华籍职员罢工，使得"一般商人非但应提之款不能提，即买卖契约行为之期票，亦不能兑"①，金融情形更趋恶化。由于时局不稳，"民间相率藏现，以备不时之需"，各银行则收束所发钞票，增厚钞票准备，故市面上现洋出现不足。② 一时间出现了民众藏匿现金，外国银行套走现金的现象，无疑加重了经济恐慌的程度，使本来十分不景气的武汉金融市场雪上加霜。

蒋介石发动"四·一二"政变后，在21日召开第77次政治会议上，宣布处理中央银行钞币办法三项，其中第二项为"三省通用大洋券在汉口之中央银行已大多数收回，三省通用小洋券流通在江浙极有限"，第三项为"汉口大洋兑现券在汉口方面已停止兑现，应请明令禁止流通。"同时规定在江浙宁沪的中央银行纸币，必须由当地商会盖章方能流通市面。③ 蒋介石对武汉国民政府的封锁得到了上海银行界的支持，18日宣布，"自即日起，与汉口各行暂行停止往来。"④ 同时，上海银行公会致电北京、天津、济南、杭州、奉天等地银行公会，通告该会与武汉停止往来之决议，请各公会注意。北京、南京、广东等地也宣布"一致对汉口经济绝交"。⑤ 4月29日蒋介石通电对武汉实行金融封锁，严令长江下游各地禁止现金运往武汉，并禁汉票在各地使用。从此汉沪汇兑停止，武汉地区金融形势日趋严峻，最终促使汉口金融达到了崩溃的边缘。

3. 实业发展举步维艰

早在甲午战争之后，帝国主义各国加紧对武汉进行侵略，先后在武汉建立了面粉、纺织等近百个工厂和洋行、银行及轮船公司，从而基本上控制了武汉的经济命脉。武汉克复后，帝国主义就借口政治经济形势不稳，

---

① 《汉口英商通告复业》，上海《申报》1927年1月27日，第2张第7页。

② 何雅忱：《汉市厘价之变动与鄂厂开铸之前途》，《银行杂志》1927年第12号。转引自冯筱才《自杀抑他杀：1927年武汉国民政府集中现金条例的颁布与实施》，《近代史研究》2003年第4期。

③ 《中国国民党中央执行委员会政治会议第77次会议纪录》（1927年4月21日），第1—2页；《中国国民党中央政治会议纪录》，党务会议记录及组织专档：中央政治会议档，中国国民党文化传播委员会党史馆藏，文件号：00-1/33。

④ 《上海银行业公会会员银行紧要通告》，《银行周报》1927年第14号。

⑤ 《京沪宁粤一致对汉口经济绝交》，《益世报》1927年4月21日，转引自季啸风等编《中华民国史史料外编》（22），广西师范大学出版社1997年版，第228—229页。

纷纷关闭工厂，撤走大量流动资金，停止经济活动，以此来向武汉国民政府示威，从而达到武汉国民政府向其屈服的目的。1926年11月，英商首先发难，关闭了它在汉口英租界和硚口的两个卷烟厂，致使三千多名工人失业。武汉国民政府成立后，由于形势发展，汉口民众反帝斗争运动不断高涨，并爆发了与英国和日本相冲突的汉口英租界、日租界事件。英、日以此为借口关闭了他们在汉的全部企业，断绝了与武汉国民政府的经济往来，正如《申报》所说："近一旬余，英轮到汉者，既不靠岸，又不卸货起货；原轮仅只卸人起人，即便离汉，致令商人不能起货，亦不能卸货，损失实属不赀。且英商一致停业，应交之货不交，应收之货不收，均有极巨大之损失。"① 这样，武汉的工商界就因无原料、燃料和货源而无法进行正常的生产经营活动，而且还导致了大批工人和商店员工失业，生活无着。据王兆龙对汉口印染花布商的调查，汉口的印染花布店共计五十余家，现在完全停业的有二十余家，缩小范围经营的只剩二十余家。汉阳一般商业经营主暨染织商中，"已倒闭的数目约在一二百家，内中以榨油厂、机器厂、花行、粮食行、钱店较多"，"将倒闭的如汉阳市之机器米厂暨各小贩米店、油盐店、鹦鹉洲之木业全部停滞，蔡甸几无一业可存之景象"。②

"四·一二"政变之后，蒋介石通电对武汉国民政府进行封锁，这使急需的一些原料也无法运进，这无疑使武汉的生产经营雪上加霜。作为内地的经济中心之一，武汉一直是广大内地的农产品、矿产品和加工产品集散地，各种产品通常都有很大的市场，但经济封锁导致了大量的工厂关闭。1927年4月中旬，武汉各大商行关闭的就有一百三十多家，继续营业的仅有24家；到1927年6月下旬，武汉各商店都关门拒售货物，商业实际处于停滞状态。据估计，汉口商业衰落现象与过去相比为1∶15。③ 大量企业商行的倒闭和停工不仅使工业生产陷于停顿，而且产生了大量的失业工人。据《汉口民国日报》报道："综计武汉各业失业的工人数约十万至十二万人，十余万的工人失业问题，诚是武

---

① 《汉口英商通告复业》，上海《申报》1927年1月27日，第2张第7页。
② 王兆龙：《关于汉口印染花布商之调查报告》（1927年），国民党党史馆档案，类484/251号。
③ 《中国国民党中央执行委员会政治委员会第二十九次会议速记录》，中国第二历史档案馆馆藏，载《中国国民党第一、二次全国代表大会会议史料》（下），第1249页。

汉目前最大的政治问题和社会问题。"① 即使一些企业能够复工生产，但产品的销售依然存在很大问题。原因是严重的通货膨胀使民众手持货币的购买力下降，但各种商品的价格却不断上涨。所以，尽管武汉国民政府设有实业部，管辖农、工、商、水利、森林、垦殖等实业，但是这些不利的条件只能使发展实业这个目标成为不现实的空想。

（二）武汉国民政府严重经济困难产生的原因

1. 财政收入不断减少

税收是政府财政收入的重要来源之一。武汉被攻克之前，北洋军阀的苛捐杂税沉重地压在民众身上，民众早已深恶痛绝。北伐军到达武汉后，民众寄予厚望，"党军昨年方到武汉之时，一般民众运动取消一切苛捐杂税与反对盐斤加价的呼声高唱入云，并且形成标语。无论城乡，到处贴满，大有一切痛苦从此都可完全解除的希望"②。后来虽然武汉已被占领，但饷糈浩繁，军费无着，当局表示："叫一般民众暂为忍痛须臾，一俟北伐告成，定当解除一切"③。于是武汉国民政府成立伊始，就提出在"湖北、江西、福建、湖南及其他国民政府统辖地域，应即实行征收产销特税"④。但是随着政治经济形势的发展，武汉国民政府的财政收支捉襟见肘，于是财政部又发出通告："凡汉市房铺业主，无论中外商民及所得多寡，概令照捐一个月，倘延不输捐者，即分别标封押追。"⑤本来煤油特税在取消之列，但迫于严峻的经济形势，财政部于1927年3月14日"提议征收煤油特税，每箱大洋一元，在进口或出仓时完纳"，同时"提议湖北盐斤加征军政各费每担一元五角"，并获得了通过。⑥虽然这些措施在短期内解决了一定数量的资金，也曾收到一定的效果，但毕竟不是长久之计，与武汉国民政府成立之前相比，民众的生产和生活更加困难，民众要求取消的苛捐杂税不但没有减少，反而有变本加厉之势，一时间民怨

---

① 《武汉工人失业调查（续）》，《汉口民国日报》1927年5月19日，第2张新闻第4页。
② 嚣嚣：《党治下之湖北捐税》，天津《大公报》1927年4月19日，第6版。
③ 同上。
④ 《宋子文提议征收国民政府统辖地域内产销特税案》，载《中国国民党中央执行委员国民政府委员临时联席会议第二次议事录》；《武汉临时联席会议资料选编》，第38页。
⑤ 嚣嚣：《党治下之湖北捐税》，天津《大公报》1927年4月19日，第6版。
⑥ 《中国国民党中执会政治委员会会议录》，中国第二历史档案馆馆藏；载《中国国民党第一、二次全国代表大会会议史料》（下），第968页。

沸腾。所以"鄂人不欲解轻担负则已,真欲取消一切苛捐杂税,唯一的希望其只有盼军事全息之后乎。"① 在关税收入方面,武汉国民政府成立之初继承了广州国民政府的征收内地税政策,开始在长沙、岳阳、武汉、宜昌、沙市、九江等地征收关税附加税,但由于武汉国民政府控制的地区受到帝国主义和蒋介石的经济封锁,进出口贸易不断下降,附加税收入实在有限。

没收逆产是武汉国民政府财政收入的另一来源。虽然在武汉临时联席会议第一次会议中就提出,"官办实业、湖北官钱局产业及逆产由财政部接受管理"②,但是由于境内的银行家、地主、劣绅等,大多早已携款潜逃,加上对有些没收对象的认定存在一定的分歧,所以真正能够没收的逆产可谓少之又少。同时,在清查逆产的过程中,有少数人并没有将清查的逆产或所得的好处上交财政部,而是装进了自己的腰包。例如,"在陈铭枢当逆产清理处长时,有许多应该查对的,得着钱就放过去了。如魏联芳同联保里的房子没有查封,就是显明的例子。"③ 因此,武汉国民政府通过没收逆产所增加的收入是有限的。为了增加政府的财政收入,武汉国民政府真可谓绞尽脑汁、费尽心血,甚至想通过让反革命分子缴纳一笔款子后特赦来筹款。例如,参加过北京"三·一八"惨案的反革命分子贺德霖,行为残暴,民众擒获后,本应该组织人民审判委员会,履行审判手续后,予以严惩。④ 但是由于武汉国民政府经济压力过大,提出"湖北教育经费积欠甚多,就命他报效这一笔款子,然后政府以此为理由赦他的罪"。⑤ 从"严惩"到"拿款赦罪",这其中固然有西北冯玉祥、刘骥、熊斌坚决保护和武汉国民政府内部意见不统一的因素,但贺毕竟是引起"民众愤激"的反革命分子,通过这种方式处理足以说明武汉国民政府的财政收入状况。

---

① 嗛嗛:《党治下之湖北捐税》,天津《大公报》1927年4月19日,第6版。
② 《中国国民党中央执行委员国民政府委员临时联席会议第一次会议录》,载《武汉临时联席会议资料选编》,第30页。
③ 《中国国民党中执会政治委员会第二十三次会议速记录》,中国第二历史档案馆馆藏;载《中国国民党第一、二次全国代表大会会议史料》(下),第1198页。
④ 《中国国民党第二届中执会第三次全体会议速记录》,中国第二历史档案馆馆藏;载《中国国民党第一、二次全国代表大会会议史料》(下),第862—863页。
⑤ 《中国国民党中执会政治委员会第二十三次会议速记录》,中国第二历史档案馆馆藏,载《中国国民党第一、二次全国代表大会会议史料》(下),第1207页。

2. 交通阻塞物流不畅

武汉素有"九省通衢"之称，长江、汉水在此交汇，京汉、粤汉铁路在此相连。武汉工商业的发展，与武汉优越的地理位置密不可分。如果交通阻塞，对外联系中断，武汉的经济发展和社会生活就会遭到致命的打击。中外反动势力正是看出了武汉国民政府的这个弱点，开始用交通封锁来绞杀国民革命。自开始北伐以来，京汉铁路一直被张作霖、吴佩孚堵断。北伐军占领武汉后，为了帮助京汉铁路恢复通车，决定"由财、交两部设法商借短期款十万元，以一个月内收入为担保"①，以补发拖欠工人的工资。尽管如此，武汉与华北、京津的联系始终未能打通，到第二次北伐以后，京汉铁路向北最远也只能通到郑州。到了1927年4月，随着广东和湖南反革命事件的发生，粤汉铁路不能畅通，武汉与湖南和两广的经济来往被中断了。除反革命分子的封锁之外，军事的影响十分明显。"几个月来武汉都在军事时期中，京汉一路几乎完全窒塞，河南的出产既不能运到武汉，武汉的货物也不能运销河南。"②

既然陆地上的交通基本被堵断，长江就成为武汉国民政府的重要交通枢纽，但随着形势的发展长江的通航状况变得越来越糟糕。北伐军进攻至长江流域时，沪汉交通完全由英国的怡和、太古公司和日本的日清公司把持，他们凭借对长江航运的垄断地位，私自提高运费，任意坑商宰客，经常向武汉国民政府提出一些无理的要求。但是由于"我国航运业全未发达，交通事业差不多全握在他们手上，如果他们怡和、太古等公司的船只，一旦停止往来，则各种原料货物，都马上停止供给，我们的军事、财政便都发生极大的困难了"③，因此有时武汉国民政府不得不忍气吞声。汉口、九江英租界事件后，英国的怡和、太古轮船公司借故停驶，只剩下日本日清公司的轮船往来沪汉。"以致沪汉班内，单留日清八轮行驶，影响所及，百货全阻，甚至近海口，外洋去货，亦连带减弱。"④ 蒋介石发动

---

① 《临时报告》，《中国国民党中央执行委员国民政府委员临时联席会议第四次会议议事录》（1926年12月22日），载《武汉临时联席会议资料选编》，第71页。

② 《革命政府最近两月的经过——孙科六月二十在交通部纪念周报告》，《汉口民国日报》1927年6月25日；《武汉国民政府史料》，第71页。

③ 孙科：《最近一月来之外交、经济、政治与军事——五月十六日在汉口中央党部纪念周报告》，《汉口民国日报》1927年5月18日至21日；载《武汉国民政府史料》，第66页。

④ 《本报时讯》，北京《晨报》1927年1月4日，第3版。

"四·一二"政变后,与帝国主义相互配合,沆瀣一气,调派军舰,封锁长江,致使"长江交通,极感不便,商旅尤感困难"①。在长江上游,通航条件本来极为有限,自四川军阀刘湘、杨森公开反共后,夏斗寅起兵叛乱,武汉与长江上游的交通彻底断绝,经济关系完全中断。

昔日的"九省通衢"变成了"死港",不仅使依靠转运货物而繁荣的武汉进出口贸易和来料加工的工商业无法进行,也使武汉的粮食、燃料等最基本的物质生活资料倍感匮乏。居民因无粮食而处于饥饿状态,工厂因无燃料和原料而被迫停产,商店因无货源而被迫歇业,社会生活处于瘫痪状态。"自从汉口中外交通断绝以来,失业工人的数目逐日增加,建筑工人失业的有四万,砖瓦制造工人失业的有两万。只这两项已六万之多,而因为来往的船只一天比一天少,码头工人失业的也是很多。"②

3. 武汉国民政府经济政策的失误

造成武汉国民政府严重的经济困难,武汉国民政府本身难辞其咎。关于此点,笔者将在下文详细论述,在此仅作简单描述。面对十分严峻的经济形势,武汉国民政府采取了多项措施,竭力医治战争创伤,尽快恢复经济,以便救济军需,改善军民生活。这些措施包括:第一,实行财政统一政策。通过设立控制经济的中央银行作为国家银行;出台有关金融的法规、条例,以规范金融市场;宣布湖北财政归中央,官办实业、湖北官钱局及逆产由财政部接收管理。第二,通过发行公债、强化税收与借款等手段,以恢复经济。第三,调整劳资关系,组织工人恢复生产。当然,这只是武汉临时联席会议所采取的各项政策,随着形势的发展,武汉国民政府还采取了其他形式的经济政策,如发行有奖债券、实行现金集中制等。关于这些政策的利弊得失,后面将详细述及。

尽管武汉国民政府采取了多项措施,但是这些政策并没有取得预期的效果,相反有些经济政策使得本来并不景气的经济更加恶化了。例如,大量发行纸币、恢复盐斤加价、重新开征煤油特税等,使得人民负担更重了。因为湖北经北洋军阀肆意掠夺,差不多早已民穷财尽,武汉政府各种杂税非但不能减免,反而强化,引起了人民的强烈不满。尽管国民党湖北省党部、汉口市党部做了大量的解释工作,湖北人民为了支持新政权做出

---

① 《招商局不日恢复沪汉交通》,汉口《楚光日报》1927年6月28日,第3版。
② 《中国国民党中央执行委员会政治委员会第十四次会议速记录》,载《中国国民党第一、二次全国代表大会会议史料》(下),第1075页。

了巨大的牺牲,[①]但武汉国民政府自身经济政策的失误而导致其经济困难却是不争的事实。

二 共产国际指导下武汉国民政府经济政策的实施及评价

武汉国民政府面临的经济形势越来越严峻,共产国际当然是看在眼中,急在心上,从联共(布)政治局不断向武汉国民政府追加贷款中可看出。作为共产国际和苏联的驻华代表,同时兼任武汉国民政府顾问的鲍罗廷,在武汉国民政府各项经济政策的制定实施过程中起了举足轻重的作用,而这些政策的实施直接影响了武汉国民政府的最终命运。

(一) 共产国际指导下武汉国民政府应对经济困难政策的出台及实施

共产国际对武汉国民政府财经政策产生的影响主要是通过鲍罗廷实现的。在总共召开的27次临时联席会议中(包括26次临时联席会议和1次扩大临时联席会议),鲍罗廷一共出席了其中的16次。[②] 国民党第二届三中全会期间直到被武汉国民政府解聘,鲍罗廷列席了国民党中央执行委员会政治委员会的大多数会议。作为武汉国民政府的苏联顾问,鲍罗廷直接参与武汉国民政府各项经济政策制定的全过程。

1. 采取多种措施缓解经济压力

(1) 统一财政收支。经济是国民政府赖以生存的根本,在国民政府到达武汉之后,宋子文在第一次临时联席会议上,对武汉政府严重经济形势作了分析,指出其中一个原因是,湖北财政管理混乱,缺乏统一的机构,政出多门,有军队系统,有地方系统,财政部无法统一指挥。[③] 鲍罗廷首先考虑的是如何缓解紧张的经济形势,因此在临时联席会议的第一次会议上,鲍罗廷提出了统一财政的提案,"即设中央银行于武汉国民政府,所属各军民机关之存款及汇兑,均须由中央银行办理,否则认为妨害财政统

---

① 《湖北省党部、汉口特别市党部过去九个月之工作报告》(1927年6月),汉口档案12858号,台北国民党党史馆藏。

② 田子渝、曾成贵:《1926—1927年武汉临时联席会议述评》,参见《武汉临时联席会议资料选编》,第4—7页。

③ 《附财政部长宋子文同志财政报告草录》,《中国国民党中央执行委员国民政府委员临时联席会议第一次会议录》,1926年12月13日,载《武汉临时联席会议资料选编》,第31页。

一"，"在最短时间内肃清鄂西，谋湖北财政之统一"，"关于财政问题决议案登报宣布"。① 首次将统一财政提上议事日程。虽然临时联席会议通过了鲍罗廷的这一提案，但是在随后的一段时间内，武汉国民政府的财政并没有统一。虽然北伐进展顺利，但是北伐军占领区的财权管理却沿用了以前军阀的老做法，即军事长官自行委派当地的财政官员，就地抽捐派款。到了1927年2月，武汉国民政府下辖的湖南、江西、江苏、浙江等省的财政官吏均为军事长官委任，仅广东、湖北两省的财政长官是武汉国民政府统一委派。在财政支出方面，占绝大部分的是军费支出，按照国民政府的规定，是由蒋介石的总司令部统一支付的，这给蒋介石培植嫡系、网络党羽、伺机叛乱提供了绝好的机会。鲍罗廷发现了这一问题，意识到统一财政问题的迫切性，因此多次在国民党中央和国民政府中讨论这一问题。

为了保证统一财政的政策能够得到广大人民的支持，鲍罗廷提出武汉国民政府的财政须向人民公开，只有让人民了解政府的财政收支状况，政府的各项政策才能够得到顺利的实施，并取得较好的效果。鲍罗廷说："如能对人民说明现在财政部情形及用途，人民必能表示同情。现在之纠纷非起于人民不赞成，我们之计划因我们只用衙门的办法办事，单向人民要钱，而不报告情形，如何能使人民满意？……我相信人民是好的，是预备牺牲的，只要我们能相信他们。现在穷苦人民一定有一种疑问，为何要我们穷人出钱？如一切赌饷、盐税、洋油等等，为何不向富人要？我们可向他们解释这是革命时期中必有之现象，富人之所以不出钱，因富人早已搬至租界，故不能不向你们要钱。现可得一结论，如能向人民说明，定能得省党部、市党部及人民之同意，并提议财政应向人民公开。我愿与其他同志起草一宣言，我不但要预备一办法，且如允许我，我可亲自之乡间解释。我们以前办法是坐在房子里照自己的意思决定，这是以前的情形，现在是做不到的，以前非但不使人民知道，且压迫人民，故本息有财政公开之主张。"② 鲍罗廷的这种取信于民的思想，在化解民众同政府的矛盾方面起了重要作用，使武汉国民政府统一财政的各项措施得以顺利实施。

---

① 《中国国民党中央执行委员国民政府委员临时联席会议第一次会议录》，载《武汉临时联席会议资料选编》，第30页。
② 《财政部提财政统一案》，《中国国民党中央执行委员国民政府委员临时联席会议第十二次会议议事录》（1927年1月10日），载《武汉临时联席会议资料选编》，第210页。

在努力化解人民群众同政府之间矛盾的同时，鲍罗廷积极参加中国国民党第二届中执会第三次全体会议的各种决议案的审议工作，其中包括"统一财政案"，鲍罗廷提出了不少修改意见。1927年3月17日《统一财政决议案》获得了通过，明确规定："一、国民政府治下各省财政急谋财政统一。各省财政主管人员在正式省政府未成立之前，由财政部选任，对财政部完全负责；凡收复省份，应即由部派员接收。所有财政一切建设，悉照本党第二次全国代表大会及中央执行委员会会议决案办理。二、国民政府治下各省，非经财政部许可，不得征收新税，改变税率，组织新银行、新公债及钞票，或取消通行钞票之使用权。三、设立预算委员会，审定国民政府预算。其委员由国民政府任命之。四、征收直接税，如所得税、资产税、遗产税等。五、改良地税，其税率须以现在农产之市价为标准。六、中央银行为国家之金融机关，调济全国金融，并须积贮大宗准备金，以平准国外汇兑。七、改组关税管理机关，厘定进出口税率。"① 根据统一财政的精神，武汉国民政府规定军费归军事委员会管理，不再由总司令部统一支付。通令"各军队、各行政机关所有收支款项均应存放中国银行，违者以违抗命令论，由国民政府军事委员会分令所属。"② 同时财政部积极筹备中央银行江西分行和湖南分行，作为各省的金库，以各省没收的全部逆产、官有财产的一部分及部分税收收入作为基金。在浙江克复后，为了统一财政，募集资金，武汉国民政府作出决议，"现在浙江归国民政府通知，江苏亦将肃清，两省财政亟待统一，应由全体会议决议指定财政部长兼浙江、江苏财政处长，负责办理。"③ 上海克复后，武汉国民政府委任财政部长宋子文兼任浙江、江苏财政处长，即刻赴沪，统领上海、浙江和江苏财政，但由于种种原因，宋子文的上海之行最终以失败而告终。

（2）规范金融市场。北洋军阀统治时期，由于帝国主义的掠夺和封建军阀罗掘俱穷，便滥发纸币，致使货币贬值、通货膨胀，财政金融濒临崩

---

① 《中国国民党第二届中执会第三次会议通过统一财政决议案》（1927年3月17日），国民党中执会档案，中国第二历史档案馆馆藏，载《中国国民党第一、二次全国代表大会会议史料》（下），第799页。

② 《中国国民党中执会政治委员会会议录》，《第二次会议录》（1927年3月18日），载《中国国民党第一、二次全国代表大会会议史料》（下），第971页。

③ 《中国国民党第二届中执会第三次全体会议速记录》，《第六日速记录》（1927年3月16日），载《中国国民党第一、二次全国代表大会会议史料》（下），第851页。

溃。"湖南自民国二年汤芗铭来后,即以糟糕。六年傅良佐、张敬尧来,十年更遭吴佩孚之蹂躏,自此财政陷于绝境。"① 于是湖南银行滥发纸币二千余万,结果全部成为不值钱的废纸,给湖南的金融以及经济发展、人民生活以致命的打击。一个时期,湖南人民听到"银行"两字感到头痛。② 江西在1921年以后财政亏空严重,江西军阀只有以发行纸币来解围,纸币越发越多,漫无节制,到北伐军光复武昌前夕,币值已跌落七八成。湖北长期受吴佩孚、肖耀南统治,他们历年发行的名为"台票"的官票,数达七千万串;铸造的币值为二十铜元,也有六、七千万元。③ 货币的滥发,必然使物价腾贵、金融阻滞,农怨于野,商叹于市。北伐军克复武汉之后,资本家陆续将现款运沪者逾一千五百万,造成武汉市面银根奇紧。"且官钱局倒闭,外间有政府将否认官钱票之谣传,若不维持其信用,则各钱庄倒闭,影响必及银行。至于银行方面,因传政府将否认军阀借款,亦颇引起恐慌。"④ 武汉国民政府辖区金融秩序混乱不堪。

　　为整顿混乱的金融市场,鲍罗廷率先提出,首先设立中央银行,作为武汉政府管理金融、控制经济的国家银行。同时"在武汉召集全国银行界、实业界会议",并规定"政府应明令保障一切资本在政府统治区域之安全"⑤,从而开始着手稳定武汉国民政府的金融市场。接着鲍罗廷指导武汉政府财政部出台了有关金融的法规、条例,如纸币统一整理办法、整理湖北金融公债、整理湖北财政公债等,以规范金融市场。针对"中央纸币在武汉价值低落,兵士、小贩持票无法兑现,深感痛苦,要求中央设法整理。同时因银钱单位不得标准,关于钱粮、地丁租税之收纳极感困难,亦望中央加以划一之规定。"⑥ 鲍罗廷在临时联席会议上提出应由财政部尽快出台纸币统一政策。经财政部起草临时联席会议讨论修改后,纸币统一整

---

① 《湖南财政局长张开理报告》,《中国国民党中央执行委员国民政府委员临时联席会议第七次会议议事录》(1926年12月29日),载《武汉临时联席会议资料选编》,第151页。

② 《湘省银行之筹备》,《汉口民国日报》1927年3月10日,第1张新闻第2页。

③ 国民政府资源委员会档案,全宗号28,案卷号865,中国第二历史档案馆藏。

④ 《附财政部长宋子文同志财政报告草录》,《中国国民党中央执行委员国民政府委员临时联席会议第一次会议录》(1926年12月13日),载《武汉临时联席会议资料选编》,第31页。

⑤ 《中国国民党中央执行委员国民政府委员临时联席会议第一次会议录》(1926年12月13日),载《武汉临时联席会议资料选编》,第30页。

⑥ 《湖北政务报告》,《中国国民党中央执行委员国民政府委员临时联席会议第三次会议录》(1926年12月17日),载《武汉临时联席会议资料选编》,第55—56页。

理办法由武汉国民政府于 1927 年 1 月以财政部通告的形式正式公布，主要内容包括："一、鄂湘赣三省通用大洋券于中央银行汉口分行开幕日起，一律兑现，照常通用。二、湘赣桂三省通用毫洋券，正在筹设湘赣桂三省中央银行分行，一俟成立即行开兑。三、总司令部发行临时兑换券，另行收兑。"① 从而稳定了民心，大大消除了纸币持有者的恐慌心理。中央银行汉口分行筹备就绪后，鲍罗廷建议国民政府再发一通告，将政府的货币政策公布于众。"案照中央银行为国家银行，原在广州设立总行，代理国库、省库出纳，准备充足，信用昭著。兹于鄂省设立中央银行汉口分行，业经筹备就绪，定于本月二十日开幕，发行中央银行汉口分行大洋券，十足准备，随时兑现。所有鄂省完纳田赋、厘金及一切税收，责成各征收机关一律收用，毋得丝毫折扣。合行布告，仰各商民人等知悉，对于该行票均应遵照十足通行，毋得抑勒拒收，有妨碍国家信用，如违定于严究。"② 于是武汉国民政府的货币金融政策完全公之于众，稳定了武汉国民政府的金融市场。

1926 年 12 月 27 日，在临时联席会议第六次会议上，经鲍罗廷提出将"整理湖北金融公债条例"的第一条修改后，《国民政府整理湖北金融公债条例》和《国民政府整理湖北财政条例》获得了通过，并于 1927 年 1 月 1 日开始实行。从临时联席会议第二次会议宋子文提出整理湖北金融公债和整理湖北财政的提纲开始，到第七次会议审议通过，鲍罗廷倾注了大量的心血。其中《国民政府整理湖北财政条例》主要内容包括：以湖北出产运销二五特税为基金，在湖北募集公债总额为通用银元 1500 万；公债年利息为四厘，以每年 6 月 30 日、12 月 31 日支付利息；公债的票额为万元、千元、百元三种；发行公债后六年内只付利息，从第七年起用抽签法分五年还清等。③《国民政府整理湖北金融公债条例》主要内容包括：为整理湖北金融既收回旧票，清理新债起见，特发行通用银元 2000 元公债；以湖北省官钱局全部财产为第一担保，以湖北出产运销二五特税为拨付公债利息；公债的用途包括四项，一是以 700 万元收回湖北官钱局旧票，二是以 300 万元作九二五折归还国民政府新债，三是按债票金额以八折或九二五折出售抵借现金 500 万元，四是拨充中央银行湖北分行预备基金；公债年

---

① 《财政部布告》之一，1927 年 1 月，载《武汉国民政府史料》，第 368 页。
② 《财政部布告》之二，1927 年 1 月，载《武汉国民政府史料》，第 368 页。
③ 《国民政府整理湖北财政公债条例》，载《武汉国民政府史料》，第 227 页。

利息为八厘,以每年 6 月 30 日、12 月 31 日支付利息;公债的票额为万元、千元、百元、十元四种等。① 两种公债条例的颁布,不仅增加了武汉国民政府的财政收入,更重要的是稳定了当时混乱不堪的金融秩序。

(3) 突破经济封锁。武汉国民政府经济严重困难的原因之一就是反革命势力对国民政府的经济封锁,为了打破他们的封锁,鲍罗廷可谓绞尽脑汁,采取了一系列的政策措施。首先,打通交通要道,畅通物流。由于北洋军阀的破坏,在武汉国民政府成立之前,京汉铁路一直不通,严重阻碍了武汉与华北、华中的经济联系。因此在临时联席会议第一次会议上,鲍罗廷提出:"由交通部设法恢复京汉交通,与有关各方接洽。"② 经过各方的努力,武汉至河南郾城铁路终于打通。从 1927 年 3 月 1 日起,汉口大智门与郾城间每日对开四对客车。第二次北伐胜利后,火车又通到了郑州。针对北伐军对商家抽军费,商家负担不起影响交通的现象,在鲍罗廷参加的临时联席会议第六次会议作出如下决议:"关于京汉铁路通车问题,由总司令、总指挥严令鄂豫前敌驻防京汉路南段各军车及军车处,对于鄂豫京汉路通车,应予以充分保护。(一) 不得向运货商人抽收军费、车皮等额外费用,如有加抽军费之必要,应由交通部饬路局附加抽收。(二) 不得擅行支配车辆,以维持交通行政之统一,而杜绝军人侵占铁路收入之积弊。"③ 同时,武汉国民政府还积极修筑粤汉铁路使之与京汉铁路相接,鲍罗廷要求交通部拟订计划,早日完成孙中山先生的夙愿。经交通部努力,到 1927 年 3 月底,由渌口经衡阳、耒阳、郴州到星祠岭的全长三百一十多公里的一段,已经测量完毕,准备先行修筑。交通部还拟将南浔路延长至萍乡,使之与株萍铁路相接。延线长二百七十多公里,已派技师前往测量。④ 关于航运,在鲍罗廷的指导下,交通部拟订了通航计划。为通航船只发放执照;将逆产收归国有,对于商人的正常股本,则加以保护;通知外轮须到交通部注册领照后,方能行驶;对专门航运的在职人员甄别资

---

① 《整理湖北金融公债条例》,《中国国民党中央执行委员国民政府委员临时联席会议第五次会议议事录》(1926 年 12 月 24 日),载《武汉临时联席会议资料选编》,第 110—111 页。
② 《中国国民党中央执行委员国民政府委员临时联席会议第一次会议录》,载《武汉临时联席会议资料选编》,第 30 页。
③ 《京汉路通车案》,《中国国民党中央执行委员国民政府委员临时联席会议第六次会议议事录》,载《武汉临时联席会议资料选编》,第 121 页。
④ 《一周时事述评》第 12 期,转引自刘继增、毛磊、袁继成《武汉国民政府史》,第 188 页。

格，发放执业凭证。这些措施的施行，大大改变了长江航运混乱的状况。

其次，采取退却策略，鼓励外国商人返汉继续开工生产。"四·一二"事变后，蒋介石和帝国主义结成了反革命统一战线，同时广东的李济深、湖南的许克祥相继发动反革命动乱，"九省通衢"的武汉受到了严重的经济封锁。为了打破帝国主义的统一战线，突破反革命分子的经济封锁，鲍罗廷提出了战略退却的策略方针。他指出："他们凭武力而施压迫的唯一理由，就是说在国民政府之下，外国的侨民不能继续经商，而我们自己的民众也常常误解了打倒帝国主义的意思，以为打倒了一家洋行，或打倒了一家商店，就是整个帝国主义授命之时。……如果退却的策略可以使帝国主义的国家人民在国民政府之下完全营业，也是应该的。所以现在所谓的退却，就是要使外侨在国民政府所管辖的各地有不受限制经商的权利。这个办法，不但于国民党及革命军的前途有莫大的利益，就是于工人自身也有相当的好处。"[①] 退却策略的实施，对打破了英、美、日、法等国反革命统一战线的经济封锁，起到了一定的作用。

(4) 成立战时经济委员会。1927年4月中旬，武汉国民政府第二期北伐在即，但是国民政府的经济状况仍旧没有好转，为此，鲍罗廷提议组织战时经济委员会，其责任为采取必要的方法，以促进讨奉作战之胜利，由国民政府任命汪精卫、谭延闿、孙科、宋子文、苏兆征五位同志组成。[②] 战时经济委员会组织条例包括以下内容：战时经济委员会由国民政府特派委员五人组织之，由委员互推一人为常务委员；其职责为采取必要的经济方法，以促进革命作战的胜利，其重要事务及命令，经委员会决议后，由全体委员署名行之，唯例行公事由常务委员会署名行之；战时经济委员会得设参事处，聘任熟识经济与金融界、实业界有关之团体人员为参事；战时经济委员会设秘书处，以秘书长一人，秘书若干人组织之，秉承委员会之命令办理秘书事务；战时经济委员会秘书处，分设统计、设计两科，每科设科长一人，暂由秘书兼任之，科员书记及录事若干人，秉承长官命令掌理所属事务；战时经济委员会因调查考察经济问题，得酌用特派员调查

---

① 《中国国民党中央执行委员会政治委员会第十四次会议速记录》，载《中国国民党第一、二次全国代表大会会议史料》(下)，第1075页。

② 《中国国民党中执会第二届常委会第七次扩大会议事录》，载《中国国民党第一、二次全国代表大会会议史料》(下)，第931页。

员若干人。① 战时经济委员会成立后，召开过多次会议，就武汉国民政府的有关经济政策多次作出决议，其中影响最为深远的就是《现金集中条例》的颁布和实施。

1927年4月17日下午，战时经济委员会在党部开会，会后出台了《现金集中条例》，其主要内容包括：凡完纳国税流通市面，均以中央银行所发汉口通用纸币，及中国银行交通银行所发之汉口通用钞票为限；凡持有现币或其他商业银行纸币者，得向中央、中国、交通三银行及各邮局，随时兑换中央、中国、交通三银行纸币；凡收付银两，均用纸币，每元法定七钱一分，不得自由增减；非经财政部特许，绝对禁止现洋现银出口；凡拒收中央、中国、交通三银行纸币，或收买现币，或抑勒纸币价格，或抬高物品价格，及其他违反本条例之行为，经人民告发，查明属确实者，按律严办。② 当晚规定各家银行领取一定数额中央银行钞票，并以库存现洋作抵。18日清晨，当局派员持布告到各行点验库存现金，一律封存，并派军警保护。③ 同时，国民政府财政部颁布国库券条例，由财政部发行直、鲁、豫、陕四省通用国库券900万元。④ 武汉政府在检查各行现金后曾宣布共存有现金三千多万元。⑤ 实际上由于种种原因，武汉政府封存的现洋"据估计约在三百万至四百万之间"。⑥

现金集中条例实施后，因为民众相信银行有部分现金准备，对纸币使用尚有信心。国库券亦始终在市面通行。实际上形成"官商一致妥协维持市面"的态势。⑦ 从1927年4月到7月，由于各种情形尚能保持安定，政府尚能在表面维持票价。从4月17日到7月1日中央银行纸币对每千元现洋的票价仅跌去180元⑧可以看出，现金集中政策短时间内起到了一定的作用。但是，由于上海、北京、天津等地银钱界宣布与武汉断绝金融往来之后，对武汉的商业和贸易造成了严重的影响。同时由于纸币停止兑换，

---

① 《战时经济委员会组织条例》，载《武汉国民政府史料》，第372—373页。
② 《国民政府现金集中条例》，《银行杂志》1927年第13号。
③ 《盐业、金城、中南、大陆银行汉口准备库》，上档，Q267-1-38，第51—52页。
④ 《国民政府财政部国库券条例》，《银行杂志》1927年第13号。
⑤ 《汉口金融近况》，《银行月刊》1927年第10号。
⑥ 《武汉国民政府集中现金经过概况》（1927年3月—1928年12月），载《武汉国民政府史料》，第404页。
⑦ 《武汉财政与金融》，《银行月刊》1927年第9号。
⑧ 余捷琼：《民国十六年武汉的集中现金风潮》，《社会科学杂志》1936年第4期。

现洋从市面消失，人心不稳。另外，由于工商业衰落，商业字号连续倒闭，工人失业人数剧增。这些因素造成了武汉国民政府经济困难进一步加剧。

2. 多渠道增进政府财政收入

（1）没收逆产。军阀官僚长期骑在人民头上，作威作福，大肆搜刮民脂民膏，他们的财产绝大部分来自人民辛苦劳动所得，将其没收充公，自然顺理成章，合情合理。国民政府迁都武汉后，在临时联席会议第一次会议上，决定将湖北官钱局和逆产收归国有。其实早在这之前，北伐军占领武汉时，就将军阀官僚张敬尧、王占元、陈嘉谟、寇英杰、杜锡钧等人的财产没收，充作军政费用，数目达一千三四百万元。江西也将邓如琢、蔡承勋、陈光远等人的财产调查登记，估算价值为一千多万元，予以没收。[①] 但是在没收逆产的过程中出现了一系列的问题，包括逆产对象的界定，逆产价值的认定以及是否予以没收之决定等。为了保证没收逆产能够顺利进行，同时保障遵纪守法的资本家能够在国民政府统治下安心经营，鲍罗廷在临时联席会议第一次会议上提出："关于逆产之报告，应彻查其是否确实及应否没收，没收时有何影响，并审酌没收时期。政府应明令保障一切资本在政府统治区域之安全。"[②] 在第二次临时联席会议上，决定"保障在国民政府统治区域内资本安全及查封逆产办法"须经鲍罗廷、徐谦、宋子文商定后发表。1926年12月，经三人商定的上述办法，以《武汉临时联席会议布告》第1号正式公告，内容为："武汉前在军事时期，商工业一时停滞。军事既定，一般人皆可各安生活。唯军阀在鄂吞噬国库，敲诈人民之逆产，前经查封或没收，一般人不察，误谓此后尚当多所牵连，甚至累计私人资本，市面隐有不安之象。兹特剀切布告：国民政府保障人民资产之安全，非依法律不得查封及没收。至逆产问题，须由财政部彻查。其已经查封或没收之逆产；概由财政部管理。嗣后，无论何人不得挟嫌捏报，无论何机关除财政部外，不得执行查封。自此布告之后，商民人等务各安心营业。特此布告"[③] 在鲍罗廷的指导

---

① 转引自《武汉国民政府史》，第201页。

② 《中国国民党中央执行委员国民政府委员临时联席会议第一次会议录》，载《武汉临时联席会议资料选编》，第30页。

③ 《武汉临时联席会议布告》（第1号），摘自《湖北政府公报》1926年第5期；《武汉国民政府史料》，第1页。

下,武汉国民政府在建立政权伊始,就出台了没收逆产的指导方针,起到了指导工作、安定民心的重要作用。

虽然出台了没收逆产的指导性文件,但是在具体操作的过程中问题仍然层出不穷,于是在 1927 年 5 月,在鲍罗廷的指导下,国民政府出台了《处分逆产条例》,其中对逆产进行了比较科学的定义,即"凡与国民革命为敌者,或为帝国主义工具者,或压迫人民以巩固封建制度社会者,或侵吞国家地方收入,剥削人民生活者,以饱私人贪欲者,或操纵经营以动摇革命势力者,例如军阀、贪官污吏土豪劣绅及一切反革命者,其财产皆为逆产。"①尽管武汉国民政府没收逆产运动开展得轰轰烈烈,没收的逆产号称数千万,但大多属于不动产,而真正能够使用的现金却寥寥无几。

(2)征收各种捐税。首先,在湖北等四省征收特税。所谓特税,以鸦片烟税为主。广州联席会议通过的《国民党最近政纲》是主张禁烟的,但是,为了增加武汉国民政府的财政收入,在鲍罗廷参加的武汉临时联席会议第二次会议作出决议,在湖北、江西、福建、湖南及其他国民政府统辖地域,应即实行征收产销特税。当得知人民群众对国民政府征收特税意见很大时,鲍罗廷主张应当向人民说明现在政府的财政状况,向人民征收特税实属迫不得已,希望人民群众予以谅解。当时湖北过去每月可收烟税二三万两,仅宜昌一地每月就有百余万两的收入。因此,此一项是可为政府增加一笔收入的。1927 年 3 月 14 日国民党中央执行委员会作出决议"征收煤油特税,每箱大洋一元,在进口或出仓时完纳"②。这样,在广东已经废止的烟特税和在湖南已经废止的煤油特税,武汉国民政府重新开始征收。其次,征收附税。国民政府迁汉后,在鲍罗廷的倡议下,国民政府决定仍然沿用广州国民政府的做法,由财政部发出通告,从 1927 年 1 月 1 日起,在武汉、宜昌、长沙、岳阳、九江、沙市等地照样征收附加税,除洋货进口百分之五的税率以外,普通商品附加百分之二点五,奢侈品附加百分之五。"一·三"事件后,武汉国民政府开始正式接管各地海关,派人监督海关附加税的征收。征收附加税,控制海

---

① 《处分逆产条例》(1927 年 5 月),摘自《汉口民国日报》1927 年 5 月 10 日,第 1 张新闻第 1 页;《武汉国民政府史料》,第 229 页。

② 《中国国民党中执会政治委员会会议录》《第一次会议录》,载《中国国民党第一、二次全国代表大会会议史料》(下),第 968 页。

关，不仅有利于收回关税主权、抵抗外国经济侵略，而且武汉国民政府可以增加一笔财政收入。再次，征收各种捐税。为了增进政府收入，武汉国民政府在鲍罗廷的指导下，开始征收各种捐税。最早征收的是资产捐，国民政府规定凡有资产五千至一万者捐50元，一万至五万者捐100元，五万至十万者捐500元。又让汉口各房屋屋主，凡有房屋租赁于人的，先借房租一个月。到后来国民政府的各种抽捐名目越来越多，到1927年5月武汉市征收的各种捐项就包括筵席捐、乐户牌酒捐、灯吸捐、堂条捐、房捐、肉捐、蛋捐、猪牛捐、鸡鸭捐、鱼捐、典业捐、各种车捐、戏园捐等共计13种之多。同时武汉国民政府又陆续制定了印花税、堤工附加税等新的税种，加抽百分之十二点五的烟酒统税，电灯、电话、电报也加收二成。当然武汉国民政府加征各种苛捐杂税，实属迫不得已，例如在讨论堤工附加税征收案时，鲍罗廷说："如堤工无款修筑，则下半年湖北一、二千万人民均得受灾。"① 因此，临时联席会议在1927年1月21日作出了"湖北、湖南、江西三省海关征收河堤工附加税，按入口货价值抽百分之一，为修筑湖北堤工之用"的决议，24日在临时联席会议第十七次会议上，国民政府又作出了"借汉口房租一个月一次收清"的决定。其实，这样加征各种苛捐杂税，国民政府所得寥寥无几，相对于庞大的军政开支费用来说，显然是杯水车薪。

（3）借钱派款。借钱派款是军阀统治时期，各地军阀为了维护其统治向辖区的富商、土豪劣绅、地主等筹粮筹款的一种通用做法。汉阳、汉口克复后，蒋介石便以北伐军总司令的名义向汉口总商会交涉，要他们把原来答应借给军阀吴佩孚的250万元，除已交的100万元外，剩余的150万元交给北伐军作军费。武昌攻克后，又向三镇的钱庄商议借款，拟武昌60万，汉口200万元。② 国民政府定都武汉之后，在鲍罗廷的指导下于1927年1月20日在武汉设立了中央银行汉口分行，作为控制货币发行，管理金融的政府机关。靠当时发行的整理湖北金融公债和向汉口各商业银行借来的316万为资本金，陆续印发了一批新钞票。但是新发行的钞票，几乎全部由财政部借去，以弥补政府的财政赤字。到了4

---

① 《征收堤工附加税案》，《中国国民党中央执行委员国民政府委员临时联席会议第十六次会议议事录》，载《武汉临时联席会议资料选编》，第258页。
② 转引自《武汉国民政府史》，第202页。

月中旬,财政部向中央银行汉口分行透支的款项达 3600 万元。① 除了向汉口总商会和中央银行汉口分行借款之外,武汉国民政府还向辖区的工商业者派款。但是武汉的工商业者,与军阀官僚稍微有点联系的,早已经携款潜逃,留下来的大多属于民族资产阶级或小资产阶级,由于经济战乱,其经济活动一时难以恢复,负担政府的各种摊派的能力实在有限。"武汉商会呈报南军,财力已竭,不能续筹借款,商会会员呈报后,均人人自危。"② 以这种办法增加收入,不仅收效甚微,反而影响了工商业的发展。

(4) 向苏联请求贷款援助。武汉国民政府的经济形势随着国内局势的发展变得越来越严峻,作为武汉国民政府的顾问,同时又作为共产国际、苏联的驻华代表,鲍罗廷自然而然地想到了向苏联寻求金融贷款。显然,苏联方面对武汉政府严峻的经济形势是比较了解的,联共(布)政治局对武汉国民政府的经济求援马上作出了反应。

1927 年 6 月 6 日,莫洛托夫在发给鲍罗廷和陈独秀的电报中说:"我们将从已经拨出的基金中汇出经费,关于另一笔借款的问题还在商讨阶段。"③ 从中可以看出,武汉国民政府不仅向苏联提出了借款的要求,而且可以肯定的是,借款的款项不止一笔。

1927 年 6 月 16 日,联共(布)政治局召开秘密会议,作出决定"从确定的款额中分不同批次逐渐给武汉政府汇去 100 万卢布"。④

1927 年 6 月 23 日,联共(布)政治局又作出决定,"再给武汉政府拨款 200 万卢布",还补充说明"关于数额为 1500 万元新贷款的请求,通知对方现在我们无法满足,但不拒绝以后重新讨论这个问题。请在近期内指望逐步兑现第一笔必须办理的贷款。"同时"责成中国委员会根据这些指示起草给国民党中央政治委员会的答复,并交政治局批准。责成中国委员会准确统计给武汉政府的贷款已兑现了多少,并同财政人民委员部和贸易

---

① 国民政府资源委员会档案,全宗号 28,案卷号 865,中国第二历史档案馆藏。
② 《各社要电》,上海《申报》1926 年 9 月 20 日,第 2 张第 5 页。
③ 《1927 年 6 月 6 日征询政治局委员意见》,载《联共(布)、共产国际与中国国民革命运动(1926—1927)》(下),第 307 页。
④ 《联共(布)政治局秘密会议第 111 号(特字第 89 号)记录》,载《联共(布)、共产国际与中国国民革命运动(1926—1927)》(下),第 316 页。

人民委员部协商制订进一步兑现的初步计划。"① 通过决定可以看出，除了第一笔申请贷款的数目不详之外，武汉国民政府还申请了数额为 1500 万元的新贷款。同时，从联共（布）政治局的反应来看，第 111、112 次会议连续作出决议，说明武汉国民政府的贷款要求已经引起了共产国际、联共（布）的高度重视，而且在解决的速度上也是史无前例的。

1927 年 6 月 27 日，联共（布）政治局采纳了中国委员会起草的致武汉国民政府的电报稿，重点强调了对华贷款问题，"我们已下令再给武汉国民政府汇款 200 万卢布。至于你们的新贷款请求，目前我们还不能给予满足。但不拒绝今后讨论你们这一请求。"② 电报发出后，这笔贷款马上汇出。

1927 年 6 月 30 日，联共（布）政治局给武汉发出通知，"6 月 29 日已寄出 100 万美元，日内我们还将寄出 50 万美元。"③

从 6 月 6 日到 6 月 30 日不到一个月的时间，联共（布）政治局在连续召开的四次会议中，作出决议向武汉国民政府提供贷款和援助，可见共产国际、联共（布）对武汉国民政府严峻的经济形势是十分担心的，期望通过这种方式来挽救业将崩溃的武汉政权。但是武汉国民政府向苏联提出贷款的目的和苏联援助的初衷存在严重的分歧，因此苏联的贷款和援助对改变武汉国民政府的经济困境并没有起到多大的作用。

3. 调和内部矛盾促进经济好转

（1）派宋子文赴沪调和国民政府和蒋介石的矛盾。苏沪克复之后，蒋介石集团和武汉政府的内部矛盾几乎完全公开，但蒋介石并没有完全撕破脸皮。鲍罗廷在知晓蒋介石进驻上海的种种行径之后，意识到必须派人到上海协调同蒋介石的关系。鲍罗廷提议武汉国民政府应派宋子文火速赴沪，协调同蒋介石的关系，全权办理财政事宜。蒋介石于 3 月 26 日抵达上海坐镇，驻节交涉署，当晚即约见上海商业联合会主席虞洽卿，并和陈光甫、钱永铭、陈其采等商酌财政委员会之组织，初议委陈

---

① 《联共（布）中央政治局会议第 112 号（特字第 90 号）记录》，载《联共（布）、共产国际与中国国民革命运动（1926—1927）》（下），第 345 页。

② 《联共（布）中央政治局会议第 113 号（特字第 91 号）记录》，载《联共（布）、共产国际与中国国民革命运动（1926—1927）》（下），第 364 页。

③ 《联共（布）中央政治局秘密会议第 114 号（特字第 92 号）记录》，载《联共（布）、共产国际与中国国民革命运动（1926—1927）》（下），第 375—376 页。

其采为财政委员会委员长。① 3月27日武汉国民政府特派财政部长宋子文到上海,全权办理财政事宜,电令所有江苏、浙江两省财政均归其主持,凡一切税务及与中国商界银行等筹款或借款等事,必须由财政部长办理。② 宋子文于3月29日抵达上海,翌日即和蒋协商统一江浙财政事宜。但是蒋介石已先一步和上海工商金融界建立关系,国民革命军总司令部于31日发表陈光甫等15人为江苏省兼上海财政委员,其中网罗了10位工商业界人士。③ 4月3日,蒋即委派代理主任陈其采持函向闸北商会筹款,函曰:"径启者,前因驻沪部队饷糈缺乏,曾由白总指挥函商筹措,谅荷鉴照。查现在财政委员业已派定,所有关于财政问题,应统由该委员通盘筹划,唯是军事未已,庶政待理,需款孔急,亟应设法筹垫。兹特派委员会陈主任(其采)亲赴贵会议办,尚希慨予接洽,鼎力协助。至此次所垫款项,自当指定的款,尽先拨还,以期公家金融界双方兼顾,而收互助之效。"④

宋子文到上海一时无法开展工作,4月2日电促武汉外交部长陈友仁、交通部长孙科早日到沪协助,"则诸事有人,主持财政机关,完全由军队内收回亦可实现"。⑤ 由于宋曾在2月答应每月筹拨军费1300万元,蒋希望宋能兑现,也希望他能协助统一江浙财政和筹措军饷。国民革命军总司令部4月8日布告支持宋子文统一江浙财政,江苏兼上海财政委员会则暂缓活动。宋子文于翌日宣布由财政部驻上海办事处统辖江浙财政,自兼江苏、浙江财政处长,负责统一江浙的全部财政收入。⑥ 蒋10日电宋南京已

---

① 孙诒编:《民国十六年蒋介石先生(一月—三月)》(3月27日条),《文物图书:事略稿本》,"蒋介石总统档案",台北"国史馆"藏。

② 《宋部长管理财政电》,上海《民国日报》1927年4月5日,第2张第1版。

③ 15名委员名单如下:陈光甫、虞洽卿、钱永铭、吴荣鬯、王伯群、钮永建、陈其采、秦润卿、汤钜、顾馨一、王晓籁、徐国安、杨铨、柳亚子、汤济沧,推陈光甫为主任委员。《苏沪之财政委员》,上海《民国日报》1927年3月31日,第2张第1版。

④ 孙诒编:《民国十六年之蒋介石先生(一月—三月)》(4月3日条),《文物图书:事略稿本》,"蒋介石总统档案",台北"国史馆"藏。

⑤ 《抄财政部长宋子文自上海来电》(1927年4月2日),载《南京事件》第1卷第70页,"外交部"档案,台北"国史馆"藏,档号:0635.10/4000.01-01。

⑥ 《宋子文规定财政范围》,《申报》1927年4月10日,第4张第13版;《国民革命军总司令部布告》(1927年4月8日),《申报》1927年4月14日,第1张第3版;《国民政府财政部通令》(1927年4月9日),《申报》1927年4月14日,第1张第3版。

无余款，请将 200 万交军需处长徐桴解宁。然宋子文未复，蒋 12 日又急电请俞飞鹏在 15 日以前筹足 500 万元汇宁。①

宋子文以军需紧迫"刻不容缓"，4 月 12 日请上海银行公会续垫洋 300 万元，银行公会要求发表保持工商业及维护金融业方针，并指定用途限于江苏范围。上海银钱两业公会是日致函宋子文，要求接受借款条件，即合同成立之日，先垫 100 万元，以后每隔 10 天缴 40 万元，以垫足 300 万元为度。② 蒋介石亦于同日亲电陈光甫，请于最短时间内筹款，以济急需。

但是时蒋介石和宋子文之间矛盾已生，蒋介石责难宋子文："两淮两浙运使闻兄另已委人，而前在沪借支三百万元，以二五税作抵者，兄又延宕不批，至今分文无着，如此下去，不惟于公无益，必致败亡。江浙财政事，不如仍照原议交两省财政委员会办理，以应急需。"③ 复于翌日再电宋："请兄积极筹款，以应急需。务于三日内筹足五百万元，望勿再延。前电实因事急窘急而兄终不能践约，乃不得已之语。请察之。"④ 此时宋子文得到消息，广东的李济深已经撤销了财政厅长孔祥熙的职务，另任古应芬代理财政部长兼粤省财政厅长，发现形势发展于武汉国民政府十分不利，17 日拒绝在上海银行公会和钱业公会的 100 万元垫款合同上签字。国民革命军方面则由白崇禧签字后，将款运往南京。蒋介石诘难宋子文不支上海款项，决定将江浙财政事，仍照原议，交两省财政委

---

① 《蒋中正电宋子文请交徐桴解二百万来宁》（1927 年 4 月 10），载《筹笔（北伐时期）》，"蒋介石总统档案"，台北"国史馆"藏，档号：2010.10/4450.01-007/9；《蒋总司令致俞总监飞鹏文未电》（南京，1927 年 4 月 12 日），《规复安徽与进占南京》第 86 号，载《革命文献（北伐时期）》（第 12 册），第 125—126 页，"蒋介石总统档案"，台北"国史馆"藏；孙诒编：《民国十六年之蒋介石先生（四月）》（4 月 12 日条），载《文物图书：事略稿本》，"蒋介石总统档案"，台北"国史馆"藏。

② 《国民政府财政部为军需急迫向银钱两业续借垫三百万元有关函件》（1927 年 4 月），《上海银钱两业公会请国民政府宣布维护实业金融各项政策有关文件》（1927 年 4 月 16 日），载上海市档案馆编《一九二七年的上海商业联合会》，上海人民出版社 1983 年版，第 53—56 页。

③ 《蒋中正电诘宋子文不支上海款项提议江浙财政交两省财政委员会办理》（1927 年 4 月 16 日），载《筹笔（北伐时期）》，"蒋介石总统档案"，台北"国史馆"藏，档号：2010.10/4450.01-007/29。

④ 《蒋总司令致宋部长子文筱电》（南京，1927 年 4 月 17 日），《宁汉分裂与北伐中挫之（2）》第 3 号，载罗家伦主编《革命文献（北伐时期）》（第 13 册），第 12 页；"蒋介石总统档案"，台北"国史馆"藏。

员会办理。① 22日徐桴公开指责宋到沪近一月，真正接收江浙财政不及一星期，未能筹拨分文。② 宋子文随即对"筹款不力"的指责加以驳斥。蒋宋交恶白热化。③ 鲍罗廷遣宋赴沪的主要目的是想调和蒋介石和武汉国民政府日益紧张的关系，另一个目的则是希望宋赴沪后，能够统一苏沪浙的财政，筹措到政府急需的军政费用，然而，蒋介石早已作好了准备，特别是"四·一二"政变后，形势急转直下，宋子文的上海之行最终以失败而告终。

（2）调和劳资矛盾恢复工商业。国民政府定都武汉之后，武汉地区工人运动开展得如火如荼，但是工潮是一柄双刃剑，在国民革命时期有反对帝国主义和封建军阀的一面，但也有影响生产的一面。汉口被国民革命军攻占后，一些外资工厂工人便开始罢工，形势出现不稳，外人开始将妇女与儿童撤出。④ 到了4月中旬，外人普遍认为汉口的秩序无可挽救，绝大部分外国人均已离开。⑤

从整个大革命时期工人运动的主流来看，工人运动是正确，对革命的推动作用是不言而喻的，但是我们必须看到，工人运动确实存在许多过火的举动，如"提出使企业倒闭的要求，工资加到骇人的程度，自动缩短工作时间至每日四小时以下（名义上有十小时以上），随便逮捕人，组织法庭监狱，搜查轮船火车，随便断绝交通，没收、分配工厂店铺，这些事在当时是极平常而普遍的。"⑥ 中华人民共和国成立后邓小平也曾指出："就是在陈独秀右倾机会主义时期，城市工作也有'左'倾错误。比如，那时候武汉有同我们党合作反对蒋介石的国民党左派政府，我们也在那里举行罢工，提出经济要求甚至超过了资产阶级所能负担的程度，结果市场凋敝

---

① 《蒋中正电话宋子文不支上海款项提议江浙财政交两省财政委员会办理》（1927年4月16日），载《筹笔（北伐时期）》，"蒋介石总统档案，台北"国史馆"藏，档号：2010.10/4450.01-007/29。

② 《徐桴公表总部军需情形》，《申报》1927年4月26日，第2张第6版；《宋子文宣布筹拨军费电》，《申报》1927年4月29日，第3张第9版。

③ 转引自王正华《1927年蒋介石与上海金融界的关系》，《近代史研究》2002年第4期。

④ Vincent Sheean, *Personal History* New York: The Modern Library Inc., 1940, p.219.

⑤ Hankow's Hopeless Disarray, The North Daily News, April 15, 1927, p.6.

⑥ 刘少奇：《关于大革命历史教训中的一个问题》，引自中国革命历史博物馆编《党史研究资料》1980年第5期。

了，损害了革命政权的经济基础。"① 工人运动带来的不利后果是生产大幅度下滑，"武汉较大的企业为纺织工业，除歇业或停工者外，能继续开工的，则生产普遍低落"。"申新（纱厂）民国十六年3月的生产额较十五年9月减低约30%，裕华（纱厂）同月的生产额较十五年10月减低约30%，第一（纱厂）同月的生产额较十五年9月减低约55%。"② 同时，工人运动导致失业工人人数剧增。武汉当时的失业工人，报刊公布的是10万—14万人。但是据汪精卫在1927年4月25日的报告中说，"失业的工人现共有三十万之多，内中有一半是码头、建筑、香烟三种工人"。③ 因此，调和劳资矛盾恢复工商业对促进经济恢复的作用不言而喻。

  共产国际对于武汉国民政府辖区的工人运动一直持坚决支持的态度，认为只有通过工农运动，革命的成果才能得到巩固，因此一再向共产国际驻华代表、中国共产党中央发出指示，要求武汉国民政府支持工人运动。为此在鲍罗廷指导下武汉国民政府采取了保护工人的政策，同时要求工人在正常时期不要轻易使用罢工手段。1926年12月25日在临时联席会议上，针对邮务工人罢工的问题鲍罗廷提出："应召集一赣、粤、鄂、湘及上海等重要地点之邮务工人代表大会，谋得邮务工人之谅解，以缓和工潮。"会议作出决议："由中央工人部召集全国邮务工人代表大会，于民国十六年一月三十日以前在武昌开会；在未开会之前，各省邮务工人不得罢工。"④ 武汉政府还明令保证辖区内一切资本的安全，鼓励包括外资在内的中外企业迅速恢复生产。针对国民军将领袁英派兵将盐业银行行长、副行长绑去，勒索20万元，引发银行界恐慌一案，临时联席会议作出决议："通知卫戍司令儆告袁英，禁止派兵向盐业银行提款及骚扰。"⑤ 从而保证各商业银行能够正常营业。为了解决汉阳兵工厂工人要求增加工资、银行雇员要求新年增加待遇案等，鲍罗廷主张由政府出面组织仲裁委员会，加

---

  ① 《建设一个成熟的有战斗力的党》，《邓小平文选》（第1卷），人民出版社1994年版，第343页。

  ② 《武汉中央工人部调查武汉纺织生产及经营概况报告书》（1927年6月29日），台北国民党党史馆藏，第4976号。

  ③ 《汪精卫报告》，《中国国民党中央执行委员会政治委员会第十五次会议速记录》，载《中国国民党第一、二次全国代表大会会议史料》（下），第1080页。

  ④ 《交通部长孙科同志报告》，《中国国民党中央执行委员国民政府委员临时联席会议第二次会议议事录》，载《武汉临时联席会议资料选编》，第37页。

  ⑤ 《财政部提请禁止袁英向盐业银行骚扰案》，《中国国民党中央执行委员国民政府委员临时联席会议第十三次会议议事录》，载《武汉临时联席会议资料选编》，第218页。

以协调，一方面使工人正常合理的要求能够获得满足，另一方面使工厂能够正常生产。

同时，针对湖北的劳资问题，1926年12月17日鲍罗廷建议"组织关于劳资问题之委员会，以有关系之财政、外交、交通、司法四部及鲍顾问组织劳资问题提案委员会"。① 由鲍罗廷参与起草的劳资问题报告在临时联席会议第四次会议上获得了通过，决议案包括"取消解决湖北劳资问题委员会。由中央委派中央政治会议之中央执行委员一人、湖北省党部执行委员、汉口特别市党部执行委员各一人组织委员会，有解决湖北劳资问题之全权。"同时对雇主和工人之间的关系作出如下规定："团体缔结契约权（由工会与雇主订定工资、时间及待遇等）；雇主须雇用工会会员，但选择、任用及辞退雇主有选择权；工会会员受雇者，雇主非得工会同意，不得辞退。"② 这样就协调了雇主和工人两方面的利益，有利于武汉国民政府工商业生产的恢复。

(二) 共产国际指导下武汉国民政府经济政策实施的效果及评价

在共产国际的指导下，鲍罗廷根据武汉国民政府的国内外实际情况采取了一些缓解经济危机的政策措施，但是就这些政策措施实施的效果来看，虽然在一定程度上起到了一定的作用，部分地缓解了政府的经济压力，但是，如果从根本改变武汉国民政府的经济困难的角度讲，这些经济措施是失败的。

1. 统一财政成为一纸空文

国民政府在广州时，前方财政概由北伐军总司令部和各军自行支配。湘、鄂、赣光复后，北伐军和各省管理财政的负责人为筹措军饷，采取了委任财政官员、私自没收逆产、随便派款借钱、随意加征捐税、任意发行钞票等，把占领区俨然当成了自己的独立王国。国民政府迁都武汉之后，首先想到的统一辖区的财政收支，并出台了《统一财政决议案》，但是从鲍罗廷提出统一财政的想法开始，到武汉国民政府的正式解体，武汉国民政府的财政收支从来没有实现过统一，所有的想法和政策都变成了一纸

---

① 《劳资问题案》，《中国国民党中央执行委员国民政府委员临时联席会议第三次会议录》，载《武汉临时联席会议资料选编》，第47页。

② 《劳资问题报告》，《中国国民党中央执行委员国民政府委员临时联席会议第四次会议议事录》，载《武汉临时联席会议资料选编》，第82页。

空文。

例如，武汉政府曾派宋子文到上海统一上海、江苏、浙江的财政，尽管宋子文日夜兼程于3月28日奔赴上海，同时国民政府通令"关于一切税收及与中国商家银行等筹款或借款等事，必须由财政部长办理，方生效力。此外，无论何人，用任何名义，如有干涉财政税收或擅自借款及擅定其他筹款办法者，国民政府概不承认"。[1] 但是，比宋子文提前两天到达上海的蒋介石置武汉国民政府的通令之不顾，自己委任了江苏兼上海财政委员会，并指派了相应的负责人。而上海的各大银行包括盐业、中国、金城、交通等的负责人，要么同蒋介石本人的关系相当密切，要么同蒋介石集团的主要成员（包括张群、黄郛、孔祥熙、张静江、陈其采、陈果夫等）关系十分密切。因此，在同蒋介石达成了反共的决定之后，各负责人决定同蒋介石打交道，而对武汉国民政府正式委派的财政部长则是不理不问，更是对武汉国民政府的通令置若罔闻。

以武汉政府财政部部长的身份在上海筹款的宋子文，实际上处于孤立无援的境地。后来好不容易向上海各银行、钱庄议借300万垫款，却直接由蒋之军需处拿去，[2] 仅由苏俄之远东银行借得50万接济汉口。[3] 这也是宋子文上海之行的唯一成果。由于无法将上海银行界的300万借款汇到武汉，宋子文"对军需借款不肯签字"，蒋介石索性撇开宋子文，将希望寄予江苏兼上海财政委员会，以其专任整理财政及筹款之责。[4] "四·一二"事变后，宋子文的财政部驻沪办事处于4月17日正式停止办公，宋子文本人也滞留上海，索性黄鹤一去不复返了。至此武汉国民政府统一上海、江苏和浙江财政的努力完全失败，宋子文调停蒋介石与武汉国民政府矛盾的努力也最终付诸东流。

广东原来是国民政府的根据地，物产富饶，工商业发达，是国民政府北伐的最主要的筹饷基地，每月贡献给北伐军的款项，多时达400万元。但是，自蒋介石在南昌与武汉政府进行"迁都之争"后，李济深公然站在蒋介石一边，所有款项只交给蒋介石，而不缴至武汉政府。1927

---

[1] 《国民政府统一浙江财政》，《汉口民国日报》1927年3月28日，第1张新闻第1页。
[2] 《宋部长向金融界借款》，《申报》1927年4月16日，第13版。
[3] 《京沪宁粤一致对汉口经济绝交》，《益世报》1927年4月21日。转引自《史料外编》(22)，第228—229页。
[4] 《汉口金融潮中之沪财政讯》，《申报》1927年4月19日，第9版。

年4月，孔祥熙被蒋介石电召至上海之后，李济深就免去了孔广东省财政厅代理厅长一职，由古应芬取而代之。从此李济深和蒋介石沆瀣一气，分别在广东、上海大肆屠杀共产党人。国民政府的广东中央银行也被李济深完全控制，李将广东筹款全部交给蒋介石。于是，统一财政政策在广东遭到了失败，"在粤筹款济汉"①成了武汉国民政府的痴心妄想。

与此同时，在湖南所有的收入全部被唐生智拿去了，相反唐还不停向武汉国民政府索要军饷。江西与湖南类似，一切收入成了朱培德的军政费用。正如陈公博所说，"湖南仿佛是唐孟潇的采邑，一切收入是不会解到中央的，江西也只能供给朱益之的军费，中央为着不能兼顾起见，似乎给了江西与朱益之，不够不管，有余也不要。"②由此看来，武汉国民政府开展得轰轰烈烈的统一财政收支运动，结果仍旧成了辖区各省的各自为政，被鲍罗廷寄予很大期望的统一财政政策彻底变成了一纸空文。

2. 整理金融适得其反

武汉国民政府在汉口设立了中央银行汉口分行，行长为宋子文、经理为陈行，负责掌握发行货币，管理金融的行政机关。该行通过发行公债和向其他银行的借款为资本金，印发了一些新钞票，同时规定了各种大洋券、毫洋券、兑换券的相关政策。这样，各省除原有票币还在继续流通外，市场上又出现了大洋券、毫洋票、临时兑换券等多种票币，导致金融紊乱、交易停顿，工商业难以正常进行。值得注意的是，中央银行汉口分行新印发的钞票几乎全部被财政部借去，以弥补财政赤字。到4月中旬，财政部向中央银行汉口分行透支款数达3600万元。③巨额的银行透支带来了严重的问题。按道理，国家财政出现赤字，可以通过银行信贷资金予以补充。但是这种补充是建立在国家必须有充足的物资保障的前提下，因此，这种补充是有条件的、有限度的，同时也只能是短暂的。假如说生产并没有发展，市场商品匮乏，这种补充也只能是账面上的补充，实际的物资缺口仍然存在，政府财政赤字的危害仍然无法清除。武汉国民政府大量发行钞票，并大幅度地提供给财政透支，正是没

---

① 谦益：《集中现金令之前因后果》，《银行月刊》1927年第5号。
② 《苦笑录》，第82页。
③ 国民政府资源委员会档案，全宗号28，案卷号865，中国第二历史档案馆藏。

有以充足的物资保证为前提而出现的。由于武汉政府缺乏必要的物资保障，随意扩大货币的发行量，不仅没有解决政府的财政危机，反而造成了银行的信用危机。

大洋券一律兑现、毫洋券缓行兑现、兑换券另收兑现的政策一出台，立刻引起了社会上的混乱，商业和金融同时受到打击。湖南省财务委员会在给武汉国民政府财政部的电文中说："自革命兴来，各军以中央银行临时兑换券、湘鄂赣三省通用毫洋券，及广西毫洋券行使市面，曾由湘政府电令布告，通饬各县，一律按照法价收用，准其完纳赋税厘金"。现在中央银行汉口分行仅指定新钞票及大洋券两种票币可以兑现，对于临时毫洋却无具体的收兑办法，使它们代价低落，日甚一日，"商家因贸易往来，收存此种票币者，既不能出省外购办货物、周转资金，用于省内交易，复各怀疑拒绝，而邻界赣边等县，尤又有此种票币，多数输入，辗转壅塞，日酿纠纷"①。湖南如此，其他省份也一样。

《现金集中条例》颁布实施后，上海、北京、天津等地银钱界宣布与武汉断绝金融往来，对武汉的商业和贸易造成了严重的影响。"凡平时恃汉埠为聚散地之货物完全梗塞，所有汉埠经济上之价值，贸易上之地位亦随以消灭无余。"② 一方面，沪、京、津等地禁止现金输往武汉；另一方面，千方百计地转移或吸走武汉的现金，使武汉现金奇缺，武汉和各地工商业衰落，物资匮乏，必然使金融阻滞、货币贬值。由于纸币停止兑换，现洋从市面消失，为了保值，武汉许多市民便抢购铜元、邮票及其他物品。集中现金后，双元价格即由16日的1钱9分到18日突涨至2钱1分4厘，19日增至2钱5分。③ 4月23日，政府规定铜元法定价格，每串合0.22两，纸币每元兑3.2串文。但并不能维持，而实际上均转入暗盘交易。④ 同时，"因钞票价格日落，物价转昂，一星期内物价涨起十分之五。米柴煤炭为民食所需，存货无多，不能不涨，其他商业亦情愿关门歇业。

---

① 《湖南财委会请财部救济票币》，《汉口民国日报》1927年3月9日，第1张新闻第2页。

② 谦益：《论汉口之金融封锁》，《钱业月报》1927年第6号。

③ 《汉口金融商况》，《银行杂志》1927年第17号。所谓"双元"指当时武汉市面上通用之双铜元，1917年王占元任湖北督军时所铸，每枚当制钱20文，可能由于此前鄂省所铸铜元皆当10，故此种铜元便称为"双铜元"，见《湖北铜币问题》，《银行杂志》1927年第15号。转引自冯筱才《自杀抑他杀：1927年武汉国民政府集中现金条例的颁布与实施》，《近代史研究》2003年第4期。

④ 余捷琼：《民国十六年武汉的集中现金风潮》，《社会科学杂志》1936年第4期。

一方将大批纸币购办轻便土产，设法运沪转售现金。上海现金虽不运往武汉，然亦有人在沪设立机关，以低价收买汉口钞票，运往武汉，购办土货，再转运至沪售现，因此社会生活大受影响。"① 虽然武汉政府于4月23日和25日采取措施，但所造成的后果已经难以挽回。

后来，在武汉国民政府内不仅那些实际已不能兑现的临时、毫洋各券顿成废纸，连虽说可以兑换、毫无兑换准备的大洋券、新钞票的信用，也降到最低点。中央银行汉口分行原想以发行新货币、停兑旧货币来增加收入，结果却使金融紊乱、通货膨胀和工商业的进一步衰落。所有这一切不仅没有缓和财政困难、整顿混乱的金融市场，反而加剧了社会的动荡，使得武汉国民政府的政权走向了崩溃的边缘。

3. 政府增收使得民怨沸腾

在财政危机的重压之下，武汉国民政府出台了一系列的增收政策，但是武汉政府的财政税收政策措施过急过滥，不是不切实际，就是方式简单，因此武汉国民政府的增收政策不仅没有达到预期的效果，反而弄得民怨沸腾。首先，就政府征捐加税来说，武汉政府的政策不仅使自己没有增加预想的收入，反而使民众对政府大失所望。武汉被攻克之前，北洋军阀的苛捐杂税沉重地压在民众身上，民众早已深恶痛绝。北伐军到达武汉后，民众寄予厚望，"党军昨年方到武汉之时，一般民众运动取消一切苛捐杂税与反对盐斤加价的呼声高唱入云，并且形成标语。无论城乡，到处贴满，大有一切痛苦从此都可完全解除的希望"②。但是令他们没有想到的是，武汉政府的各种苛捐杂税不仅没有比以前的北洋军阀减少，而且连已经取消的煤油特税、广州国民政府宣布即将取消的鸦片烟税，国民政府亦重新开征。与武汉国民政府成立之前相比，民众的生产和生活更加困难，民众要求取消的苛捐杂税不但没有减少，而且还有变本加厉之势，一时间民怨沸腾。其实就鸦片特税而言，这些"特货"主要来自川黔，行销淞沪，收的实际只是过境税。自北伐战争开始，孙传芳盘踞东南，封锁武汉，接着就是四川军阀叛乱和宁汉分裂，来源和去路都被堵塞，武汉国民政府实际所得甚少。就各种进出口附加税、印花税等诸多税种来说，由于武汉地区工商业本来就饱受战乱的困扰，比北伐军进驻以前来说已经是元

---

① 《武汉国民政府集中现金经过概况》（1927年3月—1928年12月），载《武汉国民政府史料》，第404页。

② 嗛嗛：《党治下之湖北捐税》，天津《大公报》1927年4月19日，第3版。

气大伤，急需政府实行轻徭薄赋以休养生息。但武汉政府非但没有减赋，反而实行盐斤加价、加征附税等，严重挫伤了工商业主的积极性。事实上，由于英国、日本等帝国主义相继对武汉政府实行经济封锁，进出口贸易急剧下降，武汉政府得到的各种赋税并不多。

其次，就发行公债来说，由于发行债权数目极大，发行手段单一，导致认购者寥寥无几。从发行《整理湖北财政公债》和《整理湖北金融公债》本身来说，其政策的出台就是十分不科学的，这批公债发行数目极大，又没有可靠的资金保障，偿还条件苛刻，且遥遥无期，因此民众普遍对其缺乏信心。后来，武汉国民政府财政部代理部长张肇元更是想出一个异想天开的发行九百万国库券的计划，就是让赴前线去的军人带着新发的九百万国库券到河南、山东、直隶、陕西去使用。规定4月15日发行，10月15日兑现，利息定为六厘，到期后到四省的中央银行兑现。之所以不在国民政府现在管辖的几个省内发行，是"因为湖北既有债票又有中央银行的钞票，若再发行这九百万的国库券，恐怕经济上要发生恐慌，带到北四省去发就不会有什么影响。"[1] 在并非自己政府实际控制区域内发行债券，武汉国民政府实在是太异想天开、不切实际。由此可见武汉国民政府当局经济决策水平之一斑。不仅在公债发行的决策上存在失误，而且武汉国民政府在公债发行的过程中存在着手段过于简单化的弊端。据当时报纸报道："并未印刷债票，即行劝令各银行及当商推销，某也十万，某也五万，一一皆出命令。"[2] 财政税收机关的这些简单的做法，不能不招致市民和工商业者的不安和反感。因此，在第一次摊派800万之后，绅富均逃匿一空。整个武汉国民政府时期，虽有报刊大力宣传，党部和群众团体的层层布置，这批公债始终未能推销完毕。

总之，就武汉国民政府所有的增收措施而言，虽然在短时间内筹到了部分资金，但是对于政府本身庞大的军政费用开支而言，简直是杯水车薪。更为严重的是，由于国民政府在制定政策的过程中缺乏充分严谨的调查研究，所作出的决策不是违背客观的经济规律，就是不切实际的凭空遐想。所有这一切，不仅使国民政府财政收入未见增加多少，反而使民众对武汉国民政府失去信心，严重影响了武汉政府和群众的关系，真可谓得不

---

[1]《中国国民党中央执行委员会政治委员会第九次会议速记录》，载《中国国民党第一、二次全国代表大会会议史料》（下），第1014页。

[2]《各社要电》，《晨报》1927年1月15日，第3版。

偿失。

(三) 共产国际指导下武汉国民政府经济政策失败的原因

1. 武汉国民政府的经济决策出现严重失误

首先,武汉国民政府的经济决策出现了方向性错误。早在广东国民政府时期,共产国际军事顾问加伦在制订北伐的计划时,就对战事进展的各个阶段的军费问题进行过周详的谋划。当战事推进到武汉时,客观情况发生了变化,由于军队发展很快,由刚出发的八个军,十万人左右,很快发展到三四十个军、数十万人。国民政府迁都武汉之后,各级机关团体如雨后春笋般涌现,各级官吏和办事人员无限制地膨胀,因此繁重的军政费用开支,成为武汉国民政府沉重的财政负担。

一般来说,解决财政困难最根本的办法是开源节流。在当时,武汉国民政府应当采取的正确措施是恢复和发展生产、鼓励和支持境内进出口贸易,同时实行精兵简政。然而,武汉国民政府的决策者在"开源"的问题上并没有采取轻徭薄赋、休养生息、以利工商业缓慢恢复的怀柔政策,而是采取了"头痛医头、脚痛医脚"的简单增收办法。就这样,武汉国民政府在经济政策的制定上出现了方向性错误。因为在北伐军占领的湘、鄂、赣等省,在北洋军阀统治时代就已经是农村经济凋敝、城市工商业衰落,人民生活在水深火热之中。各省的封建军阀预征钱粮,有的省份甚至预征到十年以后。加上饱经战乱,武汉国民政府辖区内早已财源枯竭、民不聊生。因此在北伐军进驻武汉时,民众对新政权充满了期望,希望武汉国民政府取消一切苛捐杂税。然而,武汉国民政府定都武汉之后,采取借钱派款、加征捐税、发行公债等政策。民众很快发现,武汉政府的各项政策与北洋军阀相比简直有过之而无不及,经历过北洋军阀重重盘剥和战乱之苦的人民,尚未从苛捐杂税的枷锁中解脱出来,又要套上另外一种新的枷锁,人民对新政权的认可度就可想而知了。同时,由于对新政权即将出台的各种政策无法预期,稍有资产的工厂主和商人早已携款潜逃,而剩余继续开工的工厂主和商人亦处于观望之中。整个武汉国民政府时期,尽管政府采取了很多恢复和发展工商业的若干措施,但是武汉地区的工商业始终未能恢复到1926年以前的水平,其中武汉国民政府过重的捐税不能不说是一个重要的原因。

从"节流"方面讲,武汉国民政府似乎没有采取过有效措施。在封建军阀尚未消灭，国内外敌人随时都在企图扼杀国民革命力量的时候，保持一支强大的武装，用以对付敌人，发展革命势力，确实是非常必要的。但是，在武汉国民政府的领导层看来，保持一支强大的武装，就是指拥有人数众多的军队。事实上武装力量的强大与否，固然与军队人数的多寡相关，但更重要的是取决于军队的战术素养和部队的战斗力。然而，武汉国民政府下辖的军队在北伐的进展中，很少在提高军队的战术素养和部队的战斗力上下功夫，而只是在扩充军队人数上做文章，无论是蒋介石、朱培德，还是唐生智、谭延闿，经常在很短的时间内将部队规模扩充至原来的2—3倍。军队的人数固然增加了，但是部队的战斗力却并没有提高，军费却增加了几倍。既然"精兵"从未执行，那么"简政"情况又是如何？事实上，从武汉国民政府在武汉开始正式办公时起，各种机关团体层出不穷，各种开支也名目繁多。从武汉政府的多次会议记录看，政府对各种机关团体的开支绝大多数慷慨应允，很少予以拒绝。导致在"政府费用之外，又加党费。党费之外，又加军费。层层负担，迄至昨年（1926）12月止，每月一切费用，总在四百六十万元左右。……等于从前一年之费，骤然增加二十倍。"① 1926年12月尚且如此，后来，军政费用问题越来越严重。

　　其次，武汉国民政府的经济决策违背了客观经济规律。如果说武汉国民政府在解决自身经济危机过程中没有选择"开源节流、精兵简政"的方针，在当时的政治经济环境之下可以理解的话，那么在制定具体的增收政策的过程中违背客观经济规律的做法就让人费解了。就前面谈到的武汉国民政府在武汉成立中央银行汉口分行并发行钞票一事来说，按照客观经济运行规律银行的钞票发行量要以实际的物质生产为基础，如果生产没有发展，市场上没有足够的商品作保障，随意发行纸币势必会导致物价飞涨、纸币贬值，通货膨胀不可避免，工商业受到打击，人民群众生活受到影响。武汉国民政府中央银行汉口分行的做法就是如此，在没有充足的保证金的前提下，银行便大量地印发纸币，更为可怕的是，所发行的纸币几乎全部被财政部借去，以弥补政府巨额的财政赤字。这样一来，在生产没有恢复的前提下，随意扩大货币的发行量，只会引起物价飞涨、纸币贬值，不仅没有解决财政危机，反而造成了银行的信用危机。

---

① 《湖北民众苦不堪言》，《晨报》1927年1月15日，第6版。

再就《集中现金条例》的颁布与实施来看，本来集中现金被鲍罗廷等人认为是打破中外反动势力经济封锁，巩固武汉金融的一个最大的武器。虽然此政策在表面上一定程度地限制了资金的公开外逃，但是由于此政策违背了货币流通的基本规律，直接威胁到其他银行纸币的信用，因此中外反动势力联合起来对武汉政府进行封锁，最终为武汉国民政府带来了灾难性的后果。武汉地处华中腹地，素有"九省通衢"之称，号称中国的"芝加哥"。20世纪20年代，武汉在国内贸易网络中具有特别的地位，据关册所载，1926年前后"汉埠贸易总额已逾二亿两，关税收入仅次于津沪，而居第三"。但武汉主要是"内地贸易之总汇"，其对外贸易则须借径于上海，与国外鲜直接之关系。金融之缓急，亦主要视上海、天津等埠为转移。[①] 因此维持各银行货币的信用是保持武汉贸易繁荣的重要举措。但是武汉政府的集中现金政策正是破坏了这一点，从而成为中外反动势力干涉、破坏武汉政权的借口。

在获悉武汉当局实施集中现金政策之后，18日上海银行公会紧急通告如下："年来战事频仍，所有本会汉口各分行鉴于时局杌陧，早经逐步收缩。兹据汉讯武汉当局果以命令，宣布一切交易专用中央银行钞票，不用现金。其他各银行钞票强制一律不准兑现，此种捣乱举动显系有意破坏市面。汉口人民既无力抵抗，本会各行公同议决：自即日起，与汉口各行暂行停止往来。其他各埠一律照常。"[②] 从18日上海银行公会的通告可以看出，武汉政府集中现金之所以引起上海银行界强烈反对，并不在于现金之禁止输出，而在于"一切交易专用中央银行钞票"及"其他各银行钞票强制一律不准兑现"两点。因为这两点可能对金融秩序造成严重影响，威胁到相关银行纸币在其他各地的信用。由此看来，事关其他银行的纸币信用才是北京、天津、济南、杭州、奉天等地银行同汉口经济绝交的根本原因。因此集中现金政策实施后，不仅中断了武汉与外埠间仅存的经济联系，使处于封锁和危机中的武汉经济更加孤立，特别是沪汉停兑，对武汉经济的打击更是致命的。而且，由于各银行准备金均被封存，把能兑现的信用纸币变成了不兑换纸币，造成"一纸风行，现金绝迹"的混乱局面，三行纸币币信全失，给社会经济生活带来了极大的冲击。这不能不说是，《现金集中条例》违背了纸币流通的客观规律，从而使纸币信用全无，最

---

① 谦益：《论汉口之金融封锁》，《钱业月报》1927年第6号。
② 《上海银行公会全体会员银行紧要公告》，《银行周报》1927年第14号。

终所发之纸币全部变成废纸。

2. 武汉国民政府的资源整合能力过于羸弱

首先，武汉国民政府政治资源整合能力过于软弱。武汉国民政府政治资源整合能力软弱，表现在对待蒋介石集团的斗争上。在"迁都之争"过程中，鲍罗廷秉承共产国际的指示，通过发动民众大造舆论、通过与蒋谈话敲山震虎、通过在汉国民党左派对蒋好言相劝等措施，迫使蒋介石放弃定都南昌的决定。这主要是由于联共（布）在 1927 年 1 月 13 日发给鲍罗廷的指示中说："即赴南昌说服蒋介石，要他相信他的建议是不恰当的。您应该同能够影响蒋介石的中央委员和国民政府成员一起去。在您到达南昌前先告诉蒋，说汪精卫不去，这可以减轻他对武汉的担心。作为妥协，可以同意总司令本人和总司令部因前线关系驻在南昌，但国民政府和中央则驻在武汉。"① 正因为共产国际主张对蒋介石达成妥协，所以武汉国民政府在反对蒋介石的"迁都之争"中并没有取得彻底的胜利。

武汉国民政府政治上的软弱，使得蒋介石在今后的各种政治活动中更加有恃无恐。在北伐军进驻上海之前，鲍罗廷一再警告蒋介石不要亲自进驻上海，否则会使形势更加复杂。但是蒋介石置若罔闻，不但在 1927 年 3 月 26 日兼程奔赴上海，而且到上海后置武汉国民政府的各种命令之不顾，擅自作出种种分裂革命阵营的反政府举动。主要包括：置武汉国民政府《统一财政决议案》和通令之不顾，在上海私自成立江苏兼上海财政委员会，并任命陈其采为代理主任；置武汉国民政府《统一外交决议案》之不顾，在上海擅自委任郭泰祺为上海交涉员，派遣戴季陶赴日等。针对蒋介石的各种违背国民政府各项规定的反政府行为，鲍罗廷和武汉国民政府拿不出有效的制裁方法，通常只是向蒋发一封措辞严厉的电报草草了事。而蒋介石依旧我行我素，直到最后撕破脸皮公然背叛革命。

其次，武汉国民政府经济资源整合能力十分软弱。国民政府经济资源整合能力软弱表现在对政府各项经济政策的执行上。撇开政府经济决策的科学与否不谈，作为一个高效的政府，应该做到令行禁止、政令畅通。但是就武汉国民政府而言，能够做到令行禁止简直是天方夜谭。例如，为了统一财政，国民政府曾下令各地驻军不能就地抽捐派钱，所有军饷均由总司令部统一发放。但是政府的命令无法得到有效的执行，因为国民革命军

---

① 《1927 年 1 月 9 日征询政治局委员意见》，《联共（布）政治局秘密会议第 78 号（特字第 59 号）记录》，载《联共（布）、共产国际与中国国民革命运动（1926—1927）》（下），第 66 页。

中许多高级将领，原来就是地方上的大小军阀，他们视实力如生命，为了军费开支，放任军队在住地截留税收，到处搜刮，经常挑起军队与农民的矛盾。又如，在没收逆产方面，武汉国民政府本来有详细的指导政策，对逆产的对象和范围均作了明确界定。但是在执行的过程中，政府的政策难以得到准确地贯彻执行，同一财产一会说逆，一会不逆；同一财产一会没收，一会返还等等，在执行过程中出现混乱。同时，在清查逆产的过程中，有少数人并没有将清查的逆产或所得的好处上交财政部，而是装进了自己的腰包。据悉，在陈铭枢当逆产清理处长时，有许多应该查对的，得着钱就放过去了。又如，国民政府针对各军将军队和行政机关的收支款存放其他银行作出决议，要求各军队、各行政机关将所有款项均存放中央银行，不得与他行往来。但是在实际执行过程中，真正将存款转移至中央银行的为数极少，究其原因，少数军官为他行的高额利息所吸引。

3. 中外反动势力联合绞杀

武汉国民政府自诞生以来就受到中外反动势力的仇视，无论是在政治上，还是在经济上，中外反动势力想方设法、伺机破坏。尽管武汉国民政府经济政策的最终失败不能完全归结中外反动势力的联合绞杀，但是这至少是导致武汉国民政府走向崩溃的一个重要原因。

首先，中外反动势力极力破坏武汉政府各项经济政策的实施。例如，在现金集中政策实施后，中外反动势力借国民政府禁止现金出口大做文章。当时中外新闻媒体亦在广泛宣传苏俄代表与亲苏之国民党人正在武汉建立一个共产政府。[①] 对武汉当局推行的"集中现金"措施，许多人认为是借此名而"实行共产派将银行收回国有之第一步"，"最后必然会将各行现金强行没收"。[②] 晨报甚至称武汉政府不仅将在汉银行现金一概没收，私人现金亦被扣留没收。[③] 这些不确消息的散布，显然是别有用心的。另外，在苏联远东银行被查封的问题上，这显然是中外反动势力联合绞杀武汉政权的"杰作"。在《集中现金条例》实施后，沪汉汇兑停止，武汉对外经济联系中断，战时经济委员会针对沪汉停兑及其带来的严重后果，决定成立财政部金融讨论会，金融讨论会第一次会议便是讨论沪汉商汇问题，议决由该会暂行办理汇兑，中外商人在沪在汉采办货物需要现银或现洋，由

---

① Vincent Sheean, Personal History (New York: The Modern Library Inc., 1940), p.220.
② 《市面缺乏铜元》，《银行月刊》1927年第6号。
③ 《汉政府没收私人现金》，《晨报》1927年4月24日。转引自《史料外编》(22)，第257页。

第三章　共产国际对武汉国民政府经济政策和策略的影响　　159

汉口金融讨论会指定之汇兑机关如期照兑现款。[①] 当时鲍罗廷计划是由汉口中央银行汇款至苏联远东银行上海分行充作汇兑基金，由远东银行代为划付。[②] 后来武汉国民政府将一部分封存的现金秘密运到上海，以作疏通外汇之用。然而，7月15日，中国警察在搜检远东银行之后，由上海临时法院下令将该行封闭，租界工部局仅表示此举"当系奉中国当局之要求"，他们无任何责任。[③] 同时，江海关监督俞飞鹏致函钱业公会，要求其转知各钱号，迅将与远东银行上海分行往来数目列报并将存款扣留，如有隐匿及以后再代汇款至汉，定予究办。[④] 国民革命军警备队司令杨虎亦发密电给上海银钱两公会，要求所有该行与各处来往存款，一律暂停支付。钱业公会会长秦润卿即批示"遵令通告同业"。[⑤] 就这样，武汉国民政府仅存的一点希望也被中外反动势力扼杀了。

其次，中外反动势力联合对武汉国民政府进行经济封锁。第一，中外反动实力对武汉政府进行交通封锁。自开始北伐以来，京汉铁路一直被张作霖、吴佩孚堵断。尽管武汉政府作出多种努力，武汉与华北、京津的联系始终未能打通，到第二次北伐以后，京汉铁路向北最远也只能通到郑州。到了1927年4月，随着广东和湖南反革命事件的发生，粤汉铁路不能畅通，武汉与湖南和两广的经济来往被中断了。在长江航运线上，当北伐军进攻至长江流域时，沪汉交通完全由外国公司把持，他们凭借对长江航运的垄断地位，借机抬价，经常向武汉国民政府提出一些无理的要求。如1927年4月20日左右，上海的中共中央在迁往武汉的途中，外国轮船大肆敲诈。据陆定一当时身边工作人员陈清泉在《在中共高层50年——陆定一传奇人生》一书中写道："陆定一他们乘的是英商怡和公司的轮船。这些外国轮船公司乘机大敲竹杠，一张统舱票竟卖到45块银元，顶上普通职员两三个月的薪水。"[⑥] 蒋介石叛变革命后，蒋与帝国主义相互配合，封锁长江。自四川军阀刘湘、杨森公开反共后，夏斗寅起兵叛乱，武汉与

[①] 《武汉国民政府集中现金经过概况》（1927年3月—1928年12月），载《武汉国民政府史料》，第404页。

[②] 《汉口中央银行停兑之外讯》，《钱业月报》1927年第4号。

[③] 《上海远东银行被封》，《银行月刊》1927年第7号。

[④] 《上海钱商业同业公会档案》，上档，S174-1-68，第17页。

[⑤] 同上书，第18页。转引自冯筱才《自杀抑他杀：1927年武汉国民政府集中现金条例的颁布与实施》，《近代史研究》2003年第4期。

[⑥] 陈清泉：《在中共高层50年——陆定一传奇人生》，人民出版社2006年版，第8页。

长江上游的交通彻底断绝，经济关系完全中断。

第二，中外反动势力对武汉政府进行资金封锁。武汉国民政府成立后，上海和天津等地的国外银行停止了向武汉放款的金融业务，不断催逼在汉的业务部门和商号缴还欠款，催收的货币额达数千万元。在汉的外国银行更是大量吸收存款，套走现金。随着北伐战争的进展和民众运动的高涨，工潮运动此起彼伏，在汉的各家银行纷纷卷走资金，关门歇业。"四·一二"事变后，蒋介石集团同帝国主义相勾结，更是加强了对武汉国民政府的资金封锁。武汉国民政府1927年4月18日实行《现金集中条例》之后，引起了上海银行家的恐慌，上海银行界对蒋介石寄予厚望。上海银行公会致蒋电云："查钞票流通市面，赖现金准备，维持信用。今武汉当局查封各行库存，停止兑现，推其用意，无非强吸收各行现金供给政府需用。一面滥发无准备之中央银行钞票，破坏金融，贻害社会，显系实行赤俄共产政策。流弊所及，将使滥钞永无整理之望。人民生计剥削无余，军政饷需同归断绝。在汉各行处于非法势力之下，无可抵制。敝会各行为保全金融大局，维持人民生计起见，即日停止武汉往来，以与隔绝。[①]"而蒋介石也没有辜负其他反动分子的厚望，1927年4月20日，在南京政府的军事会议上，蒋介石曾自信地表示："武汉共产派分子，实仅虚张声势，无甚实力。宁沪方面断其财源，足制该派死命，预料两星期内，可屈服武汉系。"[②]虽然只是蒋介石鼓舞士气的话，但是凭借他与宁沪金融界达成的反共协议，固然让银钱界或者其他行业的商人与武汉完全断绝经济往来不可能做到，但是让银钱界对武汉国民政府实行资金封锁则完全达到了目的。

[①] 《上海银行公会致蒋中正巧电》，载《特交档案：一般资料》（第22册），"蒋介石档案"，第160489号。

[②] 《为求革命成功须将全国共产党除灭》，《顺天时报》1927年4月23日。转引自《史料外编》（22），第248页。

第四章　共产国际对武汉国民政府军事政策和策略的影响

军事斗争是国民政府最主要的组成部分之一，探讨共产国际在国民政府军事斗争的政策和策略中的作用，历来是学术界关注的焦点。就武汉国民政府而言，由于它是在北伐进入高潮时成立起来的，因此共产国际对北伐战争的政策策略，势必对武汉国民政府时期的军事政策构成影响。学术界尽管对北伐过程中共产国际及其代表的作用进行过一定研究，但是对有些问题较少涉及，如共产国际在北伐发动问题上持反对态度的深层原因、共产国际对国民军的援助以及对北伐的影响、共产国际对第二期北伐决策的影响等。本书拟对上述问题，作一个粗浅的探讨。

一　共产国际与国民政府的北伐

1926年开始的北伐战争，是在国共合作的统一战线领导下进行的，在半年多的时间内取得了巨大的胜利，使革命从珠江流域迅速推进至长江流域，促进了国民革命向更深更广领域的发展，同时北伐的胜利改变了统一战线内部力量的对比，蒋介石的军事实力和政治地位得到了增强。在北伐战争这个重要问题上，中共的直接领导联共（布）、共产国际的态度如何？这种态度在随后北伐高潮时期对武汉国民政府有何影响？共产国际对国民军的援助对北伐有何影响？本书将利用有关档案资料，对共产国际与北伐的关系进行进一步梳理。

（一）共产国际、中共对北伐态度的演变

总体来说，共产国际对国民政府组织的北伐战争的态度，经历了一个从坚决反对到有条件支持再到全力支持的全过程。在这个过程中，中国的客观实际、共产国际驻华代表和中共关于北伐的态度对共产国际态度的转

变起了重要作用。

1. 共产国际关于北伐态度的演变

俄共（布）给中国广州革命政府派遣的军事总顾问加伦将军自到达中国开始对北伐高度关注，他认为进行北伐必须具备两个先决条件，一是有巩固的革命根据地，二是广东邻省出现有利北伐的形势，否则，北伐难以成功。广州国民政府正式成立后，东江陈炯明和南路邓本殷两股叛军的被肃清指日可待，广东全境基本平定。1925年9月中旬，加伦根据形势的变化，在回国养病途经张家口时，制定了《今后南方工作展望或曰1926年国民党军事规划》。在规划中，加伦指出，现在"要及时向北扩展国民党的势力范围，让国民党登上华中政治舞台，也就是说，应当及时将政治工作中心从广东移到以汉口为中心的长江流域。为国民革命运动着想，现在重新提出北伐和进军长江的主张，不仅是现实的，而且是必要的……这次北伐于1926年下半年初即可开始"。[①] 加伦科学地分析了广州政府的军事、财政情况，并将其与各派军阀的力量进行了对比，而且对于江西、湖南、广西、贵州、四川等省的政局进行了剖析，预测了北伐的进程和可能遇到的困难，他充满信心地表示："凡此种种，归根结底，使北伐成功变得无可争议。国民党进抵长江并占领汉口，使国民党得以占据国内的一个工业中心，这将是对国民革命运动的促进，并由此引起整个时局的突变，这样，北伐对于中国国民革命运动的种种好处，在目前甚至是难以估量的。"[②] 同时，加伦在规划中认为，"北伐要取得成功，还必须争取国民军对北伐采取应有的态度"。并且需要苏联"在武器装备方面给予必要地支持"。[③]

但是，共产国际和联共（布）政治局在北伐问题上持坚决的反对态度。从1925年12月到1926年5月，联共（布）中央政治局多次作出决议，分别通过驻华大使加拉罕、共产国际远东局等途径，不止一次阻止广州国民政府出师北伐。1925年12月3日，俄共（布）中央政治局根据斯大林的指示，"认为广州拟议中的北伐在目前时刻是不能容许的。建议广

---

① Blucher's "Grand Plan" of 1926, Jan J. Solecki; C. Martin Wilbur, *The China Quarterly*, No. 35. (Jul.-Sep., 1968), p.26.

② Ibid., p.33.

③ Ibid., pp.33-34.

州人将自己的精力集中在内部的巩固上"①。1926年4月1日，联共（布）中央政治局再次提出："广州不应提出占领广州以外新地区的目标，而应在现阶段把注意力集中在内部工作上。"同时"建议国民党中央大力加强国民军中的工作"。②并进一步指出："广州政府应当通过实行土地、财政、行政管理和政治方面的改革，通过吸引广大民众参与华南共和国的政治生活和通过加强它的内部防卫能力，把自己的全部力量集中在共和国的内部巩固上。广州政府在目前这个时期应该坚决放弃进行进攻性军事远征的想法和那些可能促使帝国主义者走上军事干涉道路的行动。"③ 4月3日，苏联驻华大使加拉罕收到联共（布）的指示后，回电报指出"决定不适于我所提到的具体情况"。

在得知加拉罕的电报内容之后，联共（布）政治局大为恼火，于4月15日讨论加拉罕的建议，并发出了一封措辞严厉的电报："①中央最近关于不希望广州军队在广州以外进行军事远征而要把广州的力量集中在巩固内部政权以及军队工作上的指示应当不折不扣地执行。②在加拉罕同志第242号电报中发现有绕开这个指示的企图，要向加拉罕同志指出，不允许有直接或间接违背中央指示的行为。③一旦迫切需要在广州以外进行军事远征，这种行动只有取得中央同意方可进行。"④

1926年4月，联共（布）领导人相继收到回到国内的苏联驻广州顾问团原团长季山嘉、副团长罗加乔夫等关于"中山舰事件"的汇报，了解到中国的一些情况后，联共（布）中央领导人对广州国民政府北伐的态度有所改变。5月6日，联共（布）政治局作出如下决定："①中央过去认为、现在仍认为不能分散广州的军事力量。②鉴于目前出现的情况，认为可以派遣一支规模不大的远征军去保卫通往广东的要道——湖南省，但不能让

---

① 《俄共（布）中央政治局会议第93号（特字第72号）记录》，载《联共（布）、共产国际与中国国民革命运动（1920—1925）》，第742页。

② 《联共（布）中央政治局会议第18号（特字第13号）记录》，载《联共（布）、共产国际与中国国民革命运动（1926—1927）》（上），第191页。

③ 《我们对中国和日本的政策问题》，载《联共（布）、共产国际与中国国民革命运动（1926—1927）》（上），第198页。

④ 《1926年4月5日征询政治局委员意见》，《联共（布）中央政治局会议第20号（特字第14号）记录》，载《联共（布）、共产国际与中国国民革命运动（1926—1927）》（上），第202—203页。

军队扩展到该省疆界之外。"① 但当联共（布）中央政治局于 5 月 17 日收到布勃诺夫使团关于中国情况的总报告后，反对北伐的态度又强硬起来。5 月 20 日联共（布）政治局作出决定："责成广州同志保证实行政治局不止一次重申的坚决谴责在目前进行北伐或准备北伐的指示。"②

1926 年 8 月 5 日，随着北伐战争已经开始，而且战事进展顺利，苏联已经意识到单纯地阻止广州国民政府出兵已经毫无意义。联共（布）中央政治局会议作出决定："建议中国委员会重新审议所谓北伐问题，搜集一切必要的材料，供政治局研究。责成鲍罗廷、加伦和维经斯基同志向政治局提交尽可能准确的与北伐有关的广州在军事方面的情况通报，并请国民党中央阐述其在所谓北伐问题上的动机和想法。"③ 同时联共（布）中央政治局开始积极介入北伐战争。为减轻北伐军的作战压力，联共（布）中央政治局开始积极援助冯玉祥，帮助西北国民军开辟北伐第二战场，尽量拖住吴佩孚的主力。同时为避免北伐军多方作战，加之冯玉祥领导的国民军在 8 月中旬被奉系军队打败，致使北方形势再度恶化，9 月 2 日，联共（布）中央政治局会议"建议广州国民政府与孙传芳达成协议，同时试探和张作霖达成互不侵犯的协议"④。北伐军进占汉阳之后，联共（布）中央政治局担心北伐军会马上与张作霖发生冲突，导致已经取得的胜利果实丧失，于是发出指示，指出"广州同张作霖进行谈判是合适的，同时提醒广州防止卷入与广州政府的资源和力量不相适应的军事行动的危险。向广州指出必须采取措施来加强自己在已占省份的政治地位"⑤。至此，苏联、共产国际完成了对北伐从坚决反对到积极支持的转变。

2. 中共对待北伐的态度摇摆与共产国际远东局

中国共产党本来也是支持北伐的。孙中山病逝后，共产党人多次强调

---

① 《联共（布）中央政治局会议第 23 号（特字第 17 号）记录》，载《联共（布）、共产国际与中国国民革命运动（1926—1927）》（上），第 241 页。

② 《联共（布）中央政治局会议第 27 号（特字第 21 号）记录》，载《联共（布）、共产国际与中国国民革命运动（1926—1927）》（上），第 268 页。

③ 《联共（布）中央政治局会议第 45 号（特字第 33 号）记录》，载《联共（布）、共产国际与中国国民革命运动（1926—1927）》（上），第 367 页。

④ 《联共（布）中央政治局会议第 50 号（特字第 38 号）记录》，载《联共（布）、共产国际与中国国民革命运动（1926—1927）》（上），第 429 页。

⑤ 《联共（布）中央政治局会议第 53 号（特字第 44 号）记录》，载《联共（布）、共产国际与中国国民革命运动（1926—1927）》（上），第 505 页。

巩固广东革命根据地作为出师北伐的基地有重要意义。如 1925 年 12 月，中共广东区党团组织在《告广东民众》中明确号召"广东革命的民众既已获得广东的政权，必须更利用此政权以与全国革命民众携手，打倒卖国的段政府，不让军阀重新凝固其势力"。①

1926 年 2 月 10 日，《向导》周报第 145 期刊出《中国共产党中国共产主义青年团为吴佩孚联奉进攻国民军事告全国民众》一文，号召民众支持国民军的行动。1926 年 2 月 21 至 24 日，中共中央在北京召开特别会议。在《关于现时政局与共产党的主要职任议决案》和《国民党工作问题》中，在分析"五卅"运动以来的政治军事形势后，明确提出了支持北伐的主张，并认为这是当前第一等重要的工作。会议指出："本党现时最主要的职任，实在是各方面的准备广州国民革命势力的往北发展，亦就是加紧的在农民之中工作，尤其是在北伐的过程上，以建筑工农革命联合的基础，而达到国民革命的全国范围内的胜利。"② 3 月 14 日，在陈独秀主持下，中共中央向全党发出《中央通告第七十九号》，专门就北京特别会议的决议作出解释，明确指出："党在现时政治上主要的职任是从各方面准备广东政府的北伐；而北伐的政纲必须是以解决农民问题作主干。""广东政府也只有向外发展的北伐，煽动全国反帝国主义的暴动，才能增强自己的声威，才能维持自己的存在，否则必为反动势力所包围而陷落。"③ 这表明了中共对北伐的明确支持态度。

1926 年 3 月，陈独秀会见布勃诺夫时，"非常热心地谈到，国民革命军必须立即出师北伐"，并认为国民政府"如能粉碎吴佩孚，就能赢得政治上的大胜利"。④ 1926 年 5 月 12 日，《中国第三次全国劳动大会宣言》中提出的口号是："拥护广州国民政府北伐，打倒一切帝国主义及其走狗奉直军阀！" 1926 年 6 月 4 日，陈独秀在给蒋介石的一封信中又谈到了自己对北伐的看法，信中说："我以为要乘吴佩孚势力尚未稳固时，加以打击，否则他将南伐，广东更没有积聚实力之可能，为此我曾有四电一函给

---

① 《告广东民众!》，载《广东区党、团研究史料（1921—1926）》，第 192—193 页。
② 《关于现时政局与共产党的主要职任议决案》，载《中共中央文件选集》（第 2 册），第 57 页。
③ 《中央通告第七十九号——关于二月北京特别会议》，载《中共中央文件选集》（第 2 册），第 81 页。
④ [苏] 亚·伊·切列潘诺夫：《中国国民革命军的北伐——一个驻华军事顾问的札记（1926—1927）》，中国社会科学出版社 1981 年版，第 379 页。

先生及精卫先生,最近还有一函给先生详陈此计。"①

4月29日,联共(布)中央政治局召开会议,决定在上海成立共产国际远东局。成员包括:维经斯基、拉菲斯、格列尔、福京以及中国、朝鲜、日本三国的共产党代表。从其后远东局会议的记录来看,中共代表应该是陈独秀和瞿秋白。远东局的核心是它的俄国代表团,代表团在5月下旬赴华,6月5日到达哈尔滨,短暂停留后于6月11日之前到达北京,并于6月18日到达上海,正式开始工作。当发现中国共产党对北伐所持态度与莫斯科不一致,维经斯基等人来华后的第一件事情,就是力图改变共产党人对北伐的态度。

维经斯基于1926年6月11日立即写信向莫斯科汇报:"关于北伐问题,尽管莫斯科作了各种指示,但在这里仍然是一个十分迫切的问题。我还不能准确地说,中央的情绪怎样,但这里的同志们坚定不移地主张进行北伐。看来必须就此问题同中央认真地谈一谈。"② 6月21日,远东局俄国代表团举行具体讨论中国革命问题的第一次会议。会议在北伐问题上采纳维经斯基拟定的方针,"认为在广州内部业已形成的形势下举行北伐是有害的"。③ 后来,维经斯基在致加拉罕的信中指出,"中央和陈现在都不主张进行北伐,虽然据说他们在一个半月前曾坚决主张进行北伐。这种认识我是在没有太大的争论的仅仅一个小时的交谈之后得到的"。因为广州的整个形势就是围绕着北伐进行的,在这种内部问题尚未解决的情况下,"北伐必然遭到失败"。④ 就在此时,张国焘、瞿秋白为首的中共中央代表团从广州返回,在听取有关报告以后,中共中央"总的情绪"还是"主张进行北伐","认为这是使广州摆脱内外威胁的唯一出路"。

1926年6月30日,维经斯基与陈独秀、瞿秋白等举行远东局会议,就北伐问题"长时间交换意见"。维经斯基对中共中央的同志作以下评价:

---

① 陈独秀:《给蒋介石的一封信》,《向导》1926年第157期。
② 《致皮亚特尼茨基同志、共产国际执委会俄国代表团》,载《联共(布)、共产国际与中国国民革命运动(1926—1927)》(上),第303页。
③ 《共产国际执行委员会远东局俄国代表团会议第2号记录》,载《联共(布)、共产国际与中国国民革命运动(1926—1927)》(上),第307页。
④ 《维经斯基给加拉罕的信》,载《联共(布)、共产国际与中国国民革命运动(1926—1927)》(上),第309页。

在北伐问题上中共中央存在着两派,一派是少数,认为北伐是拯救广州的唯一办法;另一派理解北伐对广州的严重危害性,在"三·二〇"事件的影响下现在反对北伐。其实,中共内部存在着不同的意见是陈独秀在6月4日给蒋介石的信中"交代"过的。而瞿秋白等其他中央领导同志对陈独秀将中共内部的不同观点公开于世是不满意的。陈独秀说,他打算以自己的名义就北伐问题给共产国际执委会拍一个电报。"此举博得一致赞同"。会议最后决定:给共产国际执委会拍电报,不提上述评价,而要指出:"现在在中央内部一致主张进行北伐,以使广州摆脱内外威胁。"当然这并不代表维经斯基的观点。

7月1日写给联共(布)驻共产国际执委会代表团核心小组的电报中说:在北伐的问题上,中央的态度一度"摇摆不定"。但最近随着张国焘和彭述之组成的调查广州"三·二〇"事件的代表团从广州返回,"中央委员总的情绪又主张进行北伐",认为这是使广州摆脱内外威胁的唯一出路。同时,维经斯基仍坚持自己原来反对北伐的观点。他认为尽管广东和邻省的工作都以"准备进行北伐这场革命进攻战的名义进行的","要反对这种情绪将是极其困难的"。但是,考虑到对政治形势的总的评价,"我们认为把我们的政策同北伐联系起来是极端错误的,不切实际的。广州(应当)采取防御立场,集中精力于内部的巩固和同邻省的密切关系上,以便建立南方的联邦"。[1]

7月6日,维经斯基告诉加拉罕,"对于北伐,现在中央采取了广州的防御立场而不是北上以使全国革命化的立场。最近两周来的事实要比我们提出的所有理由都更加向我们的同志证明,广州确实受到威胁,出现保卫它的问题"[2]。也正是有维经斯基等人的影响,7月中旬召开的中共中央扩大执委会会议指出:"南方国民政府之出兵,亦尚只能是防御反赤军攻入湘粤的防御战,而不是真正革命势力充实的彻底北伐"。[3] 后来,远东局成员之一的拉菲斯报告远东局的工作时证实:在北伐的问题上,"经过了与

---

[1]《维经斯基给联共(布)驻共产国际执行委员会核心小组的电报》,载《联共(布)、共产国际与中国国民革命运动(1926—1927)》(上),第322页。

[2]《维经斯基给加拉罕的信》,载《联共(布)、共产国际与中国国民革命运动(1926—1927)》(上),第309页。

[3]《中央政治报告》,载《中共中央文件选集》(第2册),第165页。

中央的长期摩擦"后,"中央被迫放弃了自己的立场。"①

7月7日,《向导》第161期以陈独秀的名义发表《论国民政府之北伐》一文。改变了其本人及中共中央在北伐宣传上的一贯口径。在此文中,陈独秀首先指明北伐的意义,是"南方的革命势力向北发展,讨伐北洋军阀的一种军事行动,而不能代表中国民族革命之全部意义",因为在国民政府内部的政治状况上,在整个的国民政府的实力上,在国民政府所属军队之战斗力以及革命的意识上,"都可以看出革命的北伐时期尚未成熟"。文章的结论就是:"现时国民政府的职任,已经不是北伐而是'防御战争',广东民众的口号,也已经不是北伐而是'防御战争',全国民众的口号,也已经不是响应北伐而是'拥护革命根据地广东'。"② 很显然,文章对业已发动的北伐所持的态度是消极的。

为什么在北伐已经开始之后,陈独秀突然公开了自己反对北伐的观点? 这中间有一段不为人知的秘密,即文章体现的是以维经斯基为首的远东局的意志。

1926年8月16日,维经斯基等远东局成员与鲍罗廷在广州举行联席会议讨论北伐态度问题时,鲍罗廷对这篇文章提出批评,指责说"从陈独秀的文章中可以得出,我们不支持北伐,而只是批评北伐",维经斯基予以反驳说:"在陈独秀的文章中所表述的中央的方针在政治上是完全正确的(陈的文章是在与我们长时间交谈后写成的),这个方针阐述了党对北伐的唯一正确的立场"。拉菲斯也说,"陈独秀的文章对于我党具有重大政治意义,在北伐问题上它使党的注意力转到内部反革命的危险上。"③ 9月12日,维经斯基等在向莫斯科的正式报告中也明白写道:"陈独秀在党刊《向导》周报上发表的一篇文章(文章的基调是由远东局和中央共同拟定的)。文章反对北伐的整个进攻思想,把注意力转到对广东构成威胁的一些危险上,而这些危险来自于正在向农民发起攻势的内部反革命势力。"④

---

① 《拉菲斯关于共产国际执行委员会远东局工作的报告》,载《联共(布)、共产国际与中国国民革命运动(1926—1927)》(下),第34页。
② 《陈独秀著作选读》(第2卷),上海人民出版社1994年版,第1088—1090页。
③ 《共产国际执行委员会远东局委员会与鲍罗廷会议记录》,载《联共(布)、共产国际与中国国民革命运动(1926—1927)》(上),第388—393页。
④ 《共产国际执行委员会远东局使团关于对广州政治关系和党派关系调查结果的报告》,载《联共(布)、共产国际与中国国民革命运动(1926—1927)》(上),第472—473页。

9月20日的中共中央局报告在支持北伐的前提下,提出了与陈独秀文章观点极其相似的"我们对于北伐的态度":"(1)北伐的意义是南方革命势力向北发展讨伐北洋军阀的一种军事行动,而不能代表中国民族革命的全部意义;这种军事行动只是促进军阀政治的破坏,开展民众运动的局面,我们不能引导民众对于北伐存过高的希望,有坐待北伐军来解放的幻想。(2)北伐当中须防止投机的军人政客权位欲的活动,不可因北伐而牺牲民众的自由与利益。"报告提出北伐中我们的政治口号:"仍旧主张国民会议是解决中国问题的道路",我们不梦想此次北伐军事胜利就是一种革命,就能实现"接收政权的国民会议"。根据以上态度和口号,所以我们"不应当空洞的向民众,尤其是北方民众宣传北伐,指望北伐,而是宣传北伐中我们应做些什么,不说北伐军如何如何好,而说北伐军应该如何如何"。①

由此可见,中共中央由开始坚决支持北伐,到反对北伐,再到后来消极支持北伐,共产国际远东局和鲍罗廷起了至关重要的作用。在维经斯基的努力劝说下和鲍罗廷自以为是对北伐结果的预测后,中共中央接受了共产国际"防御战争"的主张,对北伐战争采取消极的态度。在第三次扩大会议上没有强调和解决如何参加北伐的军事斗争,利用军事胜利的有利条件发展自己。不仅如此,直到国民党二届三中全会,中共中央没有一个明确的对待蒋介石的方针,因此当北伐进入高潮时,中共中央反复提出"汪蒋合作""汪蒋平衡""迎汪扶唐抑蒋"等政治方案,但最终遭到了失败。

3. 苏联、共产国际坚决反对北伐的深层原因。

(1)苏联面临的国际国内形势的发展变化。首先,在欧洲出现了反苏同盟。20世纪20年代中期,西方国家为调整西欧各国关系并在政治上扶植德国,1925年10月5日至16日,英国、法国、德国、比利时、意大利、波兰、捷克斯洛伐克在瑞士洛迦诺举行会议。12月1日,德国和法国、比利时签署了关于德法和德比边界不可侵犯以及保持莱茵地区非军事化的洛迦诺协定,为德国向东扩张打开了方便之门。联共(布)领导人认为,洛迦诺协定旨在建立吸收德国参加的反苏联盟。因此,这是苏联非常不愿意看到和极力反对的。其次,日本在远东的扩张气势汹汹。1925年12月,日本出兵干涉郭松龄反奉,张作霖被迫同日本签订"日张密约",

————————
① 《中共中央政治报告选辑(1922—1926)》,第79—81页。

致使苏联领导人曾寄予厚望的反奉战争迅速失败。1926年1月在中东铁路上发生的尖锐冲突是北方反动派在日本指使下发生的,这次冲突是因中国军事指挥部擅自拦截向南方运送军队的机车,逮捕以铁路局长伊万诺夫为首的苏联铁路员工和实施其他暴行而引发的。同年春日军舰队炮轰大沽口、奉直联军对国民军发起进攻等事件,使得联共(布)领导人对日本在中国北方乃至苏联远东地区扩张的野心有所担忧。最后,国际反苏呼声高涨。伴随着对冯玉祥的国民军采取的军事行动,而苏联又对国民军积极予以支持,直接威胁到列强在华利益,尤其是以英、日为甚,因此列强对苏联持强烈的反对态度。外国报纸和保守的中国报纸掀起了一场反共反苏宣传运动。在华出版的外国报纸公然讨论列强军事干涉问题,而且还要求苏联从中国召回其大使加拉罕。苏、英关系也紧张起来。同时3月18日在北京由共产党人和国民党人组织的反帝示威游行遭到镇压,而支持北京政府的正是英帝国主义,在北京的共产党人领袖和国民党左派首领不得不转入地下。在很长时期内警察镇压制度笼罩着北方。苏联领导人认为,这些事件是帝国主义列强反对中国革命力量统一战线形成的标志。

苏联总的国际处境,特别是英苏关系的紧张,包括因苏联积极参与中国事务而出现的紧张关系,引起了苏联领导人的严重不安。莫斯科担心帝国主义国家会结成一个国际反苏联盟,苏联将面临帝国主义的威胁,因此继续实行在大国间"加楔子"的政策。在远东则实行同日本千方百计改善关系的方针。因此,1926年4月的联共(布)中央政治局会议认为:"由于欧洲出现某种稳定,签订洛迦诺协定和特别是帝国主义者全面提出中国问题,国际局势变得非常严峻。国内局势在最近一个时期由于国民军的失败和撤退也恶化了。在这种情况下,中国的主导革命力量,尤其是苏维埃国家,应尽一切努力阻止帝国主义建立反华统一战线,……必须设法争取在这里有一个喘息的机会。……也就是实际上容忍南满在最近一个时期留在日本手中。"[①] 显然,此时发动有可能引起帝国主义干涉和进攻北伐,不符合苏联"喘息"的方针。在苏联国内,联共(布)中央内部斗争加剧,出现了以托洛茨基、季诺维也夫、加米涅夫为首的"新反对派",在许多对内对外政策上反对斯大林为首的多数派,中国问题第一次成了他们反对

---

① 《我们对中国和日本的政策问题》,载《联共(布)、共产国际与中国国民革命运动(1926—1927)》(上),第194页。

斯大林多数派的焦点问题。① 因而,斯大林等人不希望马上面临国民革命军北伐的重大问题。

(2) 中国革命面临的国际国内形势的发展变化。首先,国民军的失败让苏联重新考虑其对华政策。1925 年,苏联领导人曾把赌注下在以冯玉祥为支柱的北方军政事件上,因此对国民军给予了大量的援助,他们寄希望于国民军占领北京改组北京政府,没有指望国民党独立建立政府。1925 年 12 月,联共(布)中央政治局会议指出:"我们认为目前不可能有清一色的国民党政府。……在我们看来,北京政府应当是有冯玉祥、国民党人和其他或多或少温和派参加的联合政府。"② 显然,在这个方针指导下,南方的国民党人所做的只能是参加冯玉祥的北京政府,通过政治会议完成革命事业。因此,苏联是不主张北伐的。上述方针破产后,苏联把全部希望转向了广州国民政府。在他们看来,在北方的国民军遭受严重失败的时候,广州的稳定与巩固是至关重要的。一旦广州国民政府贸然北伐,所遭到的失败将是苏联在华的所有失败。

其次,广州国民政府与北洋军阀的力量对比使联共(布)领导人感到悲观。一方面,苏联、共产国际认为国民革命军无论是在军队的数量上还是在物资装备上与华中、华东地区的军阀相比处于绝对劣势。当时,国民革命军军队总人数约八万人,真正用来北伐作战的大概不过五万,而湘赣两省的兵力用来对付广州的就有六万多人,加上湖北、江苏等省支援湘赣的部队至少有三万人,这样敌人的军队在人数上几乎是国民革命军的两倍。华中、华东的军阀经过多年的经营,并且有英国等帝国主义的支持,武器装备较好,而国民革命军成立时间短,装备较差。同时存在着张作霖、张宗昌等与其结盟共同对付国民革命军的危险。由于考虑到敌众我寡有可能导致北伐军失败,以至于失去广州这个中国革命的临时桥头堡,联共(布)领导人不希望广州国民政府北伐。"斯大林当时不相信蒋中正的本领及其军队在中国全国范围内取得的胜利……这样一来,斯大林一方面充当像国民党和中国共产党这样的中国政治力量的唯一真实的盟友,而另一方面又不相信它们的成就,起码在最近时

---

① 《联共(布)、共产国际与中国国民革命运动(1926—1927)》(上),第 4 页。
② 《俄共(布)中央政治局会议第 93 号(特字第 72 号)记录》,载《联共(布)、共产国际与中国国民革命运动(1920—1925)》,第 742 页。

间最近年月里是不相信的。"① 另一方面，在中国几乎每个北洋军阀都有帝国主义在他们后面支持，出师北伐势必会危及这些帝国主义在华利益。一直对中国革命势力发展虎视眈眈的帝国主义列强，在煽动中国内部的反动势力对革命军队和革命运动进行破坏的同时，一再扬言要进行军事干涉。而最有可能的是北伐军的北上会引起英国和日本帝国主义的直接干涉。鉴于此，3月25日，联共（布）中央政治局决议，广东政府应该竭尽全力进行土地改革、财政改革、行政改革和政治改革，动员广大人民参加政治生活，加强自卫能力。决议明确声称："在现时期，应当着重抛弃任何军事讨伐的念头，一般说来，应当抛弃任何足以惹起帝国主义军事干涉的行动。"②

（二）北伐高潮时共产国际对北伐的政策及影响

1926年5月国民革命军先头部队出兵湖南。6月21日，军事委员会采纳了苏联军事顾问加伦的"各个击破、先取两湖"的北伐军事计划。7月1日，蒋介石下达了北伐部队动员令，北伐正式开始。7月9日、10日，攻占醴陵、株州；11日攻占长沙；8月22日，攻占岳州、通城；25日，攻占蒲圻。之后，北伐军对汉口形成合围之势，迫使守敌刘佐龙部反正；9月7日，占领汉阳；10月10日，攻占吴佩孚的巢穴武昌。湖北战场取得胜利后，北伐军转战江西战场，11月2日，攻占德安；5日占领九江；8日攻占南昌，取得了对孙传芳的胜利。自此，北伐进入高潮。

1. 共产国际对国民军的支持及对北伐进展的影响

北伐开始后，国民革命军所向披靡、势如破竹，瞬间席卷大半个中国，这完全出乎人们的意料，因为从当时战争双方的实力对比来看，无论如何也不应该有如此大的差距。多年来，史学家把北伐的胜利归功于国共两党的军民浴血奋战的结果。事实上北伐进展如此顺利，与共产国际对国民军的支持及国民军的北方配合是分不开的。

（1）共产国际对国民军的大力支持。共产国际对国民军的援助，最早可以追溯到1924年。1924年10月23日北京政变后，苏联驻华大使加拉

---

① [苏] 尤·米哈伊洛维奇·加列诺维奇：《两大元帅——斯大林与蒋介石》，侯成德译，四川人民出版社1999年版，第81页。

② *Problems of Our Policy with respect to China and Japan*, *Leon Trotsky on China*, Monad Press, New York, 1976, pp.107-108.

罕即于10月27日与冯玉祥会谈。① 冯玉祥被排挤后，加拉罕和鲍罗廷又经常找他谈话，冯玉祥的思想慢慢有了变化。后来在李大钊的建议下，胡景翼、冯玉祥先后请求苏联提供武器弹药。1925年1月29日，李大钊陪同胡景翼的代表到苏联驻华使馆武官处谈判。2月14日，国民党中央执委会讨论紧急援助胡军的问题会议决定：国民党帮助胡景翼加强在河南省的政治地位，苏联则派军事专家。②

1925年3月12日，孙中山逝世，苏联对广州的国民党能否继续执行孙中山的联俄政策表示担心，于是选择冯玉祥的国民军作为支持的对象。苏联方面希望通过加强冯玉祥的力量，筑起一道反对张作霖和日本的防波堤。当时，据共产国际估计，以日本为靠山的张作霖一派已经在中国占据了优势。③ 3月13日，俄共（布）中央政治局通过了伏龙芝的建议，"①认为用我们的经费在中国（洛阳和张家口）由我们建立两所军事学校是适宜的。责成伏龙芝同志在最短时间内为此组织两个军事教官团，每团30—40人。通过伏龙芝同志在一年内拨出一百万卢布用于建立学校和支付教官的生活费用。②认为用我国的主要型号武器装备同情国民党的中国军队是可行的。装备应是有偿的。责成伏龙芝同志在最短时间内解决与此事有关的所有技术问题。责成加拉罕同志查明对方支付武器费用的能力，或用货币支付或用我们所需要的原料和产品（棉花、茶叶等）支付。"④ 4月21日，由李大钊安排，鲍罗廷和苏联驻华军事武官、前陆军总司令格克尔将军来到张家口，同冯玉祥会谈，最后敲定了苏联对冯部的军事援助协议。随后苏联军援陆续运到冯部，两个军事顾问组共105人也先后到达张家口和开封，分别在国民一军和国民二军中工作。

1925年4月17日，俄共（布）中央政治局中国委员会举行会议，其中一项重要议程便是研究对冯玉祥和国民军其他将领的态度。会议决定：可以发送2000支日本步枪和2000支德国步枪以及相应数量的子弹，无偿

---

① 中国第二历史档案馆编：《冯玉祥日记》（第1册），江苏古籍出版社1992年版，第639页。

② 《鲍罗廷给加拉罕的书面报告》，载《联共（布）、共产国际与中国国民革命运动（1920—1925）》，第584—588页。

③ "National Revolutionary Movement in China and Tacties of Chinese Communist Party", The Communist International, No.17, p.25.In Wilbur and How: Documents on Communist, and Soviet Advisers in China 1918—1927（Columbia University Press, 1956）, p.324.

④ 《俄共（布）中央政治局会议第52号（特字第39号）记录》，载《联共（布）、共产国际与中国国民革命运动（1920—1925）》，第582—583页。

援助中国的将军们。但其他援助必须是有偿的，而且有条件，即冯玉祥等人必须单方面书面保证，接受苏联对蒙古的计划和有关租界的要求，苏联才继续发送武器。①

5月29日，中国委员会再次开会，拟订了对中国南方和北方的资助方案，并具体分配了物资。第一，组织措施，将200万卢布交由外交人民委员部支配，在南方广东设一个、北方冯玉祥和岳维峻处设两个军事小组；资助在南方组建两个新的师团和黄埔军校；在冯玉祥和岳维峻处各建一所黄埔式的军政学校。第二，物质援助，凭票据赊销给国民军和广州军事器材，两年后付款。由苏联负责将武器运抵广州和张家口。给广州9000支步枪、950万发子弹、1万枚手榴弹、100挺机枪、10门掷弹炮；给冯玉祥和岳维峻9000支步枪、900万发子弹、1000把军刀、500支矛。在适当情况下可拨出12门炮、40挺机枪、2—3辆小型坦克。由于大功率无线电台太昂贵（53.9万卢布），苏联拒绝向冯玉祥发货。②

6月5日，中国委员会举行了第三次会议，确定1925年援助中国的经费总额为461万卢布，其中军政工作开支的预算为119万卢布。此次会议还接受伏龙芝的建议，决定在蒙古境内组建国际部队以便支援冯玉祥。该部队由1个骑兵团构成，包括4个马刀队、1个机枪骑兵连、1个马力牵引炮排和1支由3辆装甲汽车组成的队伍。苏联为该部队提供汽车。马匹从蒙古购买。在北高加索军区和从解散的游击队以及红军的志愿人员中为该部队招募人员。该部队的组建及其军事器材和马匹的供给由苏联负担费用，约需150万卢布。③

11月16日，苏联政府通知驻蒙古库伦的代表，由他将军火转交给冯玉祥驻当地的代表。除了如数按中国委员会议定拨给国民军三个军的武器外，还给国民一军3200万发子弹、4.2万发炮弹、1万枚手榴弹、10门迫击炮、1千发炮弹、1万发炼制炮弹、3万件防瓦斯面具、10件投火器、400部电话；援助国民二军400万发子弹、40挺机枪；援助国民三军3000

---

① 《俄共（布）中央政治局中国委员会第1次会议记录》，载《联共（布）、共产国际与中国国民革命运动（1920—1925）》，第603—604页。

② 《俄共（布）中央政治局中国委员会第2次会议记录》，载《联共（布）、共产国际与中国国民革命运动（1920—1925）》，第624—626页。

③ 《俄共（布）中央政治局中国委员会第3次会议记录》，载《联共（布）、共产国际与中国国民革命运动（1920—1925）》，第628—631页。

支步枪、300万发子弹、52挺机枪、12门大炮及8000发炮弹、18门迫击炮及1800发炮弹。①

1926年3月4日，联共（布）中央政治局作出决定，"鉴于国民军的困难处境，认为可以赊给冯1000万发子弹"，"革命军事委员会要以超出以前政治局拨款数额补偿提供给冯的1000万发子弹的价值"。②

应该说，苏联大幅度援助国民军是十分注重本国的实际利益的，在给予国民军的援助中，极少是无偿支援的，大量的是有偿援助，而且提供援助的条件是冯玉祥同意苏联的有关要求为前提。到了1926年5月20日，由于国民军遭到了失败，苏联将给冯玉祥"最低限度的援助"。③

当然给予"最低限度的援助"，并非不给予援助。考虑到冯玉祥的国民军在中国北方的地位，以及对南方跃跃欲试的北伐战略意义，苏联还是给国民军提供了一些帮助。5月27日，联共（布）中央政治局决定向冯玉祥派驻政治顾问。6月7日，联共（布）中央政治局决定向冯玉祥"提供物质援助，向他转交按照基本计划尚未提供的其余武器和弹药，以及总额为4343617卢布50戈比的备件"。并要求冯玉祥采取措施，保证其改编军队，加强作战能力。④

1926年8月5日，联共（布）中央政治局"建议于右任目前撤销关于建立华北所有国民革命力量的统一军事政治领导和成立革命委员会的问题"，建议冯玉祥和于右任建立统一的机构来领导军中的政治工作。同时，"允许拨款3万—4万卢布，帮助冯购买汽油"。⑤ 事实上，不光是苏联的大力援助，广州的国民党和北方的李大钊等为国民军在政治上提供了诸多帮助。

---

① 张国忱编：《苏联阴谋文证汇编》（上函第3册），国民军事项类，1927年线装版，第16页综合统计，转引自杨雨青《国民军与俄共（布）中央政治局中国委员会》，《近代史研究》2000年第3期。

② 《联共（布）中央政治局会议第13号（特字第9号）记录》，载《联共（布）、共产国际与中国国民革命运动（1926—1927）》（上），第156页。

③ 《联共（布）中央政治局会议第27号（特字第21号）记录》，载《联共（布）、共产国际与中国国民革命运动（1926—1927）》（上），第268页。

④ 《联共（布）中央政治局会议第32号（特字第24号）记录》，载《联共（布）、共产国际与中国国民革命运动（1926—1927）》（上），第284页。

⑤ 《联共（布）中央政治局会议第45号（特字第33号）记录》，载《联共（布）、共产国际与中国国民革命运动（1926—1927）》（上），第367页。

（2）国民军北方战场有力地支援了国民政府的北伐战争。1925年国民军攻占天津后，中外反动派认为，"仿佛南方国民政府与北方国民军可以会合起来，支配全国政权，成功一比较赤色的政府之形势"。① 1926年1月10日，在日、英、美、法等国的支持下，直、奉军阀抛弃前嫌，结成了"反赤"联盟，组成40万大军，向国民军发动进攻。

1926年2月20日，上海《字林西报》发表伦敦通讯，透露英国武装干涉中国革命的计划，扬言要派遣一支十万人的侵略军，将力求早与冯玉祥决战，且已获得张作霖之默许。② 直奉军阀公开结盟后，英国《泰晤士报》评论说："使张作霖和吴佩孚达成协议，就能够把整个华北和华中紧紧地掌握在铁拳之中，在这之后对付革命的南方就不难了。"③ 这充分说明，帝国主义把镇压中国革命的战略重点放在北方。国民军控制着京畿并几乎独占中央政权，且有较强的军事实力，故一时成为中外反动派的心头之患。吴佩孚之所以将其主力倾巢北上，固然有与奉系争夺北洋中央政权及狂热的复仇心理有关，但主要还是出于和帝国主义对中国革命大势的共同认识。他根本没有把广东革命政府的力量放在眼中，仍视其为偏师就可对付的无足轻重的地方力量。吴佩孚要充当"反赤"的急先锋，攻击冯玉祥。张作霖、张宗昌等在进攻国民军时也以"讨赤"相号召。国民军退出北京后，奉直军阀的联合扩展为与晋、陕、甘等地方军阀的联盟，并于1926年5月10日在京成立讨赤联军办事处。国民军领导在主观上虽然日益右倾，但在实际上国民军却充当了革命的盾牌，不自觉也不情愿地成为大革命的同盟军，并被迫完全投向广东革命政府一方，这就是历史赋予国民军在南口大战前的特殊政治角色。④

1926年4月下旬起，国民军在从察北多伦至直隶易县并延伸到晋北的千里战线上，抵抗直、奉、晋三系军阀的联合进攻，战争的中心点在京西的南口，故史称南口大战。

---

① 《中央政治报告》，载《中共中央文件选集》（第2册），第163页。

② 《字林西报》1926年2月20日。转引自华岗《中国大革命史（1925—1927）》，文史资料出版社1982年版，第150页。

③ ［苏］拉狄克：《对中国最近世态的评价》，四川省社会科学院编译，《1919—1927苏联〈真理报〉有关中国革命文献资料选辑》（第1辑），四川省社会科学院出版社1985年版，第165页。

④ 刘敬中、王树才：《试论冯玉祥及国民军在1925—1927年的政治态度》，《历史研究》2000年第5期。

眼看国民军形势危机，4月10日冯玉祥委派的代表马伯援同广东国民政府达成协议，表示要"期于相当时期会师中原，共赴国难，打倒帝国主义，完成国民革命"①。同时共产国际和国民党对冯玉祥继续施加影响，5月10日，冯玉祥在莫斯科经徐谦介绍正式加入了国民党。②6月中旬，委派刘骥办理了加入国民党的手续。至此，冯玉祥及国民军与国民党及广东国民政府的关系已经明确。国民军已从北洋军阀集团分化出来，转化为有比较明确的政治纲领、接受孙中山三大政策、站在国共合作旗帜下的革命武装力量。开始积极参与即将开始的北伐战争。

冯玉祥及国民军参与北伐，使南口大战的性质发生了根本变化，即由北洋军阀集团内部的混战而演变成第一次国内革命战争的重要组成部分。冯玉祥在5月下旬发表讲话："国民军大致可以说为国民党的目的而战"。③冯玉祥虽然身在苏联，但仍然牢牢地控制着国民军，并通过苏联的外交途径，不断对南口战事下达指令。7月下旬，他致信张之江，说北伐军已进攻两湖，要国民军坚守南口，以牵制吴佩孚。冯玉祥已认识到南口战役配合广东国民政府北伐的战略价值。

吴佩孚率其嫡系精锐北上攻打国民军，计有6个师另12个旅，共10万余众。所余在两湖的仅为地方杂牌军，这就给广东国民政府北伐造成了有利的战略时机。6月初，广东国民革命军进入湖南将叶开鑫击败。吴佩孚仅令湖北鄂军驰援，自己想在打败国民军后再南返，但因直军在南口连遭败绩而不能脱身。④6月15日，广东国民革命军第四军进逼长沙。吴佩孚在长辛店虽然焦急万分，但仍不肯动用在南口主力的一兵一卒，只是派才收编的原唐之道的两个旅自直隶大名南下救急。7月1日，广东国民政府公开发表北伐宣言，并于7月9日誓师出征。7月11日，北伐军攻克长沙。国民军在南口苦战给广东国民政府造成最佳战机，使其由最初的援湘而转为公开的宣言北伐。吴佩孚复仇心切，必欲将国民军全歼而后快；又怕南下失去抢夺与操纵北洋中央政权的机会，故仍在长辛店坐视不动。8月15日，国民军从南口撤退。8月19日，北伐军攻

---

① 郭廷以：《中华民国史事日志》（2册），台北"中研院"近代史研究所1984年版，第33、37页。
② 中国第二历史档案馆编：《冯玉祥日记》（第2册），江苏古籍出版社1992年版，第178页。
③ 《本报通讯》，《国民日报》1926年5月26日，第1版。
④ 《南军进入湖南》，《晨报》1926年6月29日，第4版。

克平江、汨罗，22 日占岳阳。此时，吴佩孚才匆匆只身南下，于 25 日赶到汉口。他虽然急令直军主力南下增援（留下 5 个旅），但大部因没有军车等原因迟迟没有开拔，行动较快的一部于 9 月 15 日才赶到郑州。但是，北伐军早已于 8 月 27 日攻占汀泗桥，29 日克贺胜桥，直抵武昌城下了。吴佩孚败局已定。

广东革命政府北伐时，总兵力仅为 10 万人，且大部分未经过改造。其对手直奉军阀（包括孙传芳）总兵力达 75 万人以上。因此，国民军在北方的举止对全国政局有举足轻重之作用。它首先吸引了直奉军阀的全部注意力，继而在南口牵制了直军的主力，使其顾此失彼。北伐军在两湖的胜利，也是国民军在南口一线数月苦战的直接成果。因此，广州国民政府发动的北伐战争实际上有南北两个战场。1928 年 7 月 9 日，蒋介石在追悼南口阵亡将士大会上发表演讲，充分肯定了南口战役的功绩。他说："当革命军自粤出发，未几下桂趋湘，彼时正值西北革命同志，与反革命者激战南口。赖诸烈士之牺牲，直军不能南下守鄂，北伐军才长驱北上，冲破长岳。后日西北同志，先退绥甘，而北伐大军已以破竹之势，消灭反动势力，建立政府于武汉。是北伐成功多赖南口死难之烈士。革命同志，幸勿忘之也。"①

2. 北伐高潮时共产国际对待北伐政策的特点及影响

（1）政策指示的滞后性使北伐战争偏离了既定的目标。应该说，联共（布）、共产国际从开始面对北伐问题时，各种认识已经显得非常落后了。当北伐进入高潮时，这种现象更加明显。首先，共产国际及其代表对北伐认识的落后性导致政策指示的落后性。当北伐军进入湖南、占领长沙后，联共（布）中央政治局于 8 月 5 日召开会议，才建议中国委员会搜集一切必要的材料，供政治局研究所谓的北伐问题。在北伐战争开始了一个多月之后，共产国际才想起了重新收集资料，研究北伐，这本身就说明了共产国际领导人在对待北伐认识上的滞后性。

9 月 11 日，远东局俄国代表团会议决定："目前国民运动应当竭力避免与英国发生军事冲突"，"在占领武汉和湖北省以后，广州部队应停止继续向北进军"。远东局还建议"南方部队和国民党向张作霖及其盟友提出

---

① 李泰棻：《国民军史稿》（下），西北军内部铅印本，第 491 页，转引自刘敬中、王树才《试论冯玉祥及国民军在 1925—1927 年的政治态度》，《历史研究》2000 年第 5 期。

召开专门的和平会议的建议,以此来缓和武装干涉的危险"。①

11月18日,联共(布)中央政治局会议指出:"广州目前向北挺进的一项极重要的任务是加剧奉系军阀的内部斗争,并使张作霖脱离奉天,哪怕以江苏中立为代价。有鉴于此,建议鲍罗廷和加伦劝告国民政府,占领浙江并继续谨慎地向安徽推进,但不要同张宗昌发生武装冲突。"②

从联共(布)、共产国际对北伐的认识来看,显然与当时的形势相比显得相对滞后,这种滞后主要表现在政策指导的落后上。例如,9月2日,联共(布)中央政治局会议"建议广州国民政府与孙传芳达成协议,同时试探和张作霖达成互不侵犯的协议"③。事实上,早在1926年8月,蒋介石指令驻沪代表何成浚和孙传芳接洽,要求孙有明确表示,或提出加入国民政府的具体条件,④国民政府早已经在开始着手做这方面的工作了。对张作霖,国民政府于1926年7月派杨丙赴奉联络,商量建立同盟的具体事宜。杨对张表示,"两家事实原无冲突,三角同盟,久有联络","此番用兵之原因,只全在吴一人"。⑤可见,在共产国际作出联孙、联奉的指示前,国民政府已经开始做这方面的工作了。

更重要的是,苏联、共产国际及其驻华代表对北伐结局及蒋介石的认识上存在偏差,对国民革命来说是致命的。8月9日和8月16日,鲍罗廷在广州与远东局会晤时,谈了对北伐及其政治前景的看法。通过他"有理有据"分析认为,北伐在军事上会取得胜利,但是在政治上不可避免将会遭到失败。而且,通过对北伐两种前景进行预测,蒋介石在北伐军占领武汉后就会失败。而事实上,十几天过后,北伐军占领汉口、汉阳,他所认为的蒋介石失败并没有到来,甚至在10月武昌克服后,蒋介石依旧没有失败的迹象。事实证明,鲍罗廷对北伐的认识也是落后于

---

① 《共产国际执行委员会远东局俄国代表团第24次会议第18号记录》,载《联共(布)、共产国际与中国国民革命运动(1926—1927)》(上),第430—432页。

② 《联共(布)中央政治局会议第68号(特字第51号)记录》,载《联共(布)、共产国际与中国国民革命运动(1926—1927)》(上),第627页。

③ 《联共(布)中央政治局会议第50号(特字第38号)记录》,载《联共(布)、共产国际与中国国民革命运动(1926—1927)》(上),第429页。

④ 《何成浚致谭延闿密函》1926年9月4日,中国第二历史档案馆藏;《粤蒋代表何成浚之谈话》,《申报》1926年9月4日;何成浚:《八十回忆》,台湾《近代中国》第23期,1987年6月30日出版。

⑤ 《杨丙致谭延闿密函》,中国第二历史档案馆藏。

当时形势发展的，鲍罗廷仅仅从北伐军的上层军官之间的某种斗争作出判断，认为蒋介石必然遭到失败，是因为他没有真正搞清楚蒋介石在"三·二〇"事件和整理党务案中的计谋得逞的社会政治因素，同时他没有充分预计到蒋介石的政治资源整合能力，因此他也就不可能对北伐提出正确的策略。果然，鲍罗廷在得出蒋介石必然失败的结论之后，对中共和国民政府提出的应对方针竟然是"等待"。一方是未雨绸缪，一方是消极等待，在北伐开始不久，蒋介石在利用战争扩大个人影响，伺机分裂统一战线上占了先机。

事实上，蒋介石在经过"三·二〇"事件和整理党务案之后，已经成为国民党内的新右派，只不过蒋氏善于伪装，让苏联、共产国际蒙上了眼睛，在华的共产国际代表有的已经看出了蒋介石的本质（如鲍罗廷），但是幻想利用政治手腕，达到迫使蒋介石左转的目的。其实，蒋介石在南昌挑起"迁都之争"时，共产国际已经看清楚了蒋的本质，但还是向蒋介石妥协，以便将蒋留在革命阵营内，毕竟蒋领导的北伐战争，打的是反对帝国主义口号。正因为如此，武汉国民政府和共产党屡次丧失反击蒋介石的大好时机，待蒋介石自身的实力发展到一定的程度之后，立即向共产党举起了屠刀。最终北伐战争的打倒军阀和帝国主义的目标未能实现。

其次，对战事进展认识的滞后性导致军事指导思想的滞后性。7月11日攻克长沙之后，7月24日，唐生智在长沙召集第四路、第七路、第八路各军将领会议，研究下期作战计划。唐生智、李宗仁主张同时进攻鄂、赣，第七军第二路指挥官胡宗铎主张迅速进取武汉，对江西采取监视态度。会议通过了唐、李主张。① 8月5日，蒋介石在湖南郴州与加伦、白崇禧等开会，研究唐、李送来的意见书。加伦顾虑到武昌时会遇到帝国主义的阻碍，主张多加兵力，先攻武汉，对江西暂取守势，蒋介石赞成加伦的意见。② 会议决定以重兵向洞庭湖进攻，仅以少数兵力监视赣西。8月29日，北伐军攻克贺胜桥，兵临武昌城下。

正在此时，9月2日，联共（布）中央政治局会议作出决议："建议广州同孙传芳达成协议，以便取得他的支持或保持中立，并试探同张作霖

---

① 国民革命军总司令部参谋处：《北伐阵中日记》1926年8月2日，《近代稗海》（第14辑），四川人民出版社1988年版，第45页。

② 《蒋介石日记》（手稿本），1926年8月5日。

达成不侵犯协议。"① 如果说，在北伐开始之前或者是在 8 月中旬共产国际出台这样的政策指示，是绝对重要和必需的，但到了 9 月，联共（布）中央政治局再出台这样的政策，已经远远落后于当时战事的进展了。

实际上，北伐军向湖南进军后，孙传芳一面与广东国民政府谈判，讨价还价，一面坐山观虎斗，准备在北伐军与吴佩孚两败俱伤的时候，出而收渔人之利。8 月中旬，孙传芳觉得形势有利，又经杨文恺等劝说，决定出兵援赣。② 8 月下旬，孙部 10 万余人陆续到达赣北。月底，孙传芳任命卢香亭为援赣军总司令，同时下达进攻计划：以皖军王普部为第一军，进攻通山、岳州；以苏军为第二军、第三军，进攻平江、浏阳；以赣军邓如琢部进攻醴陵、株洲；同时命闽南周荫人部进攻广东潮州、梅县。而北伐军总司令部已经做好了进攻江西的所有准备工作。8 月 27 日，蒋介石电告程潜，决定于 9 月 1 日对江西实行攻击。29 日，蒋介石决定亲自指挥江西战事。9 月 2 日，蒋介石命第二军鲁涤平部、第三军朱培德部、第六军程潜部协同动作，三天后进攻。双方开战在即，共产国际幻想双方能够达成协议，实在是过于一厢情愿了，因为不等联共（布）中央政治局的指示传达到中国，北伐军对江西的作战已经开始了。

联共（布）中央政治局出台这样的政策指示，是有其依据的。当吴佩孚在北伐军的进攻下节节败退时，英帝国主义企图进行干涉。8 月 29 日，英国军舰炮轰四川万县县城，制造"万县惨案"。苏联认为，这是帝国主义联合干涉中国革命的开始，因此 9 月 2 日指示国民革命力图同孙传芳达成协议，以保证北伐军侧背的安全。

江西战役结束后，加伦、鲍罗廷等一直不愿和帝国主义列强发生直接冲突，因此反对向长江下游进军。中共中央赞同加伦等人的意见，主张为便于北伐军专力向北方发展，可以设法使长江下游地区的各军阀"分头独立""成纷乱局面"，令"帝国主义无法一致对付"。③ 在听取了驻华代表的分析和建议后，11 月 18 日，联共（布）中央政治局会议指出："广州目前向北挺进的一项极重要的任务是加剧奉系军阀的内部斗争，并使张作霖脱离奉天，哪怕以江苏中立为代价。有鉴于此，建议鲍罗廷和加伦劝告

---

① 《联共（布）中央政治局会议第 50 号（特字第 38 号）记录》，载《联共（布）、共产国际与中国国民革命运动（1926—1927）》（上），第 429 页。
② 《何丰林致张作霖电》，载《奉系军阀密电》（第 3 册），中华书局 1987 年版，第 96 页。
③ 《上海区委主席团会议记录》，载《上海工人三次武装起义》，第 150 页。

国民政府，占领浙江并继续谨慎地向安徽推进，但不要同张宗昌发生武装冲突"。①

应该说，共产国际和驻华代表的这个建议是有一定道理的。在北伐进展如此顺利的情况下，国民革命军占领了广大的土地，在占领了湖北、江西之后，首先应该考虑的是在所占领的省份巩固军事胜利成果，然后再图其他。但是联共（布）中央政治局的这一决策显然脱离了北伐军当时面临的实际军事情况。在江西之战中，孙传芳的主力部队虽然受到了巨大的打击，但是，孙传芳的部队在长江下游仍保留有相当力量，而且，孙部的再生力量很强，经过一段时期，其战斗力即可得到恢复。② 北伐军如果沿京汉路北伐，孙传芳部仍可向江西、湖北发动进攻，从而切断北伐军的南北联系。即使北伐军不北上，英帝国主义也将会倾力帮助孙传芳，加上江浙本来就是富庶之地，这样一来孙传芳很快就可以恢复元气，重新崛起也是指日可待的。这种可能是绝对存在的。在 1926 年 9 月 14 日，孙传芳派出密使会见英国驻沪领事，以"中国的安全岌岌可危""英国利益同样受到威胁"为由，要求英国予以任何形式的合作，而且孙还准备冒着被指责向外国人出卖祖国的风险。15 日，英国公使马克瑞向外交部建议，由驻沪领事向孙保证，将与孙"最适当、最有效的援助"。③ 因此，在江西战役之后，趁热打铁，向长江下游进军，可以追歼孙传芳军阀集团，不使其有喘息修整、卷土重来的时间，是绝对正确的选择。

虽然说，联共（布）、共产国际在对北伐的具体指导上起到了一定的作用，但是由于对北伐战争认识的落后性导致了对军事进攻指导的落后性，更重要的是，由于对蒋介石认识的偏差，直接导致对其斗争政策策略的偏差，这一切使得蒋介石能够从容不迫地在北伐进展的过程中，作好反革命的各种准备。正因为如此，轰轰烈烈的北伐战争没有带来国民革命的胜利，没有成为民主的胜利、人民的胜利。

（2）指导思想的功利性使革命统一战线走向了分裂。平心而论，以斯大林为首的联共（布）、共产国际在对待北伐战争上，为中国提供了大量

---

① 《联共（布）中央政治局会议第 68 号（特字第 51 号）记录》，载《联共（布）、共产国际与中国国民革命运动（1926—1927）》（上），第 627 页。

② 转引自杨天石《蒋介石与前期北伐战争的战略策略》，《历史研究》1995 年第 2 期。

③ Sir R. Macleay to Sir Austen Chamberlain, No. 374, Tel., September 15, 1926. FO405/252A, p.223.

第四章　共产国际对武汉国民政府军事政策和策略的影响　　183

的帮助。如，1926年10月21日联共（布）中央政治局作出决定要求在华工作的军事人员不能束缚中国指挥部的自由；批准中国委员会提出的向广州提供总数为2844026卢布的炮兵和航空器材援助的建议。会议提出冯玉祥领导的国民军要与北伐军协同作战，形成南北呼应之势。① 但是由于其指导思想的功利性，不仅没有使国民革命取得胜利，反而为统一战线的破裂埋下了隐患。

　　首先，指导思想的功利性表现在维护苏联国家的根本利益上。前面所提到的苏联、共产国际反对广州国民政府进行北伐，事实上就是维护苏联国家的根本利益。当北伐进入高潮时，联共（布）、共产国际指导北伐战争的各种指示，同样也是从维护苏联国家的根本利益出发的。在北伐具体决策的制定上，体现了维护苏联国家利益。按照北伐出师前的决策，第一步是打下武汉，第二步是进取河南，与冯玉祥的国民军会师。② 正如前面所述，苏联反对立即北伐，一个重要的原因是冯玉祥的国民军遭到了失败，中国北方反赤同盟的成立，北方革命形势日益严峻。同时苏联感受到帝国主义的威胁近在咫尺。在这种环境下，广州政府的北伐业已开始，那么最理想的目标就是通过北伐，向中国北方进军，同冯玉祥的国民军连为一体，这样背靠苏联，成为帝国主义进攻苏联的屏障。

　　在北伐决策具体执行的过程中，为了维护了苏联的根本利益，尽量不和帝国主义发生直接冲突，加伦和鲍罗廷、中共忠实执行了共产国际的指示。在武昌攻克在即，蒋介石想进攻南昌，而加伦当时在攻克武汉后是进取河南还是回兵江西的问题上方针未定，处于矛盾状态。加伦当时考虑的是，如果进攻江西，帝国主义为维护其长江势力，必出死力帮助孙传芳；如果向北取河南，再同国民军联络，抛弃长江下游，则战线太长，江西、福建都可从侧面进攻，军事上十分不利。③ 尽管最后选择了进攻江西，是因为加伦迫于当时的军事形势不得不作出这样的选择。

　　8月29日，英国军舰炮击四川万县，制造"万县惨案"；9月5日，

---

① 《联共（布）中央政治局会议第63号和64号（特字第47号）记录》，载《联共（布）、共产国际与中国国民革命运动（1926—1927）》（上），第585—586页。

② Wilbur, C. Martin and Julie Lien-ying How, eds. *Missionaries of Revolution: Soviet Advisers and Nationalist China 1920—1927.* Harvard University Press, 1989, p.312.

③ 《中央局报告（九月份）——最近全国政治情形与党的发展》，载《中共中央文件选集》（第2册），第336页。

香港政府派军舰至广州，英国水兵上岸驱散工人纠察队，并逮捕七人；同一天，吴佩孚的五艘军舰悬挂英国国旗向北伐军进攻。鉴于此，苏联、共产国际及其驻华人员建议北伐军在占领武昌后应停止向北、向东挺进，以避免和英国发生正面冲突，巩固已占领的省份，孤立孙传芳。为了执行共产国际的这一指示，加伦和鲍罗廷一直反对蒋介石的向长江下游进军的计划。直到后来，从军事角度看，不乘胜追击孙传芳可能造成纵虎归山的后果。1926年11月9日，中共中央与共产国际远东局讨论，决定改变以前攻克江西后不再东下的意见，赞成蒋介石向长江下游进军的计划。

从苏联、共产国际对北伐战争的援助和有关指示看，维护苏联根本利益的做法十分明显。1926年11月中旬，由于苏联与张作霖在中东铁路利权方面的谈判濒于破裂，苏方与其发生武装冲突的可能性大大增加，因此联共（布）中央政治局会议于11月18日决定，冯玉祥的国民军不应调往南方，为了加剧奉系军阀的内部斗争，并使张作霖脱离奉天，北伐军要占领浙江并继续向北挺进，并要争取把阎锡山吸引到广州国民政府的立场上来，或至少使其保持中立。而在一个月前，共产国际为了减轻北伐军的进攻压力，指示国民军南下同南方军队联合起来。

为了维护苏联本国的根本利益，斯大林、共产国际制定的中国革命政策的前提就是从反帝出发，拖住帝国主义发动的反苏战争，把中国革命作为苏联外交的组成部分，在这一前提下，压迫共产党向以蒋介石为首的右派屡屡妥协退让，以求得蒋介石反帝，放弃了中国共产党的无产阶级领导权，这是革命统一战线完全破裂的一个重要原因。

其次，指导思想的功利性还表现在斯大林出于党内斗争的需要上。从联共（布）党内政治活动来看，列宁逝世后，联共（布）党内出现了激烈的派别斗争，先是托洛茨基集团的出现，后是季诺维也夫集团。他们与斯大林、布哈林为首的党内多数派发生了激烈争论。他们的争论涉及许多方面，如关于苏联工业化问题、民主问题、一国能否建成社会主义等重大问题，其中也包括了中国革命问题。托洛茨基、季诺维也夫、布哈林和斯大林等人都是共产国际的决策者，参与共产国际的领导工作，自然，他们之间的斗争必然扩大到共产国际内，共产国际成为了联共（布）党内政治斗争的重要场所。须知从某种意义上讲，中国革命的成败体现了苏联、共产国际对华政策正确与否，涉及政策制定者的责任。

斯大林对蒋介石种种反动行为的容忍正好体现了这一点。联共（布）、共产国际能够容忍广州国民政府违背其意志进行北伐，固然受多种因素的影响，但是重要的原因是为了不给党内的反对派以攻击自己的口实。实际上，从联共（布）、共产国际对"三·二〇"事件和整理党务案的处理开始，就执行对蒋介石妥协的方针，直到北伐进行到高潮时，随着战争的胜利，蒋介石开始在各地大肆捕杀共产党人和人民群众，反动意识日益明显。此时中国共产党强烈要求退出国民党，对蒋介石予以反击，但是斯大林严令共产党必须留在国民党内，一再指示在华的鲍罗廷对蒋介石采取让步的政策。因为此时反对派攻击斯大林的"共产党必须留在国民党内"的政策，季诺维也夫指出："如果共产党不惜一切代价留在国民党内，那么这不仅会导致毫无批评地颂扬国民党、掩饰国民党中的阶级斗争、隐瞒枪杀工农和使工人的物质状况恶化这些无法无天的事实，而且会导致共产国际内各政党，包括中国共产党，迷失方向。"[①] 事实上，党内反对派对斯大林、共产国际的政策攻击得越具体，斯大林就越加维护他的权力与威望，在采取一切措施压制反对派的同时，在对待北伐的问题上一再维护以前的错误，而不肯给蒋介石以坚决的打击，由此为中国的大革命带来了灾难性的后果。

苏联、共产国际把中国革命看成是世界革命的一部分，他们对中国革命的支持和帮助，一方面是共产国际实现世界革命战略需要，另一方面则是把中国革命视为苏联对外政策的一张王牌。苏联需要利用中国革命拖住帝国主义，粉碎帝国主义挑起反苏战争的阴谋。因此，苏联、共产国际在国共合作中尤其看重国民党内蒋介石等实力人物，无非是希望他们反帝，为苏联的外交服务。正因为这一点，虽然说蒋介石在率领国民革命军进行北伐的过程中，右倾的迹象越来越明显，但是在斯大林看来，只要是蒋介石还带领国民革命军进行反对帝国主义的北伐，牺牲共产党和广大人民群众的利益是微不足道的。

[①]《关于中国革命的提纲》，载《共产国际、联共（布）与中国革命文献资料选辑（1926—1927）》（下），第21页。

二 共产国际与武汉国民政府第二次北伐

国民革命军进军至长江流域之后，随着蒋介石发动"四·一二"政变，武汉国民政府所面临的政治、军事、经济环境日益严峻，新生的武汉政权岌岌可危。同时，帝国主义开始支持中国的反革命势力，积极卷入对武汉国民政府的封锁之中。面对东、南、西三面包围和本身政治经济环境的日益恶化，武汉国民政府必须突破敌人的封锁，因此想到了力争通过向北进军，打通同冯玉祥国民军的交通要道，以苏联为依托，巩固武汉国民政权。然而，武汉国民政府组织的这次北伐，虽然在军事上取得了一定的胜利，但是由于种种原因，自身的政治经济状况非但没有好转，反而进一步恶化，最终导致了政权的崩溃。

（一）共产国际、中共与武汉国民政府第二次北伐决策的出台

1. 第二次北伐前武汉政府面临的严峻的军事形势

自从蒋介石在上海发动政变后，东南各省立刻陷于白色恐怖之中。共产党人在沪、浙、皖、苏等省遭到通缉，工农运动被全部禁止。这时，武汉政府虽然还管辖着湘鄂赣三省地区，但却处在反革命的包围之中。在东南，蒋介石以南京为中心，占有闽浙全部及苏皖的一部分，同时蒋介石积极同广东的李济深相勾结，从东、南包围武汉。

在北方，自北伐军同吴佩孚开战起，张作霖对河南就已经存有觊觎之心。按照奉张的想法，是借助援吴之名，行夺取河南之实。果然当吴佩孚在武胜关战役溃败之后，张作霖就利用其兵败的困境，以助吴为名，率领大军南下，到1927年3月底，就已经占领了郑州、开封等战略要地。同时，帝国主义企图拉拢奉系少壮军人张学良等，以讨伐"南赤"为口号，出兵支援吴佩孚。早在1926年9月，双方在取得一致后，英国公开援助一批武器辎重。据有关资料记载："有大批英国钢盔运往中国，以供华兵之用。以三万具交张作霖。"① 1927年4月，"少帅"张学良指挥奉军的精锐部队六七万人，从郑州沿京汉路向南展开进攻，其左翼由开封攻取上蔡，继续南侵，右翼勾结吴佩孚的南阳于学忠部以及襄樊的张联升部，进窥鄂

---

① 《英国对华态度》，《申报》1926年9月11日，第2张第6版。

北，企图牵制武汉国民政府北伐军的后方兵力，并包围歼灭信阳至驻马店间的豫中各反正部。河南的军事形势对武汉国民政府而言十分严峻。

在西面，吴佩孚则率领其残余部队与四川军阀杨森勾结，拟趁武汉国民政府出兵北伐之机，率兵由鄂北和鄂西两路出发，伺机占领武汉。这时战云密布，局势十分紧张，武汉国民政府面临着十分险恶的军事形势。

在西北，国民军从南口撤退后，实力大损。1926年9月16日，冯玉祥从苏联回国，9月17日，在五原公开宣布参加国民革命，誓师参加国民政府的北伐战争。国民军在中国共产党人的帮助下进行整顿，他们采纳李大钊的"固甘援陕，联晋图豫"的战略方针，[①]率部取道宁夏、甘肃，进军陕西，打败了刘镇华的"镇嵩军"，一举解除了长达八个月之久的长安之围。但是，冯玉祥的国民联军面临许多困难，西北地方贫瘠，饷项给养不易筹措，加上长期转战，弹药更为缺乏。同时，陕西省内因驻军过多，军用的征发已经使地方陷于窘境，于是有些县党部的政治工作人员就向人民宣传，叫他们不完粮，不纳税。遇有军队过境，向地方要粮草，要车马，他们就向人民宣传反对摊派差役，反对征发军用物资。甘肃也有同样地情况。[②] 因此冯玉祥的国民联军不能久滞西北，但必须获得接应始能出陕西。[③]

因此，就武汉国民政府所面临的军事形势而言，要求政府必须采取措施，力求打破所面临的军事、经济封锁，否则只会坐以待毙。然而，在采取军事行动的目标和方向，武汉国民政府在北伐和东征的问题上犹豫不决，最后经过几次反复之后决定北伐。

2. 武汉国民政府内部关于北伐的意见分歧

（1）共产国际驻华代表对北伐和东征的意见分歧。关于武汉国民政府是否应该采取军事行动，在共产国际驻华代表中已经取得了一致意见。但是，在军事行动的目标和方向上，也就是武汉国民政府是应该北伐还是应该东征上，驻华代表罗易和鲍罗廷存在着严重的意见分歧。

鲍罗廷是北伐的积极倡导者。仔细分析起来，鲍罗廷积极支持武汉国民政府北伐，主要有以下几种考虑：

第一，北伐符合联共（布）、共产国际的关于中国革命的指导思想。

---

① 于志恭：《关于冯玉祥吊李大钊的诗》，《人物》1980年第4辑。
② 刘骥：《南行使命》，载《武汉国民政府史料》，第434页。
③ 转引自蒋永敬《鲍罗廷与武汉政权》，第196页。

正如前文所述，联共（布）、共产国际关于国民政府北伐的战略目标，就是通过南方国民政府向北发动军事进攻，同冯玉祥的国民军形成南北呼应之势，在中国形成反帝反封建的革命潮流。与此同时，当南方的北伐军向北进军同冯玉祥的国民军连为一体时，便可以向奉系军阀张作霖发动攻击，进而占领北京，组织亲苏政府，这正是苏联支持中国革命的最重要的原因。此外，在苏联介入中国革命时，总是小心谨慎地尽量避免同长江下游的、以英国为代表的帝国主义发生直接冲突。因此在第一次北伐时，苏联、共产国际制订的北伐目标就是夺取武汉后继续北上。鲍罗廷在制订武汉国民政府的下一步军事计划时，着重考虑了共产国际这一思想。他认为武汉国民政府的北伐不能停止，否则，张作霖就会南下，同时冯玉祥不能久驻陕西，因为西北贫瘠，已经引起了当地军民关系的紧张。因此武汉国民政府必须派出军队进行征伐，协同冯玉祥及阎锡山把奉军张作霖赶回东北，由武汉国民政府占领北京和天津，这样还可以避免直接面对帝国主义。鲍罗廷认为，"我们应当去西北地区，国民政府的势力范围应当向西北扩展，否则我们将始终处于主要集中在东南地区的帝国主义势力的打击之下"。"我们应当扩大国民政府的势力范围，通过国民革命军向西北挺进摆脱外国巡洋舰对我们形成的包围圈。"他还进一步反驳了主张东征的观点，说："国民军向东南挺进，也就是去占领上海是个错误的步骤，因为目前本着革命的精神去占领上海有很大的困难，因为上海是帝国主义的主要据点，帝国主义在那里集结了大量武装力量，其明确目标是无论如何要保住上海不受革命的攻击。"[①] 所以，鲍罗廷为了贯彻联共（布）、共产国际关于中国革命的指导思想，极力倡导北伐也就在意料之中了。事后，斯大林对鲍罗廷的北伐决策给予了肯定。这显然与其对中国革命的指导思想是一脉相承的。

第二，对进军时北方军事情况的综合考察。鲍罗廷极力倡导北伐的一个重要原因，就是基于对北方军事情况的综合考察。鲍罗廷首先看中的是军事实力，他对西北的冯玉祥抱有极大的希望。自武汉国民政府临时联席会议成立以后，就积极迎接冯玉祥进入河南。1926年12月，国民军一部进入豫西，此时国民军内部矛盾突出，将领不合、后勤补给不足，国民二军与河南红枪会有过节。鲍罗廷在多次临时联席会议上就此问题提出建

[①] 《鲍罗廷关于中国局势的报告》，载《联共（布）、共产国际与中国国民革命运动（1926—1927）》（下），第224—227页。

议，后来在第四次会议上鲍罗廷的提议获得了通过：在陕各军不可有主客之分；山西问题须待北方问题决定或豫事解决后再行解决；西北国民革命军由冯玉祥负全责等。① 随后的几次会议上，武汉国民政府作出决议，每月援助国民军军费 30 万和枪支弹药。除了对冯玉祥积极欢迎、妥善安排、积极接济之外，鲍罗廷还对内外蒙古的相关工作予以布置，以期配合国民革命军的北伐。考虑到冯玉祥出潼关之后，山西的阎锡山从后面袭击，从而有可能造成国民军的失败，为了打消冯玉祥的顾虑，中共派出代表与阎锡山积极磋商，以期拉住阎锡山共同对付奉系张作霖。经过一番讨价还价，阎锡山终于表示："使奉军军队有十万人已到河南，且其中七八万人已渡黄河，同时冯玉祥、靳云鹗亦皆与之开战，则彼时山西定出兵石家庄，截断奉军后路，不使其一兵一卒得以北返。"② 为了进一步确认武汉国民政府进军河南的军事意图，阎锡山于 1927 年 4 月 8 日派人到北京，要求北京政治分会像上海一样，组织工人举行罢工，必要时举行武装起义，以配合部队的军事行动。同时，在李大钊的领导之下北京政治分会在奉军中做了大量的思想工作，奉系军人事先向北京政治分会接洽投降者，有兵力四五万人，其中具有很强战斗力的有一二万人。③ 为了方便北京政治分会就近处理相关事宜，1927 年 4 月 2 日，国民党中央执行委员会第四次扩大会议根据邓演达的关于奉军中有些军队倾向我方，这些军队的力量可以牵制奉军后方的报告，由鲍罗廷提议后作出决议："本会给北京政治分会对于此事的特权，于必要时可由该会先行委任两个军长。"④

从兵力上看，当时奉军有六个集团军，共 20 万—25 万人，第一集团军驻守开封和兰封地区，由张学良统率，约 6 万人。冯玉祥的队伍号称 30 万人，确实是一支可以和奉军匹敌的力量。此外，还有阎锡山的军队 5 万人。鲍罗廷认为，阎可能倒向武汉政府。因此，在鲍罗廷看来，向北进行征伐作战，是有取胜的把握的。

---

① 《陕一、二军问题》，《中国国民党中央执行委员国民政府委员临时联席会议第四次会议议事录》，载《武汉临时联席会议资料选编》，第 82 页。

② 《王广林与阎锡山磋商结果及山西各种情形之报告》，载《革命文献》（十五），第 2649—2650 页。

③ 《陈涛报告》，《北京政治分会会议记录》（汉口）。参见《鲍罗廷与武汉政权》，第 199 页。

④ 《中国国民党中执会第二届常委会第五次扩大会议速记录》，载《中国国民党第一、二次全国代表大会会议史料》（下），第 912 页。

第三，出于对武汉国民政府革命进程的现实考虑。鲍罗廷认为，武汉国民政府所面临的形势十分危险，现在身受帝国主义的四面包围，而且政治、经济形势不断恶化，因此武汉国民政府不能光靠自己的力量，还需要借助外部的力量，给自己打开通往外部世界的出口。按照鲍罗廷的想法，武汉国民政府面对日益严峻的政治经济形势，凭借自身的力量很难打破反革命势力的包围、封锁，因此必须向北进军，通过打通同冯玉祥联系的通道，接受苏联的军事援助，从而达到完成武汉国民政府的革命目的。为此，鲍罗廷指出："革命应当集约和粗放式地发展，否则，在狭小的根据地，受到敌人包围的革命就会被窒息，因为我们会由于帝国主义的局部封锁而脱离整个世界。"[1] 针对当时有人提出武汉国民政府的首要任务，是在国民政府占领的地区内实行根本变革，待建立稳固的革命根据地之后，再进行军事进攻，鲍罗廷认为，"可以在国民政府占领地区内实行部分根本改革，而国民革命军则应继续向前推进，这两者并不矛盾。"当然，"如果我们打败张作霖，我们就会比较容易消灭蒋介石，那时我们就能挫败日本想通过两张控制中国的图谋。在这种情况下，日本就会乐意同国民政府达成协议，以保持它在中国的经济和政治地位。"[2]

鲍罗廷对武汉国民政府革命进程的认识是同苏联、共产国际对中国革命的认识分不开的。他们断定中国无产阶级比中国资产阶级更弱一些，因此现阶段资产阶级是民主革命的领导者，无产阶级只能是作为资产阶级的"苦力"帮助其完成国民革命的任务，而实行社会主义革命须等到民主革命完成之后才能进行。鲍罗廷正是基于这种思路认识武汉国民政府的革命进程和革命任务的。他在反对有人主张武汉国民政府应当去南方，重新建立革命根据地的意见时说："有人说应当去南方，去广东，在那里建立革命的主要基地。我认为，这种计划经不起批评，因为如果我们先就去南方，那就会给北方军阀和蒋介石提供机会，使他们在帝国主义者的帮助下长期稳定下来，他们会用国民党左派与共产党人联合在一起在广东实行共产主义来吓唬小资产阶级。他们会用共产主义的幽灵来吓唬小资产阶级，

---

[1] 《鲍罗廷关于中国局势的报告》，载《联共（布）、共产国际与中国国民革命运动（1926—1927）》（下），第228页。

[2] 同上。

使它脱离革命。"① 由此看来，鲍罗廷反对武汉国民政府军队南下，一方面担心北方军阀利用武汉国民政府南下之际得以机会喘息，另一方面给他们以分化武汉国民政府内部小资产阶级以口实。因此武汉国民政府无论是在本质上还是在现象上都不能有实现共产主义的各种企图，包括在占领区内实行土地革命等主张。

第四，出于对武汉地区安全问题的考虑。鲍罗廷极力倡导武汉国民政府北伐，还有基于武汉地区安全因素的考虑。随着武汉政府财政经济的不断恶化，军队的饷需越来越成为问题，大量的军队集中武汉，自然在饷需的供应上同当地的人民发生冲突。更重要的是，武汉国民政府的一些将领，并非真心实意地拥护武汉政权。罗易认为："唐生智是封建军阀，他加入国民党是为了满足自己的个人野心。今天，他在国民党内起着过去蒋介石所起的作用，他很快就会成为革命的敌人，其危险程度不亚于蒋介石。"② 鲍罗廷与罗易的观点不谋而合，他也认为唐生智亲共的动机，目的在于扩充自己的个人势力，巩固他的两湖地盘。北伐战争推进至长江流域之后，唐生智的军事实力得到了极大扩张。但是，唐生智虽然表面上承认拥护国民政府，但本质上仍然是一个封建军阀，视自己的地盘和军事实力为生命，因此，如果武汉国民政府停止向北进军，在两湖开展土地革命，必然与唐生智的利益发生冲突。很可能迫使唐生智及其将领采取共同的反共行动，从而推翻武汉国民政府。考虑到这种情况，鲍罗廷极力主张北伐，调出唐生智的驻汉部队，以减除武汉国民政府的内部冲突，也是一个解决内部矛盾的有效方法。鲍罗廷的这一思想与联共（布）、共产国际的指导思想是相吻合的，在1927年6月7日联共（布）中央政治局发给武汉的指示中，关于军事计划的建议为，"让唐生智和冯向北京和济南府推进，切断蒋介石的去路，进而在山东和北京站稳脚跟。要以伤亡减员为借口将张发奎的部分部队，如有可能，则将其所有部队作为比较可靠的部队调作武汉的后备队，赶紧补充工人和农民，或把他们作为主要支柱留在武

---

① 《鲍罗廷关于中国局势的报告》，载《联共（布）、共产国际与中国国民革命运动（1926—1927）》（下），第228页。
② 《罗易就中国形势给共产国际执行委员会政治书记处和斯大林的书面报告》，载《联共（布）、共产国际与中国国民革命运动（1926—1927）》（下），第280页。

汉"。① 在联共（布）中央政治局看来，唐生智的部队是不可靠的，而拥有广大共产党员组成的张发奎部队是可靠的，用它作为保卫武汉的军事力量是比较令人放心的。果然，在第二次北伐第一期军事计划完成后，唐生智无所收获，坚决班师回武汉。②

同时，鲍罗廷认为，蒋介石也在叫嚣北伐，他的欺骗宣传在群众中还有影响，而且得到帝国主义、大资产阶级的支持，因此，东征未必能胜；如果武汉大军东下，张作霖的奉军可能直下武胜关而攻打武汉，武汉则处于腹背受敌的危境；东下会与帝国主义过早发生冲突，且这时蒋介石无力西犯，武汉大军北伐可无后顾之忧。③

与鲍罗廷不同，罗易反对北伐，主张南下在两湖和两广发展农民革命，以巩固武汉国民政府政权的社会基础，并对东南采取包围的形势。"我的建议是巩固长江以南的革命民主政权。派遣军队北上会使蒋介石得以加强他在南方的影响，也就是说反动派会从后方来进攻革命。我的具体建议是：在北方采取防御措施，帮助冯玉祥向东推进，加强湖北、湖南、江西、福建、广东和广西的政权，改组并集结革命军队，然后再向北推进。巩固左派政权需要有革命的土地政策。我指出，采取立即北上的政策是小资产阶级左翼想回避进行土地革命的必要性。"④ 针对鲍罗廷的"不扩大地盘革命就无法深入"的观点，罗易认为革命的促进，不在地盘的扩大，而在于社会基础的巩固，也就是基于"土地革命"的发展。他认为必须建立一项"民主独裁"，首先扩大"民主势力"，以巩固武汉国民政府的政权基础。要实现上述目标，必须完成三项任务："①民主势力的运用，经过一项土地革命，亦为无产阶级最低要求之实现；②利用农民夺取乡村政权；③革命的改组与集中。换言之，即建立一支革命的军队。"⑤

不仅如此，罗易认为鲍罗廷的北伐计划充满了极大的危险。他认为，

---

① 《联共（布）中央政治局紧急会议第108号（特字第86号）记录》，载《联共（布）、共产国际与中国国民革命运动（1926—1927）》（下），第306—307页。

② 转引自《鲍罗廷与武汉政权》，第206页。

③ 转引自《武汉国民政府史》，第359页。

④ 《罗易给共产国际执行委员会的报告》，载《联共（布）中央政治局紧急会议第108号（特字第86号）记录》，载《联共（布）、共产国际与中国国民革命运动（1926—1927）》（下），第202页。

⑤ Robert C.North and Xenia J.Eudin, M.N.Roy's Mission to China, Document 5, University California Press.1963, p.167.

在没有一个巩固的基础就进行北伐，将一定给予北方军阀或南京方面一个进攻机会。他认为北伐假定建立在于冯玉祥和阎锡山之加入革命，那是非常危险的，他说："我们跳出油锅再进火中。现在我们只应当去对付蒋介石，可是我们却避开他而到陌生的地方去，在那里，我们很可能还会遇到许多像他这样的人。"① 罗易在指出鲍罗廷与中共的观点与共产国际的决策相冲突之后，同时提出了巩固武汉国民政府的军事意见："①在北部、东部、西部布置军事力量，以保障革命的第二防线——长江的安全，此一计划的拟定应委之军事专家。其要点：派遣军队到河南前线；与冯玉祥合作，使之逐向陇海路推进；第二、六军向安徽西部推进。②恢复武汉国民政府在江西、广东及广西的势力。③恢复广东的势力，并不需要南征，只要利用地方的武力及忠于武汉国民政府的对方叛军与工农的活动，即可完成。④当克复广东时，江西的克复亦不困难了。"②

鲍罗廷与罗易的两种不同的意见，当时叫作"深入"与"广出"之争。据蔡和森记述："鲁依同志与老鲍的意见相反，鲁依认为革命必须深入，土地革命不能延缓，才能使革命基础坚固。关于（中国）革命'深入'或'广大'的问题，亦为两人的争执。鲁依同志的意见，先求革命的深入，再求广大；老鲍先要广大，再求深入。"③ 最后，武汉国民政府反复犹豫之后终于选择了北伐。

（2）中共内部关于北伐和东征的意见分歧。作为武汉国民政府领导集团的重要组成部分，中国共产党的意见无疑是非常重要的。但是，就是在武汉国民政府是北伐还是东征的问题上，中共内部存在着意见分歧。当时，中共中央负责人在讨论武汉政府的军事战略决策时，意见很不一致。陈独秀、彭述之、张太雷完全同意鲍罗廷的北伐意见。瞿秋白建议先打南京，但是他主张占领南京后就经陇海路北伐，尽量避免在上海同帝国主义决战。谭平山、张国焘主张南伐广东，他们认为这样做可以夺取广州港口，打通国际联系，便于获取苏联的资助，既有利于解决财政经济危机，

---

① Robert C.North and Xenia J.Eudin, M.N.Roy's Mission to China, University California Press.1963, p.62.

② Robert C.North and Xenia J.Eudin, M.N.Roy's Mission to China, Document 5, University California Press.1963, p.174.

③ Robert C.North and Xenia J.Eudin, M.N.Roy's Mission to China, University California Press.1963, p.62.

又能在军事上摆脱被困的境地。蔡和森的意见是有条件的北伐,他提出四个条件的北伐政治纲领:"第一,在两湖及其他武汉领域内,立即实行土地革命;第二,实行财政大改革,一切财政负担加于资产阶级和地主阶级身上,免除一切工农和穷人的负担;第三,实行军队大改革,增加兵士月饷,取得兵士群众领导权,废除军需制,军需直属财政部管理以制反动将领之死命,军队指挥权完全属于革命军事委员会;第四,同时巩固后方,南取广东。蔡和森是主张深入和广出同时并行的,于进攻军阀之同时,给地主阶级及资产阶级以严重打击。"①

1927年4月16日,在上海的中共领导人周恩来、赵世炎、罗亦农、陈延年、李立三等致电中共中央,建议武汉国民政府迅速出师讨伐蒋介石。他们在给中央的意见书中,分析了当时国内政治、军事形势,建议武汉国民政府"下定决心讨伐,迅速出师,直指南京"。意见书还分析了当时的军事态势,认为只要二、六两军从侧面攻击芜湖,芜湖如下,则南京必然震动,"南京一失,苏沪可不战自定",是完全可以打败蒋介石的。若"再不前进,则彼进我退,我方亦将为所动摇,政权领导尽将归之右派,是不仅使左派灰心,整个革命必根本失败无疑"。②应该说中共上海领导人的这种设想是大胆和勇敢的,是一种在危机时刻挽救革命的战略构想。但是这种构想是建立在二、六军继续忠于武汉政权的基础之上的,而且寄希望他们能够侧击芜湖,事实上这种可能是不存在的,因为上海的中共领导人并不知道,被武汉方面寄予厚望的二、六军除军长外,其余军官大部分早已被蒋介石收买,因此,即使东征讨蒋也未见得有取胜的希望。

同日,汪精卫以政治委员会的名义召开国共两党联席谈话会,讨论"积极北伐"与"肃清东南"问题,当时,中国共产党在共产国际代表罗易的影响下,反对立即北伐。罗易认为新的军事行动对革命有害,建议在武汉国民政府辖区开展土地革命,通过消灭农村的反动力量,向南调动军队扩充广东、江西等省份的实力。③也就是在4月16日这一天,中共中央根据罗易的意见,通过了一项《关于继续北伐问题的决议》,认为"在目前情况下,立即北伐去占领京津地区,不仅不符合革命的需要,而且有害

---

① 蔡和森:《党的机会主义史》,载《共产国际、联共(布)与中国革命文献资料选辑(1926—1927)》(上),第516页。

② 周恩来:《迅速出师讨伐蒋介石》,载《周恩来选集》(上卷),第6—7页。

③ M.N.Roy, My Experience in China, Bobay, 1938, pp.56-57.

于革命。采取北上扩大领域的军事行动之前，必须将早已在国民党统治下或革命已经部分完成的那些地区的革命基地加以巩固。然而，最需要的是保卫国民政府的所在地，否则，巩固革命基地的事业就不能胜利进行"。同时提出达到上述目的应该采取如下措施："①这个地区的国民革命军立即占领直到河南南部的地区；②与冯玉祥建立紧密和有效的合作，使他的军队能逐渐向陇海路推进；③从浦口撤出的第二军和第六军，必须向北进军，占领安徽西部。"① 基于巩固国民政府所在地的需要，中共中央认为军事行动只能是"防御性的军事行动"。

但是，共产国际和斯大林认为武汉国民政府当前的首要任务是向北发动军事进攻，占领河南同冯玉祥会师，再推行土地革命。斯大林对武汉政府北伐的行动作了解释，"第一，因为奉军向武汉蠢动，要肃清它，所以进攻奉军是完全刻不容缓的防御办法；第二，因为武汉派希望同冯玉祥军队会合，更向前推进以扩大革命根据地，这在目前对于武汉政府又是极重要的军事政治事件。"既然武汉政府无法在反对蒋介石和进攻张作霖的两条战线上同时作战，"倒不如暂时让蒋介石在上海地区挣扎，同帝国主义者纠缠在一起吧"。因此武汉国民政府应该"首先同冯（玉祥）军会师，在军事方面充分巩固起来，以全力开展土地革命，进行紧张的工作以瓦解蒋介石底前线与后方"②。这样鲍罗廷遵照斯大林的指示，向中共中央施加压力，同时国共两党领导人的意见不同意东征，出兵河南继续北伐的主张逐渐占了上风，两天后，经过"国共两党联席谈话会"几次商量，中共中央撤销了上述决议。18日，鲍罗廷将第二期北伐的决策在国民党中央通过，武汉国民政府决定停止东征转向北伐。

（3）武汉国民政府北伐决策的出台。在如何从军事上打破被困的局势时，武汉国民政府国民党左派领导人之间也有两种不同的意见，一是主张东征，二是主张北伐。主张东征的以唐生智、张发奎为代表，认为蒋介石叛变革命，并在南京成立国民政府，已经发展成为南方反革命中心，如果不进行讨伐，让其发展，则党纪不申，内战亦随其后，应趁其基础尚未巩固之时，迅速攻击南京，则长江下游问题易于解决。③ 主张北伐的以汪精

---

① 《中共中央关于继续北伐问题的决议》，参见《罗易赴华使命》，第176页。
② 斯大林：《和中山大学学生的谈话》，第18—20页。
③ 《中国国民党中央执行委员会常务委员会第七次扩大会议速记录》，转引自《一九二七年底的回忆》，第123—124页。

卫为代表，认为东征未必能够取胜，而且奉军可以直下武胜关而进攻武汉；东征还有可能同帝国主义发生直接冲突。如果此时北伐，蒋介石一时无力西犯，且可以同冯玉祥会师河南，形势对武汉国民政府极为有利。

本来武汉国民政府在四月初曾想采取措施。4月7日，武汉国民党中央政治委员会召开紧急会议，决定"为适应革命势力之新发展及应付目前革命之需要"，将中央党部及国民政府迁至南京，迁移日期另行决定。会议指定顾孟余、邓演达、谭平山三人负责迁都的宣传工作，下令军事委员会制定南京为中心的作战计划。① 4月9日，四军登轮，准备东征。同时武汉方面命令六军留在南京，不要听命于蒋介石；又命令已进至长江北岸的二军回师南京，协同六军卫宁反蒋。4月10日，汪精卫返汉后，却主张暂缓东征，以谋求与蒋介石妥协。11日四军得到命令退回原地，四军、十一军东下的计划就这样搁浅了，迁都南京变成了一纸空文。

武汉国民政府的动摇与共产国际对蒋介石的认识有关。4月5日，斯大林在莫斯科发表演说声称："既然我们有多数，既然右派听从我们，为什么把右派赶走？只要有用场，农民连一匹疲蹶的老驽马也需要。他不把它赶走。我们也一样。等到右派对我们没有什么用场，我们就把它赶跑。目前我们需要右派。它有的是能干的人，这些人尚率领军队且指导它去反对帝国主义者。蒋介石也许对革命没有同情，但他正带着军队，且除了引导他去反对帝国主义者之外，便不能干别的事情。"② 斯大林的讲话对中共中央产生了影响，4月11日左右，中共中央在武汉召开临时会议，维经斯基认为蒋介石"有办法"，罗易也认为蒋介石"还有办法"，主张派共产国际代表团中一人去上海会见蒋介石。③

正在武汉国民政府犹豫是东征还是北伐之机，李宗仁派参谋长王应榆来汉，向武汉国民政府领导人建议宁汉双方承认既成事实，大家分道北伐，待会师北京，再开和平会议解决党内纠纷。武汉领导人接待了王应

---

① 《中国国民党中央执行委员会政治委员会临时紧急会议决议录》，转引自杨天石《寻求历史的谜底——近代中国的政治与人物》，首都师范大学出版社1993年版，第528页。

② Harold R.Isaacs, *The Tragedy of the Chinese Revolution*, Stanford：Stanford University Press, 1938, pp.183-184；《斯大林在莫斯科党组织积极分子会议上的讲话》, Trotsky, Leon, *Problems of the Chinese revolution*, New York：Paragon Book Gallery, 1962, pp.389-390。

③ 李立三：《党史报告》，中央档案馆编《中共中央党史报告选编》，中共中央党校出版社1982年版，第245页。

榆，表示"先将北方之敌击溃再说"。① 邓演达后来回忆说："经过十多天的讨论，'往东'打南京，'往北'的计划前后变更了四五次，卒之为如下之理由取决'往北'去，'把张作霖在河南的队伍肃清，把冯玉祥的队伍接出来，然后把对付张作霖于京汉路上的责任托付给他，我们的队伍专致力于东南肃清'。"② 就这样，武汉国民政府于 1927 年 4 月 19 日在武昌南湖誓师。20 日，各路军队由京汉路进入河南，集中驻马店，第二次北伐正式开始了。

（二）共产国际对武汉国民政府处理内部反动事件的影响

就在武汉国民政府兴兵北伐不久，在蒋介石的支持和唆使下，武汉国民革命军内部的部分反动军官，本来就仇视农民运动，见武汉政府大军北伐，后防空虚，以为时机已到，纷纷发动反革命叛乱。首先是夏斗寅，后来是许克祥、朱培德等。在共产国际指示下，武汉国民政府对这些事件进行了处理，但是由于这些事件的处理并没有达到挽救武汉国民政府的目的，最终成为武汉政权崩溃的一个前奏。

1. 共产国际与武汉国民政府平定夏斗寅叛乱

蒋介石发动"四·一二"政变，并在南京建立国民政府之后，武汉国民政府辖区内的反革命势力日趋于反动，4 月 18 日武汉国民政府宣布北伐之后，一些反动军官认为时机来临，伺机发动叛乱，阴谋推翻武汉国民政府，首先发难的就是夏斗寅。

（1）夏斗寅叛乱的经过。夏斗寅原系李书城的旧部，北伐开始时其作为鄂军肖耀南的旅长，驻扎长沙。北伐军进驻湖南时，他投降后被任命国民革命军鄂军第一师师长，隶属于唐生智。同时，夏还担任湖北省政府委员、特别党部执行委员等。1927 年该师移防宜昌，该番号为独立第十四师，全师扩充至一万三千余人。

独立十四师本来是武汉国民政府用来戒备四川军阀侵犯首都的部队，但是在蒋介石的策动下，夏斗寅同四川军阀杨森相勾结，密谋实行军事叛变。5 月初，杨森带领三万川军，由川东出发，入侵鄂西，进犯宜昌。5 月 7 日，驻扎鄂西的夏斗寅秘密行动，响应杨森，还派船帮助杨森运输部

---

① 政协广西壮族自治区委员会文史资料研究委员会编：《李宗仁回忆录》，广西人民出版社 1980 年版，第 467 页。

② 《中国革命最近的严重局势之由来》，载《武汉国民政府史料》，第 114 页。

队,同时捏造战报,说杨森兵多人众,自己兵力不济,无奈后撤,将军事重地宜昌拱手让给杨森,将所部擅自向武汉方向移动。5月9日,杨森进驻宜昌,派兵强令解散宜昌总工会、农民协会等革命团体,并大肆屠杀工农群众。夏斗寅则率军乘船东下,经沙市、石首、监利,13日在嘉鱼登陆,随即发出反共通电。随后,叛军占领了咸宁的汀泗桥,直扑武昌。这时,武汉因为大军北伐,异常空虚,叛军既有蒋介石为后盾,又有杨森军相配合,并约有何键、刘佐龙等部为内应,气势汹汹,不可一世,企图一举推翻武汉国民政府。17日,叛军迫近离武昌近40里的纸坊镇。同时,杨森率部沿襄河两岸协同东征。于学忠、张联升在鄂西北配合行动。武汉国民政府处于敌人的三面围攻的危急形势之中。[①]

5月18日,武汉国民政府紧急动员起来,经过一番紧张的动员和组织工作,武汉的工人、农民、工人纠察队和劳动童子团等革命力量迅速调动起来。同时广大的人民群众也被动员起来,奋起参加平叛战斗。叶挺率领的第二十四师在这次平叛战斗中发挥了巨大的作用。接到命令后,叶挺迅速集中二十四师七十二团的两个营,奔赴纸坊附近,占领阵地,阻击敌人。5月19日,经过一天的激战,终于打退夏斗寅的进攻,并且在土地塘彻底打垮叛军。接下来,叶挺率部乘胜追击,并收复了贺胜桥,夏斗寅向鄂东南仓皇逃窜。武汉国民政府彻底平定了夏斗寅的叛乱。

(2) 共产国际代表对武汉国民政府平叛措施的影响。应该说,夏斗寅叛变事件事先是有一定的征兆的。当叛军向武汉方向移动时,邓演达就察觉了此事的异常,他对在汉的独立十四师政治部主任包惠僧说:"这件事在我的意料之中","夏斗寅未经请示,擅自移防沙市,你想他们想干什么?",但是由于河南的军队一时撤不回来,邓演达只有一方面调兵作战,另一方面要包惠僧说服夏斗寅,希望放弃反叛念头。[②] 不光是邓演达,第二十四师师长叶挺也有所戒备,据其苏联军事顾问回忆,"十四日傍晚,在武昌,当我在叶挺的房间时,有人给他送来一封公文。叶挺告诉我有情报说,夏斗寅的部队不知什么原因正在向岳州方向运动。这是一个可疑而又危险的情况。我们马上研究了武昌万一受到威胁时的对策。"当天夜晚,当我返回叶挺师部时,"全师已开始投入反击准备","整装待发"。[③] 但

---

① 刘继增等:《武汉国民政府史》,湖北人民出版社1986年版,第374页。

② 《包惠僧回忆录》,第333页。

③ 《苏联顾问在中国》,第108页。

是，就是在这种情况下，武汉国民政府在处理这起事件中，仍然没有采取坚决的措施，彻底解决叛乱问题，这在很大程度上与共产国际代表的指导思想有关。

首先，在对待夏斗寅事件性质的认识上，武汉国民政府领导人将其定性为一件"小事"，认为夏起事的原因是因为工农运动"过火"，这与共产国际代表的认识有关。对于夏斗寅叛乱，武汉国民政府的领导人之一汪精卫认为，夏斗寅的"这次变动，只当一件小事，镇定人心的工作让省、市两党部去做"。他认为，夏斗寅事件和杨森叛乱有本质的不同，"因为杨森是明明白白奉南京政府的命令，夏斗寅的通电只说是要清君侧"①。他说："夏斗寅在通电上与杨森微有不同，杨森拥护蒋介石；而夏则对湖北省政府人员不满意，及杀尽共产党。"② 同时，唐生智和整个军事委员会保持着电报联系，他们赞赏夏斗寅的反革命叛乱。③ 所以，在对夏斗寅事件的处理上，武汉国民政府的态度是极其暧昧的。直到5月18日，在国民党湖北、武汉两党部联席会议已经发出讨夏通电的情况下，武汉政府才羞答答地发布命令："独立第十四师师长夏斗寅，罪状昭著，应急褫职拿办。"④ 武汉国民政府的这种认识，显然是出于维护夏斗寅的目的。

事实上，夏斗寅与杨森在本质上没有什么不同，都是在蒋介石的指使下，阴谋颠覆武汉国民政府。夏斗寅虽说投靠武汉政府，但是他的军队一点都没有得到改造，军官多半是鄂籍的地主出身，他们和地主阶级、军阀及蒋介石集团始终保持着密切的联系。湖北地区逃亡京沪一带的大土豪劣绅，在吹嘘他们所扮演的角色时说："此次夏斗寅举兵反共，非由其个人单纯意思，乃多方积酿而成，尤以旅京旅沪鄂籍绅商为最大主力，曾几度派人，几番凑款，促夏举办此事，夏初以力微，犹涉游移，继以助之者众，且得有多数之助款，乃决然行。"⑤ 不仅如此，夏之叛乱确实受蒋介石指使无疑，蒋介石曾向东方社记者供认，夏斗寅之反共是受他的命令，在

---

① 《中国国民党中央执行委员会政治委员会第二十二次会议速记录》，载《中国国民党第一、二次全国代表大会会议史料》（下），第1180页。

② 《中国国民党中央执行委员会常务委员会第十二次扩大会议速记录》，转引自《武汉国民政府史》，第376页。

③ 《罗易给某人的电报》，载《共产国际、联共（布）与中国革命文献资料选辑（1926—1927）》（下），第274页。

④ 《国民政府令》，《汉口民国日报》1927年5月19日，第1张新闻第1页。

⑤ 《夏斗寅起兵反叛》，《益世报》1927年5月25日，第4版。

此之前，蒋介石即通过蒋作宾策动夏反共，夏叛变后，立即派部下钟鼎、沈毅夫去南京向蒋介石报告。① 5月13日，夏斗寅在嘉鱼登陆后所发出的反共通电（即元电），并不是夏斗寅本人亲自发布的，而是通过南京蒋介石政权宣布的。之后，蒋介石国民党也承认：" 当武汉事变发生之初，蒋总司令恐后方空虚，影响大局，曾令长江上游之夏斗寅军会同杨森之川军及李却之黔军向武汉方向进迫，以资牵制。"② 这明摆着夏斗寅叛变是受蒋介石指使的，与杨森没有什么不同。汪精卫无视事实，很显然是出于保护夏斗寅，反对中国共产党领导的工农运动。

武汉国民政府之所以如此袒护夏斗寅，这与共产国际当时驻华代表鲍罗廷的指导思想分不开的。早在武汉国民政府第二次北伐之前，武汉国民政府的经济形势岌岌可危，武汉国民政府好不容易通过实行现金集中，才筹到了北伐的军饷，一段时间以来鲍罗廷一直致力于武汉国民政府经济形势好转的努力。与此同时，由于两湖地区工农运动风起云涌，在工农运动中不免有极少数人，乱杀无辜，违法乱纪；加上少数土豪劣绅的雇佣者趁机作乱，私设酷刑，陷害军属，给鲍罗廷造成了一种假象——共产党领导的工农运动"过火"导致武汉国民政府经济状况恶化。一旦这种思想形成，就在武汉国民政府的领导层中造成了影响，这种影响的结果就是：夏斗寅叛乱情有可原，共产党领导的工农运动有错在先。这不能不对夏斗寅事件的处理带来负面影响。

其次，在军事打击夏斗寅的过程中，武汉领导人反对穷追叛逆，这也与共产国际代表的让步方针有关。叛军兵临城下，武汉国民党军政要员惊慌失措，拿不出坚定的主张和有效的办法。与之相反，中国共产党和民众团体在反叛过程中发挥了中流砥柱的作用。5月18日，中国共产党即时发出了讨伐夏斗寅的《告民众书》，痛斥了夏斗寅"反共产救中国"的叛乱纲领，指出："他不是想救中国，他是想保障帝国主义、军阀和反动的封建军阀势力，使革命不能达到根本铲除这些东西。"强调中国共产党"不但不是反对中等阶级，反而是和他们结成联盟"。《告民众书》号召工农和城市小资产阶级共同起来，巩固革命根据地，"削平夏斗寅的反叛！""打

---

① 《武汉国民政府史》，第373页。
② 参见国民党党史材料编纂委员会编《革命文献》，第15辑。

倒反国民革命的一切封建军阀！"① 与此同时，湖北省总工会发出 198 号通告，指出："各工会负责人在此严重时期，应当领导全体工友团结在本会指导之下，共同努力，以镇压一切反革命势力。"② 总工会组织了工人纠察队一方面肩负起了武汉的保卫任务，另一方面开赴武昌前线，作为第二线的防御工作，有力地支援了反击夏斗寅的战斗。

就这样，在中国共产党和广大人民群众的支持下，叶挺率领军队打败了夏斗寅。叶挺在向武汉国民政府报告军事进展时说："职部于今日（五月二十二日）到达咸宁。夏逆残部仅余三百人左右，悉数向通城、武宁、修水、通山等处溃退，职已派兵与三省友军，共取联络，跟踪追击，务绝根株。"③ 但是武汉国民政府领导人反对穷追叛逆，他们攻击农民运动"过火"，主张和夏斗寅谈判。当时汪精卫主张"调解"，唐生智也说他可以"招呼"夏斗寅，于是就派了陈公博等去进行调解，实际上要保存夏斗寅的反动势力。④ 当时，吴玉章说："反革命要打我们，没有人出来调解，我们打反革命，和事佬就这样多。武汉政府中的那些反动分子的反共意图已昭然若揭。"⑤

实际上，在平叛的战斗中，共产党人领导的武装力量已经控制了湘鄂边界。据此有利形势，可以南下长沙，北制武汉，如果一直追剿，不仅可以趁势消灭夏斗寅的叛军，也有可能镇压湖南的叛变。但是武汉国民政府的国民党领导人认为武汉国民政府"完全孤立危险了，两湖工农过火，闹得天怒人怨，所有军队即将起来反对，所有工商业者皆起而响应或欢迎蒋介石"。"国民党与国民政府只是空招牌，完全成了共产党的傀儡"。⑥ 因此，他们极力阻止这支革命军队的进一步行动。他们反对武装工农，反对镇压疯狂报复的土豪劣绅。因此，在他们看来只要是打败夏斗寅，接下来的任务就是抑制工农运动，调整同共产党的关系。就在此紧要关头，共产国际代表鲍罗廷、罗易和中共领导人陈独秀却坚持退让的方针，拒绝了蔡

---

① 《中国共产党对夏斗寅叛变发出之文件》，《汉口民国日报》1927 年 5 月 22 日，第 1 张新闻第 2 页。
② 《湖北省总工会第一九八号通告》，转引自《武汉国民政府史》，第 377 页。
③ 《痛剿夏逆之经过情形》，《汉口民国日报》1927 年 5 月 24 日，第 1 张新闻第 1 页。
④ 《武汉国民政府史》，第 380 页。
⑤ 《关于第一次大革命的回忆》，《吴玉章回忆录》，中国青年出版社 1978 年版，第 146—147 页。
⑥ 蔡和森：《党的机会主义史》，载《共产国际、联共（布）与中国革命文献资料选辑（1926—1927）》（上），第 520—521 页。

和森和李立三提出的"立即占领粤汉路,兜剿夏斗寅","积极准备武力对付,以暴动对付暴动"的正确意见,把政治局的工作中心建立在所谓的与左派的关系上,"对于夏斗寅的叛变只当作是一件临时的事变去应付"。①结果武汉国民政府虽然打败了夏斗寅,但是并没有达到消灭敌人,发展革命的目的。

2. 共产国际与武汉国民政府对"马日事变"的处理

(1)"马日事变"发生的经过。夏斗寅叛变事件发生之后,湖南的土豪劣绅大受鼓舞,纷纷起来响应,阴谋组织各种反对政府的活动。一方面,土豪劣绅以夏斗寅叛变事件为契机,煽动社会各界仇恨农民协会和工人纠察队,在军官家属中广泛地进行反共宣传,大量制造、散播各种谣言。另一方面,土豪劣绅或派出流氓分子,或勾结把持农民协会的哥老会,肆意杀戮,擅自没收土地,擅自勒索捐款,擅杀官吏,进攻军人家属等,然后嫁祸农民协会,攻击农民运动"过火"和"糟得很"。同时,一些反动军官利用一切手段激起下级官兵对共产党和工农运动的仇恨。

5月17日,第33团团长许克祥和第33军教导团团长王东原等反动军官密谋,准备发动反革命军事行动,并推举许克祥为指挥官。5月21日晚,许克祥等率兵分别袭击了湖南省、市国民党部、省总工会、省农会、省党校及省农民运动讲习所等机关。捣毁了省特别法庭,释放了所有被监押的土豪劣绅;撕毁了全部拥护武汉国民政府、打倒蒋介石、铲除土豪劣绅的革命标语;枪杀了大批共产党员和革命群众,长沙陷入一片白色恐怖之中。

5月24日,许克祥、周荣光等,在长沙成立"中国国民党湖南省救党临时办公处",自封"临时主席团主席",公开发布"拿捕暴徒分子"的命令,并发出清党反共通电。5月27日,继续由许克祥出面,正式组织"湖南救党委员会"。该组织成立之后,"即通令各级党部及民众团体一律改组,各级党部及民众团体的执行委员,通令各县一律拿办,枪杀勿论,以期造成清一色的反动势力"。②

"马日事变"后,许克祥等用极其野蛮的办法,在长沙等地大肆屠杀

---

① 蔡和森:《党的机会主义史》,载《共产国际、联共(布)与中国革命文献资料选辑(1926—1927)》(上),第524页。

② 《向导》1927年第199期,第2187—2188页。

人民群众。在衡阳、醴陵、武冈、益阳、湘阴、桃源、永州、浏阳、临湘、安乡、辰州、叙浦等地均发生屠杀事件，各革命团体悉被反动派捣毁。从1926年秋到1927年5月，湖南各县农民不过镇压了几十个罪大恶极的土豪劣绅，而在马日事变后，地主武装"清乡队"、"团防队"所屠杀的农民却千百倍于此。至6月10日左右，在湖南的二三十个县中，即有一万多人被杀害。①

（2）武汉国民政府内部对"马日事变"的态度及处理。军事将领对许克祥持支持态度。自从唐生智离开湖南，领军北伐之后，何键就成了湖南地主豪绅、国民党右派等反共势力的总代表。他在暗地支持许克祥发动反叛之后，5月23日，他从河南发出通电，公开指责工会、农会"截车扣米、残害军人、拘杀亲属、抄没田产"，诬蔑农会人员扣提士兵汇款，"扰及职军后方"。②何键的表态助长了湖南反革命势力的嚣张气焰。

唐生智对事变的态度经历了一个从反对到支持的过程。两湖地区是唐生智的基地，此次北伐唐担心蒋介石勾结两广、川黔的军阀从后偷袭，因此对两湖的农民运动表面上持支持的态度，因为他知道通过利用工农运动扩充自己势力是绝对必要的，但是他对农民运动的后果也十分担心。"马日事变"时，唐生智由于其主力远在河南前线同奉军作战，所以他不敢公开站在工农运动的对立面，害怕这样会造成腹背受敌不可收拾的局面。5月24日，唐生智致电湖南省政府负责人，指令长沙周围各军，概归唐的总参谋长、湖南省代主席张翼鹏指挥。同时要他们用长沙各界的名义张贴拥护国民政府、拥护三大政策、打倒叛党叛国的蒋中正等标语，并强调"所缴枪支，一律发还"。③当天晚上，唐生智将"马日事变"情况报告武汉国民党中央，表示对许克祥越轨行为的不满，立誓要遵守孙总理的三大政策，并向武汉政府"自请处分"。④

然而，当唐生智一旦回到武汉，就改变了对"马日事变"的谴责态度，从而公开支持武汉国民政府对许克祥的庇护态度，对革命群众予以镇压。6月3日，武汉国民党中央决定派唐生智"查办长沙事件"。26日唐

---

① 转引自《武汉国民政府史》，第380页。
② 《国闻周报》（第4卷），1927年第23期。
③ 同上。
④ 《中国国民党中央执行委员会政治会议第二十八次会议速记录》，载《中国国民党第一、二次全国代表大会会议史料》（下），第1233页。

一到长沙就致电武汉国民党中央，攻击湖南"工农运动领导失人，横流溃决、跌呈恐怖!"将马日事变的责任完全推于共产党和工农运动身上，并公开枪杀了两位革命者。而对于叛变头目许克祥，则仅以"激于义愤，实误触纪律"之名，"记过一次，留营效力"。①

武汉国民政府国民党领导人庇护许克祥。"马日事变"发生后，汪精卫等人千方百计为许克祥的叛变辩护，庇护其反革命罪行。他们拒绝申讨许克祥并进而公开赞扬许克祥的叛变行径。6月1日，汪精卫在国民党中央说："本席可以大胆说一句，农民协会是一个空前的错误。"他说，"农产品被摧残完了，工商业家都打得跑光了，上不要中央，下不要人民……像这样逼得人无路可走，也难怪许克祥他们要起来造反。"孙科则认为湖南农民运动"打破了联合战线，闹出很大乱子"，为"多数人所反对"，②所以"马日事变"的发生，大家都"举手加额"，将事变发生的原因，归咎于"过火"的工农运动。6月初，汪精卫针对"湖南各团体请愿代表团"提出要求严惩许克祥，恢复湖南省党部等要求时说，"农民协会也有错误"，"如果农工以为自己毫无不是之处，那就不得了"。当听说请愿团将设立湖南省党部驻汉办事处时说："什么话！中央已有明令改组湖南省党部，他们居然敢来呈请设立办事处，心中简直没有中央。把他们扣起来，重重地办他们一下。"③

(3) 共产国际代表及中国共产党的意见及处理。"马日事变"后，共产国际驻中国的代表及中共中央的主要领导人，不但自己拿不出有效的方针政策，而且拒绝采纳正确的主张，结果完全处于被动地位。陈独秀认为，"国民革命军百分之九十是湖南人，整个军队对农民运动的过火行为都抱有敌意。夏斗寅叛变和长沙事变是这种普遍敌意的表现。在这种情况下，不仅是国民党，就是共产党也必须采取让步政策。必须纠正过火行为，节制没收土地的行动"。④鲍罗廷也认为，"现在国民党的左派还是好

---

① 《中国国民党中央执行委员会政治会议第三十二次会议速记录》，载《中国国民党第一、二次全国代表大会会议史料》（下），第1281页。
② 《中国国民党中央执行委员会政治会议第二十六次会议速记录》，载《武汉国民政府史》，第393页。
③ 《中国国民党中央执行委员会政治会议第二十八次会议速记录》，载《中国国民党第一、二次全国代表大会会议史料》（下），第1235—1243页。
④ 《陈独秀根据政治局意见致共产国际电》，载《共产国际、联共（布）与中国革命文献资料选辑（1926—1927）》（上），第467页。

的，他们没有什么错误和不好的倾向，一切错误都是工农运动过火，我们的同志太幼稚，不能真正领导农民运动，领导湖南农民运动的是'地痞'与哥老会，而不是我们"。① 可见，鲍罗廷与陈独秀一样，把向国民党"左派"让步以取得他们的合作，看成革命成败的中心问题。罗易建议推翻已经不是代表左派的国民党中央，但是由于对左派群众的工作还是一点准备都没有，因此他提出的同国民党中央决裂，建立工农民主独裁制，显然是不可能实现的。因此，对于事变的处理，无论是共产国际驻华代表还是中共中央主要领导人，根本拿不出有效的应对办法。

后来，蔡和森提出坚决反击的正确方案没有被采纳。党中央对"马日事变"采取了和平解决的方针。鲍罗廷主动提出同国民党特别委员会一起赴湘调查，但是特别委员会只到岳阳就被许克祥挡驾而回，结果不仅无法处理上述事件，反而丧失了武汉国民政府及鲍罗廷的威信。为了解决两湖问题，中共中央常委通过了湖南、湖北决议案，决定在两湖发动对反动派的进攻，准备以武力改组武汉国民党中央。但是，由于中共中央和共产国际代表对于挽救时局的主张很不一致，本来在两湖决议案中，制订了暴动计划，但是共产国际代表将计划改了又改，最后将计划搁置。处理"马日事变"就不了了之。

（4）共产国际对"马日事变"处理的影响。对于突如其来的事变，共产国际明显感到出乎意料，在事变的处理上其态度复杂多变，从而对事变的处理带来了影响。

首先，鲍罗廷认为"马日事变"的原因是由农民运动"过火"引起，应该解除所有工人纠察队的武装。事变第二天，鲍罗廷就得到了消息。鲍罗廷认为湖南农民运动"过火"了，危及了与国民党的统一战线，引发了"马日事变"。因此，鲍罗廷一听到"马日事变"的消息就大发雷霆，对罗易说，湖南的局势已变得无法容忍，他本人将前往那里，逮捕中共湖南领导人，解除所有纠察队的武装。鲍罗廷与中共中央政治局委员、武汉政府农民部长谭平山以及国民党中央常委、武汉国民政府工商部长陈公博等，奉汪精卫之命乘火车前往长沙，一方面"查办""越轨"军人许克祥，另一方面"查办""过火"的农民运动。许克祥等闻讯后密电岳阳驻军：将他们就地拿获处决。鲍罗廷等闻讯，连夜狼狈退回武汉。

---

① 蔡和森：《党的机会主义史》，载《共产国际、联共（布）与中国革命文献资料选辑（1926—1927）》（上），第526页。

其次，斯大林支持陈独秀和鲍罗廷阻止土地革命。"马日事变"引起斯大林和共产国际政治书记处书记布哈林等人空前的注意，也引起了其他国家共产党领袖们的关注。当时他们正在莫斯科举行共产国际执委会第八次全会。布哈林与其他国家共产党领导人就农民运动和土地革命还是否继续进行了讨论。布哈林认为，中国农民正用暴力强占土地，这吓坏了武汉政府。如果不限制土地革命，我们将失去左派同盟者，并将不可能争取国民党的大多数。斯大林支持布哈林的意见，他说如果我们现在不反对农民暴动，资产阶级左派就会转而反对我们，就会打内战。接着，斯大林读了几份鲍罗廷发来的电报，以此来证明自己的观点是正确的。电报表明，国民党领导人决心反对土地革命，即使与共产国际断绝关系也在所不惜。斯大林还说，他想给鲍罗廷送发指示，叫鲍反对没收和分配国民党党员和国民军军官的土地。5月30日全会通过的《关于中国问题的决议》，显然受了斯大林上述思想的影响。全会不是要求中共提高警惕，与汪精卫等国民党领袖的反动倾向作斗争，防止他们背叛革命，而是不加分析地把武汉政权称为"革命中心"，①继续要求通过武汉政府去实现土地革命。

最后，斯大林突然转向要求立即开展土地革命，迅速平定许克祥叛乱。最初斯大林反对立即实行土地革命，主张同武汉国民政府协商，妥善解决"马日事变"。很快斯大林从支持鲍罗廷的立场突然转向支持罗易的立场。按照罗易的想法，中国共产党应该不惜代价开展土地革命，但是受到鲍罗廷和陈独秀的有力抵制。然而"马日事变"过后仅仅10天，斯大林于5月31日给中共发出了紧急指示，即"五月指示"。电报要求立即开展土地革命，坚决主张从下面实际夺取土地。斯大林之所以从开始反对土地革命转向支持土地革命，坚决平定许克祥的叛乱，一方面是基于当时中国国内革命形势的发展。斯大林在收到罗易关于中国国内有关情况的报告后，意识到中国革命形势处于危急时刻，随着武汉国民政府辖区内反动军官反革命行为此起彼伏，斯大林意识到中国共产党如果不发动农民进行土地革命，中国革命将会走向失败。但是，另一方面斯大林坚持中国共产党必须留在国民党内，为了达到维护统一战线的目的，斯大林认为土地革命一定要在武汉国民政府的领导下进行，并且土地革命必须限制在武汉国民政府允许的范围之内。共产国际对"马日事变"复杂多变的态度给中国共

---

① 参见袁南生《从莫斯科密档看"马日事变"》，《湖南党史》2000年第2期。

产党带来了严重的影响。

第一,斯大林的主张自相矛盾,让共产国际驻华代表和中共中央领导人无所适从。斯大林开始时极力阻止土地革命,忽然又转向立即开展土地革命;一方面主张"从下面实际夺取土地",另一方面又提出由武汉国民政府来发动土地革命,把土地革命限制在武汉国民政府允许的范围之内,不许有任何"过火行为"。斯大林的想法显然是不切实际的,事实上如果没有革命军队的支持,农民不可能"从下面夺取土地",即使一时成功了,也必然会得而复失;如果政权掌握在反对土地革命,但又得到斯大林信任的汪精卫等人手里,武汉国民政府又不可能实行土地革命。这样,斯大林的土地革命政策只能是一纸空文。况且斯大林的指示中还有一个重要内容,这就是"要不侵犯军官的土地","对于军官和士兵的土地不要没收"。

斯大林对中国革命自相矛盾的指示,使共产国际驻华代表和中共领导人无所适从。陈独秀的主张与斯大林的主张相矛盾。收到"五月紧急指示"后,陈独秀主持召开中央政治局会议,公开表示,电报表明,莫斯科不了解中国的情况。他认为,长沙的政变不只是反对土地革命,而且也是由过火行为引起的。正因为在陈独秀看来"马日事变"是由农民运动过火所引起,同时发动土地革命必须取得武汉国民政府及其军队的支持,否则土地革命不可能取得胜利。而就当时武汉国民政府所谓的左派领导人和部队军官的行动表现来看,让他们对土地革命采取支持的态度,简直是天方夜谭。所以,6月15日,根据中共中央政治局讨论的意见,陈独秀致电共产国际委婉地拒绝了斯大林的紧急指示。

鲍罗廷也明显地感到斯大林的指示是不切实际的。"五月紧急指示"下达中国以后,鲍罗廷认为,这个指示是荒唐可笑的。他认为在武汉国民政府已经开始全面走向反动的情况下,汪精卫等人正在寻找借口进行反共,如把这个指示给汪精卫看,只能促使汪精卫加快反共的步伐。在斯大林的指导思想中,中国共产党必须留在国民党内,以维持统一战线的稳定,和同时组织农民发动土地革命,是中国革命成功必不可缺的两个条件。而事实上,这两者是水火不相容的。因而,他认为对斯大林的这个指示只能是"暂缓执行"。他给莫斯科致电,作了外交式的答复:命令收到,一旦可行,立即照办。

第二,共产国际代表罗易、鲍罗廷的相互矛盾的主张,影响了对"马日事变"的处理。"马日事变"发生后，罗易主张迅速出师平定"马日事变"，因而反对鲍罗廷关于和平解决事变的主张。同时，罗易联系到之前发生的夏斗寅叛变事件，主张立即在武汉国民政府统治的两湖地区开展全面的土地革命，主张向武汉国民政府发动全面进攻，但是，在共产党应该如何领导农民开展土地革命的具体方法和措施上，罗易提不出有效可行的办法。鲍罗廷很明显持反对态度。从事变发生一开始，鲍罗廷对反动军人持"理解"的态度，认为湖南的"马日事变"是由于农民运动"过火"所引起的，因此主张在惩办叛变军官的同时，更强调的是抑制农民运动的"过火"行为。因此，对"马日事变"的处理持缓和土地革命的态度。由于罗易和鲍罗廷在指导中国共产党处理"马日事变"中差距太大，两个人经常在召开的有中国共产党人参加的各种会议上公开论战；同时他们分别在给莫斯科的密电中，一个劲地告对方的状，这显然影响了斯大林对中国局势的了解。不仅如此，中国共产党领导人陈独秀夹在罗易和鲍罗廷中间，不得不左右摇摆，这不能不对中国共产党处理"马日事变"带来相应的影响。

总之，在处理"马日事变"的问题上，斯大林及其代表的态度和陈独秀的态度本质上都是右的，对陈独秀及当时中国共产党右倾错误的发展都起到了不可忽视的作用。

第五章　共产国际对武汉国民政府外交政策和策略的影响

外交战线是武汉国民政府取得举世瞩目成就的战线之一。长期以来，学术界对武汉国民政府的革命外交给予了很高的评价，但事实上由于武汉国民政府受自身政治经济的限制，在其存续期间内政外交政策并不是一成不变的，特别是武汉国民政府后期，其外交政策带有很大的局限性。本章就武汉国民政府外交政策和策略制定过程中共产国际及其驻华代表的影响，谈一点粗浅的看法。

一　共产国际与武汉国民政府前期外交政策

（一）北伐时期列强对国民政府的外交策略

随着中国革命的兴起，西方各国纷纷审视自第一次世界大战以来的对华政策，美国、日本、英国等先后调整其自第一次世界大战以来形成的"华盛顿方案"，这样，西方列强旧的对华政策体系宣告结束，新的对华政策逐渐形成。

1."华盛顿方案"遭遇到严重挑战

第一次世界大战后，西方国家通过了解决中国问题的"华盛顿方案"，其目的是通过在远东建立一种国际新秩序代替19世纪欧洲列强建立的旧秩序。新秩序不是以各国势力的稳定平衡为基础，而是建立在贸易自由、公开外交和集体安全基础上。这一秩序既不同于欧洲列强建立在赤裸裸殖民掠夺基础上的旧秩序，也不同于列宁宣布的通过革命手段彻底打破和摧毁帝国主义体系的激进道路，这种国际新秩序是介于这两种模式之间的比较温和的国际自由主义秩序。通过建立在国际合作基础上的温和的新秩序不仅可以避免日本在中国的军事冒险，而且还可以使中国获得适度发展，满足中国民族主义者的要求,并引导中国的民族主义运动沿着自由主义和非革命的方向发展,从而最终解决中国问题。

"华盛顿方案"大体始于一战结束前夕威尔逊提出的14点原则和国际联盟计划,经过巴黎和会到华盛顿会议列强签订"四强协定"和"九国公约"最后完成。该方案大体上从三个方面完成了这一新秩序的构建:其一,各国承诺以国际合作代替国际竞争,在对华重大问题上奉行协商一致的原则;其二,实现门户开放原则的国际化,各国承诺不再谋求新的在华特权和势力范围,使中国获得发展机会和必要的援助;其三,中国政府承认华会制定的原则,即中外关系的改变通过渐进的方式来完成,并认同美国为中国设计的自由主义发展道路。这就是解决中国问题的基本框架,也就是所谓的"华盛顿方案"。[①] 从表面上看,这一方案比过去通过战争赤裸裸地宰制中国的旧秩序多少文明些,但这一方案无疑仍是极不合理的,它不承认中国的问题在很大程度上是由于外国势力的入侵造成的,它承认并继续维持不平等条约的合理性,容忍对中国主权和利益的侵犯,对中国民族主义的废约要求充耳不闻。[②] 换言之,列强不过是一些"洗手不干的有教养的盗贼",他们并不打算放弃已经到手的赃物,而只是承诺今后不再趁火打劫。[③] 而中国民族主义者的要求是列强交出从中国掠夺的赃物,即废除自19世纪中叶以来中国与列强签订的一系列不平等条约,使中国享有与其他国家平等的地位。而且,"华盛顿方案"通过的少得可怜的一些有利于中国的协定和决议,有关国家也未打算认真履行,由于后来中法之间的金法郎案的争执,法国以不批准"华盛顿方案"各项条约为手段要挟中国,实际上直至1925年8月华会有关中国各项条约和决议才正式生效,因此"一切仅仅停留在纸面上"。[④] 由此而言,美国一手策划的解决中国问题的华盛顿方案并不能抚慰中国日益高涨的民族主义要求,中国民族主义

---

① Dorothy Borg, *America Policy and the Chinese Revolution*, 1925—1928, New York: Octagon Books, Inc., 1968, pp.12, 151-152.

② 参见王立新《华盛顿体系与中国国民革命:二十年代中美关系新探》,《历史研究》2001年第2期。

③ Pollard, *China's Foreign Revolution*, 1917—1931 (New York, 1933), p.236.

④ [美] 费正清主编:《剑桥中华民国史》(下),章建刚等译,上海人民出版社1992年版,第119页。

者断然"拒绝接受华盛顿会议签订的条约作为战后对外关系的框架"。①

长期以来,以武力或武力威胁维护"华盛顿方案"体系和保护在华利益是列强的一贯政策。在这种政策指导思想下,列强们在中国革命开始高涨时一道出动军舰,以武力阻止中国革命。在广州国民政府开始北伐之后,得到群众大力支持的国民革命军在北伐中势如破竹,所向无敌,西方列强开始审视原来武力干涉的一贯做法,美国率先对华政策进行调整。

1926年11月,北伐军攻占南昌,并开始向西方在华利益的中心——长江下游推进。当时英国驻美大使表示,不管是否得到美国的支持,保护其公民的责任都将使英国"不惜一切代价",坚守公共租界中英国利益聚集的那部分地区。②英国建议各国以武力保护租界。美驻华公使马慕瑞对此甚表赞同,主张美国军队应承担保护租界完整及保护外国侨民生命财产的任务。但国务卿凯洛格反对马慕瑞的建议,美国国务院在回电中说:"如果目前上海的紧张局势需要美国海军出动登陆部队的话,就必须明确不误地认识到,这支部队的任务只是保护美国人的生命和财产","本政府不准备为了保护租界的完整而在上海动用海军部队"。③

美国放弃以武力维护条约权利的政策,多次拒绝英国提出的对华强硬路线,实际上也就开始背离华盛顿会议上确立的在涉及对华关系的重大问题上列强协调一致的合作原则。随着北伐军地不断推进,列强之间早已是竞争多于合作。1926年下半年,英国和日本均开始调整其对华政策,越来越背离"华盛顿方案"规定的政策框架。列强们为了维护本国政府的在华利益,因此在对华政策上纷纷采取独立的路线,背离了"华盛顿方案"中强调的大国合作原则,为后来华盛顿体系的崩溃埋下了伏笔。

2. 美国、英国、日本开始调整本国对华政策

首先调整对华政策的是美国。早在1925年,"五卅"运动掀起了全国性的波澜壮阔的民族主义风暴极大地震动了美国政府,促使美国政府重新考虑对华政策。美国认识到,由于中国激进民族主义运动的兴起和发展,

---

① Akira Iriye, *Across the Pacific: An Inner History of America-East Asian Relations* (New York, 1967), p.145.

② Dorothy Borg, *America Policy and the Chinese Revolution*, 1925—1928, pp.12, 275.

③ MacMurray to Kellogg, Dec.19, 1926; Kellogg to MacMurray, Dec.23, 1926, U.S.State Department, ed., *Papers Relating to the Foreign Relation of the United States* (hereafter as FRUS), 1926 (Washington: U.S.Government Printing House), Vol.I, pp.662-663.

华盛顿会议设想的自由主义模式和渐进修改中外条约体系的前提——中国的稳定已不复存在。因此在"五卅"事件后的几个月里，美国国务卿凯洛格"越来越相信，除非中国获得一些让步，否则它将单方面解除条约限制"。①

1926年9月底，国民政府外交部部长陈友仁宣布，在北京关税特别会议尚未签订任何关税条约的情况下，国民政府决定单方面征收华盛顿会议所允诺的附加税，这无疑是对不平等条约提出挑战，引起了列强的极大恐慌。马慕瑞极力主张应以强硬立场阻止国民政府的这一行动。他认为广州政府不经列强同意以及无视华盛顿会议上签署的关税条约规定的条件是对华盛顿关税条约的公然践踏，是民族主义者对海关关政完整和整个条约体系的挑战，"其目的是间接地、一点一滴废除条约体系"。他建议国务院立即采取"坚决的"（resolute）行动，必要时与英、日一道出动海军保护广州海关，或采取其他适当的强有力的防卫措施，"以阻止广州当局征收此税"。② 但马慕瑞的这一强硬立场不为凯洛格所赞同。凯洛格在10月5日回电中指出"目前还看不出有什么必要与英日讨论海军示威或采取其他强有力措施"，他指示马慕瑞不要采取任何行动，如果广州政府实际征收此税，只提出抗议即可。凯洛格告诫马慕瑞无论如何都不要发起或参与保护广州海关的"强硬政策"，如果其他国家不同意美国只提抗议的立场，可以美国政府的名义单独行动。③ 当北伐军开始向长江下游推进，上海公共租界一片恐慌，担心中国将以武力收回租界。马慕瑞主张美国军队承担保护租界的任务，但是国务院坚持美军不能参与保护租界。凯洛格告诉马慕瑞："你必须理解美国人在感情上坚决反对本政府在中国采取军事行动，除非为了保护美国侨民的生命财产。国内没有舆论支持我国政府为了维护公共租界的现状和完整而采取军事行动。"④

---

① L. Ethan Elis, *Republican Foreign Policy*, 1921—1933 (Rutgers University Press, 1968), p.299.

② *Mayer to the Secretary of State*, October 3, 1926, FRUS, 1926, Vol., p.866; Thomas Buckley, "J.V.A. MacMuray: the Diplomacy of An American Mandarin," Richard Burns, et al., ed., *Diplomats in Crisis U.S.‐Chinese-Japanese Relations*, 1919—1941 (Santa Barbara, 1974), p.37.

③ *Kellogg to Mayer*, October 5, 1926; *Kellogg to Mayer*, October 22, 1926; FRUS, 1926, Vol.I, pp.871, 885-886.转引自王立新《华盛顿体系与中国国民革命：二十年代中美关系新探》，第65页。

④ *Kellogg to MacMurray*, Jan.31, 1927, U.S. State Department, ed., *Papers Relating to the Foreign Relation of the United States* (hereafter as FRUS), 1927 (Washington: U.S. Government Printing House), Vol.II, p.65.

1927年1月27日美国决定公开、全面调整美国的对华政策,这就是著名的凯洛格声明。该声明对华政策要点主要有以下几个方面:第一,美国没有像华盛顿会议那样把中国的稳定、统一与和平作为先决条件,愿意尽快与中国讨论修约问题;第二,美国准备放弃与其他列强协调一致与合作的传统政策,愿意"单独"与中国谈判;第三,宣称美国在华军队只是用于保护美国侨民的生命财产,等于声明美国在中国革命中保持中立,不以武力维护条约关系现状和干涉中国革命;第四,声明表示与"中国任何政府或任何能代表中国或代中国发言的代表谈判",表明美国已不再认为北京政府是代表中国的唯一政府,开始改变只承认北京政府的政策,无异于公开表示愿意与南方政府发展关系。凯洛格声明中表示"愿意以最开明(mostliberal)的精神同中国办交涉",表示"本政府在中国没有租界,并且绝不会对中国表现任何帝国主义的态度"。①

英国继美国之后开始重新审视对华政策。对于英国来说,长江流域是其在华主要的利益集中地,国民政府的北伐开始后,英国在华的势力范围遭到了冲击。英国首先想到的是利用传统的以武力干涉的办法维护其固有的利益。到了1926年8月16日,英国在华的军舰共计有巡洋舰6艘、河水炮舰16艘、潜水艇12艘、潜水母舰1艘、通信舰8艘、杂役舰3艘,共计48艘之多,其中停泊在武汉的就有5艘。② 英国将大量的军舰调到中国,很显然是出于武力干涉的目的。果然,在北伐军向武汉积极推进时,英国置国民革命军的通告之不顾,竟然以武力行动来抗拒。1926年8月28日,英国军舰强行护送怡和公司及太古公司的轮船从岳阳经洞庭湖开往宜昌,按照北伐军的通告,外国军舰须离开武汉,驶入长江下游;在晚间所有船只不准航行于武汉交战区域;所有船只一得到信号,须在指定地点停泊接受检查。但是英国军舰宣称将不遵守这一规定,如遇阻击,将进行还击。9月2日,英国军舰在武汉上游金关附近,与长江两岸的北伐军相互开火,持续两小时以上。9月3日,5艘吴佩孚的军舰在英国旗帜的掩护下,欲突破金口,被北伐军击退。为了达到牵制北伐军向武汉进军的目的,9月4日,英国突然向北伐军的根据地广州采取了行动,9艘军舰及一艘浅水轮进入广州西堤,在河面干涉行驶船只,架起机枪大炮向市区街道作射击准备,企图以此挑衅。当目的未能达到时,英国又调来更多的军

---

① *Kellogg to Mayer*, January 25, 1927; *FRUS*, 1927, Vol.II, pp.350-353.
② 《美改变对华政策》,《汉声周报》1926年第6期。

舰，并派水兵带枪上岸，封锁长堤码头，使码头一带交通中断。英国军舰还无端扣留中国的巡逻船，拘捕船上的工人纠察队，劫夺纠察队员身上的财物。9月5日，英国军舰炮击四川万县县城，中国军民死伤五千余人，一千余家商店和民房被毁，财产损失达数千万元。

但是，随着北伐军战事顺利进展，英国意识到单纯的武力干涉已经远远不能适应中国革命形势的需要，其对国民政府的态度由轻视拒绝转变为重视友善，积极派代表前来与武汉国民政府接洽。

1926年下半年，英国任命兰普森担任驻华公使。兰普森在赴北京上任经过香港时，发现香港的英国人倾向于认可国民政府，这种情况给他留下了深刻的印象。12月9日，他从上海特地来到汉口，拜访了国民政府当时的外交部部长陈友仁，意图是探寻国民政府的外交方针。陈友仁指出，国民政府应该被视为代表中国的唯一合法代表，拒绝任何半点的非完全意义上的认可。① 事后陈友仁报告说："兰普森来中国的任务，是在调查国民政府的情形后去报告英政府。友仁与兰普森曾作多次非正式谈话，交换意见，其目的在探测双方的意思。双方个人感情，颇为融洽。所讨论者，为废除不平等条约，以及承认国民政府问题。兰之意思，以此时国民政府尚未统一全国，故根本上对于修改不平等条约及承认国民政府，此时尚谈不到。友仁告以国民政府为目下代表全国之唯一政府，亦即全国民意所归之政府，且此时为革命时期，英政府应当以远大眼光度量英国在远东之地位。国民政府现时所管辖之区域，虽尚未及全国，但已统治多省份。举行总投票，则该区人民必赞成归向国民政府，毫无疑义。且英国在华之利益，实集中于国民政府统治之南方及长江流域，故英政府欲于修改条约，为英自身利益计，应即时与国民政府着手谈判；……若英国政府与国民政府谈判，关于全国之问题，即不能同时与北京政府交涉此项问题。国民政府对于此点，极为重视云云。此种非正式谈话，兰普森氏颇为所动。兰普森临别时，谓不久再来或派遣驻北京公使馆参赞阿马利来汉继续谈论。"②

兰普森关于中国情况的报告对英国对华政策的调整起了重要作用。1926年12月18日，英国政府向出席华盛顿会议的各国驻华使节递送了一份被称为"圣诞礼物"的备忘录，宣布了英国对华新政策。备忘录的要点

---

① *China Annual Report*, 1927, Jan.30, 1928, 英国档案局档案, F 1807/1807/10;《武汉国民政府史料》, 第515页。

② 《陈友仁在武汉三中全会外交报告》, 转引自《鲍罗廷与武汉政权》, 第89—90页。

包括：(1) 中华民族的正当权益应该得到尊重，但必须在一个强有力的中央政府建立起来之后，即与之谈判修改条约问题。(2) 外国势力不得凌驾于中国之上。(3) 中国自定国税新则一经规定宣布时，其关税自主权必须予以承认。(4) 中国修改协定的公开平等的权益应予以承认，现有的强制性权力应予以废除。(5) 废弃中国经济政治非有外人监督不能发达，以尽可能地满足中国人民的合法愿望。国民政府希望各权力大国采取以上原则措施并在实际中予以实施。各国应该无条件允许华盛顿会议达成的附加税协议。① 随后英国外交大臣张伯伦在给华盛顿条约签字国的一份声明中，阐明英国的政策是不再"坚持把先建立一个强有力的中央政府"作为同中国"谈判讨论修改条约和其他所有悬而未决的问题"的先决条件。这是英国对华政策的重大转变。②

后来兰普森谈到备忘录的意义时说："这份备忘录的作用不在于它立竿见影的效果（尽管美日有可能联合起来反对），而在于它对人们心理的影响作用。它标志着英国对华政策令人肃然起敬的转折点，可以说它就是真正的英国对华政策的化身，虽然中国暂时还不能立刻建立起一个强有力的政府，但是最终会建立起来的。"③

在诸列强中，日本是暗中勾结蒋介石分化革命的罪魁祸首，其对华政策是表面上不干涉的平衡外交。北伐战争初期，日本外务省估计一场"赤色革命"不会降临中国。因此，除了以"保护侨民"为由向长江中游派出一批海军舰艇监视以外，若槻次郎内阁对北伐一直持观望态度。1926 年 11 月，国民革命军进攻江西，孙传芳请求日本不要支持蒋介石和北伐军，并对山东军阀张宗昌施加影响，让张不要涉足他在长江一带的地盘。若槻内阁故意摆出一副"不介于中国内战"的姿态。外相币原宣称，日本政府对中国任何一派不偏不倚"是绝对必要的"。④ 他认为"进入长江沿岸的南军高悬一定的主义的旗帜，以变革政治和社会为目的。因此，中国内乱的性质起了变化"。在南北形成对峙的形势下，今后中国政局如何发展尚

---

① China Annual Report, 1927, Jan.30, 1928, 英国档案局档案, F 1807/1807/10;《武汉国民政府史料》，第 514-515 页。

② G.E.Hubbard, *British Far Eastern Policy*, New York: Institute of Pacific Relations, 1943, p.87.

③ China Annual Report, 1927, Jan.30, 1928, 英国档案局档案, F 1807/1807/10;《武汉国民政府史料》，第 515 页。

④《日本外务省档案》（缩微胶卷），S1.6.1.5.30。

难断言。币原主张日本"特别需要采取慎重、冷静的态度"。①

当北伐军打到长江中游时,币原指示他的心腹、出席关税特别会议的外务省条约局局长佐分利贞男前往南方窥探政治情势。佐分利在关税会议期间结识了中国代表黄郛。1926年秋,他专程访问蛰居天津的黄郛,探询途径。②黄郛是蒋介石留日时的挚友,辛亥革命时期同为陈其美的部属,陈、黄、蒋结拜为兄弟。经过黄郛的牵线,佐分利在南昌会见了蒋介石。

佐分利在会见蒋介石之前,于12月中旬特意拜见了武汉国民政府外交部部长陈友仁。据陈事后汇报:"日本政府代表佐分利来汉,与友仁为非正式谈话,意在探测国民政府对于日本之外交政策。双方曾为多次之接谈。友仁以更正不平等条约,为国民政府目下外交之主要目的。其中如租界、治外法权、关税等项,俱为目前所必须立即从事更正,俾合于平等之原则。……双方谈话意见,颇为融洽,日本方面对于国民政府之态度,尚属良好。"③当然这只是陈友仁自己的判断,佐分利在同蒋介石会见后,马上作出了自己的判断。他在1927年1月8日给外相的报告中指出,在对外政策上,国民党人的公开宣言与他们的真实意旨有着不小的距离。他强调指出,目前蒋介石派与武汉共产派之间存在着"尖锐的对立"。④

正是因为日本掌握了中国革命营垒内部分化的一些情报,日本就开始着手在表面上推行"不干涉中国内政",实际上暗中分化中国革命的政策。1927年1月18日,币原外相在议会发表对华政策演说,声称:日本"同情"中国国民运动和"不干涉中国内政"。"中国国民的合理希望,日本以充分的同情和好意予以考虑",日本政府"尊重保全中国的主权和领土,对中国内政严守绝对不干涉主义"。币原特别指出,中国如有政治、社会上的变革,日本的"根本权利""不得稍有限制和变更"。币原所谓的"根本权利",意指包括1915年中日条约在内的不平等条约以及日本因日俄战争"在满洲流过血",要享有"开发满洲"的权利。⑤ 1月20日,英国驻日大使蒂雷游说日本外相,说英国已经向上海增派军队,希望日本派出陆军一个旅团,共同行动。21日,币原以列强现有的驻沪兵力"已经足

---

① 日本外务省编:《日本外交年表与主要文书》(下册),东京,1965年版,第88—91页。
② 沈亦云:《亦云回忆》,中国台北传记文学出版社1971年版,第254页。
③ 《陈友仁在武汉三中全会外交报告》,转引自《鲍罗廷与武汉政权》,第90页。
④ [日]信夫清三郎编:《日本外交史(1853—1972年)》,东京,1974年版,第343页。
⑤ 日本外务省编:《日本外交年表与主要文书》(下册),第88—91页。

够维持租界的秩序"为由,断然拒绝了英国联合出兵的提议。[①]

3. 共产国际、苏联对中国革命运动的积极支持

共产国际和苏联对国民政府的革命运动持积极支持的态度,尽管联共(布)中央政治局、共产国际与国民政府在北伐的问题上有过分歧,但是在各方的积极推动下,北伐战争最终开始进行,并迅速取得了巨大的胜利。除了国民政府内部各方积极努力之外,苏联的大力帮助、驻华苏联顾问的贡献是北伐取得胜利的重要原因。在北伐战争期间,不论在国民政府中,还是在国民革命军中,都有大批苏联顾问,如加伦、铁罗尼、切列潘诺夫、帕诺、西林、康尼茨、捷斯连科、马库宁、博罗金、泽科别尔特、佳托夫、科尔涅耶夫,等等。在北伐战争中,苏联顾问始终与北伐军官兵出生入死、同甘共苦,在战争中发挥了重要的作用。如北伐军正确的战略计划是在苏联军事顾问的帮助下制订的;北伐战争中的一些重要战役,都有苏联顾问亲自参与指挥;北伐军中的政治工作制度的建立也是在苏联顾问的帮助下建立起来的。

除了在人力、物力上给予支持之外,共产国际和苏联在道义上给予了有力的声援。1926年9月13日,共产国际执行委员会发表了《反对干涉中国和苏联的宣言》。指出:"帝国主义进一步武装干涉中国革命的危险已经十分严重。共产国际要求各国革命的工人和农民注意到列强的这些新阴谋对世界解放事业的巨大威胁。……共产国际号召工人、农民以及资本主义各国同情中国人民争取自由的斗争和苏联建设社会主义的各阶层人民全力支持这一新的干涉行动。"[②] 上海工人第三次武装起义取得胜利后,苏联《真理报》等八家主要报纸都破例发出了"号外",许多城市都举行了规模盛大的群众游行,声援中国人民的反帝革命斗争。1927年3月24日,南京事件发生后,3月27日共产国际执行委员会发表了《反对帝国主义干涉中国的呼吁书》,"号召一切工厂、一切劳动人民、一切反对帝国主义暴力的人及一切被压迫者都举起反对刽子手发动新战争的大旗",对帝国主义在中国的暴行提出"断然的抗议"。[③]

[①] 沈予:《日本大陆政策史(1868—1945)》,社会科学文献出版社2005年版,第287页。

[②] [英]珍妮·德格拉斯编:《共产国际文件》(第2卷),北京编译社译,世界知识出版社1964年版,第475页。

[③] 《共产国际文件》(第2卷),第492页。

(二) 共产国际与武汉国民政府反帝外交政策的确立

随着北伐推向长江流域，英美日等国政府对华战略发生了变化，由敌视南方的政策改为建立实际交涉的外交关系，以分化革命队伍，寻求在华的新支柱。国民政府也及时调整了外交策略，制定了相应的外交策略方针。

1. 共产国际与武汉国民政府前期外交政策的基本原则

早在广州国民政府时期，随着北伐的进展，国民政府制定了相应的外交方针，即在联苏俄的基础上，采取对美日友好的政策，以孤立英国；同时对英国保持联系，又不轻易决裂的方针。1926年12月广州国民政府第一批迁汉人员在牯岭与蒋介石会谈，再次确定了上述方针。

到了武汉之后，在临时联席会议第一次会议上，鲍罗廷针对外交部部长陈友仁同兰普森谈话后提交的外交报告，提出了对英外交问题案并获得通过。内容包括："①本会议赞同现在外交部与英使之协商，以求得探知英政府对于本政府之态度，并使知须于修正不平等条约之基础上承认本政府之目的。如英政府对本政府为全国政府，或区域政府之承认，系基于本政府承认一切不平等条约，或接受北京政府所任一切义务者，则切不可与之协商。②本会议应训令外交部，须依上述之方法进行协商，俾不致与英发生破裂，并可对英保证，英人在国民政府统治区域之内生命、财产可得安全保障。③外交部应迅将此次与英国协商公布于人民之前，以披露英国现时只改变其态度，未改变其政策，因英政府尚未准备在改正不平等条约之基础上，承认国民政府为全国、或区域的政府，不论英国方面现在在其言词上如何转圆，但其志愿只是在保障其特权，及发展其商业，实无何等实质上的让步。④外交应让中国人民与英国人民了解中英人民相互利益，因英政府拒绝依双方利益获谅解而发生危险。"[①]

在确立了对英政策之后，武汉国民政府即开始寻求对日友善的外交努力。此前，日本文人派大多数希望与国民政府促进友好关系，籐村男爵及池田勇等于1926年11月10日拜见蒋介石，说"本年十二月间日本议院开会，重要人物均在会，希派员前往聘问"。[②] 广州中央因此决定：催派赴日

[①]《中国国民党中央执行委员国民政府委员临时联席会议第一次会议录》，载《武汉临时联席会议资料选编》，第29页。

[②]《中国国民党中央执行委员会政治委员会第四十六次会议》，台北国民党党史馆藏。

本之李煜瀛、戴傅贤、易培基三人即日出发。①

鲍罗廷非常重视同日本的外交关系，在临时联席会议第三次会议上提出应"根据前在粤政治会议决定政策及牯岭会议对日政策进行"，并请外交部部长探听青浦回国后日本国内的影响。② 随后，陈公博对青浦代表的有关情况进行了汇报，青浦代表与其谈话主要包括三点，（1）汉口罢工究为保护实业，抑保护劳工。（2）中国联俄日本并不反对，唯对日外交似有妨碍。（3）不平等条约虽不满华人意思，但现在中国战乱，保外侨全赖此条约。陈公博回答：（1）中国实力不振，实业、劳工要同等保护。（2）联俄因俄自动取消对华不平等条约，日本如亦能取消，对日感情必好。（3）在山东及东三省等处条约有效区域内，外人生命财产时受危险，在粤之俄人、德人，条约已废，都十分安全，即其他外侨亦从未受过损失，可见不平等条约并无用处。日代表希望在12月日本议会开会前我方派代表赴日。同时青浦左右之陆军派某大佐来此，有"日俄战争并非日本侵略中国，乃日本为生存而战，将来恐怕引起第二次日俄战争"之语，可见青浦之下文官派虽已了解，陆军派方面非速派人前去解释不可。③ 武汉国民政府实际上通过蒋介石向日本传递的某种信息里，暗含着反帝并不针对日本的意思。

鲍罗廷主导的武汉国民政府反帝运动策略是，首先集中反英，暂时放弃反美，使英美不至于联合，拉拢日本、离间英日的分化，一方面孤立英国，另一方面使英日发生冲突。因此，武汉国民政府对美采取较为温和的外交政策。早在国民政府迁汉不久，美国驻华公使馆参赞迈尔来见国民政府外交部部长陈友仁，探询国民政府外交政策，陈友仁告以更正不平等条约，并缔结以平等为原则的新条约来代替，为国民政府外交政策的主要目的。国民政府愿与各国单独磋商，以达到此目的。在实际的外交策略中，武汉国民政府主要是防止美英结盟，设法使华盛顿会议达成的对华统一联盟趋于瓦解。

针对当时英国政府提出将附加税交各征收海关之长官，美国政府准备

---

① 《中国国民党中央执行委员会政治委员会第四十七次会议》，台北国民党党史馆藏。
② 《湖北外交财政报告》，《中国国民党中央执行委员国民政府委员临时联席会议第三次会议录》，载《武汉临时联席会议资料选编》，第49页。
③ 《陈公博同志外交财政报告》，《中国国民党中央执行委员国民政府委员临时联席会议第三次会议录》，载《武汉临时联席会议资料选编》，第57—58页。

同意这一提议。武汉国民政府外交部致电美国外交部，阐明"此税款三分之二将归本政府之政敌，彼等军库以充，则将继续使国家流血之内争，而中国脱离由外邦帝国主义所产生之国际共管情形，亦将因此而延迟"。因此，希望美国能够认清这种妨碍中国民族运动迅速发展政策的危害，从而形成抵抗这种危险的能力。①

在鲍罗廷的这种对美日友好、集中反对英国的反帝政策基本原则的指导下，美国、日本先后发表对华政策声明，宣布对中国的新政策，其中包含着对中国革命的不干涉政策。应该说在共产国际的指导下，鲍罗廷拟定的反帝外交政策的基本原则是有一定道理的，它在帝国主义统一对华联盟中间打开了一个缺口。

2. 武汉国民政府前期反英运动与共产国际

按照国民政府在广州政治会议及牯岭会议所定的对英政策方案，鲍罗廷在临时联席会议第一次会议上提出了对英政策四个要点。在随后的反英斗争中，鲍罗廷根据形势发展的实际情况，具体领导了武汉国民政府反英运动的开展。

1926年11月23日下午，天津市党部在英租界召开常务委员会，"英捕及华探到来包围"，"逮捕同志四人，搜去文件、宣传品、名单登记册等"。"英领宣称所捕乃乱党，非国民党员"，于是以普通罪犯引渡予张作霖。至12月2日，"英界所押十六人情形甚惨，引渡以后在警厅已用刑讯，二人已解军法课。最近闻七人业已殉难"。② 针对这一情形，鲍罗廷提出了反英办法及行动："现在首要决定在反英大会中如何宣传及主张，其次如英法不处分关系此案之领事，不释放同志时应有下列运动。①应否采取对英经济绝交及其他必要的报复手段。②应否于人民要求时，对英法在国内一切宣传者亦可拘捕之，以交换被捕同志。③应以此事情形通告各地党部，召集群众大会，提出民众的抗议，要求释放，不可引渡，但须避免直接冲突之行动。④应由政治部通告各军队，说明不能忍受此种耻辱，并不能坐视同志被捕杀，同时通知国民军作同样运动。⑤应致电张作霖，说明希望其不可摧残并望释放被捕本党同志，以

---

① 《外交部致美国外交部长电》，《中国国民党中央执行委员国民政府委员临时联席会议第八次会议议事目录》，载《武汉临时联席会议资料选编》，第166页。

② 《天津党务报告》，《中国国民党中央执行委员国民政府委员临时联席会议第四次会议议事录》，载《武汉临时联席会议资料选编》，第75页。

妨害从前之友谊。⑥应由李、安两同志速电京津，询同志七人已否被难？如已被难，应召集全国开追悼会。⑦应由外交部严重抗议，指出英国言行不符，并评述其真相，普告于英国人民，希望工党与我友者发起反对此举。对于法国友人亦用同等方法。⑧宣传总章须归纳到帝国主义者与军阀关系勾结如此，无须再用证明，国民革命即为打破其关系勾结者，租界已成为反革命大本营，即革命之陷阱，革命即须打破此陷阱者，此后收回租界应为革命运动事实问题，应以上述各项为宣传基础。宣传应由党担任；若决定经济报复手段，亦由党担任；决定捕人交换，由政府担任；电致张作霖由政府拍发；对英法抗议，由外交部办理；通告英法人民，由党办理。归纳所讨论者：①经济报复；②交换捕人；③致电张作霖，其他决定宣传方法不用讨论。"①

　　经过武汉国民政府的宣传，武汉民众的反英情绪高涨，武汉市民反英运动大会宣告成立，随后开展一系列的反英运动。1926年12月26日，汉口各界群众二十余万人在济生三马路召开反英市民大会。湖北全省总工会、汉口学联会、妇女协会、汉口总商会、汉口商民协会等组成主席团，时任中华全国总工会委员长的李立三为总指挥。会议对英帝国主义干涉中国内政的种种暴行予以揭露，并发表通电，强烈要求武汉国民政府向英政府提出严重抗议并立即收回英租界。大会通过的《武汉市民反英运动大会呈文》宣称："本月二十六日武昌市民反英运动委员会在阅马厂集会，计到者二百余团体，群众达十万人以上。对英帝国主义之种种暴行异常愤激，各界演说慷慨激昂，大都有灭此朝食之概。当经一致通过议决案十四条：①为继续反英运动，扩大反英宣传起见，决由各团体联合组织武昌市民运动委员会主持一切。②援助天津被捕国民党党员，请国民政府向英法政府抗议，并限令即日释放，如不释放，请政府将无故戒严扰武汉秩序之英法人各捕十余人押禁，并筹备全国追悼天津、开封、南京被难同志大会。③各团体一致反抗英政府借款奉张，助长中国内乱。④请政府救济英美烟厂失业工人，并收回该工厂，一致不吃哈德门香烟。⑤组织各界反奉委员会，揭穿英人阴谋。⑥反对奉鲁军南下，各团体应一致赞助三省自治运动。⑦请国民政府向英政府交涉，解决英国兵舰历次在中国惨杀同胞悬案，并撤退英国驻华海陆军。⑧不用英国钞票，并请国民政府速在汉口开

---

① 《天津党务报告》，《中国国民党中央执行委员国民政府委员临时联席会议第四次会议议事录》，载《武汉临时联席会议资料选编》，第77页。

设中央银行，统一纸币之发行。⑨各界一致援助华中师范失业学生。⑩实行对英经济绝交，于必要时各界联合检查英国货物。反对汉口英租界无故戒严，扰乱武汉秩序。拥护国民政府出师北伐，扫除英帝国主义之特殊势力。巩固革命的新根据地，反对英帝国主义扰乱破坏之阴谋。取消不平等条约，收回租界。"①

以上各项反英口号及决议，不仅有示威性，而且有挑战性，例如其中"各团体一致反抗英政府借款奉张，助长中国内乱"，以及鲍罗廷借天津英租界逮捕国民党员引渡与张作霖事件而策动反英，实为暗示日本卵翼下的张作霖已与英国"勾结"，以挑拨日本对英国的仇视或报复。②鲍罗廷的这一策略取得了一定的效果，日本外相币原喜重郎于1927年1月18日在国会声称，日本同情中国人民的革命运动，将奉行不干涉内政的外交政策。针对英国提出的关税问题，币原称："照华会规定中国税则之增加，日本自无反对之理由，唯其所坚持者，为此种增加之税款，必不能直接或间接的用为军费以延长中国之内乱，或为政系所侵占。"③

武汉国民政府实行的对美日友好、坚决反对英国的外交政策，是与联共（布）、共产国际的指示分不开的。斯大林和共产国际一直关注着列强对武汉国民政府的态度，在北伐进展至长江中游，美英日纷纷派代表来武汉表示与武汉国民政府友好合作时，斯大林告诫说："据说日本帝国主义者对于广东派和一般中国革命表现着某些'好感'的迹象，据说美帝国主义者在这方面并不落后于日本帝国主义者。同志们，这是自欺欺人的话，必须善于把帝国主义者——连日、美帝国主义者也在内——政策的本质和它的假面具区别开来。列宁常说：很难用棍棒和拳头战胜革命者，可有时候却很容易用甜言蜜语战胜他们。同志们，永远不要忘记列宁所说的这个真理。"④

但是，在武汉国民政府制定新的对外政策时，斯大林将矛头主要指向英国，而对日本采取友好的态度。这一决定是与当时苏联面临的国际形势和外交战略密切相连的。

---

① 《武汉市民反英运动大会呈文》，《中国国民党中央执行委员国民政府委员临时联席会议第四次会议议事录》，载《武汉临时联席会议资料选编》，第131—132页。

② 参见《鲍罗廷与武汉政权》，第96—97页。

③ 日本外务省编：《日本外交年表与主要文书》（下册），第88—91页。

④ 《论中国革命的前途》，第5—6页。

1925年12月签订的洛迦诺协定助长了德国帝国主义的气焰,加上英苏关系一直很紧张。斯大林担心战争危险,担心出现反苏统一战线,于是决定继续在大国间实施"加楔子"政策。在中国,谋求同日本改善关系。1926年4月1日联共(布)中央政治局通过的《我们对中国和日本的政治问题》文件比较集中地反映了国际形势和苏联外交政策的变化对中国革命的影响。"由于欧洲出现某种稳定,签订洛迦诺协定和特别是帝国主义全面提出中国问题,国际形势变得非常严峻。……尤其是苏维埃国家,应尽一切努力阻止帝国主义建立反苏统一战线。"于是,苏联"需要延长喘息时间","在远东采取加剧帝国主义列强之间矛盾的方针",而中国"实际上容忍南满在最近一个时期留在日本手中"。在日本和英美之间打入楔子,尽量缓和同日本的矛盾,"并在容忍中国的现状对日本有利的意义上同它进行谈判"。[①]

斯大林在随后指导武汉国民政府对日政策时说:"与日交恶,于我无益;我之利益,乃在与日修和。"[②] 据苏联驻日代理专使比斯多伏斯基记述,斯大林对其指示,"设中国苏维埃在北京成功,为保障不被干涉起见,我不但将海参崴,甚至伊尔库茨克可给予日本"。[③] 斯大林之所以不惜代价谋求与日本"修和",主要出于下面几种考虑:(1)在国际上,英苏关系十分紧张,英国甚至作出了同苏联断交的决定。[④] 20年代中期,英国在华投资总额约为17亿银元,英国在中国有巨大的经济利益。苏联同东方国家关系的改善和民族解放运动的高涨,使得帝国主义特别是英国严重不安。英国害怕苏联、共产国际对英国殖民地和附属国特别是印度和中国产生巨大的影响。当北伐军势如破竹,迅速推进至长江流域时,英国统治者意识到一旦中国革命胜利,引起政治上的连锁反应将是大英帝国殖民统治的瓦解,因此,英国极端仇视苏联对中国革命的支持。苏联对此展开了针锋相对的斗争。既然中国北伐不可避免同英国在华利益发生冲突,不如利用中国人民的反帝热情,积极反对英国,在对英外交中给予其打击,未尝不是一件一举两得的好事。(2)在远东,由于"中东路事件"以及张作

---

① 《联共(布)、共产国际与中国国民革命运动(1926—1927)》(上),第193—196页。
② [美]达林编:《俄国侵略远东史》,周肇译,台北中正书局1953年版,第236页。
③ 同上书,第244页。
④ [苏]维戈茨基主编:《外交史》(第3卷下集),大连外国语学院俄语翻译组译,生活·读书·新知三联书店1979年版,第666页。

霖出兵导致国民军的失败,苏联给予厚望的改组北京政府愿望落空,苏联在同日本争夺远东中处于下风。在西方列强特别是德国虎视眈眈的情况下,新生的苏联社会主义政权显然不愿意同日本交恶,从而面临东西受敌的困难局面。因此,斯大林一再指示苏联外交部门,在远东问题上力争同日本进行友好谈判,在谈判的过程中做尽可能地让步,以便同日本达成协议。(3) 在中国国内,由于日本在中国的势力范围主要集中北方,国民政府的北伐虽然已经推进到长江流域,但是并没有同日本的在华利益发生直接的冲突,在这种情形下,实行对日友好的外交政策,武汉国民政府是有可能同日本达成一致的。

正是由于上述几种考虑,斯大林确立了武汉国民政府的外交政策是对美日友好,反对英国。在苏联顾问鲍罗廷的指导下,斯大林的这一指导思想得到了很好的贯彻,不久在汉口、九江英租界的问题上,反英斗争达到了高潮。

二 共产国际与武汉国民政府外交政策的执行

在武汉国民政府的外交政策确立之后不久,人民群众巨大的反帝斗争热情被激发起来,在中国共产党的领导下,人民纷纷举行集会、演讲、游行等,提出收回外国在汉租界,废除不平等条约等口号。西方列强如临大敌,纷纷采取措施,妄图维护其在华特权。武汉国民政府领导人民群众进行了有理有节的斗争,收回了汉浔租界,大长了中国人民的志气;但是武汉国民政府反帝斗争的不彻底性,导致在"南京事件"和"四·三"惨案的处理上,并没有取得应有的成就。

(一) 共产国际与汉口、九江英租界的收回

1. 汉口"一·三"事件的经过

中国革命势力到达武汉地区后,引起了英国的极大恐慌。表面上于1926年11月28日发表《对华新提案》,对中国革命持"不加干涉"的态度,实际上却处处施展阴谋,在北方查封天津市党部,捕害国民党党员;在汉口造谣中伤、调集军舰,企图武装干涉中国革命。英租界更是如临大敌,四周遍布电网、沙包,架起机关枪,布防士兵,严禁北伐军通过;组织了暗杀队、侦探队,停闭工厂,驱逐学生;许多北洋军阀分子逃到租

界，租界成了反动分子的避乱所。1926年底，以湖南、湖北、江西为中心的反帝运动高涨，国人一致要求废除一切不平等条约，撤退外国驻华军队，收回租界。12月26日，汉口的反英市民大会使反帝运动达到高潮。

1927年1月1日，武汉市民举行了盛大的庆祝新年和北伐的游行，游行的队伍积聚在河街尽头和海关大楼附近，游行队伍秩序井然。1月2日中午，80—100名穿着制服的士兵进入汉口俱乐部广场，后来，他们奉命离开。他们离开俱乐部广场后朝警察局走去，积聚在那里，直到巡逻的海军陆战队路过时，才匆忙离开，整个过程大约半个钟头。当天，一架海陆两用飞机在租界上空盘旋，丢下反对外国人的传单。许多传单撒到英国军舰"蜜蜂"号上。① 前两天局势相对平静。

1月3日上午，人们继续在海关大楼附近举行集会，中央军事政治学校学生宣传队发表演讲，声称反对英国人，反对帝国主义，要求收回英租界。其中一个集会在紧临海关大楼的中属码头举行，人群逐渐壮大，扩张到英属码头的边界上。警察推开人群，强迫人群退出英属码头。人群中一些小男孩出于顽皮而不是出于恶意，向警察扔石头。② 中午，英国海军陆战队开始登陆，并架起了机关枪，租界的义勇队被发动起来，所有的路障都竖起来了。人群被英国水兵登陆所激怒，涌向海关大楼，并且向租界警察和上岸的水兵投掷了大量的石块。

下午3点左右，在河街尽头的用沙包垒起的路障上发生了严重的冲突，人群在被海军陆战队队员赶回去之前已通过了铁丝网障碍，人群在返回铁丝网之后，又从前滩发起了侧攻。③ 在英国水兵端着枪企图将人群赶到铁丝网之后时，一个名叫瑞德（J. J. Reed）的水兵用手中枪上的刺刀刺伤了人群中缝纫工人李大生的腹部。英国水兵的这一行为激起了人民极大的愤怒，石块和瓦块雨点般地掷向英军。凶手"瑞德被15到20个挥舞着竹棒的苦力围攻，被打晕。夏洛克在瑞德被打得不省人事倒地时，前去帮他。一苦力抢过瑞德的枪，并把刺刀刺进夏洛克的大腿，使夏洛克倒地。汉特（F. H. Hunt）是另一个受害者，他被暴徒打晕了，他的头盔被打掉

---

① 《葛福致蓝普生》（1927年2月10日），英国档案局档案，FO 371/12435 31956；载《武汉国民政府史料》，第457页。

② 《汉口事件》（1927年2月10日），英国档案局档案，F1338/67/10；载《武汉国民政府史料》，第462页。

③ 《汉口的新年暴乱》，《楚报》1927年1月6日1版。

了，头部受到猛烈地打击。"① 在同英国水兵进行英勇搏斗的过程中，中国方面除了缝纫工人李大生被刺中腹部外，另一名锯业工人明宿庭也被刺中腹部，除此之外，包车工人李海山、码头工人夏兴奋受重伤，人力车夫韩其生、许士希、叶泽昆受轻伤。冲突双方没有发生死人情况。

当事件发生时，鲍罗廷等正在汉口南洋大楼召开临时联席会议，连续接到汉口市党部李国暄、湖北全省总工会许白昊、武汉洋务职员工会执行委员长屠宗根和总司令部政治部张伯钧的报告。大家认为情势十分危急，群众宣言如水兵不撤退，则群众亦不后退，如果政府不迅速采取措施，更大规模的冲突将不可避免。陈友仁认为，"今日下午情形严重，现在如要求彼方撤退武装，我方撤退群众，未免示弱，应取比较强硬之态度办法，当再思想一下即可决定"。② 鲍罗廷在听取了武昌公安局张局长的报告后，即席提出四点提议："一、应即派代表对群众说，联席会议闻英水兵之凶暴行为，极为义愤，我同胞一人被杀，数人被伤，人民对于此事之义愤，极为正当。但政府应有适当方法保护人民生命，在二十四小时内决定办法，防止以后再有此等残暴行为。为死者、伤者报仇雪耻，在政府未决定办法以前，望人民能离开租界，维持秩序，政府之办法决定后，即通知人民代表，并须在书面上签字。二、派警察多人站在群众与水兵中间。三、总工会派得力人员，帮助警察，站在警察与民众中间。四、外交部派有毅力之人员与英外交当局严重交涉，撤退武装水兵，保障秩序安全，否则，发生危险不负责任。"联席会议就此作出决议："①本会推定徐谦、蒋作宾两同志向一码头群众作下述文字之公告：中央执行委员会国民政府委员临时联席会议，闻英水兵行凶之事，我同胞一人被杀，数人被伤，不胜义愤！政府必当采取适当方法，保护人民，在二十四小时内当可决定办法，防止以后再有此等之事发生及为人民报仇雪耻。在政府未决定办法时，望人民离开租界，以免危险。政府一经决定办法，立即通知人民，在新市场一月四日午后七时宣布。②外交部立即对英租界当局严重交涉，撤退武装水兵，保障秩序安全，并对英方切实声明，如不撤退水兵，政府不负保障

---

① 《汉口的新年暴乱》，摘自《汉口先驱报》1927年1月9日，英国档案局档案，E 1722/67/10；载《武汉国民政府史料》，第467页。
② 《武昌市长黄昌谷报告》，《中国国民党中央执行委员国民政府委员临时联席会议第九次会议议事录》，载《武汉临时联席会议资料选编》，第179页。

英人安全责任。"①

从下午5点开始，局势没有得到改观，人群夹在中国警察和英国水兵之间，大量的石块掷向英国水兵和海军陆战队队员。6点半，由中国警察首脑和其他官员率领的一大群士兵的出现，给这件事带来了转机。他们对英国人说，如果英国人同意后退一个街区，他们将保证骚乱会平息。然后，英国军队后退到了怡和街，作为回应，中国民众退回到海关大楼。8点钟，中国民众已全部消失，英方的防卫部队也全部被召回，口岸逐渐恢复了平静。②

晚上，汉口民众举行盛大的提灯游行活动。游行队伍沿着宝顺街、湖北街、太平街歆生路（今为江汉路，上段为一条路两段名称不同，歆生路，下段为太平街——作者注）、界限街前进。此前，中国当局曾向英方说明，提灯游行的队伍可能在湖北街进入租界。由于在上述街道没有遇到阻碍，游行队伍进入了租界。在9号地区，游行队伍转向湖北街，然后又朝阜昌街走去，而那里执勤的是英国义勇队。人群有数千人之多，大家宣称可以到租界的任何地方去。当时中国警察局的负责人试图劝说游行队伍退回到华、英间的边界上，但遭到了人群的拒绝。中方警察局负责人同英方进行协商，同意游行队伍沿湖南街通过，到达湖北街。在中英双方负责人的陪同下，游行队伍继续前进，从湖南街到湖北街，没有什么事情发生。③

1月4日上午9点，中英双方就昨天发生的冲突进行了一次会谈。到会的有英国海军少将卡梅伦、海军船长休斯、中方警察局局长、巡捕房警长、租界工部局总董贝尔，此外还有助理秘书乔治和工部局翻译员约翰·伊特森。④ 整个会议是在比较友好的气氛中进行的。中方警察局局长首先解释了昨天下午部队的拖延是因为多方面的原因造成的，那天是公休日，他本人去了武昌，因而联系起来有些困难。接下来双方就英国撤兵和租界秩序的维持展开谈判，中方坚持英国军队必须撤离河街，因为他们在场只会刺激民众使用暴力；只要英国的军队不出现，中方将保证维持租界外围

---

① 《武昌市长黄昌谷报告》，《中国国民党中央执行委员国民政府委员临时联席会议第九次会议议事录》，载《武汉临时联席会议资料选编》，第179—180页。
② 《汉口的新年暴乱》，摘自《楚报》1927年1月6日1版，英国档案局档案，E 1722/67/10；载《武汉国民政府史料》，第466页。
③ 《葛福致蓝普生》，英国档案局档案，FO 371/12435 31956；载《武汉国民政府史料》，第459页。
④ 同上。

的秩序。英方就中方能否控制可能汇集的人群提出质疑，对此中方给予了肯定的回答。最后，英方接受了中方的提议。英方同意"中方绝对担保不让人群汇集在海关大陆周围，或租界周边其他任何危险地点，卡梅伦少将撤退所有军队；但双方必须协定，如果发现中国军队不能控制群众，我们的军队就立即登陆。我们向中国人说明了这一决定，他们同意"。①当即决定，英国撤军，租界外围安全由中方负责。

同时，武汉工、农、商、学200多团体代表在汉口总商会召开紧急会议，当即决定了八条对英办法。武汉国民政府全部予以接受，立即派中央党部代表陈群到英租界巡捕房主持一切，并令卫戍司令部派三个连进驻英租界。省总工会也派工人纠察队300人进英租界维持秩序。

1月4日下午，民众开始涌入租界，英国工部局不能维持秩序。有"群众将英租界欧战纪念碑钢链拆去，并大贴标语。"②1月5日，据"总工会刘少奇函报告：谓有很多市民把英捕房打了，死伤很多军警，不能维持，如何办法？纠察队是否可以维持？请急办云云。"徐谦"当即亲往察看，见英捕房前面玻璃有被打破者，后面墙上打穿一洞，有英人二人在内，甚安全。印捕数人亦在内，表示欢迎群众，曾略有冲突，有轻伤，并无打死人之事。证明刘之报告不确。"③5日晚8点，英国妇女、儿童登船离开汉口，租界内其他公务人员逃避一空，租界内秩序顿时混乱起来。临时联席会议立即作出决议，接管英租界，"组织一英租界临时管理委员会，由外交部长、交通部长、财政部长各派一人，卫戍司令派汉口办事处长及本会所派党代表为英租界临时管理委员会，以外交部派出之委员为主席，主持英租界内一切公安、市政事宜。"正式接管了英租界。鲍罗廷特别提议："应由外交部通告外侨，现在租界秩序平安，外侨应安心照常营业。"④被英帝国主义控制长达66年之久的汉口英租界，实际上已在武汉国民政府的管辖之下。

---

① 《葛福致蓝普生》，英国档案局档案，FO 371/12435 31956；载《武汉国民政府史料》，第460页。

② 《英租界欧战纪念碑被毁案》，《中国国民党中央执行委员国民政府委员临时联席会议第十次会议议事录》，载《武汉临时联席会议资料选编》，第191页。

③ 《英捕房被打事件》，《中国国民党中央执行委员国民政府委员临时联席会议第十次会议事录》，载《武汉临时联席会议资料选编》，第189页。

④ 《管理英租界案》，《中国国民党中央执行委员国民政府委员临时联席会议第十次会议议事录》，载《武汉临时联席会议资料选编》，第190页。

1月6日，英租界秩序逐渐恢复。

2."九江事件"的经过

武汉人民的反英斗争感染了九江民众，九江工、农、学各界群众数万人在九江总工会委员长彭江、市农民协会会长吴九恩等人的组织领导下，举行示威游行，宣传武汉人民英勇斗争的精神，要求收回九江英租界。

1月6日下午，九江海关的英国职员强行雇工往船上搬运行李，破坏码头工人罢工，工人纠察队员吴宜山前往制止。开始，仅是纠察队员和行李搬运工之间的纠纷，英国水兵却以大棒殴打吴宜山，使其重伤倒地，随后发展为广大目击者和英国水兵的冲突。这时，停泊在江边的英国军舰发炮两响以示其威。工人群众闻炮声后，在彭江领导下冲向租界，拆毁了租界周围的木桩、沙袋、铁丝网等物。驻九江地区的北伐军独立第二师当即向英领事提出抗议，并勒令英国水兵一律撤退至舰上，由中国派兵入租界维持秩序。英国领事慑于人民群众的威力，将水兵撤到军舰上。

1月7日中午，英国领事见局势无法控制，致函九江驻军，声称已决定携英侨上舰，并将此情况向英政府汇报，九江的安全一切由中国驻军负责。下午4点半，驻九江地区的北伐军独立第二师第三团和工人纠察队进驻九江英租界。同日，九江人民对英行动委员会就收回九江英租界发表宣言，明确指出：我们的根本要求，就是废除中英间一切不平等条约，禁止英国军舰在中国内河的航运权，收回租界，打倒帝国主义。

事后，据宋子文向临时联席会议报告："前日（6日）至九江，适发生民众与英人冲突之事。原因起于税务司之妻带行李上船，纠察队阻止之，与海关冲突。一工人受重伤，海关亦有一人受伤。工人多人涌入英租界，英人预备开炮，陆战队登岸。谣传将有俄人二十人来九江，且欲烧英租界。当群众愤激时，我即出演说：汉案政府自有办法，望民众暂退。民众乃退去。现提议电贺耀祖师长饬总工会及其他民众，反英运动应避免直接冲突。"①

1月8日，国民革命军总政治部主任邓演达前往九江，负责处理收回九江英租界有关事宜。邓演达宣布："案奉国民政府外交部令，兹设立九江英租界临时管理委员会，又奉外交部令：兹委派赵畸、周雍能为九江英租界临时管理委员会委员，等因奉此，遵即于本月10日在租界旧巡捕房，

---

① 《财政部长宋子文同志报告》，《中国国民党中央执行委员国民政府委员临时联席会议第十一次会议议事录》，载《武汉临时联席会议资料选编》，第199页。

将委员会组织成立。召集原有巡捕，照常办理租界内应办各事，并商同就地军警，保护界内中外人民安全。"①

10日，在邓演达主持下，成立了"九江英租界临时管理委员会"，并在租界内贴出中英文布告："①案奉国民政府外交部命令，组织委员会管理九江英租界，所有租界内治安及外人生命财产，均由本委员会会同军警，切实保护，合行布告界内各外侨，一体知悉，此布；②案奉国民政府外交部命令保护外人生命财产，等因，合行布告旅居牯岭外侨，一体知悉。务各安居乐业，毋自惊疑，切切此布。"② 正式宣布接管九江英租界的公安和市政事宜。整个过程在租界显得相当平静。

3. 中英双方关于汉浔租界归属的谈判

在中国收回汉口、九江英租界的过程中，对英外交谈判发挥了重要的作用。但对此问题，中外学者则很少论及。实际上从1月3日事件之后，中英双方就已开始谈判，直到2月19日中英双方在协议上签字，宣告举世瞩目的收回汉口、九江租界的斗争取得了完全的胜利。在谈判的过程中，双方互有妥协，经过几个回合的斗争，汉浔租界归属终于尘埃落定。

（1）谈判前双方的立场和面临的形势。1月5日和7日，武汉国民政府正式接管了两地租界，实质上汉口、九江租界已经收归中国所有。但斗争仍在继续，只不过斗争是以谈判的形势进行的。当时，英国力图挽回它在中国的败局，维护殖民统治，千方百计采取各种软的和硬的手法与措施，在汉浔租界问题上同国民政府讨价还价。而武汉国民政府和人民为了彻底收回英租界，进一步废除列强在华的不平等条约，执行向帝国主义实行进攻的政策和策略。因此为了各自的根本利益，中英双方都有谈判的意图。

在英国方面，它面对汉口、九江租界在事实上被中国接管的现实，而国际上美国、日本拒绝出兵干涉中国革命，国内煤矿工人的罢工尚在继续进行，同时考虑到自己的主要利益集中在上海，英国政府意识到：以武力夺取租界很难达到目的。因此，它不得不采取退让政策，通过谈判尽量挽回一些损失，同时换得武汉国民政府不以武力收回上海租界的承诺，以维持其在上海公共租界的统治。基于以上考虑，英国外交大臣张伯伦、司法次长殷斯基浦、财政大臣丘吉尔等人发表谈话和演说，主张"和平解决此

---

① 《全国民众反英运动之激进》，《汉口民国日报》1927年1月16日，第1张新闻第2页。
② 《国民政府公告》，《广州民国日报》1927年1月24日，第1张第2页。

项困难",并"准备开始谈判"。①

在准备谈判之前,英国国内大造舆论,将汉口、九江事件的责任全部推到中国身上。宣称"英国人及一切外国人,现正处于生命危险的情况底下","中国人民准备向一切白种人作战,如拳匪之乱一样"②。同时他们举出无稽的事实来证明汉口1月3日、4日的骚乱是少数极左的煽动家主持的,强调俄国人曾参与其中。③ 甚至别有用心地说,"大多数民众甚至国民党都反对此种骚乱"。英国制造无数虚假的消息,企图向政府施压,"现在未到放弃租界管理权之时机"、"须出军力示威"。④ "只有用挑衅的行为才能挽回我们的地位。"⑤ 而英国则将武力恫吓付诸实施,1月11日晚,"有英兵舰两只开足马力,并驾而上,浪高长余,武穴停泊货船不及防备撞沉数百,溺死同胞无数,损失甚巨"。⑥

而对中国人民和武汉国民政府来说,继续巩固反英斗争的成果,进一步从法律上解决汉口、九江英租界的归属问题,取得国际的合法承认,使收回租界这一成果固定化,并以此来提高武汉国民政府的威望,⑦ 是政府接下来要完成的工作。而这项工作主要通过对英外交谈判来完成。

为了营造适当的谈判气氛,在鲍罗廷的指导下,中国共产党发表了《中国共产党对此次汉口英兵惨杀华人事件的态度》,在这一宣言里,中国共产党实际上提出了武汉国民政府对英谈判的目标、方针、政策和方法。中国共产党认为:"此次汉口英租界英兵惨杀华人,各团体联席会议所议决8条件很好,因为现实的政治局面尚不能提过高的条件,我们的行动须注意以下几点:①所提条件应以低而能坚持为原则;②外交上应引导群众与政府一致(因为现实的政府实质是能受我们影响的),要群众与政府合

---

① 《汉口英租界事件发生以后》,《申报》1927年1月11日,第2张第6版。
② 《中国共产党为汉口英水兵枪杀和平民众宣言》,《向导》第183期。
③ 《葛福致蓝普生》,英国档案局档案,FO 371/12435 31956;载《武汉国民政府史料》,第459页。
④ 《英政府不肯放弃中国租界》,《汉口民国日报》1927年1月17日,第1张新闻第2页。
⑤ 《香港总督致殖民大臣》,英国档案局档案,FO 371/12399/32044;载《武汉国民政府史料》,第456页。
⑥ 《陆续来汉之英舰又在武穴撞沉货船数百只》,《汉口民国日报》1927年1月20日,第1张新闻第1页。
⑦ 曾宪林:《收回汉口、九江英租界斗争的铁腕外交述论》,《华中师范大学学报》1988年第2期。引自曾宪林、曾成贵、徐凯希《中国大革命史论》,中共党史出版社1991年版,第118页。

作；③绝对制止对外国人个人的暴行，以及侵害外人住宅商店等，当使群众明了反帝国主义是有计划的行动，须极力避免一切原始暴动的状况；④政府派往租界的军队必须选择纪律最严的军队，不仅注意使外人无所借口，并可向外人表示革命军军纪训练究竟与北军不同，这个影响作用是非常大的。"① 为此，中国共产党针对此次事件提出下列口号：（1）反对英国水兵在汉口杀人；（2）反对英国公使以二五税帮助张作霖、孙传芳；（3）撤退英国海陆军；（4）收回英租界；（5）排斥英国货。

湖北全省总工会第一次代表大会发表通电，提出"请政府自动收回英租界"，英租界当局应撤出电网等军事设施，英国撤退在华军舰及驻军，要求赔偿死伤损失，要求英政府道歉、惩凶等。同时号召全国人民，一致奋起，以最大之努力，扑灭此人类公敌世界恶魔之英帝国主义，为死难同胞复仇。② 同时湖北省农民协会也发表通电，号召全省农友与工商学兵各界联合，为政府后盾，同英帝国主义作坚决的斗争。③ 从此，湖北各地人民群众对收回汉口、九江英租界采取了有力的支持和声援，在全国形成汹涌澎湃之势。因此，在中国人民反帝情绪高涨的情况下，传统的"炮舰政策"显然已经过时，对此英国内部的有些人士对此认识很清楚。例如英国驻汉口总领事葛福在致英国外交大臣张伯伦的电报中就认为："我很怀疑，面对着不断增长的民族自觉意识和被公众情绪感染着的政府，像目前这样保持租界的现状可能吗？当然，我们可以继续拥有它们，只要给予足够多的军队，但这样做对我们有什么好处呢？中国人可以用罢工、抵制、警戒及停止供应食物来使我们的生存变得不可能。他们正在使用的这些手段是十分有效的。我预计，租界存在的最大理由，我们的商业，将在全国范围内受到遏制。"④

（2）中英外交谈判的经过。1月6日英国驻华公使兰普生指示使馆参赞阿马利和英国政府代表团中国事务秘书台克曼，离开北京前往汉口，就尽快处理当前局势提出报告并提出建议。阿马利还经兰普生授权，代表他

---

① 《中国共产党对此次汉口英兵惨杀华人事件的态度》，《中央政治通讯》1927年第15期。
② 《湖北全省总工会第一次代表大会为反对英水兵惨杀同胞通电》，《汉口民国日报》1927年1月6日，第3张新闻第6页。
③ 《省农民协会通电反英》，《汉口民国日报》1927年1月13日，第1张新闻第2页。
④ 《葛福致张伯伦》，英国档案局档案，E 1722/67/10；载《武汉国民政府史料》，第466页。

第五章　共产国际对武汉国民政府外交政策和策略的影响　　233

负责处理汉口的局势,并作为他的代表同武汉国民政府进行谈判。① 代表团经由浦口、南京,日夜兼程,于1月11日赶赴汉口。

1月12日,中英两国代表进行了第一次会谈,中方的代表是武汉国民政府外交部部长陈友仁,英方代表是阿马利。在谈判的根本出发点上,双方存在着原则分歧。谈判开始时,阿马利要求以汉口事件发生前的状态为基础,要武汉国民政府向"大英帝国"退还汉口、九江英租界。② 陈友仁明确拒绝了英国代表的要求。陈指出,在武汉国民政府看来,不可能在面对民众情绪高涨的情况下恢复到租界原有状况。

陈友仁讲述了上个月英国公使兰普生在汉口同他的谈话,强调指出当时英国政府的意愿,希望同国民政府之间重新建立良好关系,并在谋求解决汉口租界的事情上有一个好的开端。③ 希望为了解决好租界的事情以作为与英国政府达成真正谅解的基础,同时武汉国民政府的诚意已经有了最诚恳的表现:对于只要是在国民政府控制下的所有各省省府,均已专门发出指令,要求他们劝阻并停止反英情绪的示威。

关于租界协议的具体问题,陈友仁坚称,面对公众的情绪,在既存现状(由三名中国人组成的"英国租界临时行政局")基础上求得解决是绝对要遵循的,并说在他心目中对将来已有了轮廓,即依照相邻的前俄国租界的市政行政模式建立某种类型的中英联合行政当局,诚然在某些方面做法会更时兴、更进步,像"集团代表制"之类做法,如广州的中方市政管理之情形。④

虽然谈判双方存在严重分歧,但英国政府训令兰普生、阿马利接受陈友仁的以汉口事件后的新形势为依据进行谈判。于是,1月13日,阿马利又偕同英国驻汉领事葛福拜访了陈友仁,双方商定于1月15日开始继续谈判。⑤

1月14日,英国代表阿马利向英国政府提出了一份详尽的报告及对局势的评估。报告建议开启谈判已达到一项解决方案,其基点是将租界的行政当局从现行的英国租界市政管理局转变为一个中英联合市政当局,做法

---

① 《台克曼的报告》,英国档案局档案,F 4291/67/10;载《武汉国民政府史料》,第468页。
② 《国民政府行政文件集》(第2辑),1927年版。
③ 《台克曼的报告》,英国档案局档案,F 4291/67/10;载《武汉国民政府史料》,第469页。
④ 同上。
⑤ 《各社要电》,《申报》1927年1月28日,第2张第7版。

依循在相邻的前俄国租界建立的行政当局,以待将来汉口的五个租界及前租界合并成为一个按照某种类似体制运作的市政区域。这一体制事实上涉及将租界的行政权力交由中国政府控制,与此同时,通过赋予纳税人,无论是中国纳税人还是外国纳税人,对市政立法和征税的控制权而保障纳税人的权益,并通过会同中国市政管理局一并工作的中英委员会而保证英国人社区在市政管理中享有其发言权。①

1月15日正式谈判开始后,中英双方分歧依旧严重。中方代表陈友仁提出,英租界的处理,可采用前俄和法租界的形式,把英租界作为一个特别区,坚持收回英租界。但阿马利尽管在14日向英政府提交了类似的方案,但是仍对中国方面的让步保有幻想,提出英国政府对汉口事件只认陈友仁为地方政府代表,因此关于本案事实问题,只需由英领事与陈协商局部问题的临时办法,其法律问题,如修约及交还租界,仍保留至将来有正式政府办理。英方的提议显然与中方相去甚远,双方不欢而散。

会后,兰普生、阿马利向英政府进行了汇报,结果招来英外交部的严厉批评。1月17日,英外交部紧急致电阿马利,"我在我的7号电报(在38号电报中向北京重述我的电报)中,已经给你关于我们准备向陈或其他任何中国官方所要做的各种让步的详细条目。这些具有放弃条约权利的性质的让步,我们有权控制在任何时候或者没有事先进行条约谈判而作出这样的让步。这些让步本身或者除了对一项新条约所要求的那样进一步考虑其他的要点。这些让步如此慷慨大方,所以它们能被看作是合理和调和精神的预示"。②

在等待英国外交部的指示到达中国时,1月18日,阿马利再次会晤了陈友仁。阿马利在会谈中再次"强调了局势的严重性,以及因民众暴动夺取租界而加诸我们头上侮辱的严重性质,并坚持第一件要做的事是将租界交还英国控制,而有关未来地位的解决可以由双方友好谈判来实现。"③

陈友仁再次向其解释武汉国民政府的政策,阐明政府希望通过谈判的方式解决租界问题,即使在今后亦不对租界使用武力。陈强调,已向国民政府控制下的各省省府发出通电,指示各地停止反英鼓动,并对英国人及

---

① 《台克曼的报告》,英国档案局档案,F 4291/67/10;载《武汉国民政府史料》,第468页。
② 《英国外交部致阿马利》,英国档案局档案,FO 371/12399/32044;载《武汉国民政府史料》,第455页。
③ 《台克曼的报告》,英国档案局档案,F 4291/67/10;载《武汉国民政府史料》,第469页。

其他外国人的生命及财产给予保护。其目的是在英国人和国民政府之间造成一种新的气氛,但是如果武汉国民政府现在就将租界交还英国人全权控制,则面对着公众的愤怒,要想维持这样的气氛实属不可能。更有甚者,这可能会危及国民政府的稳定乃至使其倒台。武汉国民政府会尽力去做,但是陈强调一点,即在任何情况下政府都不可以对自己的人民开枪。陈认为中英双方对目前局势的现状必须有清楚的认识,通过双方理智的妥协,障碍还是有可能被克服的,绝不可让"面子"的考虑作梗挡道。解决好这一问题可以而且必定成为一种基础,由此英国与国民政府之间便能形成一种更好的关系并达到真正谅解。① 应该说,中国要求英国归还租界的理由之充分,态度之坚决,彻底粉碎了阿马利的幻想。

在收到了英国外交部的训令后,阿马利彻底放弃了原先的想法,与国民政府外交部部长陈友仁的实质性谈判于1月21日展开。

阿马利首先以海军增援一事为例提醒陈友仁,英国政府既然决心不在任何哪一派别的中国人的武力和暴乱政策面前放弃英国的攸关利益,则就会有实在的行动;继而,针对陈代表政府所表达的在中英两国人民之间建立一种更新的更好的关系,以及解决租界问题为契机作为达成这一新的谅解之基础的意愿,他代表英国政府作出对等回应。"英国政府准备接受汉口目前的局势,以之作为对国民政府一再作出的声明。在国民政府治理之下英国人的生命和财产将会是安全的,是可信性及其做到这一点之能力的一种考验。"② 阿马利指出,一旦租界至少在名义上交还英国人控制从而"加诸我们头上的侮辱得以清洗,陛下政府即准备通过谈判就租界未来地位问题寻求达成一项公正而平等的解决。"③ 也就是按照陈友仁已表明为中国人所希望的那种中英合作模式之类做法来解决。

1月23日双方继续谈判。会谈开始,陈友仁向阿马利提交了一份《国民政府宣言》,强调武汉国民政府是代表中国的唯一合法政府,愿意与任何列强单独开始谈判,讨论修改两国条约及其附属问题。④ 接下来双方会谈的焦点集中在武汉国民政府是否为中国唯一合法政府上。陈友仁指出,

---

① 《台克曼的报告》,英国档案局档案,F 4291/67/10;载《武汉国民政府史料》,第469页。
② 同上。
③ 同上。
④ 《国民政府宣言——答复英政府1926年12月18日对华新政策宣言》,载《武汉国民政府史料》,第438页。

如果英国将不把汉口租界问题的协议作为一种先例援用解决在北方的类似问题，则就租界问题达成解决将会容易得多；国民政府是中国的唯一政府，唯一一方能解决这一类全国性的问题。阿马利则认为，国民政府的态度不太合理，因为在中国北方人民也有类似的要求。如果就改进汉口租界的未来地位能在这里达成一项协议，就应当可以预料在北方的国民情绪也会呼号而要求采取类似的收回主权措施。

1月24日，双方谈判的焦点是工部局的职权恢复问题。陈友仁建议先越过英国工部局恢复职权的难题，立即进入探讨成立一个新的临时行政当局。他说英国应该在这样的时机拿出政治家风度而与国民政府达成一项根本性的协议。他解释说，中国的民族领导权已经落到了进步而有活力的国民党一方，中国的国家统一是不可能被分割的，只能够有一个中国政府，这就是国民政府。从长远来看只有国民政府说话算数，因为民意在这一边。租界问题的解决将会成为一个转折点，但取决于英国与国民政府之间能否以此为契机而达成协议。① 在目前中国方面可以将"承认"问题搁置一旁，英国政府可以将这一问题留待一项总体协议达成之后再作决定。

同时，陈友仁对英国向上海增兵提出了警告。陈指出，英国海军、还有陆军的备战以及向中国派遣增援部队，不仅是军舰还有兵力增援。不论英国的初衷如何，中国只能认为所有这些活动都是为了准备战争，而不可能有别的目的。

1月27日双方的谈判继续举行。陈友仁再度强调在英国工部局恢复职权问题上他有难处，并提出说，作为新的联合行政当局建立起来之前过渡时期的一种代替性安排，可建立一个含三名英国人成员和三名中国人成员并由一名英国人出任主席的混合委员会。随后会谈转入第二阶段议题，即未来的联合体制。陈友仁再度提出无条件交出权力的问题。阿马利表示无能为力，因为他所得到的授权就英租界行政权力移交给一个中方市政当局展开谈判，其基础是依照在前俄国以及前德国租界作出的安排，建立一个中方享有最终控制权的联合行政当局。② 鉴于英方坚持中英双方的谈判基于任何别的基点都无从谈起，陈友仁停止了英方无条件交出权力的说法，双方开始研究前德国租界的文本。

1月27日双方的会谈是继续研究条规，期间英方向陈友仁知照了一份

---

① 《台克曼的报告》，英国档案局档案，F 4291/67/10，载《武汉国民政府史料》，第471页。
② 同上书，第472页。

文件，扼要说明英方关于一项协议提议，即关于恢复英国工部局职权以便处理停当其事务及依照有待双方认同条规而组建一个联合市政当局。阿马利依照新近收到指令，将备忘录文本交给陈友仁。备忘录陈述了英国政府为充实其12月18日备忘录而提出提议之要点，其主旨是指出，经由中英方面放弃某些条约权利而不是另行谈判一项新条约，对条约予以修订可能达到限度。

谈判于1月29日继续进行，开始之时陈友仁交给阿马利一份声明，系对1月27日英国备忘录答复。在这份声明中陈友仁声称，他代表其政府准备接受英国提议，虽则提议尚有不足之处，以作为英国与国民政府之间商讨一项全面协议的基础，但条件是：第一，就诸如租界及居留地未来地位之类全国性问题，除了与国民政府商谈之外不得与任何其他中国当局谈判；第二，商谈应当在一种不带有威胁恐吓气氛中进行，而英国军队在上海集结则构成这种威胁，在任何以武力集结相恐吓面前国民政府不会予以认同。①

此时，中国共产党和国际无产阶级强烈反对英帝国主义对华出兵，在全世界形成反帝浪潮，国民政府在与英国代表谈判时态度更加强硬。1月31日向英国大使兰普生提出抗议，要英速命撤兵。2月1日陈友仁发表了中断谈判的宣言，并在当天中止了谈判。2月5日，陈友仁又发表中断谈判的第二次宣言，强调"汉案所商协定，非至英国停止威吓行动时，不能签字"。②

谈判中断一个星期，英国急得团团转，迫于国内外形势和它的整体利益，做了进一步退让，于2月3日向中国提出了一个《英国方案》，其附件说："大英帝国政府愿承认现代中国法庭为有裁判英国籍民投讼案件之能力"；"大英帝国政府愿意，在可行范围之内，于英国在华法庭上适用中国民法及商法，及经过正当手续创设之附件法律"；"大英帝国政府愿意，依照各关系商量之特别情形，讨论或协商如何修改大英租界中之市政管理，使与已经收回租界中所设立特别区中国管理制度相合"。③ 这就是说，英国政府对过去的不平等条约中规定的，外国人享受治外法权、关税协定，以及外国租界都可以修改，这在原来的基础上进了一步。此外，英国

---

① 《台克曼的报告》，英国档案局档案，F 4291/67/10；载《武汉国民政府史料》，第473页。
② 《陈友仁对英新提案之表示》，《申报》1927年2月6日，第1张第4版。
③ ［英］兰姆孙：《国民革命外记》，石农译，上海北新书局1929年发行，第1页。

政府回复阿马利时说可以考虑从上海撤军。这样陈友仁于 2 月 7 日同阿马利又继续谈判。

恢复谈判后,英方先就增兵一事进行了牵强的解释,随后提出先签订协议之后,然后英国军舰撤回的方案。陈友仁态度坚决,强调英舰不撤,不便签字。2 月 9 日,陈友仁在武汉临时联席会议上商量对策时说:"自我们拒绝签字后,已于英方代表会见三次,英方要求先签字,签字后即将英兵调开,这是一种诡计。先签字办不到,必英方调集之兵改换方向,方能言其他。"① 2 月 12 日,阿马利拜访陈友仁,转达张伯伦电报的意见,仍然是先签字后撤兵的思路,理所当然遭到了陈友仁的拒绝。②

由于中方的强烈反对,英国政府不得不做出让步,一方面宣布英租界收回之后由中国管理,另一方面命令前往中国的军队准备撤退。这样武汉国民政府认为基本满意,中英双方于 1927 年 2 月 19 日晚上 7 时,在协议上签字。③ 按照文件规定,"关于汉口租界所订之规定,将即时适用于九江租界"④。以上两项协议,从 1927 年 3 月 15 日起生效,汉口、九江英租界管理权,正式收归中国所有。

4. 共产国际与汉口、九江租界的收回

在收回汉口、九江英租界的过程中,武汉国民政府在中国共产党和广大人民的支持下,与英国政府斗智斗勇,最终彻底收回了汉浔租界。在取得举世瞩目的外交胜利的过程中,共产国际及其驻华代表发挥了重要的作用。

(1) 直接领导了中国人民夺取汉口、九江英租界的斗争。汉口"一·三"事件发生时,鲍罗廷正在汉口南洋大楼出席临时联席会议。在听取了有关方面的报告后,他即席提出四点提议:"一、应即派代表对群众说,联席会议闻英水兵之凶暴行为,极为义愤,我同胞一人被杀,数人被伤,人民对于此事之义愤,极为正当。但政府应有适当方法保护人民生命,在二十四小时内决定办法,防止以后再有此等残暴行为。为死者、伤者报仇雪耻,在政府未决定办法以前,望人民能离开租界,维持秩序,政府之办

---

① 《最近外交情形报告》,《中国国民党中央执行委员国民政府委员临时联席会议第二十二次会议记录》,载《武汉临时联席会议资料选编》,第 323 页。

② 《台克曼的报告》,英国档案局档案,F 4291/67/10;载《武汉国民政府史料》,第 476 页。

③ 同上书,第 477 页。

④ 《汉案昨晚七时签字》,《汉口民国日报》1927 年 2 月 20 日,第 1 张新闻第 2 页。

法决定后，即通知人民代表，并须在书面上签字。二、派警察多人站在群众与水兵中间。三、总工会派得力人员，帮助警察，站在警察与民众中间。四、外交部派有毅力之人员与英外交当局严重交涉，撤退武装水兵，保障秩序安全，否则，发生危险不负责任。"①

虽然鲍罗廷当时并不在事发现场，但是凭着政治家对局势的敏锐判断，他意识到利用这一有利时机打击英国，收回汉口租界的机会来临了。但是在中国民众群情激奋，英国水兵严整以待，双方冲突一触即发之时，鲍罗廷保持了清醒的头脑，所提的四点办法稳定了局势，使双方的争端回到通过外交谈判解决的正确轨道上来。

1月5日，武汉国民政府正式接管了汉口英租界之后，鲍罗廷多次提出保护外国人生命财产安全。在临时联席会议作出接管英租界决议案之后，鲍罗廷即提出："应由外交部通告外侨，现在租界秩序平安，外侨应安心照常营业。"② 工人纠察队进驻租界之后，工人们准备举行总罢工。鲍罗廷指出："对于总罢工一事，暂时不宜实行。如租界能到我们手里，则罢工无异反对自己，如不能，届时再讨论。"随后鲍罗廷对此作出了解释："我们要表示租界接受以后，秩序比从前更好，明日（1月6日）应恢复原状，工商照常作工营业。"③

1月8日，在鲍罗廷的指导下武汉临时联席会议发出通电："设立汉口英租界临时管理委员会，管理市政。先是三日，武汉市民庆祝胜利，行近英租界，英人阻之，至伤我五人，群情愤激，拥入界内，英人不能维持，乃商请我国军警保护。九江之英租界亦然，我政府恐人民轻动，再三电饬保护外人。此次英水兵残杀同胞，经政府采用严厉有效之方针，派遣军警管理英租界，组织管理委员会，为收回英租界之基础。民众对政府之方针亦一致拥护，上下一心，苟能步骤整齐，成功当不甚远。各省英人所设教会学校，依教育独立之原则，自当即谋收回，而在政府未定办法以前，实不宜有直接行动。至于各省英人生命财产，均在政府保护之列，地方当局

---

① 《武昌市长黄昌谷报告》，《中国国民党中央执行委员国民政府委员临时联席会议第九次会议议事录》，载《武汉临时联席会议资料选编》，第179—180页。

② 《管理英租界案》，《中国国民党中央执行委员国民政府委员临时联席会议第十次会议议事录》，载《武汉临时联席会议资料选编》，第190页。

③ 《对英委员会代表李午云、李立三报告》，《中国国民党中央执行委员国民政府委员临时联席会议第十次会议议事录》，载《武汉临时联席会议资料选编》，第192页。

亦应妥为保护。盖吾所反对者，为整个的帝国主义，而非修怨于私人。此意务须剀切通告，俾众周知，并督饬各属一体照行，是为至要。"①

很显然，鲍罗廷在对英斗争上保持着清醒的认识，反英斗争不是目的，目的乃是怎样从英国手中收回英租界。因此，前期的反英斗争无论从宣传上，还是在行动上，鲍罗廷都是积极支持，悉心指导；后来汉口事件发生之后，英方迫于中国人民的反帝怒潮，不敢使用武力，最后被迫放弃租界，武汉国民政府实际上接管了汉口英租界。在鲍罗廷看来，中国人民反英斗争已经达到了一个目的，即实际控制了汉口英租界。在这种情况下，武汉国民政府及人民群众所做的应该是：恢复租界的秩序，显示中方的管理水平，创造良好的谈判气氛，为从法律上完成收回汉口英租界的最后手续创造条件。

在中英双方就汉口英租界事件开始谈判的过程中，鲍罗廷给予了精心的指导。为了营造一个良好的谈判气氛，在鲍罗廷的提议下，武汉国民政府发出通电，要求治下各省暂停反英反教运动，特别强调停止危害外人生命财产的行动。

在双方谈判开始后，鲍罗廷为中方的外交谈判及外交政策定下了基调。鲍罗廷认为："关于外交政策，应将各方对于汉口事件之误会打消。今日应决定者，国民政府现在政策，并非以武力夺回租界，乃与列强讨论收回。汉口英租界之占领，乃根据英国政府及中国政府双方之谅解后，从英水兵刺伤中国人民之事实，欲避免严重冲突之结果，占领英租界，不但靠中国人民，并靠英国政府之行动。如英租界不至变为战斗区域，他们不必怕；如不把租界成为反革命之大本营，他们亦不必怕；如不把租界作为经济作战地，他们不必怕；如不于工人改良生活运动中借故挑拨，使发生流血之举，他们亦不必怕。我们一定要看清楚事实，我们知道我们的力量尚不够占领租界。汉口'一·三'事件，乃英人自己造成之结果，使我们占领租界。政府应即将对此政策宣布，特别是日本要使其明了，使知我们的政策，只在双方磋商之行动。对于英国方面亦应使之明了，此次占领英租界之经过。党对于此点似未注意，今后应使人明了：①此次'一·三'事件，完全为英国保守政策之结果，应完全由他们负责。②他们既闯下此祸，自己不能维持，乃请求我们派兵保护，我们应其请求才有派兵入租界

---

① 《武汉临时联席会议关于设立汉口英租界临时管委会管理市政通电》，原载《商务日报》1927年1月16日；《武汉国民政府史料》，第437页。

之举。英国工党对此行动甚表同情,在英国国会会议中已有此种表示。保守党自然愤怒,自由党则尚动摇中,尚未决定赞成,或反对之态度。如我们能发表宣言,使英国工党对于此事更得有力之地位,故提议另由党发表对英国工党宣言。"①

1月28日,英国向上海增兵,同时国民革命军正向浙沪进军。在中英双方正在就英国归还汉口、九江英租界进行谈判之时,英国的增兵显然带有向武汉国民政府示威的意图。鲍罗廷认为,虽然中英双方已经就收回汉口、九江英租界达成了初步的协议,但是在这种情况下,中国方面的签字只能认为是屈服于英国的武力威胁,因此陈友仁决定推迟签字。

据陈友仁报告:"最近英国一方陆续调水兵来沪。在此种情形下,如签字似系受其威迫而屈服者,故难;就军事、财政关系言,以从早签字为有利,而亦不能遽行之;同时人民亦将怀疑。本日与宋部长已在鲍顾问公馆商量过,均认为不应签字。"②

武汉国民政府拒绝签字之后,英国方面开始着急了,英方代表阿马利多次找到中方代表陈友仁,表示希望中英早日就汉浔租界问题签字。但是在鲍罗廷的领导下,武汉国民政府不为所动,中方谈判代表陈友仁声明,"国民政府决不因威吓签字,如英政府可能停止出兵,当不拒绝签字"。坚持以沪港撤兵为先决条件,"非英撤兵,决不签字"。③ 由于中方强烈要求英方撤兵乃签字的必要条件,英方代表无计可施,到2月19日下午6时,英方代表拜访中方代表陈友仁,承认英兵撤退。武汉国民政府方面认为比较满意,中英双方与当晚7时,在协议上签字,④ 宣告了武汉国民政府取得了收回汉口、九江英租界的斗争的完全胜利。

(2) 共产国际号召各国无产阶级对中国收回汉口、九江英租界的声援和支持。汉口、九江事件发生之后,共产国际和苏联除声援收回汉口、九江英租界的斗争之外,还"为英国派兵来华事件"发表了宣言、通告和社论,"唤醒世界工人对中国事件,予以深刻之注意,并应以有组织的援助,

---

① 《中国国民党中央执行委员国民政府委员临时联席会议第十四次会议议事录》,载《武汉临时联席会议资料选编》,第237页。
② 《外交报告》,《中国国民党中央执行委员国民政府委员临时联席会议第二十次会议记录》,载《武汉临时联席会议资料选编》,第306页。
③ 《汉案协定可望签字》,上海《申报》1927年2月14日,第1张第4版。
④ 《汉案昨晚七时签字》,《汉口民国日报》1927年2月20日,第1张新闻第2页。

以防卫中国之革命运动。"共产国际还号召世界革命势力和无产者团体，拥护中国革命，阻止英国出兵。"英政府宣言调动全部军力，集中上海，不啻对世界无产阶级公开挑战。英国资产阶级欲以其压倒矿工之余威，乘胜挫灭中国革命。对华武力侵略之胜利，即法西斯派之世界的胜利，亦即资产阶级对世界各国无产阶级之新胜利，攻击中国，即为攻击无产阶级革命坚垒（苏联）之准备和试验。第三国际望世界各国工人，从速联合一致，合力拥护中国革命，协同阻止英国出兵，并须坚持撤退驻军，承认中国国民政府，号召全世界无产者团体，在'勿侵略中国'之旗帜下而奋斗。"①

1月26日，苏联政府发表公报，评论英国最近对华举动。"英国集中其海陆军于上海，显系欲完成其在长江各地之挑拨，以作其武力压迫国民政府之借口。英国在外交军事方面已安排妥贴，并已取得美国之同意，或允守中立，故遂中止与中国人民自由运动敷衍，而准备作战。美国则始终掩饰其目的，以待侵略机会之成熟。所谓保卫上海者，不过为实行摧残中国自由运动之借辞。目前局面诚甚危险，但中国国民在其奋斗中，除自卫之力外，尚有全世界各国之真诚友人与强大之联盟者为其后援。"②

在共产国际的号召下，国际运输工人委员会于1927年2月10日发表通告，要求全世界海员水手，提议一致拒绝运输军队军械至中国。声言英国侵略中国，实为引起世界杀戮事件之见端。通告中促各国海员反抗英国侵略，并特别责成英国海员坚决反对出兵。③

在此之前，英国劳工运动代表就汉浔事件致电国民政府外交部。表示"劳工运动对于过分夸张之武力示威行为，施诸国民政府，深表惋惜。此种行为，最能引起两国间嫌怨及仇视之盛极，虽其最初用意在遏止乱萌，而结果每每适得其反。当吾国外交部，方在采用一种磋商之政策，以承认中国政府之独立为前提，从事一种友谊的解决之时，突然来此武力示威运动，实足使和平政策之进展大受挫折。且使吾国外交当局，置此政策之高

---

① 《第三国际告全世界工友：英国出兵侵害中国不啻对全世界无产阶级宣战》，《汉口民国日报》1927年2月10日，第1张新闻第1页。

② 湖北省社会科学院历史所编：《汉口、九江收回英租界资料选编》，湖北人民出版社1982年版，第64页。

③ 《国际运输工人委员会电》，《汉口民国日报》1927年2月10日，第1张新闻第2页。

阁，而代以威胁及挑衅之手段。……英国劳工运动，并致其极诚意之同情于中国工人，而拥护其经济状况之增进，且希望中国工人能以坚决而和平之谈判，引导其国家脱离眼前之困难与危险，使确立于世界独立国之林。"①

2月，英劳工援助中国自由联合会致电国民政府外交部。"英国劳工援助中国自由联合会，顷接国民政府之宣言，声明愿意以经济平等及互相尊重政治及领土主权为根据，与任何列强单独谈判解决条约，及其他附属问题。本会阅诵之下，无任欢忻。本会渴望中英谈判，根据国民政府之提议，立即开始。……英国劳工运动，非特应与其自己政府接近，且须与陈友仁先生接近，并当出权双方在用武力之前，先开谈判。英国之武装行动，本会严重反对，英国之劳工，当反对任何方式之战争。现虽保守党与吾侪主张冲突，但吾侪在国会中及国会外，当竭力使政府撤回在中国之武装军队及战舰等。"②

在共产国际发出号召后不久，英国共产党也发表宣言，指出："英国军舰之盛临中国国民政府之新都，只能成为对中国民族感情持续挑拨之源泉，在一般人民中引起其怀疑。……全英劳工团体，与英国中国解放理事会，彼此联合一致，组织'勿侵略中国'委员会，撤回军队战舰，承认国民政府。"③

日本劳动组合组织也发表声明："中国的革命运动，是反对列强帝国主义在中国的政治经济的利权获得和国民中解放的呼声！现在中国国民革命运动，在世界无产阶级革命运动上，在实行俄国革命以来最重大的任务。在这种意味上，我们在'对华出兵反对'、'对华不干涉'、'国民党政府的立刻承认'的标语之下，和支配阶级为彻底斗争！"④

此外，英国哲学家罗素、美洲大学生反英组织等，或以个人名义，或以组织名义，对英国出兵中国加以谴责，从舆论上支持了中国人民的反英斗争。

---

① 《英国劳工运动代表致国民政府外交部电文》，载高承元编《广州武汉革命外交文献》，神州国光社1933年版；《武汉国民政府史料》，第439页。

② 同上书，第440页。

③ 《汉口、九江收回英租界资料选编》，第65页。

④ 《惨案专栏》，《汉口民国日报》1927年1月19日，第1张新闻第1页。

(二) 共产国际与武汉国民政府对"南京事件"和"四·三"惨案的处理

1. "南京事件"与"四·三"惨案发生的经过

(1) "南京事件"发生的经过。汉口、九江英租界的收回,使列强受到了极大的冲击,他们担心自己在华利益受损,纷纷调兵来华。美国公使马慕瑞要求国务院与列强采取联合行动,"不惜一切代价"保卫上海租界,认为这是有关大国"对保卫外国权利和利益最后可以采取的立场"。[①] 英国海军大臣对国民政府收回汉浔租界耿耿于怀,叫嚷:"我们必须保卫我们在上海的利益,要这样做,就只有派遣海陆军……派遣军队越多越好。"[②] 日本外相币原喜重郎则宣称,日本在华的侵略权利"不得稍受限制和变更",否则当采取适当手段对付。[③] 面对中国蓬勃发展的革命形势,列强们已经作好了武装干涉的准备。

在国民革命军开始向长江下游进攻时,英、美、日军舰已经部署在南京附近的长江水面。3月7日,停泊于南京的美国军舰诺亚号舰长史密斯与美国驻南京领事戴伟士邀请英、日军舰指挥官秘密开会,日本第24驱逐舰队司令官吉田健介中佐参加了会议。英、日接受美国方面提出的方案,制订一项"联合警备南京计划"。内容包括,估计南军进攻南京可能出现下列几种情况:在败军溃退之际有发生抢劫的危险;南京城将成为战场;南军攻占南京后将"煽动排外风潮"。因此,为了应变美国,提议设立领事馆与军舰间的通讯信号装置,各国海军陆战队应领事的要求,将登岸"保护侨民",届时并通报其他国军舰指挥官。[④]

当南京攻防战开始时,史密斯就派人视察了美国领事戴伟士事先选定的"信号站",并命令美国军舰诺亚号上的大炮瞄准业已测定的炮击界标。[⑤] 22日,美国、英国派遣部分军人和信号长秘密潜入南京,戴伟士把他们埋伏在"信号站"里。当晚,"信号站"开始向江面美英军舰传递国

---

① *FRUS*, 1927, Vol.2, p.49.
② 《泰晤士报》,1927年2月4日。
③ [英] 怀德:《中国外交关系史略》,王菀孙译,商务印书馆1982年版,第149—151页。
④ 《南京事件的经过》,《日本外务省档案》(缩微胶卷), PVM26。
⑤ Bernard D.Cole, *Gunboats and Marines: The United States Navy in China*, 1925—1928, Newark: University of Delaware Press, 1983, pp.93—94.

民革命军攻城的情报。①

23日下午，北军在雨花台败阵退入城里，守将褚玉璞仓皇渡江逃往浦口，官兵争渡，发生火并，下关秩序大乱。不及撤逃的北方溃兵近三万人，回窜城里大肆抢掠。24日凌晨，北伐军的第六军、第二军主力开始进城集中力量搜捕溃兵，警戒江面。当时，北伐军的主要领导尚未进城，进城的队伍又分属不同的系统，因此秩序较乱。城内持械流窜的北方溃兵和南军当中的少数不良分子抢劫了外国侨民和日本、英国、美国领事馆。②有学者提出北方溃兵回城抢劫之说不可信，24日发生的抢劫事件主要是南军所为。③

美国领事戴伟士带着一批侨民避往"信号站"，随后命令信号兵向江面军舰发出要求开炮的信号。美国军舰诺亚号、普莱斯顿号和英国军舰绿宝石号在下午3时30分开始向南京城猛烈轰击一个多小时，发炮110发。④当场击毙北伐军军官一名，士兵20名，平民15名，财产、房屋损毁无数。后经国际红十字会派代表上舰多次劝阻，英美军舰才停止炮击。

至于人员伤亡数，则有不同的说法。3月31日，陈友仁根据前线初步报告，召见英美驻汉领事，递交抗议书，抗议英美炮击南京，抗议书提到

---

① Hobart, Alice Tisdale: *Within the walls of Nanking*, London: Jonathan Cape, 1928, pp.173-179.

② 蒋介石总司令部总参议钮永建派往南京策反警察的特派员章杰记述："据英领事馆管事尹质卿报称：24日有溃兵滋骚等情"，见南京政府档案（1）5714。《本书作者访问李世璋的谈话记录》（1981年5月7日），李世璋说：第二十七军王普部原为孙传芳的部队，王普与陈调元一起投诚到北伐军方面。不久，1927年3月王部随二军、六军进入南京，其一部分官兵打着国民革命军的旗帜参加了抢劫。李世璋当时任江右军代理政治部主任。参见沈予《日本大陆政策史（1868—1945）》，社会科学文献出版社2005年版，第294页。

③ 杨天宏认为，南京事件中的肇事者主要是南军士兵。其理由有三个：一、国民政府及其调查小组（包括章杰）认为溃退的北军参与了抢劫，但是这一结论既缺乏人证，又缺乏物证；二、主要是南军参与肇事，有英国领事夫妇及大阪《朝日新闻》南京特派员的证词，同时有《国闻周报》记者撰写的《轰传世界之南京案调查纪实》为证；三、北伐军枪毙参与肇事的六十六名士兵。因为"暴力抢劫事件终止的主要原因是南军对违纪兵士实施严厉镇压，如果这一说法无误，则无疑证明了肇事者主要是南军士兵。道理很简单：如果南军没有从事暴力抢劫，就不应该发生严厉处置其士兵的事件；如果肇事者主要是北军，南军的自惩行动绝不可能导致敌方暴力抢劫行为的终止；而南军在执行军法时，处死的士兵达六七十人之多，则证明南军士兵的违纪行动非同寻常"。参见杨天宏《北伐期间反教暴力事件及责任问题》，《历史研究》2004年第1期。

④《李世璋向武汉国民政府报告南京事件电》，载罗家伦主编《革命文献》（第14辑），台北"中央"文物供应社1956年版，第2382—2383页。

了南京事件外人死伤的情况：“此次骚扰中外人受伤者6人，死亡者约有4至6人”。① 日本方面的资料载明，在北伐军入城之后的骚乱中，共有14名外国人伤亡，其中英国死两人，日、美、法、意各死一人，英日各受伤二人，美伤三人，另有一名英军水兵在炮轰南京时被还击的江右军击毙。② 美国学者瓦格（Paul A.Varg）综合各种材料及研究成果证明，共有六名中国人和七名外国人丧失性命，二十余人受伤。③

（2）汉口"四·三"惨案发生的经过。关于"四·三"惨案的起因，中日双方各执一词。据事后中方调查报告，"四·三"惨案乃是日方故意制造。"据住居日租界市民等称：日人自本政府收回英租界后，对于我国民众时有挑衅之事。当惨案发生前三数日内，侨汉日人租有重货之家及为妇孺等辈，均搬入军舰，似早已有所准备。"④ 就日人撤退日侨来看，日本对于汉口的局势颇为担心，显然日方事先对"四·三"惨案作好了准备。

据中方调查，"四月三日下午四点半，车夫刘丙戌及刘炳喜引空车至日租界燮昌小路，突有日水兵两名硬欲共乘其车。丙戌以违背警章不允。该水兵一人将其空车踢翻，一人即抽刺刀猛刺其胸，倒地血流如注，顿时晕绝。群众见状，义愤难遏，大呼日兵杀人，集者渐众。除凶手中之一人由日租界副巡捕长姜柄瀛、十二号巡捕徐立常扭送日警署交付警长小川要之助看管外，余一凶手逃往日本小学校内潜匿，由日警署部长鹭山赶人，未知如何下落。当时因日水兵陆续赶到，形势汹涌，群众冒死徒手擒获日水兵六名，并嫌疑者四名。其余日人分赴日领署及军舰报告，日水兵大队蜂拥登岸，从大新街、新新街及江岸各口均布满。初放步枪，继放机关枪，群众闻枪奔避。该日兵等越界追杀，其日界侨商军警，凡有手持猎枪者，亦争先出门射击。故被之地，不止一处。枪声亦至六点半始息。兹以死伤地点论，如刘炳喜系在燮昌小路被杀；熊四元、刘亨惠之身死，陈海子之中枪，均在同仁医院侧；张泽文、李寿堂及不知姓名之一人等身死，

---

① 沈亦云：《亦云回忆》（下册），台北传记文学出版社1968年版，第353页。
② 《日本外务省档案》，PVM26, FO, 405, Vol.253, pp.20-21。
③ Paul A.Varg: *Missionaries, Chinese and Diplomats*, New Jersey, Princeton University Press, 1958, p.19.
④ 《司法部委员陈廷璧、总工会委员张善孚、外交部委员谢冠生呈中政会》，国民党党史馆档案，汉13034号；载《武汉国民政府史料》，第84页。

均在本愿寺侧；杨海清、江心海之身死，在大正街；王秋生中枪，在华界三元里茶馆内；刘志元、周勇伢、喻学工、杨文藻等中枪，均在华界铁路孔。地点不一，相距甚远，而三元里、铁路孔均在日租界范围之外。"由此，调查组认为若"日人如非故意挑衅，蔑视中国国权，何至越境杀人？对徒手民众，何至开枪射击，时间何以许久？此皆证明确非登时误会者可比。"①

据调查组统计，在"四·三"惨案中，日水兵总计枪杀中国"民众九人，重伤八人，共死伤十七人。其中工人七名，车夫四名，负贩（搬运工）二名，兵警二名，农人、学生各一名。年龄最大者四十二岁，最小十七岁，以二十岁到三十岁之间为多。均男性。"②

然而在日本总领事高尾给日本外相币原喜重郎的报告中关于事情的起因则是另外一种说法。"四月三日下午四点左右，两名水兵一人手拿樱花，一人手举小鸟从日本租界妻鹤后门附近经过，这时待在附近的五六个中国小孩朝他们扔石块，并一个劲地嘲笑奚落他们。水兵对其不逊的态度无比愤怒，屡屡回过头去跟他们对抗。这时一个二十五岁左右的中国年轻人从横道上窜了出来跟他们打斗起来。见此情景，附近的人力车夫苦力等群众一拥而上，他们拳打脚踢，施行暴力。在厮打中，一个中国人受伤流血倒在地上，寡不敌众的水兵慌忙逃离现场。"③日方将事情的起因归结于中方小孩的挑衅，其水兵反击后激起中国民众的愤怒，随后导致事件逐步恶化。在报告中高尾强调事件发生后，中国"租界内到处是蜂拥而至的群众"。"日侨的生命财产完全失去保护，若不尽早自卫，后果将不堪设想。"于是，"派陆战队上岸驱逐租界内的群众"。④

至于受害情况，在汉日侨"遭到'暴民'毒打的二十二名"，日侨四名、水兵六名被纠察队抓走后经交涉放回；日方受损财产"金额大约四十一万三千五百三十六圆"。关于中方受损的情况，高尾汇报时说："对开枪

---

① 《司法部委员陈廷璧、总工会委员张善孚、外交部委员谢冠生呈中政会》，国民党党史馆档案，汉 13034 号；载《武汉国民政府史料》，第 84 页。
② 《汉口"四·三"惨案调查委员陈廷璧（司法部）、张善孚（总工会）、谢冠生（外交部）调查报告附件》，国民党党史馆档案，汉 13034 号。
③ 《汉口日本总领事高尾致日本外务大臣币原喜重郎（节录）》，中国国家图书馆藏，日本驻汉口总领馆档案；载《武汉国民政府史料》，第 85 页。
④ 同上。

造成的中国方的死伤情况，中国的报纸、新闻传单上报道的死伤数十名实属夸张，事实上只死了两三个人，有五六人受伤。"① 显然高尾夸大了日方的损失，而对中国方面人员死伤的说法与事实亦相去甚远。

2. 鲍罗廷与武汉国民政府对"南京事件"和"四·三"惨案的处理

（1）鲍罗廷与武汉国民政府对"南京事件"的处理。"南京事件"发生之后，列强为避免责任，一方面大肆造谣，"南军此次在南京凶恶行为，系事前预定之计划"，"显系受军官指挥"，②"某某领事毙命"，"某某领事夫人被奸云云"。③ 他们极力要证明"南京事件"是一件有组织的排外运动，武汉国民政府参与其中，企图作为他们武装干涉中国的借口。另一方面，列强们恶人先告状，企图把全部责任推到中国一方。3月25日，英美总领事来到武汉国民政府外交部，就"南京事件"向外交部部长陈友仁提出抗议。

面对西方列强的种种手段，鲍罗廷指示国民政府，一方面电令程潜："外国领事抗议我军入南京城时有军队攻打外国领事馆，英、美、日本各馆员及外侨均有被杀者，就由何种军队所杀？又，祥查外国兵舰开炮情形。"另一方面指示国民政府"提出抗议"。④

3月28日，英、美、日三国驻北京公使协议向本国政府提出建议，通过三国公使向蒋介石和武汉国民政府提出下列要求：处罚"南京暴行"的责任者；总司令书面道歉，保证保护外国侨民的生命财产；完全赔偿。英国公使兰普森提议加上"时限"，使照会具有最后通牒的性质。⑤ 美国公使马慕瑞和日本公使芳泽表示赞同。随后，三国公使将此议通知法国、意大利公使，邀他们共同采取行动。但是，伦敦、华盛顿和东京从本国利益考虑，对于"时限"和实施制裁存在着意见分歧。英国为保住上海、长江一带的权益，力主采取强硬手段。美国则举棋不定。日本不同意规定时限，因为大量日侨从长江中下游撤出，尚需时日。所以此次方案并未向国民政

---

① 《汉口日本总领事高尾致日本外务大臣币原喜重郎（节录）》，中国国家图书馆藏，日本驻汉口总领馆档案；载《武汉国民政府史料》，第87—88页。
② 《亦云回忆》（下册），第352页。
③ 《轰传世界之南京案调查纪实》，《国闻周报》1927年第22期。
④ 《第五次议事录》（1927年3月25日），《中国国民党中执会政治委员会会议录》（1927年3月14—28日），载《中国国民党第一、二次全国代表大会会议史料》（下），第984页。
⑤ FRUS, 1927, Vol.II, p.166.

府提出。

3月31日，陈友仁在收到程潜的详细报告之后，召见了英国和美国的驻汉总领事，向他们宣读了武汉国民政府对"南京事件"的宣言，"南京之骚扰事件，实为反动派及反革命派之所为。……程军长于3月24日下午5时半进城后，参加劫掠外侨之暴徒多人，即有程军长下令处决。据报告，此次骚扰中，外人受伤者6人，死亡者约有4人至6人；而与华人方面被害人数相较，则约略可得一比例，即外人遭死伤者1人，适当于华人死伤于英美炮舰百人以上。国民政府一方深知痛恶于南京之骚扰行为，致英国及其他领事馆之被袭击，并表示甚深之歉意于外侨生命之伤亡，及英国领事与其他外人之被伤；一方对于英美兵舰炮击户口之繁多之南京之举，特提出严重抗议。"①

在"南京事件"问题的处理上，鲍罗廷采取了比较低调的处理方式，这是他基于当时国内形势分析的结果。本来上海武装起义胜利后，鲍罗廷当时决定通过发动一场声势浩大的反帝宣传运动，来充分发动群众和壮大革命声威，迫使列强撤出上海。3月23日，国民政府就作出决议：第一，由外交部长发表对外宣言，上海战争终了，要求撤退驻上海外兵；第二，由党部指导民众做广大宣传，用谈判磋商收回上海公共租界。② 但是"南京事件"发生后，鲍罗廷意识到这种做法的危险性。因为当时广大人民群众的革命热情正由于汉口、九江英租界的收回而万分高涨，而"南京事件"激起了中国人民对列强的极大愤慨。这种革命热情非常容易引发同帝国主义发生正面的冲突，由于敌强我弱，冲突的结果就会非常不利于革命群众，反而会被反革命势力所利用。因此在这种情况下，鲍罗廷决定用和平的方式来解决，认为当务之急应该打破敌人的谣言宣传，防止列强联合起来干涉中国革命，同时做好人民群众的解释工作。

4月1日，鲍罗廷阐述了上述想法："现在的情势的确是很严重，英、美已准备干涉；日本的态度虽然不很清楚，但据北京来电，说是许久不造谣的日本人最近在北方又大造其谣。他们虽不代表日本政府，但反对南方的这种事实是不可否认的。现在假定英已准备干涉，美或中立或赞助英、日，如果我们有适当的方法，可以使它不致同英、美联合。所以在危险的

---

① 《国民政府宣言》，《国闻周报》1927年第13期。
② 《第四次议事录》（1927年3月23日），《中国国民党中执会政治委员会会议录》（1927年3月14—28日），载《中国国民党第一、二次全国代表大会会议史料》（下），第975页。

局面时，要有一定的政策，用那个政策，可使英、日分离，可以使帝国主义者分化。……我们应当使用各种的方法极力宣传，打消帝国主义者散布的一切谣言。……本党及各团体，应对于英国工党及英国人民发表宣言，声明南京事件应由英国的保守党政府及北方军阀负责，若他们再不起来干涉他们的政府的这种强暴行为（炮击南京），那么我们要施行最大的经济绝交。请国际工人代表团发表宣言，请他们对世界工人及自由主义者报告中国的实在情形。对于本国的工、农、商、学、兵各界发表宣言，将中央政治委员会之政策明白告诉他们。"[1]

在民众反帝运动情绪高涨之际，武汉国民政府主张通过和平的方式，企图分化帝国主义的统一战线，鲍罗廷是冒着很大的风险的。但是，在蒋介石集团日趋反动，帝国主义极力拉拢的时候，一味地强调反帝斗争只能加速革命阵营的分化。因此，鲍罗廷一再强调："对本国人民及军队所发表之宣言，要说明帝国主义者对我们的阴谋，同反动派有关系。"[2]

然而，鲍罗廷的和平解决"南京事件"的想法很快被事实证明是一厢情愿。4月3日，英、美、日、法四国驻沪首领在美国军舰"匹茨堡"号上秘密集议，根据英、美、法三方提出的意见，拟订一套制裁方案，分四步准备以武力攻击长江中下游北伐军。[3] 但是，日本表示反对，日本外相币原分别会见英美两国大使，声明日本反对武力制裁。最后，列强决定4月10日对武汉国民政府发出通牒。

4月10日，英、美、日、法、意五国的代表向武汉国民政府发出通牒，提出解决"南京事件"的要求。据外交部陈友仁报告："当时本席就说，如果他们取的是共同通路的形式，那么，接见是办不到的。后来他们说，并不是联合的通牒。本席就说既不是联合通牒，可以一个一个地接见他们。但是有三个条件：①要一定不是联合通牒；②接见不能认为是接收的解释；③此次接见不能为后来的成例。于是今天早晨本席就一个一个地接见他们。他们一人有一封信，除了首尾不同而外，内容差不多是一样。说是奉了北京各该国公使的命令，将三月二十四日革命军在南京的不法行

---

[1] 《中国国民党中央执行委员会政治委员会第八次会议速记录》，载《中国国民党第一、二次全国代表大会会议史料》（下），第1005—1006页。

[2] 同上书，第1008页。

[3] 《美亚洲舰队司令威廉斯致海军部作战局》（1927年4月4日）；FRUS, 1927, Vol.II, p.178；《日本外务省档案》，PVM27。

为，通知这边外交部同蒋总司令，要求立刻解决，他们所提出来的条件共有三种：①对于外人身体上或物质上加以损害者，须受适当之处罚；②由总司令用书面道歉，说明以后对外人的生命财产负责，并不得再作排外的宣传；③外人所受物质上的损失，须完全赔偿。最后还有一句，假今国民政府不能使有关系各国认为满意时，有关系各国将有他们认为必要的正式行动。这一句话的话意很含糊。所谓'有关系各国'就是联合通牒的性质，虽然形式上分为五份，但事实上他们是联合一致的。"①

此后，蒋介石于4月12日发动"四·一二"政变，列强逐渐放弃同武汉国民政府的交涉，转而同蒋介石勾结，尽管如此，武汉国民政府外交部于4月14日对上述通牒进行了回复。内容包括：关于赔偿的答复，是说国民政府已经准备要赔偿，但这赔偿的意义，并不是承认"南京事件"是革命军所作的，乃是因为友邦的领事馆在中国境内受了损失，基于国际友谊上的赔偿。关于惩凶同道歉的答复，是说这件事情现在还不能证明是革命军所作的，在未调查清楚之前，不能有什么举动。末了，声明为要免除发生这事的根本原因最好是废除一切不平等条约。② 陈友仁在同意赔偿的同时，提议组织一个国际调查委员会，既调查外国领馆和侨民的损失，也调查美、英军舰炮轰毫无防御的南京的情形，他据理驳斥了关于惩罚国民革命军有关部队长官、国民革命军总司令公开道歉等无理要求。③

五国公使认为陈友仁的复照是"完全不能令人满意和不能接受的"，建议各国政府以制裁相要狭，提出更强硬的通牒。美国政府拒绝了这一建议，他们认为在武汉国民政府内部，"稳健派正努力将激进派逐出国民政府。国务院感到，此时若迫使其接受要求，将会削弱稳健派领导人的地位，甚至可能把他们驱至极端派一边"。④ 国务卿凯洛格表示，美国准备必要时与武汉政府单独交涉，马慕瑞强烈反对美国政府单独行事，他在23日电中称，这将使美国丧失列强对华外交中的领导地位。25日，凯洛格解释说："领导地位本来既存在于温和行动之中，又存在于武力行动之中"，

---

① 《中国国民党中央执行委员会政治委员会第十一次会议速记录》，载《中国国民党第一、二次全国代表大会会议史料》（下），第1042—1043页。

② 《中国国民党中央执行委员会政治委员会第十二次会议速记录》，载《中国国民党第一、二次全国代表大会会议史料》（下），第1058页。

③ 罗家伦主编：《革命文献》（第14辑），台北1956年版，第608—611页。

④ FRUS, 1927, Vol.Ⅱ, pp.197-198.

"国务院不相信,美国在华商业利益要靠列强的武力才能获得","外国凭借武力占领中国领土或保持贸易特殊势力范围的时代已经过去了"。① 同日,他对日本驻美大使说,各国应当"等一等,看看国民党当局内部的分裂会有什么结果"。②

随着蒋介石发动"四·一二"政变后,在南京成立国民政府,使得列强认为"真正的国民政府是蒋介石政府",马上承认了南京政府,并撤走了驻汉领事,从此与武汉国民政府断绝了往来。

(2)鲍罗廷与国民政府对"四·三"惨案的处理。在"南京事件"中,日本没有和英、美一道对中国开炮,给武汉政府留下了深刻的印象。所以武汉政府在领导群众进行反帝斗争的时候,尽量避免与日本发生直接冲突,将日本从帝国主义反华同盟中分离出来。这是武汉国民政府成立时既定的外交方针,也与苏联指导中国革命的思想一致。因此鲍罗廷提出:"日本民众对于中国有两种畏惧心,一则怕革命成功之后,危害及日本的经济;再则怕将来太平洋战争发生时,中国要加入反日的方向。所以我们现在要很公开的、诚实地对日本民众说话,要打消他们的两种畏惧心理。我曾接着日本财政界名人正金银行的加能来电,说日本人民很愿意同中国人民谅解。所以我对于陈部长保护日人生命财产安全的提议很表赞同。"因此,"如果我们强烈表示不愿危害日本人民,可使他们不再妨害我们的行动"。③ 鲍罗廷实施的这种对日政策,实际上就是尽量拉拢日本,使日本同英美分裂,使帝国主义在反华问题上出现分化。

然而,就在武汉国民政府尽量企图拉拢日本的时候,发生了日本水兵屠杀中国民众的"四·三"事件。此时的武汉国民政府处于进退两难的尴尬境地:一方面,武汉国民政府既定的外交政策是拉拢日本,不使日本与英美结成反华同盟;另一方面,人民群众被日本水兵的暴行所激怒,全国上下反日浪潮极端高涨。经过考虑,鲍罗廷还是希望同日本和平解决,他对国民政府的各位委员进行了说明:"从前各国联合起来反对国民政府的,是英国当领袖,现在是美国了。据北京的消息,美国的公使比任何国公使

---

① FRUS, 1927, Vol.II, pp.203-204, 209, 211.
② Ibid., p.213.转引自陶文钊《中美关系史》(1911—1949)(上卷),上海人民出版社2004年版,第110—111页。
③ 《中国国民党中央执行委员会政治委员会第八次会议速记录》(1927年4月1日),载《中国国民党第一、二次全国代表大会会议史料》(下),第1005—1006页。

第五章　共产国际对武汉国民政府外交政策和策略的影响　　253

的态度都还要激烈。在他设想，不但现在要反对中国，将来一定还要反对日本，换句话说，就是欧美各国要联合起来压迫亚洲各国的民族独立运动。在这种状况之下，最适宜的莫过于中、日联合起来反对英美的联合。但日本也是一个帝国主义者，要如何使得中日谅解，实在是很困难。日本人现在是徘徊歧路，一方面是同英、美联合，一方面是同中国携手。他们正在那里审查考虑，不知道何所适从。也许他们想，同中国携手，经济上要受损失；也许他们想，同英美联合，军事上要失败。所以我们要解释给他们听，加入英、美方面目前虽然有利，将来总是讨不着好的；加入中国方面，使他的合法经济决不得受损失。就是中国强了，也决不得同帝国主义者一样。再可更近一步对他们讲，同中国联合不但不会危害及它的合法经济，而且可以使得它的生产格外发达。我们可以看得出，从柏林到莫斯科，从莫斯科到日本，从日本到此地，这一条路有结合之可能，可以和英美对抗。所以本席的结论，是请陈部长方对日本的宣言，要根据平等的原则磋商一切。我们要用公开的、革命的外交手段，不要同南昌的那些人一体鬼鬼祟祟的向日本人跑来跑去。"①

　　按照鲍罗廷的指示，武汉国民政府采取了对日本比较友好的态度。惨案发生的当天，武汉国民政府马上派遣军警维持秩序，保护日侨和商店。经外交部协调，将十名日本水兵解送卫戍司令部看管；同时外交部派人到日本领事馆进行交涉，抗议日本水兵登陆，要求立即撤退日本水兵。同时声明武汉政府保护日方人员的安全。为了更好地处理"四·三"惨案，武汉政府还成立了由鲍罗廷、陈友仁、顾孟余、徐谦、孙科、邓演达组成的委员会，负责对日本的交涉事宜。② 其总的指导思想是继续拉拢日本，分化英美日的反华统一战线。

　　4月10日，日本同英美法意等五国就南京事件向国民政府发出通牒。在此之前，中方得知日方将参与美英等国的通牒，私下照会日方，希望日方不要参与英美方面的集体行动，但是未获成功。英、美、日等国发出通牒后，鲍罗廷对分化帝国主义战线仍然抱有希望，因此在五国中，首先选择回复的就是日本。在回复中不仅没有指责日本的言辞，反而表示愿"以

---

① 《中国国民党中央执行委员会政治委员会第九次会议速记录》，载《中国国民党第一、二次全国代表大会会议史料》（下），第1021—1022页。

② 同上书，第1023页。

友谊的迅速的方法解决 3 月 24 日南京骚乱中日本侨民所感受之痛苦与损失"。① 鲍罗廷采取这样的对日政策,一则是迫于武汉国民政府内部经济形势的压力,因为自宁案发生后,列强们对武汉国民政府进行了经济封锁,武汉地区的工人失业及燃料、粮食供应问题十分突出,此时放弃反对日帝国主义的侵略,通过日方公司购买运输燃煤、燃油则是无奈的选择。二则是宁案发生时,日方因顾及日侨没有参加炮轰,同时苏联正在同日本进行外交谈判,选择拉拢日本,希望日本不要同英、美一道联合反华,阻碍武汉国民政府统一中国,也是符合武汉国民政府定都武汉时既定的外交策略的。

但是,鲍罗廷的分化政策并没有起到预期的效果。在英美列强的活动下,日本加入了武装干涉中国革命的反革命战线,日本国内的强硬势力的代表人物田中义一上台组阁。田中主张以武力侵略中国,他上台之后不久,北京的张作霖在其支持下,派军警包围俄国使馆,抄走大量的文件,逮捕35名中国人,5名俄国人,其中包括中国共产党北方负责人李大钊。同时上海公共租界的俄国领事馆也被包围,英、美、日等帝国主义开始联合起来绞杀武汉国民政府。

3. 列强与蒋介石的勾结与鲍罗廷分化策略的失败

北伐推进到长江流域的时候,蒋介石开始同日本积极进行勾结,同时列强因为中国革命发展迅猛,吴佩孚、孙传芳的失败使他们积极寻找在华新的代理人,身为国民革命军总司令的蒋介石自然而然成了他们拉拢的目标之一。

"南京事件"发生后,蒋介石于当晚9点派人到芜湖日本领事馆向代理领事藤村说:"南京事件"由蒋负责全权处理,希望日本出面调停,转告英美当局停止炮击。深夜11点,又派人告诉日本官员:"蒋介石将亲自前往南京,解决事件。"② 25 日 12 时,蒋介石抵达南京,蒋介石召程潜、何应钦、鲁涤平、贺耀祖等上楚同舰议事。

在程潜登舰的同时,第六军第十七师师长杨杰以"奉总指挥命视察抢劫情况"为名,到日本领事馆去"道歉"。据日本领事森冈的电报叙述:蒋介石本日到达。下午2时顷,第六军十七师师长杨杰来馆。杨氏当着全体避乱国民面前,用日语对下官说:此次事件实为遗憾。这绝非当军领导

---

① 《党政府欲联日抗英美》,《晨报》1927 年 4 月 11 日,第 2 版。
② 《藤村致币原电》(1927 年 3 月 25 日),《日本外务省档案》(缩微胶卷),PVM 26。

人之意,而是军队内部一部分不良分子和南京共产党支部成员共同策划蓄意制造的。无论任何请你们宽恕,对(共产党)党支部已经下令解散。善后措施,愿以诚意进行交涉。请日本方面无论如何以宽大态度处理这一事件。① 随后,杨杰派兵护送森冈领事和 135 名日侨到下关登上日本驱逐舰桧号、桃号和滨风号。② 同时,杨杰还透露蒋介石已经下令解散了南京共产党支部。

列强得到森冈的情报后,对中国革命阵线作了进一步的估计。他们认为国民党内以蒋介石为首的"稳健派"与共产党之间的分裂指日可待。对于"南京暴行",列强们认同杨杰的说法,"一部分是由南军,一部分是由山东溃军造成的,而南军造成的那部分系由过激分子煽动而起"。其"目的在于摧毁蒋介石"。因此,日本政府认为:"任何列强目前采取强硬手段都是个错误。因为这只会有助于蒋介石的敌人,使广东中的过激分子取得对广州政府和军队的控制权。"③ 不仅如此,日本外相一方面将此消息告诉英美驻华公使,另一方面亲自约见英美驻日大使,使其转告本国政府。

3月26日,蒋介石抵达上海。28日,他派员到英、美、日、法、意五国领事馆就"南京事件"表示"遗憾";同时通过报界公开宣布:国民革命军"决不用武力改变租界的现状"。④

围绕"南京事件",英、美、日在如何对待武汉国民政府及蒋介石的问题上出现了分歧。3月28日,三国提出了一个同时向国民政府和蒋介石提出通牒的议案,在是否加上时限的问题上,三国分歧严重,最后由于日本的反对而暂时搁置。

3月30日,蒋介石在会见日本领事矢田时说:我感谢日本没有参加炮击南京。这一事实证明"日本的对华政策不同于英美的压迫政策,而是独立行事的",这对中日关系将发生有益的影响。矢田向蒋介石转告了"南京事件"以来列强的强硬立场,而且还添油加醋地说,现在外国人的神经越来越过敏,英、美、法都在谋划增兵,当前确实重要时刻,弥漫着某些小小事端惹起大事件的危险。最后,矢田还别有用心地煽动蒋介石,"你

---

① 《森冈致币原电》(1927年3月25日),载〔日〕森冈正平:《关于南京事件真相的报告》,《日本外务省档案》(缩微胶卷),PVM 26。

② 沈予:《日本大陆政策史(1868—1945)》,第296页。

③ 《币原对美使的谈话》,《美国外交文件》(第2卷),1927年,第164—165页。

④ 《本报通讯》,《北华捷报》1927年3月31日。

对维持上海治安必须予以特别深切的考虑"。蒋介石对日本的意图心领神会，当即表示："充分谅察尊意，定当严加取缔。"①

4月1日，矢田向蒋介石的心腹黄郛转达了外相的训令，训令批评蒋介石"对于管束共产党的跋扈，缺乏信心"；认为"国民（革命）军，蒋介石及其一派的命运已到重要关头"。列强"已对国民（革命）军的前途绝望"，难免采取"共同防卫的手段"。指出"当前是赢得内外信赖在平定时局上取得成功，还是为了内部阴谋所挟制而丧失时机？决定命运的关键在于蒋介石本人的决心。"② 日本希望通过黄郛向蒋介石转达其意见，促使蒋介石深刻反省，下定决心进行反革命。

相对于积极拉拢蒋介石的日本，美国对蒋介石则显得有些信心不足。在同列强讨论是否对中国进行制裁的时候，美国思之再三，最终放弃了武力干涉的念头。面对日本的不断游说，美国国务卿凯洛格认为："蒋介石是否真能控制国民革命军并满足我们的要求尚有疑问，此外还必须考虑到，万一向蒋提出最后通牒而不起作用，有关各国政府将被迫实行某种报复或采取激烈行动。我们非常怀疑目前这时候提出最后通牒的明智性，但我们必须提出关于赔偿和道歉的正式要求。"③ 这段话至少表明：第一，美国对于蒋介石的地位和实力还没有足够信心；第二，他不想以最后通牒方式把蒋介石逼得太狠；第三，他不希望扩大事态，不希望因最后通牒未予履行而与国民革命军发生严重冲突，而希望给事情留有转圜的余地。④ 在此问题上，凯洛格十分慎重，他先致电美国亚洲舰队司令威廉斯征询意见。威廉斯主张对中国进行最后通牒、增兵、与列强一道武力制裁。随后凯洛格指示国务院法务官哈克沃斯从法律上研究威廉斯意见的可行性。哈克沃斯从总统、国会等权力关系上对威廉斯的建议作了肯定，但他警告凯洛格，"必须记住，这样的行动可能导致战争"。⑤ 哈克沃斯的告诫使凯洛格下定决心，4月5日，凯洛格更明确告知马慕瑞，美国不同意在照会中提出制裁问题，两天后，他又通知驻美英使霍华德（Esme Howard）："本

---

① 《矢田致币原》（1927年3月30日），《日本外务省档案》，PVM 27。
② 《南京事件交涉经过概要》，《日本外务省档案》，PVM 27。
③ *FRUS*, 1927, Vol. II, p.170.
④ 陶文钊：《中美关系史（1911—1949）》（上卷），第110页。
⑤ 《哈克沃斯致凯洛格》（1927年4月6日），美国国家档案馆《国务院有关中国内部事务的档案》（缩微胶卷）。

国政府无法接受实行制裁的原则"。① 美国的决策者显然对武力制裁中国缺乏足够的信心，在蒋介石日趋反动的情况下，凯洛格选择了静观其变的态度，寄希望于日本主导的拉拢蒋介石分化革命阵营的做法。

英国是列强中叫嚣武力干涉最积极的国家，一方面急于挽回在汉口、九江事件中失败的面子，另一方面为了保护利益集中的上海租界。但是，英国的提议遭到了日、美的反对，同时英国政府从上海租界当局和沿江口岸领事渠道得知国民党内两派矛盾确已激化的情报，开始准备拉拢蒋介石，声称：他"完全欣赏日本政府看法的说服力，有理由认为蒋现在在努力组织稳健分子核心反对国民政府的过激派。目前如果对他过分羞辱，这对列强的利益背道而驰的。"②

日、美、英三国取得一致之后，于4月11日向武汉国民政府提交联合抗议照会，并将副本送交蒋介石，但列强的锋芒并不针对蒋介石，而是指向中国共产党和苏联。因为，此时的蒋介石已经在上海开始积极布置政变了。5日，命令上海市政府"暂缓办公"，6日，查封了总政治部驻沪办事处，8日，指派吴稚晖、钮永建等组成"上海临时政治委员会"取代市政府，9日，蒋介石下令严禁集会、游行和罢工。提前作好了政变的一切准备。

鲍罗廷对蒋介石的所作所为早有耳闻，对其也有所防范。4月2日，武汉中央执行委员会发出训令，要求蒋介石"克日离沪赴宁，专任筹划军事"。对于外交，未得中央明令以前，切勿在沪发表任何主张，并切勿接受任何帝国主义口头或文字之通牒，以强迫帝国主义直接与国民政府交涉。③ 然而，蒋介石置若罔闻，不仅私下里同帝国主义达成妥协，而且还明目张胆地任命郭泰祺为交涉员，直接同列强交涉一切。

4月12日，蒋介石发动政变，列强分化革命阵营的愿望变成了现实，而武汉国民政府由鲍罗廷制定的拉拢日、美，反对英国的外交策略遭到了失败。

---

① *FRUS*, 1927, Vol.II, p.184.

② 《美国驻华大使霍华德致凯洛格》（1927年4月5日），英国外交部《中国机密通信》，F 3807/1530/10附件。

③ 《中国国民党中执会第二届常委会第五次扩大会议速记录》，载《中国国民党第一、二次全国代表大会会议史料》（下），第908—910页。

三 共产国际和武汉国民政府的"战略退却"策略

蒋介石发动上海政变之后,帝国主义也调整了对华政策,武汉国民政府的政治经济形势急转直下,到了1927年4月中下旬,武汉国民政府的外交活动面临着新的环境、新的问题,为了挽救这块革命基地,武汉国民政府对自己的外交政策进行了调整,期望适应新的形势,推进革命继续发展。

(一)鲍罗廷提出"战略退却"策略的背景及主要内容

1. "战略退却"提出的背景

自1927年3月24日"南京事件"后,列强在经过短暂的分歧之后,逐渐在对待中国革命的立场上趋于一致;以蒋介石为代表的国民党右派集团在帝国主义的支持和唆使下,越来越肆无忌惮地制造反革命事变。这样,中国革命的环境迅速恶化。

1927年3月31日,重庆群众为抗议帝国主义炮轰南京、反对蒋介石独裁举行群众大会。在蒋介石的唆使下,四川军阀杨森等残酷屠杀群众,牺牲者达四五百人之多,受伤者达千人以上,造成空前的"三·三一"大惨案。四川各地一片白色恐怖。

4月3日,日本水兵在汉口挑起事端,激起中国民众强烈不满,日本出动军队对群众进行扫射,造成中国民众死伤17人。日本国内强硬势力开始上台,力主对华采取武力侵略。

4月6日,在帝国主义的支持和怂恿下,奉系军阀张作霖派军警搜查了苏联驻华使馆兵营和中东铁路办事处。中国共产党领袖李大钊等四十余人被捕,同时搜去了大量的文件资料。不久,李大钊等被张作霖杀害。这是一起严重的反革命事件。以此为契机,国际上掀起了一股反苏反共浪潮。

4月12日,蒋介石指使军队围攻上海工人纠察队,并打死打伤工人纠察队员近300人。次日,蒋介石又指使军队向前来请愿的徒手群众实行大屠杀,当场死伤无数,牺牲者血流成河。在几天内,上海的革命组织遭到了严重破坏,白色恐怖笼罩于上海等省市。

4月15日,李济深在广州发动反革命政变,屠杀共产党人和工农领袖,并设立特别委员会进行"清党",宣布将共产党人"克日扫除",并与武汉国民党中央党部"即日脱离关系"。①

4月18日,蒋介石在南京成立伪国民政府。宁汉对立局面正式形成。南京政府成立伊始,就露出了其反革命的狰狞面目。他对内发布的第一号命令,就是通缉共产党领袖、工农领袖、国民党左派等。南京政府在"清党"名义下,在江苏、江西、浙江、福建、广东、广西等地屠杀共产党人和革命群众,摧残革命势力,制造白色恐怖。

同时蒋介石在南京另立伪中央政府之后,即勾结帝国主义,谋图颠覆武汉政府。他们对武汉进行军事包围、外交孤立和经济封锁,断绝武汉水陆交通,造成武汉燃料、原料、食品的严重匮乏;对内煽动武汉工商业停厂关店,使大批工人失业,生活无着,政府财税锐减。国内外反动派还扰乱金融、停止汇兑、关闭工厂、破坏商务,造成武汉经济衰落,加剧了社会的动荡和政府的财政困难。

2. 鲍罗廷提出"战略退却"的经过及主要内容

到4月中旬,武汉地区的政治、经济、军事形势急剧恶化,中国革命处于危急时期。国民政府领导人认为,国民政府当时最重要的工作,一是通过继续北伐完成中国国民革命大业,二是肃清东南以蒋介石为首的反革命派。只要这两大军事目标能够实现,将会打破国内外反动派的包围和封锁,根本改变武汉政府的处境。为了实现这两大目标,不能不在其他方面有所缓和,武汉政府的内政外交政策必须作出相应的调整,即在经济政策上成立战时经济委员会,实行现金集中制,在外交上实行"战略退却"的决策。

在4月13日的中执会上,武汉国民政府成立了"战时经济委员会",颁布了《现金集中条例》,把国民经济纳入战时轨道,借以缓和所辖区域内的财政经济危机。随后,汪精卫、谭延闿、孙科等人,开始对限制民众运动以免损害外交问题进行零星的讨论,会议决定成立由中央工人部、国民政府劳工部、外交部三部长组成的委员会处理与外交有关的劳工问题。决定在外交上"战略退却",采取一种新的对帝国主义的策略,企图取得帝国主义的谅解,缓和帝国主义对武汉政府的敌视、封锁、威胁与颠覆活动。

---

① 《黄埔日刊》第303期,1927年4月18日,转引自黄德林《大革命紧急时期武汉国民政府外交政策调整述评》,《江汉论坛》1996年第5期。

4月20日，国民党政治总顾问、共产国际驻中国代表鲍罗廷在国民党中央执行委员会政治委员会第14次会议上发言，完整提出"战略退却"的构想。

自从东南的反动气焰高涨，增加了帝国主义向我们进攻的力量，而因为反动派同帝国主义互相勾结，更使我们不容易向他们进攻。但革命是不进则退，不能在中途停止的。为应付这种恶劣的环境，只有暂时采取战略上退却的办法。我们都晓得，革命党在根本上是没有什么退路，现在所谓退却只是战略上的退却，同根本理论并不发生妨害或者更可以促成革命的进步。帝国主义者或因我们改变策略而停止进攻或因我们改变策略而更加猖狂，我们须采取各种应付的办法，使他们无所借口。他们凭武力而施压迫的唯一理由，就是说在国民政府之下，外国的侨民不能继续经商，而我们自己的民众也常常误解了打倒帝国主义的意思，以为打倒了一家洋行，或打倒了一家商店，就是整个的帝国主义授命之时。这种误解，不但于打倒整个帝国主义的运动没有利益，还有所妨碍。如果退却的策略，可以纠正湖南、湖北一部分民众的误解，是应该作的。如果退却的策略可以使外侨在国民政府之下完全营业，也是应该作的。所以现在所谓的退却，就是要使外侨在国民政府所管辖的各地有不受限制经商的权利。这个办法，不但于国民党及革命军的前途有莫大的利益，就是于工人自身也有好处。自从汉口中外交通断绝以来，失业工人的数目逐日增加，建筑工人失业的有四万人，砖瓦制造工人失业的有两万人。这两项已有六万人之多，因来往的船只一天比一天少，码头工人失业的也很多。据外交部及外国商人们说，他们运货来时常被劫掠，都是失业工人所做的事。工人失业者是这样多，铜元的价格又飞涨不已。所以工人的生活，实是困苦万状。同时，又有许多流氓、地痞、反动分子乘机捣乱，处处都有发生意外的可能，所以在交通未恢复以前，武汉的市面很需有安全的秩序。这一个退却的政策，一方面是要减少我们失业工人的数目，消解失业工人的困苦；另一方面要使帝国主义者无所借口。他们的人民不至于赞成他们的政府对于我们的武装干涉。根据种种理由，所以本席用书面提出了五项办法。至于集中现金的政策实行以后，工人因纸币跌价所受的痛苦，可由财政部拨三万元的铜元予总工会，使他们按照原来的市价兑换。商人所受的困难，就是上海、汉口间的汇兑问题。但可以在上海找一两家银行同中央银行发生关系，由中央银行汇一笔款保存上海专为开发汇兑。总的来说，我们现在已为反动分子所卖，一时没有力量向帝国主义者进攻，不能不向后退却，使他们没有一点借口。所提议的是否有当，请大家公决。①

在鲍罗廷看来武汉国民政府因为政治、经济、军事等方面陷入了困境，实行"战略退却"，是基于以下理由：第一，为了消除帝国主义向革命政府施加威胁的借口，缓和帝国主义的进攻；第二，为了减轻武汉国民政府的压力，消解失业工人的痛苦；第三，为了纠正湖南、湖北群众运动中存在的一些"极左"倾向；第四，这种退却是暂时的，是战略上的退却，同反对帝国主义的根本政策并不矛盾。鲍罗廷希望通过这种策略拆散帝国主义的联合阵线，扩大英、美、日各国之间的矛盾冲突，使他们无法团结一致对付中国革命运动。

为了使"战略退却"策略得到正确的理解和实施，鲍罗廷还书面提出了五项办法，内容包括：第一，政府与工会人员合组一委员会，其目的在执行工人中之革命纪律，同时由工会组织谈判所，审判并处罚违犯革命纪律的工人。第二，由政府与外国银行、商店协商，使他们在湘、鄂、赣、皖南、豫南、西至于万县等处，都可以公开的贸易，并由政府、职工会代表组织委员会执行政府与外国银行、商店所定之协商，此委员会有调用纠察队与武装势力之权。第三，除得第二条所规定之委员会同意外，外国银行、商店中工人不得自由罢工。第四，政府应尽可能的力量，迅速规定铜元及一切必需品之最高价格。第五，立刻设立失业局与失业者饭堂。②

（二）鲍罗廷"战略退却"策略的实行及影响

鲍罗廷的"战略退却"外交政策提出之后，得到了与会委员的赞同。4月20日，国民党中央执行委员会政治委员会将鲍罗廷提出的五条办法修改后通过。随后，为了实行前面提出的"战略退却"政策，鲍罗廷和汪精卫在战时经济委员会上，又分别提出了一些办法。鲍罗廷建议：第一、英

---

① 《中国国民党中央执行委员会政治委员会第十四次会议速记录》，载《中国国民党第一、二次全国代表大会会议史料》（下），第 1074—1076 页。因部分引文原文出现空缺，笔者引用时参考了《鲍罗廷与武汉政权》关于此项发言的引文，参见《鲍罗廷与武汉政权》，第 175—177 页。

② 《中国国民党中央执行委员会政治委员会第十四次会议速记录》，载《中国国民党第一、二次全国代表大会会议史料》（下），第 1074 页。因部分引文原文出现空缺且有些表述与上下文意思不符，笔者引用时参考了《鲍罗廷与武汉政权》关于上述内容的引文加以修正，参见《鲍罗廷与武汉政权》，第 178 页。

美烟公司复工问题,由政府召集劳资双方协议复工办法。第二、凡在国民政府区域内中外工厂应予以切实保护,所出产品一律自由行销,不得抵制。第三、组织大规模中外合资公司,专营出口,资本五百万,中国商人占五分之三,由中国银行暂借;外商占五分之二,由英或日商投资。第四、对该公司应予充分的保障及信用,使为唯一对外贸易机关。汪精卫提议:"关于湘省四月十二日决议组织人民煤油公卖委员会没收美孚公司煤油事件,应有如下之决议:中央电令湖南省党部、省政府:一、立即取消人民煤油公卖办法;二、嗣后凡关于外交问题(关于外人商业或财产事情)绝对不得由省党部或省政府决定办理,应报告中央听候解决,中央认为统一外交为国民革命最重要之策略,不得由省党部或省政府自由变更或破坏之。"①

此外,国共两党联席谈话会亦决定了一些办法,事后经汪精卫汇报如下:"上次由政治委员会主席团召集的国共两党联席谈话会,已在南洋大厦举行,鲍顾问、鲁依代表和共产党的陈独秀、张国焘、瞿秋白都到了。几次商量的结果,都是关于应付现在时局的方法。第一,外交方面。自从蒋介石明明白白地反叛以来,帝国主义者在南京、上海很得手,于是就将兵舰集中武汉,实行向国民政府威吓。但我们现在最重要的工作,一是积极北伐,二是肃清东南的反革命派。对于外交方面,则不妨碍暂时退却的策略,保护他们的生命财产,恢复他们的商业,并由中央派员至湖南、江西宣传对外方针,使他们帝国主义者无所借口。第二,恢复商务和交通的问题。恢复商务最重要的就是汇兑。有人主张不必集中现金,只消禁止现金出口或是由银行用现金兑现,则汇兑自然可以解决。但这都是不行的。最好还是由外财两部会同中外的财政专家组织一个清算委员会(内附设金融讨论会)讨论完美的办法。至于恢复交通,怡和、太古等公司去外交部接洽;招商、三北等公司到交通部去接洽,并由国民政府明令保护长江的航业。第三,工人的问题。失业的工人现共有三十万之多,内中有一半是码头、建筑、香烟三种工人,如何去解决这个问题,要请工人、劳工两部注意。"②

---

① 《战时经济委员会第二次会议记录》(武汉)日期缺,上海图书馆藏(缩微胶卷)。有关这次会议记录的相关内容可参见《鲍罗廷与武汉政权》,第180页。

② 《中国国民党中央执行委员会政治委员会第十五次会议速记录》,载《中国国民党第一、二次全国代表大会会议史料》(下),第1079—1080页。参见《鲍罗廷与武汉政权》,第181—182页。

在调整外交政策精神的指导下，武汉国民政府不仅制订了具体的措施，而且采取了一系列的活动。首先武汉国民政府着手保护与恢复外国人在汉的工商业及交通运输业。外交部部长陈友仁不断通过各种途径与外国人协商，以求恢复经济的正常运行：（1）4月23日，陈友仁接见了美国驻汉领事和在汉美商代表，向他们宣传武汉政府的新政策，告之他政府现在正从事解决长江流域的特殊经济问题，决定恢复商务，使外人安心营业之各计划。并声明工人已自觉施行革命纪律，以支持政府策略的实施。希望美侨消除疑虑，正常营业。（2）专门和一直关闭的英美烟草公司及亚细亚、美孚石油公司商讨复业的问题。（3）和长期停航的英国怡和公司、太古公司商讨复航的问题。（4）请日本总领事谈话，通过协商，达成了非正式解决"四·三"惨案的六条方法。（5）在政府的干预下，汉口外国银行的中国职员罢工问题也得到解决，罢工期间的工资一半由银行方面负担，一半由国民政府津贴。

其次，派出特派员赴湖南、湖北、江西解释指导实行"战略退却"政策。派林伯渠到湖南去解释"战略退却"政策。林伯渠于4月27日抵达长沙后，即召集省党部执行委员、监查委员们开联席会议。解释之后，出席会议的委员们"完全接受中央的意旨，并将对民众及各党部为扩大的宣传"。当晚就湖南的商业、煤油、海关、外交、教会学校及医院问题作出决定。"第二天，复召集省党部及各法团开联席会议，第三天，又开长沙市民大会，都一致拥护中央政策"。[①] 派吴玉章到湖北。他在湖北第一次省、市、县党部联席会议上，着重解释了这种外交政策。董必武领导的湖北省党部及汉口特别市党部"全体动员宣扬中央新外交政策，并指导革命民众执行革命纪律及全体动员宣传，终使人民了解稳定，而免除危险。省市党部始终遵守中央的外交政策，领导民众"。[②] 派陈其瑗到江西。陈到南昌后即召开省市党部同省政府联席会议，议决了五项内容，其中包括："新外交、经济政策，完全接受实行"，"收回教育权暂缓实施运动"，"对

---

① 《中国国民党中央执行委员会政治委员会第十七次会议速记录》，载《中国国民党第一、二次全国代表大会会议史料》（下），第1102—1103页。

② 《国民党湖北省党部、汉口特别市党部过去九个月之工作报告（节录）》（1926年9月—1927年6月），国民党党史馆藏，汉12858.1号，载《武汉国民政府史料》，第42页。

于教会财产及外人生命一律保护"等。[①]

最后,为了保证"战略退却"策略的顺利实施,武汉政府采取措施,缓和劳资矛盾、缓和中外矛盾。"国民党上层领导的每一个负责人和国民党的每一个机关,都急于向帝国主义者和本国资产阶级担保说,'混乱'时期已经过去,'恢复'秩序的时代已经到来。"[②] 其目的也是打破帝国主义的经济封锁。同时,武汉国民政府提出一些对工厂采取革命纪律的措施,其目的在于纠正工人运动的"左"倾错误,以引导工人运动向有利于统一战线、有利于工人阶级本身、有利于革命发展的正确方向。武汉国民政府向工人群众说明必须缓和对资本家的斗争,以保障工人自己的利益。"因为提出过大要求会导致工厂倒闭,受苦的还是工人自己"。湖北省总工会认为,"应暂时停止对资本家进行新的斗争"。武汉市内贴满了总工会提出的口号:"不要同洋人冲突""让外商企业和工厂复工""服从革命法令""支持国民政府的外交政策"[③],等等。

(三) 武汉国民政府的"战略退却"策略评价

1. "战略退却"策略取得了一定的成果

(1) "战略退却"策略得到了各方的支持。鲍罗廷的战略退却策略提出之后,武汉国民党、中国共产党及共产国际代表都表示赞同。4月20日,当鲍罗廷提出战略退却方案时,武汉国民党中央只作个别文字修改,即行通过。4月25日,鲍罗廷同国共双方主要领导人及共产国际代表罗易召开联席会议,具体商讨解决时局的办法。会议一致认为,虽然帝国主义对武汉政府是个重要威胁,但因目前最重要的工作"一是积极北伐,二是肃清东南的反革命派",所以在外交上则"不妨采取暂时退却的策略,保护他们的生命财产,恢复他们的商业"。于是在国共及共产国际代表三方都赞成战略退却的基础上,会议决定立即实施。25日当天,国民党中央就颁布了"保护外人的生命财产,保护外人的商业"等法令。

这个策略同时还得到了共产国际的认可和批准。共产国际第八次全会通过的《关于中国问题的决议》指出:"武汉政府在这种困难的条件下,

---

[①] 《中国国民党中央执行委员会政治委员会第二十次会议速记录》(1927年5月12日),载《中国国民党第一、二次全国代表大会会议史料》(下),第1145页。

[②] 《中国大革命武汉见闻录》,第151页。

[③] 同上书,第149—153页。

对于外国帝国主义纵横捭阖的策略,根本上是完全可用的。共产国际执行委员会反对那借口'国家政权既是非无产阶级的性质,根本上便不能用纵横捭阖的布列斯特策略'的意见……在中国目前现有的条件下,中国共产党是赞成武汉政府所进行的战争的;它既参加武汉政府,则它对武汉政府所进行的政策,是负责的;它是要尽量救济武汉政府的困难的。所以,共产党不能'根本上'反对纵横捭阖的策略。负责武汉政府的共产党,如果永远而且在一定条件下,反对妥协的策略,这就是说,共产党要无条件地同时向各方作战,这真是大愚特愚……这纵横捭阖策略的可用性,也必须适用于政府的经济政策,政府绝不能无条件地即刻没收一切外国企业。在这里,妥协也是根本上可以应用的……何时应该妥协,何时必须转守为攻,这就要具体条件而定。"[1] 从上述中我们可以看出,"战略退却"策略得到了共产国际和国共双方都一致同意支持。

(2)"战略退却"策略缓和了同帝国主义者之间的矛盾,在一定程度上减轻了对武汉的经济封锁。"战略退却"策略的实施,基本上达到了两个目的:第一,使帝国主义失去干涉中国革命的借口。鲍罗廷解释说,帝国主义以武力干涉中国革命的唯一理由,"就是说在国民政府之下,外国的侨民不能继续经商"。而我们一旦实施战略退却,对外侨采取宽容政策,他们的人民不至于赞成他们的政府对我们的武装干涉,帝国主义便不能以此为借口来干涉中国革命了。第二,拆散了帝国主义各国的内部势力,使之分化而不致结成伙来破坏中国革命。鲍罗廷指出,英、美、日各帝国主义国家内部的政治势力都不是统一的,均分为代表不同利益的两派。美国有商业资本家和财政资本家两派;英国有工党和保守党两派;日本则分为资本家派和军人派。鲍罗廷说,这些国家的前面的一派都主张对中国采取和平政策,以便"得着中国的市场",而后面的一派则是主张对中国采取强硬手段的。因此,鲍罗廷指出,我们应该采取措施,"使第一派的人知道国民政府对于他们贸易政策完全能够谅解"[2],这样就会使第一派阻止第二派对中国革命采取过激手段,减少干涉中国革命的可能性。

把有关敌人营垒里的矛盾情况收集起来,最大限度地孤立最主要的敌人,这是马克思主义的一贯策略思想,"战略退却"是符合马克思主义这

---

[1] 孙武霞等编:《共产国际与中国革命资料选辑(1924—1927)》,人民出版社1985年版,第433页。

[2]《武汉大局讨论第一次会议速记录》(1927年4月30日),缩微胶卷,上海图书馆藏。

一原则的。大革命时期反帝反封建主流的正确性是不容置疑的,但反帝国主义运动绝不等同于盲目的排外运动。而大革命时期确实存在着盲目排外的倾向,"就其对象而言,非仅英人遭受抵制,即法美以及日本等国一些侨民或商业,亦同样受到农工会的干扰;外人教会、学校及医院之被占据与破坏,亦层出不穷"。① 故此,英、美、日、意、法五国便联合起来,对武汉政府发出共同通牒。然而由于"战略退却"的实质是"拆散帝国主义者的势力",因此"战略退却"策略宣布后数日,美国舆论界就认为"在华美侨已得到充分保护,痛诋美国不应干涉中国"。② 为此,美国率先退出了"五国协商团"。在汉口的日侨也一致呼吁日本政府不要干涉中国。这样,由英帝国主义极力倡导的联合武装干涉武汉政府的计划,终究"因美使认为无意义,日本又不同意四国共同行动,故已成搁浅"③。与此同时,其他外国所办企业也陆续开工,从而使商店开门,交通恢复,最终使武汉国民政府的经济在一定程度上得到回升。

2. "战略退却"策略的消极影响

鲍罗廷提出的、经共产国际认可的"战略退却"的外交策略,是符合当时国内外情况的正确选择。实行这一决策的本意,是通过保护外商外侨的合法利益,纠正群众运动中的幼稚倾向,而达到缓和同帝国主义的矛盾,解除武汉政府面临的经济困难,以集中力量打击奉系军阀和蒋介石新军阀集团这样的目的。但是,在策略决策和实际执行过程中,发生了重大偏差。这主要表现在以下几个方面:

第一,对帝国主义的态度过于软弱。这主要体现在对"四·三"惨案的处理上。"四·三"惨案发生之后,4月25日,陈友仁与日本驻汉领事达成解决"四·三"惨案的非正式协议,协议规定:"①日本撤兵,并撤各种防御武器;②日商复业,发给华人工资;③国民政府撤退驻华界军警及纠察队;④工人绝对服从政府命令,决不仇视仇人;⑤国民政府负责保护日人生命财产;⑥'四·三'案保留,候至适当时期,再开谈判。"④ 5月21日,日本驻汉领事又蛮横地向陈友仁提出处理"四·三"惨案的四项要求:要维持武汉治安的最高官长向日本道歉;要抚恤日本受害的侨

---

① 《武汉临时联席会议第二十二次会议记录》,载《武汉临时联席会议资料选编》,第49页。
② 《同床异梦之裁军会议》,《汉口民国日报》1927年5月5日,第1张新闻第2页。
③ 《日本政潮之酝酿》,《汉口民国日报》1927年5月7日,第1张新闻第2页。
④ 武汉市档案馆编:《武汉国民政府资料选编》,武汉出版社1986年版,第439页。

民；要赔偿日本人物质上所受的损失；要国民政府担保以后不再有类似事件发生。而陈友仁只是表示：双方对事实的认定有出入，要继续调查，然后再谈如何处理。① 这同对"一·三"惨案的处理不可同日而语。

第二，由纠正群众中的幼稚倾向发展到限制和压制群众运动。毋庸讳言，在大革命时期的群众运动中，特别是在两湖地区，存在着一些过火的、幼稚的行为。纠正这些行为，对于保证革命事业的顺利发展是必要的。问题在于，武汉政府中的一些领导人以及鲍罗廷，将这些幼稚行为看成群众运动的主流，由纠偏而发展到限制和压制整个群众运动。这是武汉政府走向反动的转机之一。5月18日，武汉国民党中央发出训令，诬蔑长江流域的工农运动"幼稚"，"忽视国民革命整个之前途"。训令要国民政府组织特种委员会，"审查"和制止工人的"过度"要求，严禁工人纠察队的活动。23日，又对湖北省总工会发出三项压制工人运动的训令："①工人有违反纪律者，该工会得加以制裁；②违反纪律之工人，如情节重大时，仍应交政府机关办理；③除工人以外，工会不得有逮捕罚款及其他压迫之情事。"②

第三，"战略退却"决策带有浓厚的维护苏联利益色彩。4月6日，在帝国主义的支持和怂恿下，奉系军阀张作霖派军警搜查了苏联驻华使馆兵营和中东铁路办事处。苏联使馆的大量文件资料落到了反革命派的手中，这些文件资料暴露了苏联支持中国革命的事实，而这正是苏联政府所担心的。长期以来，苏联在援助中国革命的问题上一直抱着小心谨慎的态度，唯恐在外交上让英、美、日等国抓住把柄，成为帝国主义干涉苏联的借口。同时，苏联在向奉系军阀提出抗议的同时，一再叮嘱驻华代表（特别是加拉罕）不要在发往莫斯科的电报上签名。而在此期间，苏联正在就远东问题同日本举行谈判。因此，为了服从苏联的外交利益，缓和帝国主义同苏联及中国革命政权的矛盾，鲍罗廷提出了"战略退却"策略，这也是共产国际支持鲍罗廷的一个原因。

---

① 《田中口里之对华政策》，《汉口民国日报》1927年5月10日，第1张新闻第1页。
② 《中央训令湖北全省总工会》，《汉口民国日报》1927年5月24日，第1张新闻第1页。

第六章 共产国际对武汉国民政府工农运动政策和策略的影响

作为全世界无产阶级政党的领导者，共产国际对武汉国民政府的工农运动给予了极大的关注和具体的指导，但是由于苏联战略利益的影响，共产国际指导的中国大革命时期的工农运动并没有成为中国大革命的主流，相反由于缺乏对中国革命实际情况的了解，其所作出的指导武汉国民政府的工农运动策略，最终成为武汉国民政府领导人屠杀中国共产党的借口。因此，研究共产国际对武汉国民政府工农运动的指导，总结其经验教训是具有重要意义的。

一 共产国际对武汉国民政府工人运动政策和策略的影响

作为无产阶级政党的国际领袖，共产国际、联共（布）自然是非常重视武汉国民政府的工人运动的。因此在北伐战争进行到长江流域的时候，共产国际对武汉国民政府的工人运动给予了大力支持，这无疑对武汉国民政府的工人运动产生了重大的影响。

（一）共产国际对武汉国民政府工人运动的重视和指导

在1925年以前，共产国际、联共（布）对中国工人阶级的认识是偏颇的，或者说是不全面的。"五卅运动"和省港大罢工显示了中国工人阶级巨大的力量，引起了共产国际的高度注意，随后共产国际开始重视中国的工人运动，在指导中国革命的过程中开始有意识地加强了对中国工人运动的理论指导。

1. 从理论上阐述了武汉国民政府工人运动的重要性

首先，共产国际对中国工人阶级的革命活动给予了高度的评价。指出："殖民地和半殖民地国家工人工会组织的重大发展，无疑是一年半以来的一个特点。这一点，在 1925 年的中国无产阶级的各种活动中表现得尤为有力和明显。……年轻的工人运动在最近几年里学会了建立自己的组织，加强了自己的工会，并激烈反对英、日帝国主义，结果使力量的对比立即转向有利于民族解放运动这方面。上海、香港和天津的大罢工，使无产阶级的滚滚洪流涌进了中国的民族解放运动。这些大罢工证明，中国无产阶级是反对帝国主义列强的最坚定不移的、最积极主动的战士……它对于世界工人运动所具有的意义是不应低估的。应当认清这一新的运动，应当懂得，中国无产阶级的崛起是十月革命后最重要的事件。它会使世界帝国主义遭到严重打击。这意味着世界革命大军大大加强了，因而他值得引起各方面的重视。"①

这是一种重大的转变，因为自中国共产党成立以来，共产国际对中国工人阶级的作用估计不足，存在着轻视中国无产阶级、中国共产党的力量的倾向。他们认为中国工人阶级"尚未形成为独立的社会力量"，还不强大，中国唯一重要的民族革命集团是国民党，"中国共产党应当对国民党施加影响，以期将它和苏维埃俄国的力量联合起来，共同进行反对欧洲、美国和日本帝国主义的斗争"。②"和国民党共事的中国共产党人的历史任务就是把工农和年轻知识分子组织起来，通过这些组织开展宣传和演讲，逐步迫使国民党改变政策，转到中国劳动群众方面来，反对大商人和封建地主，转到苏维埃共和国方面来，反对世界帝国主义"。③共产国际对于中国民族革命运动的定位及决定中共所应扮演"参加"而非"节目主持人"的角色。④然而，在第一次工人运动的高潮中，中国工人阶级和中国共产党显示了伟大的力量，共产国际意识到依靠中国共产党领导工人运动的重要性。

其次，共产国际对共产党领导的工人运动给予理论上的指导。认识到中国工人阶级蕴涵的巨大的革命力量之后，共产国际开始对中国的工人运动给予积极指导。共产国际执委会第六次扩大会议指出："中国共产党应当极力地深入开展经济斗争，以争取改善工人极端艰苦的处境，并应极力

---

① 《共产国际有关中国革命的文献资料 1919—1928》（第一辑），第 121 页。
② 《联共（布）、共产国际与中国国民革命运动（1917—1925）》，第 437 页。
③ 《联共（布）、共产国际与中国革命文献资料选辑（1926—1927）》，第 94 页。
④ ［德］郭恒钰：《俄共中国革命密档（一九二〇——一九二五）》，中国台北东大图书股份有限公司 1996 年版，第 1 页。

地加强和扩大今后工人的工会运动。中国共产党领导下的工会，应当继续坚决地、经常地参加中国的一般革命斗争，同时应当成为真正经济性的工人组织，密切关心工人的日常经济要求，领导他们进行反对国内外资本家的斗争。"① 应该说共产国际关于中国工人运动的策略方针在理论上是正确的，在指导中国革命方面起到了一定的作用。

1926年12月在莫斯科召开的共产国际执委会第七次扩大会议指出："中国无产阶级不仅在未来的无产阶级革命中将起推动作用，而且在目前的民族革命中，它也是一股推动的力量。没有强大的工人运动，民族斗争也就不可能发展下去。中国工人运动的起落，同时就是整个民族运动的兴衰。"②

2. 共产国际对武汉政府工人运动策略的演变

1926年4月1日，联共（布）中央政治局通过一个重要文件，回顾从上一年秋开始的对华政策转变时说，1925年10月和12月德法和德比先后签订的边界协定是反苏联盟，表明中国革命"由于欧洲出现某种稳定……国际局势变得非常严峻。国内局势在最近一个时期由于国民军的失败和撤退也恶化了"。因此，不仅苏联"需要延长喘息时间"，对当时苏联在远东的最大对手日本"需要作出让步"，并力求同中国现有政府"保持真诚的关系"；中国革命也要与苏联的外交政策相适应，必须设法"争取一个喘息的机会"，甚至搁下"国家命运问题"，"容忍南满在最近一个时期留在日本手中"。③ 这就为共产国际指导中国革命定下了一个基调。在这一精神的指导下，共产国际对国民政府的北伐持坚决反对的态度，对中国工人运动较少提出建议和指导。然而，这并不妨碍中国共产党根据中国革命的实际斗争需要对中国工人运动独立自主作出决策并付诸实施。

1926年5月，党领导的第三次全国劳动大会在广州召开。大会支持国民政府北伐，认为"现我国工人阶级及一切被压迫民众之唯一出路，即在积极参加国民革命以与军阀、帝国主义者作殊死之斗争，根本打倒帝国主义及军阀，方能保证我被压迫民众之生存"。"敞大会全体代表当领率全国

---

① 《共产国际有关中国革命的文献资料 1919—1928》（第一辑），第140页。
② 同上书，第174页。
③ 《我们对中国和日本的策略问题》，载《联共（布）、共产国际与中国国民革命运动（1926—1927）》（上），第194—198页。

工人一致参加,以为钧府后盾。"① 北伐出师时,全国总工会发表宣言,揭露国民党右派企图利用北伐限制工人运动的阴谋,同时又动员和组织省港罢工工人随军北伐,并派出许多特派员,到全国各地去大力组织工会,开展工人运动。

1926年7月,在中共中央四届三中全会上,中国共产党专门就职工运动作出了决议。决议指出:"中国职工运动自始迄今都是在本党指导之下,尤其是在'五卅'沪港工人罢工中表现最为明显。所以本党对于职工运动不是党与工会关系密切与否的问题。而是如何使本党各级组织经过工会的形式去指导和训练广大的工人群众的问题。"决议强调,"中国工人阶级目前的主要职任是领导全民族的解放斗争,工会与其他阶级民众团体建立反帝国主义反军阀的行动的联合战线,就是实现这一职任的唯一策略"。决议要求党的各区委和地委"按照各地职工运动实际运动状况和各地工人的最低限度要求",拟订实际计划,"报告中央批准,并督促党的工厂支部和工会的党团切实执行",特别要注意铁路、海员、矿山等最重要的产业部门和上海、广州、汉口、天津等最重要的地方的职工运动。② 这个决议,分析了职工运动的形势,规定了党的职工运动的任务、方针和政策,加强了党在北伐过程中对职工运动的领导。

北伐前夕,共产国际在各种对中国的决议和指示中一再反对北伐,因此无法对势在必行的北伐中工人运动的政策和策略作出明确指示。但北伐开始之后,共产国际开始对北伐给予了较多的关注,其中工人运动是其关注的重点之一。共产国际在北伐之初受到北伐胜利的鼓舞开始大力支持工人运动的发展,北伐进行到高潮的时候共产国际开始压抑工人运动,蒋介石叛变革命之后再继续大力支持工人运动,表现出先扬后抑再扬的特点。

1926年7月国民革命军从广东出发,分三路向北推进。它的主攻目标先是湖南,后是湖北,旨在消灭吴佩孚的军队。前锋第八军在唐生智率领下已于5月底赴湖南,在第四军和第七军的支持下,湖南首府长沙于1926年7月11日被第八军攻克。占领平江和岳阳以后,湖南已处于北伐军的控制之下。向湖北武汉的进攻是在1926年8月底从三面发起的,第四、七和八军在唐生智的指挥下担任主攻任务。1926年9月6日和7日,汉阳和汉

---

① 《中国第三次全国劳动大会会刊》1926年第6期。
② 《中共中央文件选集》(第2卷),第197—201页;中共中央书记处编:《六大以前》,人民出版社1980年版,第605—606页。

口相继陷落,经过 40 小时的激战,第八军于 1926 年 10 月 10 日占领武昌,从而夺取了整个武汉,三个月内国民革命军到达长江流域,吴佩孚的主力被击溃。这样就产生了一个完全新的军事政治形势,对此共产国际是无论如何都没有预料到的。

最初共产国际对蒋介石北伐产生担心,担心北伐会培养反动军事力量,因此决定在北伐中以群众运动来抵制国民党走向反动。《共产国际执行委员会工作报告》(1926 年 2 月至 11 月)指出,目前的形势给广州革命政府提出了新的重要的任务。政府必须表明自己是不是有能力巩固革命军的胜利,是不是有能力在新占领区创造出把人民群众集合在国民革命旗帜周围的形势。工作报告接着指出,目前的形势也向中国共产党提出了新的任务,这就是要充分利用中国的目前形势和巨大的活动余地,巩固自己的地位,中国共产党必须把工作扩大到工业无产阶级方面,没有工业无产阶级的参加,国民革命的胜利是没有保障的。[①] 但是共产国际支持工人运动的目的是要求工人在北伐中充当苦力,"共产党人应当知道,蒋介石现在在前线作战,在完成巨大的革命工作,对我们来说没有问题要支持蒋介石"。[②] 不管出于什么目的,共产国际此时对工人运动持支持的态度。

对共产国际及其代表的活动特别有影响的一个重要的主观因素,是想把根据俄国几次革命的经验得出的概念和结论照搬到中国。这一点特别明显的表现是,打算发展工农组织和群众性组织作为中共和国民党左派"自下而上"施加影响的基础,打算建立民主政权的有威信的代议制机构。与这一点以及与总的来说对中国工农运动的特点不够了解相联系的是,明显夸大了这些运动在共产党人和国民党左派联盟领导下成为独立的政治因素的可能性,而且这些独立的政治因素能够保证实现左的民主倾向,即中国革命发展的工农前景。[③]

共产国际执行委员会远东局的维经斯基看到了共产国际这种企图的危险性,即发展工人运动与保持国民党的统一战线是相矛盾的。北伐军进军途中,所到之处的工人运动有力地支持了北伐的军事斗争。但是当北伐在湖北、江西取得胜利后,却产生了两种相互背离的倾向:一方面是工人运

[①] 唐心石:《中国最新的政治发展与武装干涉的企图》,《国际新闻通讯》1926 年第 121 期。

[②] 《共产国际执行委员会远东局委员会与鲍罗廷会议记录》,载《联共(布)、共产国际与中国国民革命运动(1926—1927)》(上),第 398 页。

[③] 《联共(布)、共产国际与中国国民革命运动(1926—1927)》(上),第 291 页。

动勃起之日渐向左,另一方面是军事政权对于工人运动之勃起而恐惧而日渐向右,这两种倾向在继续发展且距离日远,最终使联合战线破裂。维经斯基于1926年9月22日和10月22日致电莫斯科,提出准备推动中共在上海发动工人武装起义,认为"现在在南方军队占领的地区必须进行坚决的斗争,使革命民主群众联合起来反对地主和豪绅,反对上述资产阶级倾向。在南方和长江流域,必须一方面不害怕发动农民斗争,一方面在城市里尽可能使工人阶级以独立的有觉悟的政治因素姿态出现。如果我们同时真正地继续为实现民主要求而斗争、我们是不会吓跑国民党左派和城市民主派的。"[1]

共产国际和斯大林是绝不允许这种结果出现的。他们认为,共产党人无论如何都不能离开国民党这只船,因为国民党这只船最适合中国历史的潮流。斯大林分别在10月29日和11月11日主持联共政治局会议作出决定,严词拒绝维经斯基的主张和建议。29日的电报批评他是"左的幻想",说这种错误会吓倒国民党并"使它向右转,一定要同右派结成联盟";批评他"所建议的加剧反对中国资产阶级和豪绅的斗争,在现阶段为时过早和极其危险";不准发动上海工人武装起义。[2]斯大林这个电报的精神很明确:在北伐进行中,禁止开展工农群众斗争,特别禁止进行工人夺取政权的革命运动,只维护上层资产阶级的联合和政权。

其实,维经斯基的主张也有致命的弱点,其主张有两个要点:一是依靠国民党左派去同掌握军队的右派斗争,共产党只在后面支持左派(这是迫于莫斯科的决策,因为莫斯科规定共产党人退出国民党党政军领导职位)。实际上,左派比共产党还要软弱。在远东局参与策划的上海工人三次武装暴动中,他们不是临阵动摇而导致失败(第一次暴动),就是在蒋介石的威胁下使共产党领导的市政府瘫痪(第三次暴动胜利后)。二是只重视工农群众运动,但没有强大的革命武装为后盾。因为莫斯科实际上不允许搞工农武装,维经斯基和远东局被迫成为"群众运动万能论者",认为共产党只要掌握群众运动,与左派结成联盟,就能迫使蒋介石等右派左倾。殊不知在中国,没有强大的革命武装作后盾,群众运动是没有决定性力量的。所以,最后他也与鲍罗廷一样,在执行莫斯科路线中,步步向国

---

[1] 《维经斯基给共产国际执行委员会的报告》,载《联共(布)、共产国际与中国国民革命运动(1926—1927)》(上),第589页。

[2] 《联共(布)、共产国际与中国国民革命运动(1926—1927)》(上),第604页。

民党蒋介石让步。① 于是，当远东局指导的上海第一次工人武装起义失败后，斯大林于 11 月 11 日主持联共政治局作出了第二个答复："远东局对诸如在上海和南京发动武装起义的问题所持的轻率态度是不能容忍的"；"对远东局在上述问题上所犯的错误提出警告"。②

在莫斯科一再批评的情况下，1926 年月 12 月，在维经斯基的参加下，中共中央在汉口召开了中央特别会议。这次会议的一系列文件，是在不违背国际指示的情况下，在维经斯基和鲍罗廷的指导下而形成的。这次会议的失误，就在于中共中央未能根据变化的形势调整自己的政策和策略，也就是在坚决发展工人运动的同时警惕和防止右派势力的增长与运动，相反却企图以抑制工人运动来换取联合战线的存在。很明显，共产国际对工人运动的政策出现了抑的趋势。

随着北伐的推进，共产国际对中国革命的政策也发生了变化。共产国际第七次扩大全会指出："未来的国家将表现为无产阶级农民和其他阶级的民主专政，将在走向非资本主义（社会主义）发展的过渡时期中成为一个反帝革命政府。""在当前的过渡阶段，土地问题已开始表现为各种尖锐的形式。这是当前形势的中心问题。哪一个阶级有决心去解决这个根本问题，并能提出彻底的办法，哪个阶级就将成为革命的领导者。在中国目前的实际形势下，无产阶级是唯一能够执行彻底的土地政策的阶级，土地政策是胜利结束反帝斗争。""对农民发生影响的这种迫切需要，也决定了共产党对国民党和广州政府的态度。国民革命政府的机构提供了一个接近农民的极有效的手段，共产党必须利用这个手段。"③

由此可见共产国际支持中国革命的政策出现了扬的趋势，对工人运动的政策出现了扬的趋势，因为工人作为影响中国革命前途的力量可以抑制国民党的反动，而且作为现实的反帝力量也可以发挥出支持革命的作用。因此，中国最近的任务就是粉碎帝国主义敌人，彻底的土地政策被认为是胜利结束反帝斗争、继续发展中国革命的先决条件。

1927 年 5 月，共产国际在莫斯科召开了共产国际执行委员会第八次全体会议，30 日通过了《关于中国问题的决议》，对武汉国民政府的工人运

---

① 转引自唐宝林《重评共产国际指导中国大革命的路线》，《历史研究》2000 年第 2 期。
② 《联共（布）中央政治局会议第 67 号（特字第 50 号）记录》，载《联共（布）、共产国际与中国国民革命运动（1926—1927）》（上），第 623 页。
③ 《关于中国局势的决议》，《国际新闻通讯》1927 年第 16 期。

动提出了新的要求，总体上仍是扬的趋势。《决议》要求中国共产党"务必要全力巩固和扩大一切工农群众组织，诸如工会、罢工委员会、工厂委员会、工人自卫队……以及城市小资产阶级、小手工业者的组织等等。"①要求将武汉国民政府改造成革命民主专政的机构，在城市，则应满足工人阶级的经济权利和政治要求，"实行8小时工作制，提高工资，承认工人组织的权利，等等"②。

就在八大召开期间，许克祥在长沙发动了"马日事变"。联共（布）中央政治局在得到"马日事变"的消息后，向中国发来挽救中国革命的"五月指示"。其中关于工人运动的内容就是要求中国共产党将工人和农民组织几个军，组建自己可靠的军队来消除对不可靠将领的依赖。很显然，共产国际从北伐高潮时压制工人运动转变成强烈支持工人运动，并且期望通过工人运动来挽救中国革命。但共产国际错误地将工人运动的领导权置于武汉国民政府的领导之下，结果使得共产国际支持工人运动的调子唱得很高，但在实践中根本缺乏执行的可能性，挽救中国革命自然成了一句空话。

（二）中国共产党对武汉国民政府工人运动的领导

在共产国际的指导下，武汉国民政府开始对工人运动采取支持的态度，后来随着革命形势的变化，武汉国民政府开始限制工人运动，最后禁止工人运动，使得被共产国际给予厚望的工人运动遭到失败。由于中国共产党员以个人的身份加入了国民党，因此在各地工人运动的开展中共产党起了重要的作用，因此可以认为武汉国民政府的工人运动实际上就是中国共产党领导的工人运动。

1. 武汉国民政府时期工人运动的三个阶段及特点

纵观武汉国民政府时期的工人运动，可以发现运动的趋势大致可以划分为三个阶段，其中每个阶段都有不同的特点。

（1）工人运动蓬勃发展阶段。这一阶段从1926年10月北伐军攻克武汉至12月武汉临时联席会议成立初期，历时两个多月。武汉国民政府虽然是以1926年12月13日在武汉成立临时联席会议为起点，但它是北伐胜利发展到长江流域的政治产物，因此，考察武汉国民政府时期的工人运

---

① 《共产国际有关中国革命的文献资料（1919—1928）》（第一辑），第326—327页。
② 同上书，第325页。

动，应该从北伐前后，特别是从北伐攻克武汉时开始。

在这一阶段，广州政府辖区内的工人运动在北伐军事胜利的同时，工会组织纷纷恢复和建立，工会会员迅速增加。湖南的工人自1920年以来就相继开展了抵抗军阀、自谋解放的斗争。湖南光复后仅三个月，全省的工会组织就相继建立起来。截至1926年11月，全省已成立总工会的有18处，已成立筹备处的有26处，尚未着手组织或已着手组织但尚未报到省工运部门者有32处。① 1926年12月1日湖南全省工人代表大会在长沙召开，代表各地区工会及产业工会52处，代表会员326000多人。② 大会通过了《统一工人运动》《关于工人武装自卫》《青年工人运动》《惩办土豪劣绅贪官污吏》等决议案和《湖南全省总工会章程》。大会选举郭亮等21人为执行委员。大会后，湖南工人更迅速广泛地组织起来。

在湖北，北伐军占领汉阳、汉口后，武汉的工会组织立即公开活动。1926年9月14日，武汉工人代表会在汉口召开各业工会代表恳亲会，一百多个工会团体的四百多名代表参加了会议，决定将武汉工人代表会改组为武汉总工会。9月17日，中华全国总工会为适应革命形势发展的需要，在汉口设立了办事处，工人运动领袖李立三、刘少奇等同志相继来汉，有力地指导了湖南、湖北、四川、江西、安徽、河南等省的工人运动。1926年10月10日湖北省总工会正式成立。此后，武汉三镇和湖北全省的工人运动在统一领导之下，迅速发展起来。至1926年底，武汉地区的工会组织发展到200个以上，有组织的工人达20万人。湖北全省的工会组织则发展到300个以上，工会会员达30万人之多。③

在江西、广东、福建、浙江、安徽等省，工人群众迅速组织起来，工会组织从工人集中的大城市逐步扩大到县镇，工会会员迅速增加。如自北伐军占领南昌后，全省工人纷纷成立工会，先后建立了店员、瓷业、书画、电话、轮船、铅印等73个行业工会，会员发展到四万余人。这些组织在全国总工会的领导下，工人运动得到了迅猛发展。

这一阶段工人运动的特点是，在北伐战争进展顺利的形势下，工会组织迅猛发展，工会人数迅速增加。从表现形态上看，北伐战争胜利与工人运动相互促进相互影响。从斗争方式来看，工人运动主要采取罢工斗争，

---

① 《中华人民共和国通史》（第3卷），第404—405页。
② 刘立凯、王真：《一九一九至一九二七年中国工人运动》，工人出版社1953年版，第48页。
③ 《武汉国民政府史》，第113页。

并且以经济斗争为主。从斗争的对象来看，矛头主要指向帝国主义和封建势力。

（2）工人运动高潮时期。这一阶段从 1927 年 1 月湖北省总工会第一次工人代表大会的召开，至 1927 年 3 月、4 月蒋介石逐步走向反动，直至发动"四·一二"政变前后。

1927 年 1 月 1 日，湖北省总工会在汉口"华商总会"召开了第一次代表大会，大会由李立三、刘少奇等 21 人组成的主席团具体领导进行。出席会议的代表 588 人，按各行业工会组成车工、纺织、铁路、海员、五金、店员等 15 个代表团，代表 320 个工会。大会期间，李立三等分别作了政治、会务、职工运动、工会组织、童工及女工、经济争议问题等报告。大会代表热烈讨论了各项报告并通过了相应的决议。大会选出湖北总工会执行委员李立三等 35 人和候补执行委员九人。这次大会的召开，标志着湖北工人运动组织的发展和工人运动的高涨进入新的阶段。

1927 年 2 月 23 日，江西省第一次工人代表大会开幕，出席大会的各地工人代表共计 140 人。大会制订了《告工友及各界同胞书》《大会宣言》，通过了《统一工会组织》《工人的经济要求》《工人的政治要求》《工人纠察队》等 11 个决议案。大会选举出陈国、陈赞贤等九人为执行委员，正式成立江西全省总工会。在湖南，全省工人代表大会推动了工人运动的大力发展，到了 1927 年 2 月，湖南全省已组建的工会 533 个，工会会员发展到 326000 余人，此外还有五万多矿工正在筹建工会。[①]

在这一时期，工会组织更加巩固，工会的数量进一步增加，工人的战斗力进一步增强。这段时间工人运动的特点是，在大革命处于高潮的形势下，工人运动如火如荼，不断向纵深方向发展。从斗争的政治要求看，从单纯的筹建、整顿工会组织，发展到参加掌握政权；从斗争的经济要求来看，从单纯要求改善经济待遇，发展到参加生产管理；从斗争的形式来看，由原先的经济和政治斗争，发展到武装暴动；从斗争的内容来看，由一般的反对帝国主义的压迫和剥削，发展到收回租界，废除不平等条约等。

（3）工人阶级为挽救革命斗争阶段。这一阶段从 1927 年 3 月下旬，至"七·一五"汪精卫集团叛变革命，武汉国民政府解体和崩溃，期间经

[①] 王清彬等编辑，陶孟和校订：《第一次中国劳动年鉴》，北平社会调查部 1928 年版，第 94 页。

历了武汉国民政府逐渐从革命走向反动的全过程。

1927年3月6日，蒋介石秘密指使倪弼杀害了江西赣州总工会委员长、共产党员陈赞贤，开始走上反共反人民的道路。针对这起严重的反革命事件，广大工人群众极为愤慨，纷纷集会予以揭露和声讨。江西省总工会成立了"陈赞贤惨案委员会"，并于3月18日举行了有数万工人、农民、学生参加的"追悼陈赞贤烈士大会"，会后愤怒的群众高举陈赞贤烈士血衣游行，要求严惩凶手。湖北省总工会在通电中称："查赣州在蒋总司令坐镇之江西，新编第一师为蒋总司令直辖之军队，竟有军队任意捣乱工会，秘密枪毙工会首领之事，敝会闻之，殊深愤慨，似此反动行为，与军阀统治之上海天津何异？"通电质问蒋介石是否"对于总理农工政策最近有所变更"，同时要求正在召开的国民党二届三中全会"实行最高权威，严重究办"。[①] 在这场严重的斗争中，无产阶级坚定的原则立场，团结一致的革命精神，必要的灵活斗争策略，终于迫使蒋介石不得不亲笔批了将倪弼"免职查办"四字，并且也装模作样地登报答应赣州工人请愿的条件。自此以后，武汉政府辖区内出现了一个以工人阶级为核心的、声讨国民党右派头目蒋介石的群众斗争高潮。

为了反对蒋介石军事独裁镇压工农的反动行径，湖南省工会、湖南省农民协会于1927年3月14日上午9时举行市民大会。到会者有省工会、农协会、商协会、教联会、学联会、女联会、省党部、市党部、县党部及各级党部、各团体、各学校等，计五百余团体，达10万人。大会号召反对蒋介石军事独裁，拥护国民党中央全体会议，拥护联俄、联共、扶助农工三大政策等。[②] 蒋介石在上海发动反共大屠杀后，4月14日，长沙农工商学六百余团体10万余人举行示威讨蒋和第二次铲除反革命大会，处决大劣绅叶德辉、余敕华、徐国梁。不久，醴陵、湘潭、益阳、南县、汉寿、石门、安化、衡山、华容等县也都开展了镇反斗争。[③]

从1927年5月起湖北时局迅速逆转，迫使工人阶级不能不投入政治斗争。1927年5月17日，夏斗寅师在鄂西叛变，由沙市到咸宁，封闭工会农会，杀害工友农友。夏斗寅部队离武昌只有一百多公里，武汉形势严

---

① 《全省总工会对于赣州工人领袖被杀之愤激》，《汉口民国日报》1927年3月15日，第3张新闻第1页。

② 《长沙评论》1927年第20期。

③ 《中华人民共和国通史》（第3卷），第426页。

峻。湖北总工会发出通告,"要求政府立刻下讨伐令,去剿灭夏逆斗寅","要求第八军李军长立刻出师去剿灭夏逆斗寅"。总工会通告又号召:"我们革命新根据地武汉的秩序,要求我们工友大家武装起来,才可以维持,才可以巩固。各工友大家武装起来,望立刻到武昌武汉纺织工会去报到,以便正式荷枪实弹,去消灭夏斗寅这个败类。"[1] 总工会还决定于5月19日12时开会示威。为稳定武汉社会秩序,总工会命令各行业工人不得为逃离武汉的商民住户搬家,同时为镇压夏斗寅的第二十四师和第八军代募送运夫320人。

这是武汉政府辖区工人运动进入挽救革命失败而斗争的阶段。这一阶段,武汉政府辖区工人运动的特点是,在革命的紧急阶段,注意了加强工农联盟,并进一步用同盟罢工和武装起义来冲破国民党的白色恐怖。但由于共产国际指导的严重右倾和汪精卫集团的叛变,导致了革命的失败。

2. 共产国际与武汉辖区的"左"倾工潮

1926年底到1927年春,武汉辖区出现了"左"倾工潮,学术界对"左"倾工潮的产生及表现、"左"倾工潮的危害等进行过比较充分的研究,但是在对共产国际和"左"倾工潮产生的原因,共产国际纠"左"的努力以及产生的影响方面,学术界还没有引起较多的关注。实际上,武汉辖区"左"倾工潮的产生同共产国际的指示密切相关,其既要求发展工农运动又要求维护统一战线的自相矛盾决策则直接导致了大革命的失败。

(1) 共产国际的进攻路线策略是武汉地区"左"倾工潮产生的直接原因。在北伐军占领武汉三镇之前,武汉的工人运动就十分活跃,工人的罢工在全国尤为瞩目,其规模仅次于上海;10月10日北伐军占领武汉后,中共随即宣告组成湖北全省总工会,进而推动各级工会如雨后春笋般产生出来。受国共两党宣布的工农政策影响,武汉地区要求提高工资、缩短工时、改善待遇的罢工运动顿时此伏彼起。从1926年9月北伐军占领汉口起,武汉的罢工浪潮一浪高过一浪,并很快取代上海成为全国工运中心,而且武汉工人的罢工影响之大,"适如北伐军取得武汉、江西与福建之震动于全中国,影响于全世界一样"[2]。仅据不完全统计,10月间武汉工人罢工平均一日尚不足一起,11月中旬以后已达一日数起。两个月多一点的

---

[1] 《声讨夏斗寅》,《汉口民国日报》1927年5月19日,第1张新闻第1页。
[2] 《中国大革命史1925—1927》,第199页。

时间里，竟发生罢工一百五六十起，参加人数二十多万。①

武汉工人群众在这一期间的罢工斗争中，服从工会纪律，守秩序，受约束，所提要求多数都考虑到了当时的实际条件，故大多数都得到解决。一个外国记者当时在武汉采访后写道："汉口八年来工资未加，到吴佩孚推翻后，工人工值由每月六先令加至十四先令。这种消息自然要传布到长江下游"，他认为，这"在革命战争中比好些坦克飞机还要重要"。斗争伊始，工人的要求也比较节制，和资方的关系也较好。如纺织工人"国民政府未来以前，平均每日工资三角五分，现在增加至四角八分，先前女工及童工最低的工资每日一角二分，现在最低的二角，最高的本来七角五分，现在九角"。② 不少的罢工斗争和劳资双方的争议是用仲裁的方式解决的。由此可见，1926年11月以前武汉地区的工人运动并不存在"过火"的情况。

然而，北伐进展顺利使得斯大林冲昏了头脑，1926年9月23日在度假胜地索契欢呼"汉口将很快成为中国的莫斯科"。③ 从此时开始，斯大林对中国的革命寄予厚望，对蒋介石带领北伐军取得中国革命的胜利深信不疑。联共（布）中央和共产国际对中国革命的指导方针，一改过去的"喘息政策"，而变为激进方针。1926年11月22日至12月16日，共产国际执委会举行第七次扩大全会，会议的中心议题是中国革命问题。斯大林在会上作了报告。他指出，中国未来的革命政权将是"无产阶级和农民民主主义专政的政权"，"这将是中国走向非资本主义发展，或者更确切地说，走向社会主义发展的过渡政权"。④ 在全会通过的《关于中国形势问题的决议》中指出："现阶段中国革命的动力是无产阶级、农民和小资产阶级的革命联盟。无产阶级是这一联盟的领导成分。"⑤ 全会为中国共产党规定的过渡阶段的策略方针是：参加国民政府，"利用政权机关没收土地，减少捐税并给农会以实权"；⑥ 逐渐向军队渗透，"在革命军队中担任某些领导

---

① 《中国大革命武汉见闻录》，第26—30页。

② 《武汉革命外纪》，第90—91页。

③ 《斯大林给莫洛托夫的信》，载《联共（布）、共产国际与中国国民革命运动（1926—1927）》（上），第537—538页。

④ 《斯大林全集》（第8卷），第328页。

⑤ 《共产国际有关中国革命的文献资料1919—1928》（第一辑），第279页。

⑥ 同上书，第282页。

职务"①；在国民党内加紧工作，"促使国民党发展成为真正的人民政党，即无产阶级、农民、城市小资产阶级和其他坚决反对帝国主义及其代理人的被压迫阶层的坚实的革命联盟"②。决议要求中国共产党人必须使革命"超出资产阶级民权范围之外"，主张为造成无产阶级、农民和城市小资产阶级的联合专政，应当准备没收外国在华大企业，进而将铁路、交通及土地收归国有，等等。③ 上述的战略和策略与过去的相比，显然是激进化了，带有进攻的性质。

这一决议使得原先对过多损害社会富裕阶层利益的做法感到担心的共产党人，大大解除了思想上的顾虑。但是，要想让大批早已习惯于上下尊卑的旧秩序的工人、农民都起来造有钱人的反，也并不是一件轻而易举的事情。为了最大限度地把"真正"的工人、农民动员起来，以便深入革命，鲍罗廷等人明确提出了"矫枉过正"的观点，强调革命非用痞子流氓做先锋不可。受到这种观点的影响，再加上工农运动发展迅速，懂得理论和政策的党员干部人数极其有限，以致各地工农运动兴起之际，或多或少都出现了靠"踏烂鞋皮的、挟烂伞的、打闲的、穿绿长褂子的、赌钱打牌四业不居的"做"革命先锋"的现象。④

共产国际执委会第七次扩大会议决议和鲍罗廷的说法，明显对中共领导人产生了一些刺激和影响。从1926年冬到1927年初春，武汉邮务、印刷、纱厂、烟厂、银行，直至店员、手工业工人，无不卷入罢工浪潮。罢工的次数，重要而有可靠记载的即有36次之多。⑤ 除了罢工斗争蓬勃发展外，武汉的工会组织也得到了较大发展，到1927年2月，武汉的工会组织已从北伐前的114个发展到242个，会员从9万多人发展到31万人。⑥ 工会的大批建立，工会会员的增加导致了中国共产党对罢工斗争领导的失控。体现在罢工斗争中各企业工会相互攀比，置总工会的命令之不顾，纷纷以追求最大幅度的生活改善为目标，如工人的有些要求脱离实际，使企

---

① 《斯大林全集》（第8卷），第326页。
② 《共产国际有关中国革命的文献资料 1919—1928》（第一辑），第283页。
③ 《共产国际执行委员会第七次扩大全体会议关于中国问题决议案》，载《中共中央文件选集》（第2卷），第670—673、676—678页。
④ 转引自《大公报》（长沙）1927年2月22日第7版。参见杨奎松《蒋介石从"三·二〇"到"四·一二"的心路历程》（续），《史学月刊》2002年第7期。
⑤ 陈达：《中国劳工问题》，商务印书馆1929年版，第219页。
⑥ 《第一次中国劳动年鉴》，第84页。

业无法承担；过分的自动缩短劳动时间，有的"缩短工时到每日四小时以下"；在政治上、经济上对小资产阶级、小企业、小商店的侵犯；有的甚至关闭工厂商店、强制雇工；对劳资纠纷，不等仲裁，而以武力解决等，从而使武汉工潮的扩大渐成失控的状况，很快就出现了"商店歇业，工厂停机，市面萧条"局面。①

除了到处发生工潮以外，湖北省总工会还模仿香港海员大罢工时的经验，组织起拥有3000人规模的武装工人纠察队，以"纠察工贼"和维持秩序的名义，每日持械巡街，并自动执行政府职能。其不仅"随便逮捕人，组织法庭监狱，检查轮船火车，随便断绝交通"，还动辄以武力制裁不顺从的厂主店主，封闭乃至于"没收分配工厂店铺"。② 更为突出的是，当时工会都执行着一种政府机关的职能，这就使得工人运动中存在的"左"倾错误日益严重起来。③

由此可见，武汉地区"左"倾工潮的产生固然与中国共产党对工会组织领导不力有关，但追根溯源共产国际进攻路线策略是其产生的直接原因。

（2）共产国际指导政策的自相矛盾对中共纠"左"的影响。共产国际第七次扩大全会一方面制订激进的进攻路线，另一方面坚决反对中国共产党退出国民党，严令中国共产党必须保持同蒋介石的统一战线。在布哈林的报告中，提出了关于中国的两个重要论点，一是我们在中国的前景是打击帝国主义；二是共产国际认为中国的发展有可能绕过资本主义阶段。④ 从这两个论点出发，他认为中国共产党在中国革命阶段的任务之一就是坚持同国民党的统一战线，为此讨论中他对要求中国共产党退出国民党的意见进行了严厉的批评。他要求"中国共产党的任务是在保持民族统一战线的前提下，坚持执行组织广大劳动人民群众的路线，除了组织无产阶级

---

① 《中央局报告（十、十一月份）》，载中共中央档案馆《中共中央文件选集》（第2卷），中共中央党校出版社1989年版，第536—537页；《上海荣宗敬联合同业致汉口劳资仲裁委员会函》，《纺织时报》1926年12月13日；《武汉国民政府史》，第117—118页。

② 《刘少奇致洛甫信》、《湖北全省总工会第一次代表大会宣传大纲》，参见曾成贵等编《中国近代工人阶级和工人运动》（第6册），中央党校出版社2002年版，第116—118、142—145页；杨奎松《武汉国民党的"联共"与"分共"》，《近代史研究》2007年第3期。

③ 参见毛磊等《武汉政府时期工人运动中的一个历史教训》，《党史资料通讯》1981年第10期。

④ ［苏］布哈林：《国际形势与共产国际的任务》，《国际新闻通讯》1926年第148期。

外,还应坚持创建、支持、扩大和巩固革命农民组织的路线"。① 共产国际最后认为,中国革命已经到了由"无产阶级、农民、城市小资产阶级和一部分民族资产阶级"的结盟阶段,转入由"无产阶级、农民和城市小资产阶级之间结成联盟"的"过渡时期"。他们意识到要实现这一过渡"是异常困难的",提出只能在国民党内部实现力量的重新组合,要"不断地设法夺取军队、政府及各省和中央国家机关中的阵地"。由此可见,共产国际对国共合作政策非常矛盾:在未找到有效对策处理国共关系时却幻想民主革命和社会主义革命并举实现;明知资产阶级右派与中共有必然分裂的结果,仍然坚持"国民党是一种联合,一种由右派、左派和共产党人组成的革命议会"②,共产党人可以通过在该组织内发动群众、争取上层,把它改造成符合联共(布)需要的政党,设法为维系联合战线寻找合理的根据。

在共产国际执委七大决议后一个月,又给中共一个指示,强调:"中共应进行斗争反对任何分裂国民党的图谋,反对把右派过早排挤出国民党的仓促步骤。"在这一天通过的《关于中国共产党的组织任务》的决议中,更是自相矛盾规定,"共产党员决不应把自己的建议强加给国民党机构,更不应取代国民党机构";"党应设法使党员担负党内的领导职务,但决不能容许把共产党的人选强加于人"。③ 很显然,莫斯科关于中国革命的指示精神就是,必须保持同国民党的统一战线,在此前提下,由国民党和武汉国民政府领导开展工人运动。

很显然,共产国际七大执委制定的路线和莫斯科为执行它而发出的指示,无论在理论上或实践上,都是自相矛盾和形左实右的。它给中国共产党制定政策造成了极大的困难,在蒋介石日益反动的情况下,维持同国民党的统一战线,就意味着同蒋介石妥协,放弃工农运动以求得蒋介石继续北伐;如果支持工农运动,必然会加快同国民党破裂的步伐。在鲍罗廷的支持下,中共中央选择了前者。

1926年12月中共中央在汉口召开特别会议。会议的一项重要任务就

---

① [苏]布哈林:《资产阶级的稳定与无产阶级的革命》,《国际新闻通讯》1926年第147期。
② 《共产国际有关中国革命的文献资料》(第三辑),中国社会科学出版社1990年版,第217页。
③ 《共产国际执行委员会政治书记处会议第5号记录》和《共产国际执行委员会政治书记处就〈关于中国共产党的组织任务〉决议草案问题召开的会议速记记录》,载《联共(布)、共产国际与中国国民革命运动(1926—1927)》(下),第71、85页。

是纠正工人运动中也存在一些"左"的问题。陈独秀在政治报告中指出国民革命联合战线的各种危险倾向，并提出了各项挽救策略，其中最重要的是：一方面，重新提出"武力与民众结合"①的口号以推动国民党的军事政权向左，至少也不要继续更向右；另一方面，改善我们和国民党的关系，以防止我们过于向左。为此，确定对于中、小商人的政策是："在消极方面，努力向店员工人解释，不便向厂主店东提出他们经济力限制以上的过高要求，更不可轻取罢工手段，尤其在日常生活品的商店（如米店、柴炭店、油盐杂货店等）；在积极方面，加紧联合战线的必要之宣传，工人援助商人对于苛税苛捐及市民自治的争斗，谋全市民的经济枯竭和金融恐慌之救济。"②

汉口特别会议之后，全国总工会秘书长、湖北省总工会秘书长刘少奇，为纠正"左"的偏差，连续发表了《工会代表会》《工会基本组织》和《工会经济问题》三篇重要文章，着重论述了工会必须实行民主集中制，经济问题是工会的大问题以及工会必须有严密组织才能完成自己的历史使命。文章阐述的原则和做法具体明确，是巩固工会、纠正"左"的偏差的正确方针。③ 1927年1月，湖北省总工会第一次代表大会在武汉召开。大会听取了刘少奇的报告，学习了他撰写的上述三篇文章，通过了二十多个决议案，决定对武汉地区的工会和工运工作进行整顿，指出各工会目前最重要的工作，是在群众中建立稳固的基础。对纠察队在组织、纪律、训练等方面进行了整顿，对改良待遇、红利奖金、工作辞就等有明确的规定。④ 为此，对被流氓、恶棍控制的个别工会，要采取坚决措施。针对工人在经济上提出的过高要求，指出每人每月最低工资13元，每日工作不得超过10小时，最高不得超过12小时；工人纠察队应在省总工会领导下工作，要有严明的纪律。⑤ 会后，湖北省各级工会组织，大力贯彻会议决

---

① 《政治报告》（1926年12月13日中央特别会议），《中共中央文件选集》（第2卷），第565页。
② 同上书，第568页。
③ 参见中共中央文献编辑委员会编辑《刘少奇选集》（上卷），人民出版社1982年版，第6—9页。
④ 《湖北全省总工会第一次代表大会宣言及决议案》，第17、21页。湖北省社会科学院历史所藏。
⑤ 参见曾宪林等《中国大革命史论》，中共党史出版社1991年版，第189页；孔凡岭《重评陈独秀大革命中的纠"左"问题》，《齐鲁学刊》2005年第5期；曾宪林《武汉政府时期工人运动中"左"倾错误有关问题之商榷》，《党史资料通讯》1982年第3期。

议，武汉地区工人运动中的"左"倾错误，开始逐步克服，纠"左"初见成效。但是，1927年2月，中华全国总工会执委扩大会议通过了《全国工人阶级目前行动总纲》，否定了刘少奇提出的巩固工会、纠正偏差的正确方针，致使武汉地区的工运整顿工作被迫停止，"左"的偏差终于未能克服。

随后，共产国际一直坚持一方面要求在中国开展工农运动，甚至发动暴动和武装起义；另一方面却要求工农运动和武装起义必须在武汉政府和国民党的领导下进行，中国共产党必须维护同国民党联合的统一战线。在这种自相矛盾的指示下，无论工人运动开展的如何，总是先是遭到蒋介石反动集团反对，后是遭到汪精卫集团的指责。为了实现莫斯科先是利用蒋介石集团，后是利用汪精卫集团的目的，在鲍罗廷的指导下，中共中央继续着一遍又一遍的纠"左"工作，直到大革命最终失败。例如，1927年2月8日，武汉店员工会发表了《整饬工会纪律宣言》，提出了严整纪律的六条规定。1927年3月9日，湖北省总工会提出的严肃工会纪律的21条。1927年5月13日，中央政治局作出《关于小资产阶级问题共产党与国民党的关系》决议案，提出下列办法：第一，劳工部下设立仲裁厅解决雇主和店员间的冲突。第二，劳工部颁布劳动法，包括工作时间、最低工资、恤金、保险、劳动条例、店员工作条例，更需注意。第三，调和店员过分的要求，规定营业管理权，保证店员不干预营业。第四，现时对帝国主义的商业不禁止，不阻扰。第五，商民得享有政治和公民的权利。[①] 1927年5月25日，中央政治局通过由湖北省委省委拟定的《工人政治行动议决案》，规定：第一、武装纠察队指挥问题，大队调动——如总工会调动须得卫戍司令部同意，如卫戍司令调动须得总工会同意；保卫工会小队调遣——如守卫等事总工会应有调派之权。第二、停工问题，政治停工须得总工会命令，非十分重大政治示威，决不下停工令；商店停市，非得政府命令不得行之。第三、司法权，工会无政府命令不得拘捕非工人；对于工贼及违反革命纪律，工人有审判权，但不得审判非工人等。[②] 尽管中共中央在约束工人运动方面做了大量的工作，但最终未能维持统一战线，轰轰

[①] 《关于小资产阶级问题共产党与国民党的关系》，载中共中央档案馆编《中共中央文件选集》（第3卷），中共中央党校出版社1989年版，第117—118页；中央统战部、中央档案馆编：《中共中央第一次国内革命战争时期统一战线文件选编》，档案出版社1991年版，第103—104页。

[②] 《工人政治行动议决案》，载《中共中央文件选集》（第3卷），第134—135页。

烈烈的大革命最终遭到了失败，这不能不说共产国际的错误的指导是主要原因。

（三）共产国际与上海工人三次武装起义

早在北伐开始之前，共产国际就对中国共产党在工人运动方面提出了新的任务，要求中共充分利用中国革命的形势和巨大的活动余地，巩固自己的地位。要求中国共产党把工作扩大到无产阶级方面，用来保障国民革命的胜利。

1. 中共领导的上海工人三次武装起义的经过

当北伐势如破竹不可阻挡时，中国共产党在1926年7月第二次扩大会议上制订了党在北伐时期的任务。内容是提高和巩固工农力量，注意保持同小资产阶级的关系，反对大资产阶级，取得国民革命的领导。[1] 为了更好地领导工人，中共第三次扩大执委会职工运动案中规定，党指导工人运动"在于能够不断地提出切合工人阶级实际的经济的政治的要求，与党员之确能为工人群众的利益而奋斗。""无论工厂里面发生何项与工人利益有关的事件，本党各工厂支部都应立即起来活动，为全体工人奋斗（但须经过工会这一形式）。"[2] 中共中央对上海工人运动形势和今后工作作了专门决议。决议认为，上海总工会的基础尚不雄厚，今后应多在工人中做工作；上海工人因生活痛苦和阶级自觉性较甚之故，最容易发生无组织的罢工和暴动，这就要求工厂支部和低级工会强大起来，方能使上海工人的动作成为有组织有计划的动作。[3] 中共中央指示上海党部"尤须指导上海工人参加上海地方政治和经济的改良运动"。

随着北伐的开始，上海工人运动又高涨起来了，并且达到了从未有过的规模。1926年6月，上海同盟罢工与单独罢工共35次，参加企业107家，参加人数69556人。[4] 7月的罢工比6月的罢工运动更为猛烈，更加扩大范围。从7月初到7月18日，又有41个工厂3.7万余人罢工。整个7

---

[1] C.Martin Wilbur and Julie Lien-Ying How, *Missionaries of Revolution: Soviet Advisers and Nationalist China 1920—1927*, Harvard University press Cambridge, Massachusetts and London, England, 1989, p.275.

[2] 《职工运动决议案》，载《中共中央文件选集》（第2卷），第197页。

[3] 《中华人民共和国通史》（第3卷），第447页。

[4] 施英（赵世炎）：《三论上海的罢工潮》，《向导》1926年第161期。

月份，同盟罢工与单独罢工 54 次，105 个工厂，参加人数 70494 人。罢工原因，经济的占 80%。在 180 个条件中，胜利的 60 个。关于提高工资条件共提 62 个，胜利 34 个。① 到了 8 月，有 46 家工厂罢工，罢工人数达到 37537 人。② 就是说，在短短三个月内有 177578 人在 258 家工厂参加了罢工。

"五卅"一年后的上海，已经成为一个"动的上海"、"革命的上海"。中共中央在决议中对上海的形势进行了分析："'五卅'以后的上海，确是革命的上海，虽然帝国主义者的工部局和中国的官厅以及大商人买办阶级联合的单独的向上海民众进攻，但是上海的民众仍然亦趋革命化。最近几个月以来之上海中小商人反对苛捐杂税运动，上海一般平民之反对物价高涨的原始暴动，上海工人之经济的大罢工等都是证明。"③ 应该说中共中央的估计是正确的，有了这些矛盾和斗争就初步具备了武装起义的社会条件和阶级力量的条件。这些便是上海三次工人武装起义发生背景。

1926 年 10 月 10 日吴佩孚的最后据点武昌失陷后，北伐军的敌人就是孙传芳的军队了。孙在江西首战失利，他的将领、浙江省省长夏超宣布独立。为了夺取上海，孙传芳命令所部于 10 月 17 日向上海前进，次日在上海被歼。当时中共决定支持夏超夺取上海，在夏超进军上海后上海工人发动武装起义。1926 年 10 月 23 日负责起义的钮永建得到错误消息，传孙传芳遭到最后的失败，于是钮等决定次日早晨发动起义，但事先约定好的信号失灵。10 月 24 日凌晨，除个别地方有些动作外，其余均未动作，这样分散的行动于当日就被窒息了。④ 事实上这不是严格意义上的起义，只是起义的尝试。这次冒险的政治意义在于，中国共产党人试图以起义推翻孙传芳在江苏和浙江的统治，像蒋介石通过军事行动那样。简言之，此次起义尝试说明中共策略的改变：从群众运动到群众起义。彭述之在此意义上号召上海工人和广大群众运用第一次起义的经验准备发动第二次起义。⑤

---

① 施英：《五论上海的罢工潮》，《向导》1926 年第 167 期。
② 施英：《七论上海的罢工潮》，《向导》1926 年第 172 期，参见施英《上海日厂工人反日罢工——六论上海的罢工潮》，《向导》1926 年第 169 期。
③ 《上海工作计划决议案》，载《中共中央文件选集》（第 2 卷），第 259 页。
④ 《上海总工会报告书——呈第四次中国劳工代表大会》，1926 年 5 月 30 日—1927 年 5 月 30 日，汉口，1927 年，第 1—2 页。上海市档案档藏。
⑤ （彭）述之：《论浙江和上海事变与孙传芳》，《向导》1926 年第 177 期。

1927年2月中旬，白崇禧的军队在没有何应钦支援的情况下，打败了孙传芳的部队，大大出乎中共的意料，中共领导和上海国民党代表在一次特别会议上决定，在白部占领这座重要的政治和经济城市之前，先将上海置于自己的控制之下。2月19日凌晨，白崇禧的部队占领杭州的第二天，上海总工会下达了自即日起开始总同盟罢工的命令。命令说："令到之时，即刻行动，全体工友总罢工。罢工之后，须有组织的、有秩序的听候总工会指挥，无复工命令，不得复工。切切，此令！"① 同时发表了《总罢工宣言》，提出了17项工人最低政治和经济要求。② 2月21日中共上海区委发出特别通讯——准备暴动。从21日晚起，各区工人即开始与军警发生局部战斗。22日暴动在全市展开。然而，暴动很快被残酷地镇压下去了，一百多人遭到杀害。中共很快意识到革命的条件与时机还没有成熟，革命军离上海仍太远，群众的牺牲与损失过大。为长远计，为了准备更大的斗争，上海总工会当机立断，马上下了复工的命令："于本月24日午后1时，一律复工，养精蓄锐，准备更大的奋斗"。③ 上海总同盟罢工结束后，中共上海区委和上海总工会的指导思想非常明确，现在斗争告一段落，下一步要准备更大的斗争，认真做总同盟罢工和武装暴动的准备。2月24日，中国共产党中央委员会发表致上海工人书，认为罢工的最大错误在于没有决心准备武装暴动，没有把工人相应地组织起来。④ 瞿秋白在这次暴动之后，指责中共上海领导说，上海第二次起义失败的原因，在于党的领导缺乏准备、周密的考虑和决心。⑤

　　有了前面两次起义的经验教训，1927年2月下旬到3月下旬中共特委和上海区委召开几十次会议，积极准备第三次武装起义。3月5日，特别委员会决定："整个行动，由特务会议指挥……紧急时亦（农）、恩（来）、送（松林，即汪寿华）、独（秀）"四人负责。⑥ 在健全起义领导

---

① 《上海工人三次武装起义》，第124页。
② 上海总工会1927年2月19日的《总同盟罢工令》和《总罢工宣言》，《向导》1927年第189期。
③ 上海总工会1927年2月24日的《复工命令》和《复工宣言》，《向导》1927年第189期。
④ 《中国共产党为上海总罢工告民众书》，《向导》1927年第189期。《告上海全体工友》，《向导》1927年第189期。参见《上海总工会报告书》，汉口，1927年，第3—4页。
⑤ 瞿秋白：《上海二月二十二日暴动后之政策及工作计划意见书》，载《中国革命中之争论问题》，第193页。
⑥ 《上海工人三次武装起义》，第283页。

组织的同时，中共中央和上海区委还特别重视宣传工作。周恩来在各部委书记联席会议上强调"各部委要做宣传工作"。① 会议决定上海总工会要发布工人书；要召开各类型的会议；组织宣传队"到各下层群众中去宣传"。当天发表了《中国共产党为上海总同盟罢工告上海全体工友书》，揭露军阀孙传芳的政权，指出"上海市民要得到自由，非以暴力根本铲除残暴的孙传芳的政权，建立上海市民民主政权不可"。② 3月19日，中共上海区委制定出行动大纲，并提出总同盟罢工应注意事项。下午2点半，中共上海区委书记下预备动员令。3月21日，上海市民代表会议常务委员会召开紧急会议，决定3月21日中午12时起市民一致动作，宣布总同盟罢工、罢课、罢市。21日中午12时，总罢工正式开始，第三次武装起义宣告开始，这时南方的先头部队已抵达上海郊区龙华。经过30个小时的激战，到3月22日傍晚，即白崇禧的部队占领上海的当天，起义胜利结束。

上海工人三次武装起义是北伐期间工人运动最光辉的一页，也是中国工人运动史中最光辉的一页。上海工人阶级在中国共产党领导下，英勇无畏，团结战斗，夺取了东方最大城市上海，为北伐战争做出了巨大的贡献。

2. 共产国际对上海工人武装起义的指导

1926年6月到8月是上海工人运动继"五卅"以来又一次高涨，大好革命形势的发展显然使共产国际远东局深受鼓舞，在他们的支持下中共很快制订了在上海发动武装起义的计划。远东局亦将上海工人运动的情况向莫斯科作了汇报："从报刊上你们可以了解到上海日益发展的罢工运动，这场运动已波及数万工人。……这些罢工来势之迅猛和它们所具有的规模证明，一心想争取改善自己生活状况的权利的工人们是多么地精力充沛。最落后的群众也参加了运动，甚至在去年还没有参加过罢工的丝厂女工也参加了运动。上海的镇压以及几个月前反动派在全国范围内的总进攻不仅没有吓倒工人，相反在一定程度上锻炼了他们。"由此提出中共应"到城市工人群众和知识分子中去"，"到城市小资产阶级中去"，应在"军事形势能为推翻某些督军创造条件的省份建立行动委员会"，"加强军事工

---

① 《中共上海区委各部书记联席会议记录》，载《上海工人三次武装起义》，第141—142页。
② 《上海工人三次武装起义》，第147页。

作"。① 但是莫斯科并不赞成维经斯基的主张,斯大林考虑的问题是北伐推进到长江流域后,势必在东南战场与帝国主义发生冲突,担心英帝国主义的武装干涉,莫斯科当然不能同意在帝国主义势力集中的上海贸然发动武装起义。

然而,在远东局和中共的领导下,上海工人真的发动了第一次武装起义。莫斯科对上海工人发动武装起义显然是不满的。第一次武装起义失败后过了两天,莫斯科就对维经斯基进行了批评,指出维经斯基"所建议的加剧反对中国资产阶级和豪绅的斗争在现阶段是为时过早的和极其危险的。这意味着把资产阶级、商人和豪绅推到帝国主义者和奉系军阀的怀抱里去。"② 1926 年 11 月 11 日斯大林在发往中国的电报中对维经斯基又一次进行了严厉的批评,"认为远东局对诸如在上海和南京发动武装起义的问题所持的轻率态度是不能容忍的","对远东局在上述问题上所犯的错误提出警告"。③ 政治局同时决定,非但拒绝远东局关于撤换鲍罗廷的要求,反而加强鲍罗廷的权力,"所有派往中国的同志均归鲍罗廷同志领导",而"鲍罗廷同志直接听命于莫斯科",并给鲍罗廷颁发"红旗勋章",进而置远东局于鲍罗廷的领导之下。"鲍罗廷同志仍负责隶属于广州各省的工作";"责成远东局在就对华总的政策问题、国民党问题和军事政治问题作出任何决议和采取任何措施时,都必须同鲍罗廷同志协商"。④ 莫斯科明确地表示了对上海工人武装起义和远东局的不满。

莫斯科对上海工人武装起义的反对可以通过另外一个侧面进行印证。1927 年 2 月 25 日,中共领导上海工人第二次武装暴动失败时,在华国际代表阿尔布列赫特给莫斯科的信也说,当时上海的革命形势"非常好",工人还"将举行罢工、示威游行,这场罢工也许是起义的信号",但是,"没有钱。急需钱。有 5 万元就可以买到武器……可是没有钱";"几乎没

---

① 《维经斯基给联共(布)驻共产国际执行委员会代表团核心小组的信》,载《联共(布)、共产国际与中国国民革命运动(1926—1927)》(上),第 348 页。

② 《联共(布)中央政治局会议第 65 号(特字第 48 号)》,载《联共(布)、共产国际与中国国民革命运动(1926—1927)》(上),第 604 页。

③ 《联共(布)中央政治局会议第 67 号(特字第 50 号)》,载《联共(布)、共产国际与中国国民革命运动(1926—1927)》(上),第 623 页。

④ 同上书,第 623—624 页。

有武器，这更糟。"① 前一天，联共政治局曾作出决定"拨给上海的同志10万卢布"，但是不到10天，即3月3日，中共中央准备上海工人第三次武装暴动时，莫斯科又撤销了这个决定。② 为什么发生这样的变化？政治局会议记录上没有说明，但显然是因为得到了第二次暴动失败又要举行第三次暴动的消息和需要经费购买武器的要求。莫斯科以此再次表示反对中共继续举行武装暴动。只是在3月22日的上海工人武装暴动取得胜利后，24日举行的联共政治局会议才作出一个事后追认的决定，致电鲍罗廷并转国民政府："建议颁布关于根据工会的倡议在工业中心城市建立为数极少的工人纠察队的法令。首先在上海建立。"③ 这说明，在莫斯科看来，中共在上海接连三次武装起义是莫斯科所不愿意看到的，他们通过拒绝向中共提供武器和经费来表达对中共和远东局的不满。

上海工人第三次武装起义取得胜利之后，共产国际执行委员会主席团在1927年3月23日致电中国共产党中央委员会，对上海胜利表示祝贺。④ 不仅如此，《真理报》发表社论阐述了上海工人胜利的伟大意义，"他们在中国革命中所起的和将要起的作用会像彼得堡工人在俄国革命中一样"。关于这一事件的世界历史意义，上海工人的胜利也是前进中的世界革命的胜利。⑤ 在莫斯科看来，占领上海为中国革命斗争开辟了新的前景，现在甚至那些目光短浅的人也开始认识了中国革命的重大国际意义。占领上海无疑是推动中国革命向左、加强中国无产阶级的作用和增强革命运动领导前景的一个因素。不过中国共产党人都很清楚，上海的胜利绝非最后的胜利，中国革命还面临着艰苦的路程。中国共产党在《告中国工人阶级》中指出，上海工人现在虽然驱逐了直鲁军阀，虽然一部分武装起来，虽然联合各被压迫阶级建立了民主政权之基础；然

---

① 《阿尔布列赫特给皮亚特尼茨基的信》，载《联共（布）、共产国际与中国国民革命运动（1926—1927）》（下），第128、129页。

② 《联共（布）中央政治局会议第88号（特字第66号）》，《联共（布）中央政治局会议第89号（特字第67号）》，载《联共（布）、共产国际与中国国民革命运动（1926—1927）》（下），第123、136页。

③ 《联共（布）中央政治局会议第92号（特字第70号）》，载《联共（布）、共产国际与中国国民革命运动（1926—1927）》（下），第157页；参见唐宝林《重评共产国际指导中国大革命的路线》，《历史研究》2000年第2期。

④ 《上海胜利公告》，《国际新闻通讯》1927年第33期。

⑤ 《〈真理报〉论中国革命的发展与国民党的状况》，《国际新闻通讯》1927年第31期。

而这些革命的胜利时时刻刻都有被内部妥协分子葬送之可能。而上海革命势力失败，即足以动摇全中国的革命潮流。① 后来革命形势的发展果然不幸被中国共产党言中了，而这一切又与共产国际对上海胜利后的指导分不开的。

占领上海后，中国共产党人对于中国革命的前途表现出深深的忧虑，这本来是对的。在共产国际要求纠正 1926 年 7 月中共全会的决议后，中共指出，占领上海后在中国革命的新阶段存在着危险的发展形势。但是共产国际相反，认为正是在占领上海以后中国的形势令人乐观，并坚持共产国际第七次全会确定的路线是正确的。在此基础上，共产国际作为世界革命的总参谋部还为中国共产党提出一个新的、理论多于实践的纲领，并相信，中国无产阶级夺取政权的时候到了。②

然而，上海革命形势的发展是与共产国际的愿望背道而驰的。1927 年 3 月 26 日蒋介石到上海后，加紧部署"四·一二"政变。陈独秀感到情况紧急，一面部署反击蒋介石的行动，一面向莫斯科发电，希望莫斯科给予指示。3 月 28 日，联共（布）中央政治局向中共中央发出如下电报："请你们务必严格遵循我们关于不准在现在举行要求归还租界的总罢工或起义的指示。请你们务必千方百计避免与上海国民军及其长官发生冲突。"③ 3 月 31 日，联共（布）中央政治局又致电中共中央，提出"对蒋介石作出某些让步以保持统一和不让他完全倒向帝国主义者一边"，"暂不进行公开作战"；"不要交出武器，万不得已将武器藏起来"。④ 为了执行上述指示，陈独秀只好放弃原来的反击计划。但是，莫斯科对蒋介石的让步并没有使岌岌可危的统一战线得以保持，两个星期之后，蒋介石经过周密的策划，向共产党人举起了屠刀，上海工人经过浴血奋战换来的胜利成果就这样轻而易举地被蒋介石窃取了。

---

① 《中国共产党为此次上海巷战告全国工人阶级书》，《向导》1927 年第 193 期。

② [德] 郭恒钰：《共产国际与中国革命：一九二四——九二七年中国共产党和国民党统一战线》，李逵六译，生活·读书·新知三联书店 1985 年版，第 262 页。

③ 《联共（布）中央政治局会议第 93 号（特字第 71 号）》，载《联共（布）、共产国际与中国国民革命运动（1926—1927）》（下），第 169 页。

④ 同上书，第 167 页。

二 共产国际对武汉国民政府农民运动政策的影响

列宁在为共产国际第二次代表大会起草的文件《民族和殖民地问题初稿》中要求各国共产党"对于封建关系或宗法关系、宗法农民关系占优势的比较落后的国家和民族",必须特别援助"反对地主、反对大土地占有制,反对各种封建主义现象或封建主义残余的农民运动,竭力使农民运动具有最大的革命性"。① 这一提纲初稿中对这一问题的论述在代表大会上被通过。随后在中国大革命中,共产国际对中国的农民运动给予了积极指导,对中国革命产生了巨大的影响。

(一) 共产国际对武汉国民政府农民运动策略认识的演变

在中国农民人口占总人口的80%,因此农民问题是中国革命的主要问题。在指导中国革命的过程中,共产国际已经意识到农民运动对中国革命的重要性,但是在共产国际对武汉国民政府农民运动的实际指导中,先是左右摇摆、犹豫不决,后是自相矛盾、凭空幻想,显然这与莫斯科当局对中国革命缺乏足够的判断密切相关。

1. 北伐初期共产国际对农民运动的开展犹豫不决

广州国民政府建立之后,受革命形势的影响,农村中阶级斗争不是消退了,反而愈加尖锐,各地的地主豪绅在地方当局的参与和军队的纵容下向农民组织和农民发起攻势。面对农村阶级斗争尖锐化的现实,共产国际驻华代表对国民政府辖区内的农村阶级斗争状况进行了一次调查,共产国际执委会远东局在1926年9月出台的调查报告中认为,"考虑到农村阶级斗争的尖锐化,而这种斗争是以农民为一方和以豪绅、地主为另一方之间的夺权斗争,因此必须承认,广东省已进入革命斗争的这样一个阶段,革命的直接任务是为了全体农民的利益和朝着民主革命的方向来解决土地问题。长期不解决这一任务就会意味着反动势力的加强,而解决这一任务就可以由广东农民组成中国革命反对帝国主义、军阀和国内反革命势力的各种阴谋的坚强堡垒。共产党人的任务应当是大力准备把这项改革提上日程。直接宣布改革的时机自然应当与全国总的形势相协调。在对国民党的

---

① 《联共(布)、共产国际与中国革命运动(1917—1925)》,第117页。

态度上，我们广东省的任务是扩大和加强国民党左派、并在国民党的旗帜下联合一切革命民主派别。国民党应当在个别加入和集体加入的基础上加以扩大，集体加入是通过吸收工农组织的方式。共产党人在帮助左派做工作和参与领导农民时，不应当突出自己，也不应当试图直接从组织上实行领导。与此同时，共产党人应当在国民党内联合一切革命分子（工人、农民和部分小资产阶级），以便团结能够实行土地改革的真正革命派。"① 在这次调查所得出的结论中，错误地认为共产党人在对待国民党的态度上是扩大和加强国民党左派，并在国民党的旗帜下联合一切革命民主派别，以"苦力"的方式帮助国民党左派，以便实行土地革命，这与莫斯科指导中国革命的指示精神相一致。

但是在当时的情况下谁是真正的国民党左派，共产国际的代表们与莫斯科存在着分歧，他们认为蒋介石等支持农民运动的"表演"蒙住了莫斯科的眼睛。在他们看来"北伐本身在其发展过程中促进了蒋介石本人和其他许多人的这种向左转"，"国民党中央收到了蒋介石要求起草土地法的建议"，"就连唐生智也作出了这种面向农民的转变，他宣布广东关于成立农会的法令对湖南有效"等，这只不过是蒋介石之流为了实现自己各种目的的"表演"，并非诚心拥护农民运动。就连当时众所周知的汪精卫在他们看来对"这位典型小资产阶级的和相当脆弱的政治家作出这种极其乐观的评价是过分夸大了"，"农民运动的发展无疑迟早要从与农民有联系的基层推举出新的国民党左派。但是现在我们还没有看到国民党的这些左派。因此不得不来谈论同那些将会非常迟疑和犹豫地迎合农民群众的要求的左派达成协议的问题。"② 很显然，共产国际代表对农民运动犹豫不决，一方面农民运动势在必行，另一方面并没有产生真正意义上的左派。在此情况下，农民运动只能顺着所谓左派的意见开展。

尽管如此，1926年9月16日远东局俄国委员和中国委员与中共中央执行委员会联席会议的决议还是提出："广东的整个工作应当由我们以把农民组织起来并帮助他们同豪绅、民团等进行斗争的名义来进行"，"在农村，首先要争取撤换那些卖身求荣的和反革命的官吏"。

---

① 《共产国际执行委员会远东局使团关于广州政治关系和党派关系的调查结果和结论》，载《联共（布）、共产国际与中国国民革命运动（1926—1927）》（上），第490页。

② 《共产国际执行委员会远东局使团关于对广州政治关系和党派关系的调查结果的报告》，载《联共（布）、共产国际与中国国民革命运动（1926—1927）》（上），第476—478页。

"在北伐参加者占领的各省……开展解放运动的主要任务是千方百计把农民和工人组织起来,无论如何要把农村的运动同革命的中心城市联系起来"。① 这一指示对北伐初期占领区农民运动的开展,具有重大的指导意义。

1926年10月1日,鲍罗廷在国民党中央党部发表了《中国革命的根本问题——农民问题、土地问题》的演说。他说土地问题是"中国革命的根本问题"。他说:"打倒帝国主义打倒军阀"的口号是好的,但"国民革命是要首先解决土地问题,若不解决土地问题,是不能够成功的"。但是,鲍罗廷否认解决土地问题要有革命军队作后盾,错误地估计了土地革命和武装斗争的关系。他认为为了解决农民问题、土地问题,就要打破专靠军队的武力去革命的思想。② 鲍罗廷十分清楚,不实行土地革命,推翻帝国主义在中国赖以存在的封建土地所有制,北伐的成功绝对不是人民大众的胜利,而只会成为地主和大资产阶级的战利品。

1926年10月29日,莫斯科给上海中共中央发了一份电报,指出发动农民反对地主和豪绅是错误的,这种错误会吓倒国民党并"使它向右转一定要同右派结成联盟";批评维经斯基"所建议的加剧反对中国资产阶级和豪绅的斗争,在现阶段为时过早和极其危险";批评发动农村斗争"会削弱国民党的战斗力"。③ 这是在以往的主张上的倒退。无疑起到了压抑农民运动的作用,从客观上促进了国民革命军中出身于地主阶级和豪绅的军官们对于农民运动的反动。

为了贯彻共产国际十月会议的指示,1926年11月4日、5日,中共中央政治局和共产国际代表举行了联席会议。会议起草了《中国共产党关于农民政纲的草案》,在这个草案中关于农民运动是矛盾的,一方面草案认为:"根据广东,湖南,湖北及其他诸省农民运动的经验,现在已经能确信地说,没有满足农民群众要求的农业政策,则国民党政权是不能维持长久的,整个解放斗争是要失败的。"这样把农民问题提上了重要日程。但另一方面又说:"中国共产党明显了解,平民民主革命的完全成功,必须

---

① 《共产国际执行委员会远东局委员与中共中央执行委员会委员联席会议决议》,载《联共(布)、共产国际与中国国民革命运动(1926—1927)》(上),第504页。
② 《鲍罗廷在中国的有关资料》,第109—110页。
③ 《联共(布)中央政治局会议第65号(特字第48号)》,载《联共(布)、共产国际与中国国民革命运动(1926—1927)》(上),第604页。

由取消土地私有制办法以根本解决农民问题，才能达到。但在平民民主革命的这一阶段，却以为尚未到提出土地收归国有口号的时机，因为此时中国解放运动的主要敌人乃是军阀、买办和帝国主义者，若于此时提出此口号，则将引起农民内部的内讧。"[①] 对开展土地革命表示担心。因此，只能说《中国共产党关于农民政纲的草案》是一个体现共产国际十月指示的纲领。

1926年12月1日鲍罗廷在南昌群众欢迎大会上发表演说，强调解决土地问题的重要性和必要性。他说："我们要知道单是要求民族独立，人民得到政权，还是不够的，还要实现民生主义。要解决人民的生活问题，非解决土地问题不可。""土地问题如不解决，农民一定不能富足……土地问题，是中国大多数人民的问题。"还提出："我们要帮助的是三民主义国民党，是求中国独立，建设民主政治，并且要解决人民生计问题的解决土地问题的国民党。因为人民幸福全靠经济的发展。"[②] 很显然，鲍罗廷一改之前反对土地革命的立场，这与北伐进展顺利和蒋介石日渐右倾有关。

1926年12月5日苏联《真理报》在题为《中国的革命与反革命》社论中也大谈中国的土地革命，社论中强调"进行深刻的土地改革，重新分配私有土地，是中国革命的历史的绝对需要。如果是国民革命解决不了土地问题，那就没有完成自己的任务：城市就会脱离农村，而这必将导致中国革命最终遭到失败"[③]。这种强调在中国开展土地革命的论调，与共产国际两个月前的指示截然不同。在这里共产国际和鲍罗廷在农民运动和土地革命中的策略选择上时而左一下、时而右一下，时而支持、时而限制反对的犹豫不决的矛盾心态一览无余。

2. 武汉政府时期共产国际对农民运动的策略自相矛盾

从共产国际执委会第七次全会到1927年5月这一时期是联共（布）和共产国际政策的制定和实施及中国国民革命运动的发展的一个重要阶段。共产国际执委会第七次全会所要解决的重大理论问题就是如何把农民土地革命方针同国民党革命统一战线策略结合起来。

"广东军的巨大胜利使国民党国民政府的权力扩及半个中国。目前，

---

① 《中国共产党关于农民政纲的草案》，载《中共中央文件选集》（第2册），第434—435页。
② 《南昌群众欢迎大会上之演说》，载《鲍罗廷在中国的有关资料》，第132—133页。
③ 安徽大学苏联问题研究所、四川省中共党史研究会编译：《苏联〈真理报〉有关中国革命的文献资料选辑》（第一辑），四川省社会科学院出版社1985年版，第248页。

广东革命政府正踏上中国中部战场,成了中国革命的一支强大的力量。"①这是共产国际执行委员会第七次扩大会议发出的致战斗的中国群众号召书中的一段话。很显然,北伐的进展顺利使莫斯科产生了乐观的情绪,认为中国革命胜利在即,这使共产国际对斯大林"利用"蒋介石的策略深信不疑。

共产国际对中国的革命形势作出了新的判断,认为中国革命的现阶段是走向新的更高阶段的"过渡时期",在这一时期,各个资产阶级集团逐渐脱离革命阵营,无产阶级、农民和城市小资产阶级的联盟遂将成为革命的基本动力。基于这种认识,共产国际给中国共产党提出的策略方针明显带有进攻性质。布哈林在执委会第七次全会中国委员会会议上发言时认为:"土地改革问题或土地革命问题决定了向下一个中国革命发展阶段的过渡","国民党右派由于土地改革或土地革命的发展不得不与我们分道扬镳。""我们不得不在农民和资产阶级之间作出选择。我们无疑选择农民。这不应该从粗陋的、庸俗的意义上理解。我们现在经历的是过渡时期。我们应该理解这一过渡时期的全部特点并根据这些特点来构建我们的策略,但要按十分明确的方针,按发展的和正确解决土地问题的方针来进行"②。罗易也在发言中指出:"土地问题是目前中国革命最迫切需要解决的问题","中国革命在其发展的初级阶段,首先应该是土地革命","在制定中国革命的土地纲领时,不应忘记,必须尽量明确地提出土地革命问题"③。布哈林为了强调农民土地问题的重要,对中共的做法进行了尖锐的批评:"党对农民问题注视得不够,过分畏惧农民运动的开展,在国民党占领区进行土地改革不够坚决——这就是错误的主要方面。"④同时共产国际要求:"中国共产党应该支持消灭农村土豪和官僚专权的要求,支持用执行革命政府法令并保护基本农民群众利益的革命政权的基层机关代替旧的半封建官僚制度,并应协助农民建立县政权机关。"⑤

但是,布哈林得出奇怪的结论:"尽管说驱逐外国帝国主义永远是中

---

① 《致战斗的中国群众及其同情者》,《国际新闻通讯》(英文版,莫斯科),1926 年第 148 期。
② 《中共中央文件选集》(第 2 册),第 401 页。
③ 《共产国际有关中国革命的文献资料 1919—1928》(第一辑),第 240 页。
④ 《布哈林在共产国际执行委员会第七次扩大全会中国委员会会议上的发言》,载《联共(布)、共产国际与中国国民革命运动(1926—1927)》(下),第 19—23 页。
⑤ 《共产国际有关中国革命的文献资料 1919—1928》(第一辑),第 281 页。

心任务,保持民族革命统一战线非常重要,但必须进行改革和组织农民……当然,这样可能会产生国民党继续动摇的不愉快的结果,这样提出问题也可能会引出某些左派幼稚病的危险,就是过早地跳出和破坏全民族联盟的危险倾向,这是必须加以反对的。"① 按照布哈林的意思,首先是维护民族统一战线,其次才是土地革命。这实际上是不可能实现的,因为代表地主、资产阶级利益的国民党及其将领是坚决反对土地革命的,所以要维持统一战线就必须放弃土地革命,而坚持开展土地革命就不可避免造成统一战线的分裂。这正是共产国际关于农民运动两大任务的矛盾所在。

1926年11月30日斯大林在共产国际执委会中国委员会上重新强调了布哈林的观点:"中国农民卷入革命愈快愈彻底,中国反帝国主义的统一战线就愈有力和愈强大。"认为"立即满足一些最成熟的农民要求,是中国革命胜利的最必要的条件——不论中国共产党或国民党、也就是说广东政权,都应当立即从讲话转到行动,提出现在满足农民最紧要的要求的问题。"在此特别强调了农民运动和土地问题的重要性。斯大林在报告中试图把两个互相排斥的任务结合起来完成,这两个任务就是:如何能把共产党人与国民党的党内合作形式的国民革命统一战线保持下去,同时又大力促进工农群众运动的高涨。为此斯大林还提出实现这两大任务的工作方法,即要"经过革命军队以影响农民",要求"中国共产党人和中国一般革命者应当采取一切办法中立军队中反对农民的分子,保持军队的革命精神并做到使军队帮助农民,唤起他们参加革命"。② 在这里斯大林照搬了苏联革命的成功做法,但是斯大林忽视了苏联军队中真正贯彻了"党指挥枪"的原则,而中国的北伐军却根本不是如此。这是因为斯大林对国共合作情况下的北伐军的性质作了不恰当的判断,没有看到当时有相当数量的北伐军正在走向反动,正在朝着反对农民运动的方向发展,认为:"中国的革命军队是中国工农争取自身解放的极重要的因素"。尽管斯大林已经认识到中国的革命"是武装革命反对武装的反革命",但他却弄不清楚那些打着国民党旗号的军队并非是他所说的那种"革命军队",共产党人也不可能按照他的要求,在他所期望的时间内,把这些军队改造"成为中国革命思想的真正的和模范的代表者"。他居然主张"通过军队来帮助农民

---

① [苏]布哈林:《国际政策问题——布哈林同志在苏共第十五次委员会议上的讲话》,《国际新闻通讯》1926年第130期。

② [苏]斯大林:《论中国革命的前途》,《共产国际》(莫斯科)1926年第13期。

反对地主","通过军队实行正确的农民政策"。与此相联系，斯大林没有看到武力和民众矛盾会导致国共分裂，因而一厢情愿地强调："中国共产党人现在退出国民党将是极严重的错误"。斯大林根本不承认发展农民运动和巩固统一战线之间的矛盾在国民党右派控制军队的情况下，是无法解决的。对此，斯大林不仅不予以承认，反而说："我知道在国民党人中间，甚至在中国共产党人，有些人认为不能在农村掀起革命，他们害怕把农民卷入革命以后会破坏反帝国主义的统一战线。同志们，这是极端荒谬的。把中国农民卷入革命越迅速越彻底，中国反帝国主义的战线就越有力越强大。"[①] 应该肯定的是，斯大林的上述理论原则，对于中国新民主主义革命，对于马克思列宁主义、毛泽东思想在中国的形成发展，有着重要的指导作用。事实证明，斯大林提出的通过所谓"革命军队以影响农民"是靠不住，只有依靠农民组成自己的军队并加以无产阶级思想的改造才能完成中国的民主革命任务。

共产国际执委会第七次全会上所通过的决议完全贯彻了斯大林的主张，一方面继续强调在现时革命发展的阶段，土地问题开始紧急起来，成为现在局面的中心问题。哪个阶级能够毅然攫住这个问题而给予彻底的答复，这个阶级就是革命的领袖。中国现在的环境，只有无产阶级是能够实行彻底的土地政策的唯一的阶级。彻底的土地政策之实行，乃是反帝国主义胜利及革命往前发展的先决条件。另一方面又坚持让"共产党留在国民党"，"利用国家机关，以没收土地、减税、并给农民委员会以实力"。[②] 在斯大林和共产国际看来，彻底的土地改革政策认为是胜利结束反帝斗争、继续发展中国革命的先决条件。即使出现国民党右派继续动摇和某些左派幼稚病现象，也要在保持中国民族统一战线的条件下，坚决开展农民运动。

(二) 中国共产党领导武汉国民政府农民运动的策略演变

斯大林和共产国际关于中国农民运动的论述和指示，对中国共产党对农民运动的领导产生了重大影响。由于共产国际在指导中国农民运动的过程中经常左右摇摆，甚至自相矛盾，直接导致了中共在领导农民运动和

[①] 解放社编辑部编辑：《列宁、斯大林论中国》，解放社 1950 年版，第 145—151 页；黄君录：《共产国际与中国农民运动（1921—1927）》，硕士学位论文，西南交通大学，2004 年。

[②] 《关于中国局势的决议》，《国际新闻通讯》1927 年第 16 期。

土地革命的策略上无所适从,后来在内部争议中又放弃农民运动和土地革命以维护统一战线,最终导致大革命的失败。

1. 北伐初期中国共产党对农民运动领导的转向

国共合作的统一战线建立之后,中国共产党因为领导农民运动的经验不足,未能利用国共合作的有利形势,及时提出正确的农民运动的政策和策略,因此未能引导农民运动很好地发展。1925年1月中共四大虽然提出工农联盟的主张,向国民党要求官地分给贫农等,但同时又认为目前"不宜轻率由农会议决实行减租运动"。[①]

在1925年10月所举行的中共中央扩大会议上中共首次提出解决农民土地问题,大会所通过的《告农民书》提出:"应当没收大地主军阀官僚庙宇的田地交给农民","如果农民不得着他们最主要的要求——耕地农有,他们还是不能成为革命的拥护者"。但是,在中共看来,实现耕地农有是有条件的,那就是"革命的工农等平民得了政权,才能够没收军阀官僚寺院大地主的田地,归耕地的农民所有"[②]。1926年9月召开的中共四届三中全会通过的农民运动议决案,要求在"农民的政治觉悟及其政治生活上的地位,必是一天一天地发展,将成为民族解放运动中之主要势力"的情况下,党应该"取得农民运动的指导权"。决议中提出了限定最高租额,限制高利贷盘剥,每月利息最高不超过二分五厘等要求。[③] 这时的中国共产党在共产国际的指导下,认识到农民运动的重要性,虽然提出的农民运动目标尚不具备现实操作性,但这些规定对党的过渡性土地政策在实践中的实现及其具体化有着一定推动作用。

北伐军出师后势如破竹使两湖的农民深受鼓舞,几乎在一夜之间两湖农民运动迅猛开展起来。这年10月共产国际代表维经斯基在给共产国际的电报中要求"不害怕发动农民斗争",为了防止资产阶级抢夺革命的胜利果实,必须"使革命民主群众联合起来反对地主和豪绅"。[④] 在北伐进展顺利,农民运动风起云涌的情况下,革命的形势发展迫切需要中国共产党

---

① 《关于农民运动之决议案》,载中央档案馆编《中共中央文件选集》(第1册),中共中央党校出版社1989年版,第362页。
② 《告农民书》,载《中共中央文件选集》(第1册),第509—513页。
③ 《农民运动决议案》,载《中共中央文件选集》(第2册),第207页。
④ 《维经斯基给共产国际执行委员会的电报》,载《联共(布)、共产国际与中国国民革命运动(1926—1927)》(上),第589页。

积极参与其中。陈独秀致信各级党部,大声疾呼"党到农民中去!"但是,国共党内合作这一形式本身,使得陈独秀不得不思考农民运动如何开展的问题,因为要维持统一战线,就"要求对阶级斗争,特别是农村阶级斗争进行约束"。不要说中派或所谓新右派蒋介石,"武装、土地及农村政权等要求,左派(也)未必充分容许,我们和左派的联盟将来会因此分裂"。他们注意到,目前情况下"正确地排列我们的要求,现在提什么,以后提什么",是"发展农民运动但同时又不破坏与国民党的统一战线"的关键。[①] 1926年10月中央第二次扩大会议对于广东农民运动议决案要求"须用煽动宣传建议于农民要求政府去实施,以和平的手段合法的手续出之"。在国民党右派仇视农会,左派对于农民运动处于动摇的情况下,中央坚持的方针是"尽量设法接近左派,对他们解释种种误会,使他们谅解",一旦农民运动与国民党发生冲突和纠纷,则"可以在两不相妨害的条件之下,合他们和平解决,或在必要时对他们表示让步"。[②] 很明显,尽管中国共产党意识到革命形势要求中共参与领导农民运动的必要性,但是由于从维护统一战线的目标出发,中共对领导农民运动心存顾忌。

但现实革命形势的发展是不以人的意志为转移的,农民运动已经起来,不提出革命性的要求似难满足农民的愿望。因此,1926年11月初,考虑到当时两湖地区的革命形势,陈独秀提出的,并且得到维经斯基和远东局通过的关于农民政纲的草案,还是包括了建立乡村农民政权、武装农民和没收大地主、军阀、劣绅及国家、宗祠的土地给农民等相当革命的内容。如何既维持统一战线,又能发展农民运动,中共中央和共产国际代表这时显然都难以找到两全其美之策。陈独秀和彭述之在远东局和中共中央联席会议上,在现实面前不得不承认"在农民问题上同国民党的关系问题是很复杂的",认为既然"现在我们无论如何必须保持同国民党左派的联盟",那么就"应当号召农民加入国民党队伍,以防止左派向右转,并给以力量来同右派进行斗争"。试图以农民的力量来充实左派力量。陈独秀还认为"从同帝国主义作斗争的角度来说,越是左,无产阶级和农民在其斗争中就越是孤立"。[③] 应该说这个判断还是比较符合当时的客观事实的。

---

① 参见黄君录《共产国际与中国农民运动(1921—1927)》,第27页。
② 《对于广东农民运动议决案》,载《中共中央文件选集》(第2册),第238—258页。
③ 《陈独秀同志论农民问题》,载《联共(布)、共产国际与中国国民革命运动(1926—1927)》(上),第611—612页。

但是不满足农民对土地的要求，土地革命又无法推向深入，这是困扰中国共产党的首要问题。

随着北伐战争的顺利进行，到了1926年秋冬，共产党人利用北伐军摧毁了占领区城乡各级政权的机会，成功地取得了组织和发动农民运动的领导权。农民运动越发展，共产党的声势也越大。表面上看，争夺领导权的问题正在取得积极的进展。但是，"中国共产党在同国民党结盟，确切地说，是国民党的组成部分，因此它不得不从现阶段革命利益出发，全力维护全民族统一战线来同帝国主义者和国内的军阀进行斗争。这一任务要求对阶级斗争，特别是农村阶级斗争进行某种约束，而革命的胜利本身正取决于这一斗争"。① 共产国际代表和陈独秀看得明白，力量对比距离共产党人所希望的相差甚远，为了维持民族统一战线就必须对农民运动进行约束，这也是符合斯大林指导中国革命的思想。基于这种思想，陈独秀在1926年12月中共中央汉口特别会议上所作的《政治报告》中批评了"我们党中的'左'稚病"，并且点名批评鲍罗廷于之前12月1日在南昌群众欢迎大会上的讲话精神，说"还有鲍同志以为真能解决农民问题，只有解决土地问题"。认为"目前中国大多数农民群众所争的还是减租减息，组织自由，武装自卫，反抗土豪劣绅，反抗苛捐杂税这些问题，而不是根本的土地问题，他们都还未能直接了解到这个根本问题。我们在宣传上自然可以由目前争斗的这些问题，引申到根本的土地问题。""若是马上拿农民群众还未能直接了解的土地问题做争斗口号，便是停止争斗。"而且还提到要"改善我们和国民党的关系。一切群众组织和运动，尽可能地和国民党合作，尤其要援助左派的势力发展"。② 这次会议作出的《关于政治报告决议案》肯定了陈独秀的报告，说："仲甫同志的政治报告中所指出之国民革命的联合战线各种危险倾向，都是事实。中央会议并感觉这些危险倾向对于革命前途非常严重。各种危险倾向中最主要的严重的倾向是一方面民众运动勃起之日渐向'左'，一方面军事政权对于民众运动之勃起而恐怖而日渐向右。这种'左'右倾倘继续发展下去而距离日远，会至破裂联合战线，而危及整个的国民革命运动。"③ 中共中央为此提出了各项挽救策

---

① 《维经斯基给联（布）驻共产国际执行委员会代表团的信》，载《联共（布）、共产国际与中国国民革命运动（1926—1927）》（上），第617—620页。
② 《政治报告》，载《中共中央文件选集》（第2册），第562、563、564、567页。
③ 《政治报告议决案》，载《中共中央文件选集》（第2册），第569页。

略，其中最重要的是，一方面重新提出"武力与民众相结合"的口号以推动国民党的军事政权向左，至少也不要继续更向右；另一方面改善我们和国民党的关系，以防止我们过于向"左"。① 在 12 月中央政治局与维经斯基、鲍罗廷联席会议所通过的《政治问题议决案》中也提出："共产党和国民党左派应增对于农民运动之指导，应站在具体的农民政纲（最近国民党联席会议所决定的关于农民问题决议案）之上，向政府（尤在军事领袖）要求帮助农民斗争。目前共产党的重要政策，即日益发展及组织农民运动，使农会成为乡村中向土豪劣绅地主争斗之中心，而不能和国民政府发生冲突。"②

湖南、湖北等地农民对北伐战争的支持赢得了军队对农民运动的好感，而且这一时期农民运动的口号基本上没有超出"减租减息"的要求，因而农民运动与北伐军之间尚不存在尖锐的矛盾冲突，各地农民协会得到较快的发展。在农民运动蓬勃发展的形势下，中国共产党开始积极支持农民运动的发展，并积极为开展土地革命作准备。而陈独秀在中共四届三中全会要求共产党人退出国民党，独立领导工农运动的提案被共产国际代表否决后，为了执行共产国际维持统一战线的既定方针，开始转向认为对农民运动应该加以约束，认为开展土地革命还不到时候，只是想通过妥协退让，通过约束农民运动来维持统一战线。诚然，农民运动中的"左"倾现象固然需要反对，但共产国际和陈独秀的退让策略只能束缚群众的手脚，影响革命力量的发展。

2. 武汉政府时期中国共产党关于农民运动的策略

（1）农民运动的"过火"与中共的纠"左"努力。北伐使两湖的农民运动风起云涌。以湖南为例，到 1926 年底，已有七十多个县建立了农民协会，有组织的农民发展到五十余万人。③ 湖南农民在支援国民革命军北伐的过程中，表现出了高度的热情。就连十分害怕工人运动的蒋介石，这时也明确主张乡村农运应当发展。④ 故军事行动一结束，湖南农民就以同样的热情投身到建立农民协会、组织农民自卫军和打倒贪官污吏、土豪

---

① 《政治报告议决案》，载《中共中央文件选集》（第 2 册），第 569 页。

② 《政治问题议决案》，载《中共中央文件选集》（第 2 册），第 588 页。

③ 《两大会联席会之第六日》，载湖南省博物馆编《湖南全省第一次工农代表大会日刊》，湖南人民出版社 1979 年版，第 186 页。

④ 《政治报告》，载《中共中央文件选集》（第 2 册），第 562 页。

劣绅,以改造乡村政权的斗争中去了。而由于湖南各地县政府多半未经改造,且团防仍掌握在旧势力手中,因此,各地农民一旦起来,往往不免会与掌握团防的豪绅地主及当地官厅发生冲突。"打倒土豪劣绅已成普遍口号,捉了送省政府的,送县政府的,捉了戴高帽游乡的层出不穷。"① 甚至"有直接击毙或处罚土豪劣绅的,有逼迫县长执行枪决的,有向县署提出要求,县署办不到,动辄聚众包围县署的"。② 故运动伊始,就出现了华容民众打死土豪、资兴县部驱逐知事、茶陵拘警所所长游街等轰动全省的事件,各地乡村迅速陷入一种无政府的状态。③

1926年11月底,斯大林和共产国际执委会鲜明地提出了"土地革命"的方针,断言中国革命已经发展到必须要提出土地问题的阶段。因此,按照鲍罗廷等人的看法,湖南农民革命其实还不够激烈。他公开告诫武汉国民党人:对以中小地主为代表的中国反革命的社会基础,绝不能取温情主义。他说:因为军阀及其军队阻碍革命,我们从广东到武昌的路上杀了很多,可是对于农村里那些剥削农民,同样阻碍革命的大人先生们,我们拿一个指头去碰一碰他们都不敢。"公道与正义何在?"他明确主张:"对于剥削农民的用刺刀去刺死他,刺死反革命的基础,如像刺吴佩孚的军队一样。这样国民党才不至于落后。"④ 他甚至提出,要在农村发动更激烈的革命行动,就要不惜用痞子流氓来做先锋。

共产国际七大的指示和鲍罗廷的说法,对中国共产党和武汉国民党产生了一些刺激和影响。共产党和武汉国民党对农民运动采取了比较宽容和支持的态度。在此仅以国民党为例,1927年2月,邓演达、孙科等均纷纷表态,或赞扬当今农民"在乡村中从事打倒反革命的土豪劣绅,为国民政府除去心腹之患,并且为将来民主社会的建设奠定了一个坚固的基础";

---

① 《湖南农民要求乡村政权之迫切》,《汉口民国日报》1927年1月25日,第1张新闻第2页。
② 初民:《什么是农民运动目前实际需要的政纲》,《汉口民国日报》1927年3月7日,第1张新闻第1页。
③ 转见杨奎松《武汉国民党的"联共"与"分共"》,《近代史研究》2007年第3期。
④ 《鲍顾问在省党部第四次代表大会之演说》,《汉口民国日报》1927年1月8日,第2张新闻第4页;《鲍顾问在湖北省党部第四次代表大会上之演说辞》,《汉口民国日报》1927年1月23日,第1张新闻第1页。

第六章　共产国际对武汉国民政府工农运动政策和策略的影响　　305

或宣传必须要解决土地问题，才能真正解放农民，最终成就国民革命。①宣称：如果因为要实现最近政纲中的要求不得不围县署，杀土豪，根本说不上是什么"暴动"或"反常"。②他们甚至公开演讲称：农民兄弟"多打一个土豪劣绅，就是多做了一件革命工作"。③以甘乃光为部长的国民党中央执委会农民部，也发表宣传大纲，一面批驳农会是所谓土匪，农民运动是所谓痞子运动的说法，一面主张：第一，要解决农民的痛苦，必须实行"耕者有其田"；第二，"土豪劣绅贪官污吏和种种反革命势力不能够用和平的方法打倒，我们要用我们的锄头镰刀爽爽快快地把他们压服下来。"④而唐生智等湖南省的国民党领导人，这时甚至还异口同声地赞同鲍罗廷关于"痞子流氓做先锋"的观点，不仅称农民杀土豪劣绅十个有九个是准的，而且称现在许多人怀疑农运，指为堕农运动，实际上"农民受压迫过久，稳健分子不易起来，是要痞子流氓做先锋，真正农民才得起来。专靠做农运的几个人，是不成功的"。⑤武汉国民党表态支持农民运动，一方面因为农民运动对北伐的支持心存好感且农民运动与北伐军之间不存在尖锐的矛盾冲突，另一方面出于拉拢人心反对蒋介石的需要。但无论其主观愿望如何，客观上推动了农民运动的"左"倾发展。

　　有了中国共产党的领导和武汉国民党的支持，农民运动发展"过火"自然就无法避免了。当时作为全国农民运动的中心——湖南已经喊出"有土皆豪，无绅不劣"的过激口号，大搞贫农专政，"法律由心，刑戮在口"，不仅随意捕杀，而且罚款、游街、吃大户、毁庙宇、打菩萨、拆菩萨、拆祠堂、禁养猪鸭、强迫妇女剪发、逼寡妇改嫁，甚至阻禁谷米出境、截扣军粮、抗捐抗税、捣毁税局厘局，一时间形成"为所欲为，一切反常，竟在乡村造成恐怖现象"。⑥有的地方农民已经自行夺取地主土地

---

① 孙科：《国民革命中之农民运动——为湖北省农民协会第一次全省代表大会作》，《汉口民国日报》1927年3月6日，第1张新闻第1页；邓演达：《现在大家应该注意的是什么？》，《汉口民国日报》1927年2月18日，第1张新闻第1页。

② 初民：《什么是农民运动目前实际需要的政纲》，《汉口民国日报》1927年3月7日，第1张新闻第1页。

③ 《湖北农运之困难及最近策略》，《汉口民国日报》1927年6月10日，第2张新闻第3页。

④ 中国国民党中央执行委员会农民部：《总理逝世两周年纪念对农民宣传大纲》，《汉口民国日报》1927年3月7日，第2张新闻第1页。

⑤ 《省农民协会昨日欢迎顾问纪事》，长沙《大公报》1927年2月22日，第7版。

⑥ 转引自杨奎松《陈独秀与共产国际》，《近代史研究》1999年第2期。

了，就连农民协会也控制不了这种夺地行动。不少地方成立区乡土地委员会，用插标占田等方式直接动手分配土地。甚至当时党的领导人李立三的父亲即使带来李立三担保自己不会有反对农协的态度和行为的亲笔信，还是没有逃脱被本乡农协"乱干"掉了的命运。① 除了上述原因外，没有明确的政策和有相当经验的干部，中共中央没有也不可能对如火如荼的农民运动真正进行约束。农民运动的无政府状态是农运"过火"的重要原因。例如被国民党中央政治委员会明确否决未能通过的解决土地问题决议案，"居然在五月中旬的《长沙日报》中由国共两党联席会议宣布了"②。毛泽东承认，湖南之所以会发生这种现象，根本在于不少地方的农民协会是在哥老会的把持下，完全不听指挥，不仅侵犯军人家属，截扣士兵寄回家的钱，而且连自耕农的土地也要平分。③

农民运动"过火"使国民革命赖以依存的统一战线内部呈现出严重危机。陈独秀虽初遇这类问题，无经验及政策可循，却已经意识到必须对工农运动加以适当引导，并限制其"过火"行为。为此，他专门召集了中央特别会议，主张"在工农群众实际斗争中勿存幻想（如手工业工人过高要求，工人纠察队执行一部分政权实行耕地农有等），以防止我们过于向左"。④ 会后，陈独秀本人直接找中共湖南区委书记谈话，指令他一定要制止农民运动的过火行动，省农民协会根据中共湖南区委的意见发出布告，规定乡农协执行委员会，须绝对是耕田的农民，专营手工业或体力劳动者亦可，其他分子，尤其地痞、流氓应严加淘汰。1927 年 1 月 16 日，中共湖南区委又发出《关于阻禁平粜问题的通告》，列举阻禁粜的危险。⑤

当然，一方面想要靠民众运动的规模与国民党右派抗衡，另一方面又没有明确的政策和有相当经验的干部，中国共产党的纠"左"自然无法取得预期的效果。这时由农民运动的发展所带来的问题，已经不仅仅是引起农村中地主豪绅的恐慌，而且已经直接刺激了与农村、与土地存在千丝万缕联系的大批军官和将领，从而使武汉国民党上层也发生了严重敌视农民

---

① 《我的回忆》（第 2 册），第 208 页。
② 《中国国民党第一、二次全国代表大会会议史料》（上），第 1233 页。
③ 参见毛泽东在土地委员会及军事委员会上的发言《湖南农民运动资料选编》，人民出版社 1988 年版，第 689 页。
④ 《政治报告议决案》，载《中共中央文件选集》（第 2 册），第 569—570 页。
⑤ 参见何东等《中国共产党土地改革史》，中国国际广播出版社 1993 年版，第 108 页。

运动的情绪。据陈独秀说,4月上旬他赶到武汉,"第一次会见汪精卫,即听到他一些有反动倾向的言论,和上海谈话时大两样"。①

在共产国际指示中国共产党必须留在国民党内、统一战线不准破裂,以及武汉国民党对农民运动不断指责,加上武汉国民政府革命形势日益危急的情况下,中共继续采取措施规范农民运动。1927年6月1日中央政治局会议通过《农民运动策略大纲》,6月6日又下发《中央通告农字第七号》,专门作了说明,强调纠正农民无组织行动:"自由逮捕,罚戴高帽子,游街示众,吃排家等行动,往往殃及小地主,引起军官及小地主的反动,使他们联合农村中较为富裕的分子,都在大地主政治影响之下,实行反对革命运动"。"禁米出境,勒写捐款,铲除烟草,禁止酿酒等事,足以使商业停滞,妨碍城市与乡村交通,引起中小商人之反对,更可以使政府借阻止军米妨碍税收的口实,实行压迫农民运动,以后亦当绝对停止"。"反对旧礼教、拜祖教及一切迷信菩萨等束缚农民的恶俗,改革男女关系的运动等,自然都有进行的必要,但是这些都是文化运动,只能用宣传而不能用鼓动方法,更不能用强迫方法"。② 6月14日又发出《中央通告农字第八号》,根据上述政治局农运策略决议案的原则,对全国农运策略就十个问题,作了进一步说明。

(2)中共内部关于农民运动策略的意见分歧。共产国际执委会第七次全会确立中国走非资本主义发展道路即社会主义发展道路的战略方针后,根据这一战略方针所确定的策略就是如何把国民革命统一战线同农民土地革命结合起来。共产国际、联共(布)中央在其关于中国革命具体问题的决议中,总的来说都是以共产国际执委会第七次全会通过的总的政治方针为出发点的,同时随着国民革命运动中危机的日益迫近,给共产国际驻华代表和中国共产党人下达的指示越来越具有激进的性质。而且始终不变的是,试图把两个相互排斥的任务结合起来完成。这两个任务就是:如何能把共产党人与国民党的党内合作形式的国民革命统一战线保持下去,同时又大力促进工农群众运动的高涨。中国农民问题本身所具有的复杂性以及在共产国际执委会第七次全会所确定相互矛盾的决议的作用下,中共领导

---

① 陈独秀:《告全党同志书》,载《联共(布)、共产国际与中国国民革命运动》(第6卷),第354页。

② 《中央通告农字第七号——纠正农民无组织行动》,载《中共中央文件选集》(第3册),第174—175页。

人在对待农民运动和土地问题的策略上出现了分歧。

当时作为中共党中央总书记的陈独秀对共产国际决议中的激进要求从一开始就略感困惑。尤其是诸如土地国有（没收土地）之类的口号，他早就表示过不同意见，认为"土地国有化的口号农民不喜欢。农民拥护将土地划归他们所有"。① 到了武汉之后，陈独秀通过对武汉地区农民运动的实际开展以及国民党对农民运动的具体看法的了解，对共产国际决议中的激进措施，更加产生了怀疑。他明确地讲："共产国际的提纲原则上是正确的，但实际运用却很难，需要时间。"比如在农村，就"不能为了削弱反动派的基础来加剧农村的阶级斗争"。② 但是农民运动已经起来，不解决土地问题就无法满足农民的要求。对此陈独秀也很清楚，农民运动的兴起和发展最终都要从土地问题的解决中找到答案，而土地革命任务的完成如果得不到军队的支持是无法想象的。这时在北伐军中，只有极少数军队是共产党员起主要作用的。蒋介石、唐生智、冯玉祥等大多数军队的军官包括中下级军官甚至不少士兵，多出身于地主富农，对农民运动和土地革命是持反对态度的。要依靠拉拢这批军队完成北伐的任务，势必要在土地革命中作出让步。

在莫斯科一再严令下，国共产党必须留在国民党内，统一战线绝不能破裂，土地革命的开展只能在武汉政府的领导下进行。在鲍罗廷的支持下陈独秀在是否发动土地革命，还是维护民族统一战线之间作出了选择，即为了维护同国民党的民族统一战线，选择了向国民党妥协放弃土地革命，于是才有了上述中共中央的一系列纠"左"的努力。

当时以毛泽东、瞿秋白、蔡和森为代表的早期共产党人对陈独秀的主张表现出"抵制"的态度。这一派主张彻底解决农民土地问题，以推动农民运动的进一步开展。毛泽东在农民运动问题上坚决反对陈独秀的退让主张，他在后来给斯诺的谈话中回忆说："大致在这个时候，我开始不同意陈独秀的右倾错误，我们逐渐地分道扬镳了，虽然我们之间的斗争直到一

---

① 《陈独秀和彭述之在共产国际执行委员会远东局和中共中央执行委员会委员联席会议上的发言记录》，载《联共（布）、共产国际与中国国民革命运动（1926—1927）》（上），第611页。

② 《罗易给共产国际执行委员会的电报》，载《联共（布）、共产国际与中国国民革命运动（1926—1927）》（下），第202—203页。

九二七年才达到高潮。"[1] 对于陈独秀在 1926 年 12 月汉口中央特别会议所提出的"实行耕地农有"的过左口号，瞿秋白表示了截然相反的意见："如今'平均地权'不够了，要'耕地农有'！所谓'耕地农有'，就是谁耕田（佃农），谁便享有这些田地"，"这一口号是直接行向土地国有的第一步"。[2] 1927 年 4 月，瞿秋白在为《湖南农民运动考察报告》单行本写的序言中，提出"中国农民要的是政权是土地"，中国革命都要代表农民说话做事，到农村去奋斗。在中共五大后，为贯彻五大决议，进一步推动土地问题的解决，瞿秋白著文《农民政权与土地革命》指出，"实际上农民，尤其一般贫农（自耕农、佃农），是受缺少田地的痛苦"，"耕地农有的要求，是中国革命客观上的结论"，"要推翻帝国主义军阀对于中国的统治和剥削，便必须彻底改变现存的土地制度，为此，亦就更加要彻底扫除封建宗法式的土豪乡绅在农村中的政权"，即"中国国民革命应当以土地革命为中枢。中国没有土地革命，便决不能铲除帝国主义之统治和剥削的根基"。[3]

北伐开始后不久，湖南农民运动很快就成为全国农运的中心。时任中共中央农民委员会书记的毛泽东十分关注农民运动的发展。在 1926 年底中央汉口特别会议上，毛泽东就与陈独秀唱反调，明确赞成湖南区委提出的应当解决农民土地问题的主张，但毛泽东并非对当时的形势没有一个清醒的认识。他也深知，在土地问题上一味采取强硬的进攻策略必不被国民党所容，所以他在 12 月 20 日湖南省第一次农民代表大会上虽然认为"国民革命的中心问题，就是农民问题，一切都要靠农民问题的解决"。

1927 年 1 月，毛泽东去湖南实地考察农民运动，深为农民自发的造反行动所鼓舞。20 日在湖南全省第一次工农代表大会讲演时，由于尚未接到共产国际的新指示，他还在宣传中共中央此前的农村政策的主张。强调："我们现在还不是打倒地主的时候，我们要让他一步"，现在是国民革命，"在国民革命中是打倒帝国主义军阀土豪劣绅，减少租额，减少利息，增

---

[1] ［美］埃德加·斯诺：《西行漫记》，董乐山译，生活·读书·新知三联书店 1979 年版，第 136 页。

[2] 《瞿秋白文集》（政治理论编 4），人民出版社 1993 年版，第 455 页。

[3] 同上书，第 479—580 页。

加雇农工资的时候。"① 言外之意，目前不仅未到土地革命的阶段，就是对地主，一般也要尽力团结，避免过火举动。然而一个半月后，在得知了共产国际决议和鲍罗廷的说法之后，他去湖南省几个县又进行了实地考察，观点即发生了根本性的改变。随后撰写了《湖南农民运动考察报告》，在报告中他不仅极力称赞农村中那些"踏烂鞋皮的、挟烂伞的、打闲的、穿绿长褂子的、赌钱打牌四业不居的"出来做"革命先锋"，而且肯定了"有土必豪，无绅不劣"的观点，支持"将地主打翻在地，再踏上一只脚"。他并且倡言："革命是暴动，是一个阶级推翻一个阶级的暴烈的行动"，"每个农村都必须造成一个短时期的恐怖现象，非如此决不能镇压农村反革命派的活动，决不能打倒绅权，矫枉必须过正，不过正不能矫枉。"② 毛泽东的考察报告也迅速得到了中共中央政治局委员瞿秋白的高度重视，不仅推荐发表，而且亲自作序宣称：农民要的是政权，是土地，他们自然要触犯绅士先生和私有财产。"他们要不过分，便只有死，只有受剥削！中国农民都要动手了，湖南不过是开始罢了。"③ 毛泽东这篇为农民造反和土地革命大声叫好的《湖南农民运动考察报告》，正好符合当时共产国际的"进攻路线"，共产国际主动立即大加赞许，并从5月开始陆续在共产国际机关刊物《共产国际》的俄文版、英文版和中文版，以及《革命东方》等杂志上，广为译载介绍。④ 随后毛泽东在1927年4月19日土地委员会第一次扩大会议上的发言中明确指出解决土地问题应有一个纲领，内容包括：第一，解决土地问题的意义；第二，土地没收的标准和分配的方法，这是解决土地问题的中心问题；第三，农民以什么政权机关来没收和分配土地；第四，禁止买卖土地和土地国有问题；第五，征收地税问题。⑤ 随后从20日至24日接连出席了土地委员会三次扩大会议，毛泽东在发言中不断提出没收土地为解决土地问题的中心问题，解决土地问题"原则上是平均地权，耕者有其田，以至土地国有"。但是为适应农民迫切要求使联合战线不受危害，在步骤上分为两步，第一步实行"政治的没

---

① 《湖南省全省第一次工农代表大会日刊》，第339—340页。
② 《战士》1927年第35—36期合刊；《毛泽东选集》（第1卷），人民出版社1991年版，第23页。
③ 《瞿秋白文集》（政治理论编4），第572页。
④ 杨奎松：《毛泽东与莫斯科的恩恩怨怨》，江西人民出版社1999年版，第13页。
⑤ 《毛泽东文集》（第1卷），人民出版社1993年版，第42页。

收",第二步实行"经济的没收",在谈到土地制度和佃农问题,毛泽东说:现在只有用"土地公有"的口号,不能用"国有"的口号。① 出于斗争策略的考虑提出"要没收全部出租的土地""进而彻底消灭土地私有制"。②

中国共产党内部关于农民运动策略的意见分歧,说到底是由于中共领导人对共产国际的指示理解不同造成的,包括陈独秀、毛泽东、彭述之等在内的中国共产党人,基本上是站在各自对中国革命现实的理解上,对共产国际"七大"相互矛盾的决议精神各取所需。张国焘在其回忆录中说得很明白:"中共内部在这个问题并不在农民斗争应采取激进或缓进方式的问题,而是农民运动发动后如何维系国共合作的问题。"③ 从毛泽东的文章和发言中我们可以看出,毛泽东在农民运动和土地问题上所采取的策略较之陈独秀激进许多是事实,但并不必然就得出毛泽东作为陈独秀的反对派就已经跳出了共产国际执委会第七次全会所圈定的保持与国民党的统一战线这个框框的结论。事实上,陈独秀也罢,毛泽东、瞿秋白也罢,虽然都曾对共产国际当时这一矛盾的决议表示过怀疑、困惑,但是在共产国际屡次强调甚至对反对意见强行打压之下,共产党人在革命实践中基本上还是保持了与共产国际的一致。大家都在贯彻共产国际的指示精神,只不过是根据实际斗争的需要和对中国革命途径、策略等问题的认识角度不同,对于相互排斥的两个任务强调的侧重点有所不同,各取所需而已。陈独秀是把坚持与国民党的合作放在第一位,在这个前提下就必然要在农民运动和土地革命问题上作出妥协让步。毛泽东、瞿秋白等人是把放手发动农民运动,开展土地革命摆在首位,在这个前提下对反对这一方针的国民党取进攻态势,但还不是从根本上否定国共合作这一策略。④ 事实上,不管当时中共的意见分歧如何,只要仍遵循共产国际所拟定的策略行事,不对这一策略本身提出质疑、挑战和根本否定的话,中国大革命的失败也是命中注定的。

---

① 《毛泽东年谱》(一八九三——一九四九)(上卷),第195—196页。
② 同上书,第193—194页。
③ 《我的回忆》(第2卷),第208页。
④ 参见黄君录《共产国际与中国农民运动(1921—1927)》,第38页。

(三) 共产国际"五月指示"与农民运动的失败

蒋介石发动"四·一二"政变之后,开始在其控制区宣布"清党"。与此同时,在广东、四川、湖北等地反革命分子开始阴谋以武力推翻武汉政权。中外反动势力互相勾结,企图从政治、经济、外交等方面摧毁武汉政权,中国革命形势出现逆转。共产国际发现这一情况之后,向中国发来了挽救中国革命的"五月指示",其中重要的内容就是要求中共发动农民起义,但是由于这一指示根本不具备执行的可能性,中国农民运动遭到了失败。

1. 中国革命形势的逆转与共产国际"五月指示"的出台

"四·一二"政变后,蒋介石宣布开始"清党",于是大规模清洗共产党的活动同时在南京、苏州、杭州、福州,特别在广州激烈进行。从4月12日起仅仅在一个月内上海就有二百多名共产党员被捕,其中一百多名被杀。[1] 当时以陈独秀为代表的中共中央的一些同志曾提出过发动向蒋介石进攻的问题,但遭到了共产国际代表的拒绝。陈独秀说:"当时由述之亲到汉口向国际代表及中共中央多数负责同志陈述意见和决定进攻蒋介石的计划。那时他们对上海事变都不甚满意,连电催我到武汉,他们以为国民政府在武汉,一切国家大事都该集中在武汉谋解决。"[2] 在共产国际指导下,中共中央很快放弃了上海、南京等蒋介石统治地区的斗争。

1927年4月27日至5月10日,在由共产国际代表罗易等指导下召开的中共五大上,通过了《土地问题议决案》,认为:"中国民众欲达到打倒军阀及帝国主义的目的","基本的条件就是肃清农村中封建势力的残余及宗法社会式的政权","急剧的变更土地所有制度,是国民革命中唯一的原则";"中国共产党第五次大会以为必须要在平均享用地权的原则之下,彻底将土地再行分配,方能使土地问题解决,欲实现此步骤必须土地国有"。[3] 大会制定了国民革命中的农民政纲,对如何解决农民土地问题作了尤为详细的分析:"没收一切所谓公有的田地以及祠堂、学校、寺庙、外

---

[1] 《沪枪决共产党近百人》,《晨报》1927年5月16日;《当前中国纪事》,东京1962年(微型胶卷),1927年5月号,第215—216页。

[2] 《陈独秀告全党同志书》,载《联共(布)、共产国际与中国革命文献资料选辑(1926—1927)》(下),第363页。

[3] 《土地问题议决案》,载《中共中央文件选集》(第3册),第64—66页。

国教堂及农业公司的土地,交诸耕种的农民。""无代价的没收地主租与农民的土地,经过土地委员会,将此等土地交诸耕种的农民。""耕种已没收的土地之农民,除缴纳累进的地税于政府外,不纳任何杂税"。这一政纲的出台,说明相当一部分共产党人已充分认识到彻底解决农民土地问题的必要性,认识到现阶段党的主要任务是土地问题的解决,这与前期主张的减租减息有着本质的区别,标志着共产党人对土地问题认识的深化。

然而,此时革命前途发展至为关键的问题是如何去实行土地革命,即是在保持同武汉政府合作的框架下去实行还是先推翻国民党政府然后放手单干。对此鲍罗廷和罗易各执一端,相持不下。鲍罗廷主张密切同武汉政府的联系,而在土地革命上让步,罗易主张土地革命,而不同意迁就武汉政府。这时,陈独秀明确表示支持鲍罗廷的观点,倾向采取暂时退却,向国民党让步的政策。他认为在相当时期内,我们必须保持中间路线,无产阶级必须对小资产阶级让步,即使没收大、中地主的土地,也要待北伐进一步推进,使农民运动进一步扩展之后再进行,即需要按照革命展开的程度来逐步加深革命。但问题的关键是,自1926年12月以来中共一直在做这种努力,但是收效甚微。在共产党一无军队,二无政权,三无经验,四缺干部的情况下,"共产党能否控制工人群众和自己的省级组织?""共产党能控制武汉无产阶级和湖南农民吗?"[1] 这是中国共产党面临的主要问题。然而,共产国际根本无视中共的种种困难,甚至对中共中央上报的只没收大地主土地的方案都不十分赞成,电令鲍罗廷、罗易、陈独秀把革命进一步向左推进。要求必须"在共产党的积极参与下由农民实际没收土地","舍此便不可能开展土地革命"。同时要求他们"现在就应开始组建8个或10个由革命的农民和工人组成的,拥有绝对可靠的指挥人员的师团","不得拖延"。[2]

莫斯科的指示显然超出了中国共产党实际能力所能达到的范围。自北伐以来,中共党员发展速度虽快,但新加入的大批基层党员本来就缺少有关理论和政策方面的知识,再加上中央与地方工作衔接不易,下级各行其是,普通党员鲜有训练,一些工会、农会又受地方帮会的把持,中央连武

---

[1] 《联共(布)中央政治局会议第101号(特字第79号)》,载《联共(布)、共产国际与中国国民革命运动(1926—1927)》(下),第245—247页。

[2] 《中共中央政治局和共产国际执行委员会代表联席会议记录》,载《联共(布)、共产国际与中国国民革命运动(1926—1927)》(下),第248—249页。

汉地区的罢工示威都无从约束，更不要谈去控制武汉以外的农民运动了。按照共产国际的要求，由共产党建立自己几个师的军队，而不是在国民党的旗帜下往部队塞进一些士兵和军官，需要武器等物资的供应和可靠的军官，同时还需要相当的时间，更需要武汉政府的支持。显然所有这些条件中共都不具备，又何谈执行？

5月21日，长沙驻军许克祥部发动事变，查封了工会、农会，解散了工人纠察队，并通电斥责工农运动，史称"马日事变"。事变一发生，湖南湘潭等十几个县市的驻军和地主，都纷纷开始向当地的共产党人和工会、农会反攻倒算。27日，许克祥等在长沙成立了"中国国民党湖南救党委员会"，通令各级党部及民众团体一律改组。武汉国民政府因此迅速失去了对湖南大部分地区的管辖权。

围绕对"马日事变"的处理，共产国际代表之间、中共领导人之间出现了分歧。鲍罗廷、陈独秀认为"马日事变"的发生是由于农民运动过火引起的，因此主张以制止湖南工农过火行为的名义前往长沙进行和平调解。陈独秀指出在目前情况下，"假如我们想同国民党和小资产阶级合作的话，问题主要在农民"。因为第二军、第八军、第三十五军、第三十六军都是湖南的军队，军官们几乎每天都会收到来自家乡的坏消息，什么家属被农民协会戴高帽游乡，土地被没收，父亲被逮捕，如此等等。整个湖南现在出现了两个极端，一方面是将军们要镇压农民运动，另一方面是农民们想要平分土地，而且还不限于此，还想平分一切。为此，我们现在需要让步，但我们不能说我们不没收小地主和革命军官的土地，是让步政策；不能说我们不赞成分配不动产、房屋等，是让步政策。"纠正幼稚的行为和过火行动，这不是让步政策，必须坚决这样做。"我们所说的让步，是指目前情况下暂时不提出土地问题。这样做的目的，说到底是为了有时间逐步"准备我们自己的军事力量"，以便对付那些不可靠的将军，"有朝一日把他们打倒"。鲍罗廷也明确讲，如果我们不准备明天就转入地下，就必须在群众运动的问题上有组织地实行退却，而不是继续进攻。① 罗易却强烈主张武装农民，组织反击，主张共产党人应当鼓励和发展这些"过

---

① Robert C. North and Xenia J. Eudin, M.N. *Roy's Mission to China*, Document 5, University California Press, 1963, pp.290-312.

火"行为,而不是去"纠正"它们。①

"马日事变"的消息传到莫斯科,在共产国际"八大"会上引起了强烈的反响。联共(布)中央政治局召开紧急会议,制订了挽救中国革命的"五月指示":"不进行土地革命就不可能取得胜利。不进行土地革命,国民党中央就会变成不可靠将领中的可怜的玩物。必须同过火行为作斗争,但不能用军队,而要通过农会。""对手工业者、商人和小地主作出让步是必要的,同这些阶层联合是必要的。只应没收大、中地主的土地。不要触及军官和士兵的土地。如果形势需要,暂时可以不没收中地主的土地。""应从下面多吸收一些新的工农领导人加入国民党中央。他们的大胆意见会使老头们坚决起来,或者使他们变成废物。""必须消除对不可靠将军的依赖性。要动员两万共产党员,再加上来自湖南、湖北的五万革命工农,组建几个新军,要利用军校学员做指挥人员,组建自己可靠的军队。""要成立以著名国民党人和非共产党人为首的革命军事法庭,惩办和蒋介石保持联系或唆使士兵迫害人民、迫害工农的军官。不能只是说服教育。到采取行动的时候了。"② 这个指示一方面坚持要中国共产党深入土地革命,但另一方面又继续强调武汉政府是中国革命运动的中心,中国共产党要努力同国民党继续保持统一战线。

2. "五月指示"的自身相互矛盾与农民运动的失败

莫斯科发往中国的"五月指示"显然是自相矛盾的。指示在肯定了工农运动存在"过火"的问题的前提下,赞成在争取中小地主和中小资产阶级方面采取让步政策,约束过火行为。其中心旨意仍是一厢情愿地幻想在不破裂两党关系的情况下,能够马上组织自己的军队,改组国民党中央,依靠汪精卫等个别真正的左派国民党人,搞土地革命,使武汉政府革命化。事实上汪精卫及国民党左派是害怕和反对土地革命的,而武汉政府的命运也是操纵在新军阀手里。所以,指望汪精卫和武汉政府去改造军队,发动土地革命是根本不可能的。

在"五月指示"传到中国的时候,武汉政府的局势继续恶化,发生了江西朱培德借口"制止过火的工农运动",礼送共产党员出境,并查封工

---

① 《罗易就中国形势给共产国际执行委员会政治书记处和斯大林的书面报告》,载《联共(布)、共产国际与中国国民革命运动(1926—1927)》(下),第282页。

② 《1927年5月30日征询政治局委员意见》,载《联共(布)、共产国际与中国国民革命运动(1926—1927)》(下),第298—299页。

会和农会的严重情况。在讨论莫斯科来电的专门会议上,陈独秀意识到指示是自相矛盾的,根本无法执行。他说:"电报表明,莫斯科不了解中国的实际情况。自成立(农民)部以来,局势非常严重,多数国民党领导人摇摆不定,他们不想听有关土地革命的任何意见。"国民党人曾经表示赞同解决土地问题的意向,但是,"农民运动引起的过火行为(破坏了)同地主、绅士和军官的统一战线。过火行为也妨碍了土地问题的解决"。"应当先纠正过火行为,然后采取解决土地问题的进攻性措施"。他同时批评指示的另三项内容称:"共产国际建议由工农领导人来加强国民党的领导。国民党的领导是在党的代表大会上选举产生的,现在我们怎么能改变它呢?""由工农组成新的军队当然很好,但存在一些困难",在承认国民政府的情况下,"我们没有可能建立自己的(武装)力量"。"组建革命法庭实际上是不可行的"。总之,"我们衷心赞同指示,但问题是我们党未必能够贯彻执行"。①

6月15日,根据中共中央政治局讨论的结果,陈独秀致电共产国际,说明了解决土地问题受阻的主要原因:不是中共中央怀疑土地革命的方针,而是因为"农民运动在湖南发展得特别迅速。国民革命军百分之九十是湖南人,整个军队对农民行动的过火行为都抱有敌意","这些过火行为迫使出身于中小地主阶级的军人与土豪劣绅结成反共反农民的联合战线。那些家里受到冲击的军人,更是愤怒","在这种情况下,不仅是国民党,就是共产党也必须采取让步政策。必须纠正过火行为,节制没收土地的行动",否则我们就难免要同国民党人分裂。而在目前条件下,在我们还没有建立起自己的军事力量的情况下,有必要吸引住他们的左翼领导人,并且与国民革命军的将领们保持良好关系。② 陈独秀这时很清楚:"在最近的将来,继续留在国民党内在客观上大概是不可能的。"但他一方面深知共产国际、莫斯科不会同意退出国民党,另一方面深知力量对比相差太远,因此左右为难,进退失据,虽不断抱怨"武汉国民党乃跟着蒋介石走,我们若不改变政策,也同样是走上蒋介石的道路了",却想不出解决问题的适当办法。陈独秀这时又提退出国民党,当时党内难得取得一致的意见。当时只有任弼时说一声:"是的呀!"周恩来说:"退出国民党后工农运动

---

① 《罗易给联共(布)中央政治局的报告》,载《联共(布)、共产国际与中国国民革命运动(1926—1927)》(下),第308—309页。

② 《罗易赴华使命》,第324—325页。

是方便得多，可是军事运动大受损失了。"其余的人仍是以沉默的态度答复了他的提议。同时陈独秀和瞿秋白谈论此事，瞿秋白说："宁可让国民党开除我们，不可由自己退出。"他又和鲍罗廷商量，鲍说："你这个意见我很赞成，但是我知道莫斯科必不容许。"① 情急之际，竟同蔡和森等想出了一个在上海发动工人武装袭击租界，占领银行和工厂，引起外国干涉，转移武汉国民党和小资产阶级的注意力，从而达到暂时稳定武汉统一战线的下下策。

共产国际当然也不会满意陈独秀的态度，在6月20日给鲍罗廷和陈独秀的复电当中，尖锐地批评："你们那里实际上是不执行共产国际的决定，首先是关于土地革命、武装工农、建立可靠的武装部队和使国民党结构民主化的决定"。强调"推迟土地革命是极为有害的"。②

罗易在无法同陈独秀和鲍罗廷达成一致的情况下，想到了通过汪精卫解决问题，认为在这关键时刻凭借与汪精卫的亲密关系，应当作出努力，以期获得汪精卫的信任。所以，罗易便将共产国际的电报拱手交与汪精卫。然而，此时的汪精卫却正在同国民党右翼握手言和，欲以共产党人的鲜血作为对蒋介石的晋见礼，便抓住这个电报成了他反共的理由。结果是可想而知的。事后，罗易因此受到中共和共产国际的一致责难。据他后来为自己的过失辩解中称："虽然莫斯科没有直接给他（指汪精卫——笔者注）发电，但电报显然是为他发的，因为内容是重申他在莫斯科时对他本人许诺的保证。在一定的条件下，乞求莫斯科给予支持的这一行动计划，如果没有汪精卫的合作是无法执行的。汪精卫由于以往痛苦的经历产生了不信任感，他要求看一下莫斯科发来的电报。在那种非常需要他的信任的危急时刻，我不能冒丧失他的信任的风险而拒绝他的要求。再则，他也早已知道这个计划，并表示过同意。如果我能明确证实莫斯科必要的支持即将到来的话，他是愿意遵守诺言的。"③ 6月22日，共产国际在得知了罗易这一愚不可及的行动之后，下令把他召回了莫斯科。但是，事实证明无

---

① 参见《陈独秀告全党同志书》，载《联共（布）、共产国际与中国革命文献资料选辑（1926—1927）》（下），第354页。

② 《联共（布）中央政治局会议第112号（特字第90号）》，载《联共（布）、共产国际与中国国民革命运动（1926—1927）》（下），第349页。

③ [印度]罗易：《我在中国的经历》，载《国外中国近现代史研究》第7辑，中国社会科学出版社1985年版，第76页。

论是共产国际还是中国共产党，只要是严守莫斯科划定的维护统一战线、在武汉政府领导下开展土地革命的框框，所有挽救革命的努力都是徒劳。国共关系全面破裂已迫在眉睫，而莫斯科居然仍旧相信可以拉住汪精卫。它一方面决定给汪数百万卢布，以诱使汪不致倒向南京；另一方面去电报谆谆告诫汪说，国民党必须实行土地革命，必须同共产党联合起来，改组国民党，并从工人、农民中提拔新的领导人。

6月26日，中共中央和鲍罗廷等一同召开了最后一次中共中央政治局与共产国际执委会代表团的联席会议。从记录中可以看出，陈独秀已不胜其烦。其实，进入武汉政府时期以后，无论进攻，还是妥协，都未必能够找到改善国共关系的办法了，更何况这样不进不退，争论不休。陈独秀开门见山地说："我们有两条道路：一条是右的，一条是左的。右的一条是放弃一切，左的一条是反对一切。走这两条道路我们都将垮台。还有一条中间道路，就是把目前的状况继续下去，然而这也是不可能的。那么怎么办呢？也许可以找到第四条道路？"而他最终表明的态度其实就是：只要我们还参加国民党，我们就不能不妥协，就没有真正的独立可言。"如果我们想在政治上独立自主，我们就应当退出国民党"。①

6月底，眼见武汉政权陷入危机，国共破裂在即，莫斯科突然意识到中国革命即将遭到失败的危险。斯大林亲自给武汉国民政府、国民党领导人发电报，同时向武汉政府汇来大笔汇款，说是要通过武装工农，组建新军来"挽救革命"，为此"应该准备做出各种牺牲，我们方面准备给予一切可能的进一步的物质支援"。②但这一切来得太晚了，并且莫斯科仍旧寄希望于汪精卫，仍旧坚持共产党"必须在国民党内"，仍旧坚持要由国民党来领导革命。它给鲍罗廷和陈独秀的电报明确讲：必须"使国民党民主化并让它领导群众性革命运动"。

陈独秀已经开始为统一战线破裂后的中共做准备了。从6月中旬起，他已经在全力部署恢复湖南党组织的工作，组织农民自卫军对许克祥的"救党委员会"进行反击，展开抗租运动。然而，7月5日，陈独秀参加了

---

① 《中央常委会议记录》，转引自杨奎松《陈独秀与共产国际》，《近代史研究》1999年第2期。参见《希塔罗夫关于中共中央政治局与共产国际执行委员会代表联席会议的报告》，载《联共（布）、共产国际与中国国民革命运动（1926—1927）》（下），第357页。

② 《联共（布）中央政治局会议第113号（特字第91号）》，载《联共（布）、共产国际与中国国民革命运动（1926—1927）》（下），第365页。

最后一次中共中央政治局常委会议。鉴于"上面国际责难,下面同志非难",陈独秀开始萌生退意,他消极地向中央递交了辞职书,其主要理由:"国际一面要我们执行自己的政策,一面又不许我们退出国民党,实在没有出路,我实在不能继续工作。"[①]

共产国际的政策、策略转变开始于1927年7月上旬,那时,共产国际召回了它驻中国的首席代表罗易,解除了陈独秀的总书记职务。同时,根据共产国际指令,苏兆征、谭平山退出了武汉政府。7月10日,布哈林在苏联《真理报》上指责中共的立场:"毫无疑问,中国共产党的领导没有经受住'火的洗礼',应当毫不掩饰地指出,中国共产党的领导垮台了。"[②] 7月15日,汪精卫国民党中央决议反共,中国第一次国内革命战争,以大革命失败而宣告结束。波澜壮阔的中国农民运动陷入低潮,中国共产党开始了向武装反抗国民党和领导开展土地革命政策的转变。

---

① 《陈独秀告全党同志书》,载《联共(布)、共产国际与中国革命文献资料选辑(1926—1927)》(下),第354页。
② 《共产国际有关中国革命的文献资料1919—1928》(第一辑),第502页。

结 束 语

早在1848年，马克思和恩格斯在《共产党宣言》中就指出："共产党人到处都支持一切反对现存的社会制度和政治制度的革命运动。"[①] 列宁在十月革命之后运用和发展了马克思和恩格斯的这一思想。指出无产阶级政党要利用一切机会，来获得大量的同盟者，从而打败强大的敌人。共产国际、联共（布）帮助建立的国共合作统一战线，正是列宁有关民族和殖民地问题理论与中国社会历史条件相结合的产物。

客观地说，共产国际援助下国共合作统一战线的建立，揭开了轰轰烈烈的中国国民革命的序幕，促进了中国国民革命运动的发展。在其人员、物资等的支持下，国民政府进行了北伐，成立了带有"左"倾色彩的武汉国民政府，并指导武汉国民政府在政治、经济、军事、外交、工农运动等方面采取一系列的政策和策略，把中国大革命推向了高潮，武汉成为中国大革命的中心。这是具有历史功绩、不可磨灭的。同时，共产国际、联共（布）在指导武汉国民政府革命的过程中，对中国国民革命的理论进行了有益的探索，包括对中国革命的性质、前途、领导力量和依靠力量等。尽管由于各方面原因的限制，有些探索并不符合中国的实际情况，有的甚至是错误的，但是这些探索为中国共产党独立领导中国革命提供了宝贵的经验和教训。这些是值得肯定的。

但是，应该看到共产国际、联共（布）在指导武汉国民政府革命的过程中，由于指导思想等的偏差，致使其在指导中国革命的过程中出现了严重的错误，成为中国大革命失败的重要原因之一。仔细分析，主要表现在以下三个方面：

首先，从共产国际东方战略的内容来看，其核心是建立反帝统一战线，但是它有一个明显的缺陷，即在强调中国革命的反帝斗争的同时，忽

[①] 《马克思恩格斯选集》（第1卷），人民出版社1972年版，第284—285页。

视了中国的反封建任务。在这种战略思想的指导下,在指导武汉国民政府革命的过程中,共产国际在理论上虽然也提出一些反封建的原则要求,但更多地是强调中国革命反帝的一面,忽视了反封建的一面,甚至在蒋介石已经背叛革命的情况下,还强调利用其反帝;在具体实践中,共产国际对武汉国民政府的指导时时受到苏联利益的牵制,不能不偏重于反帝革命的现实利益,即保卫苏联国家利益,忽视了中国的长远利益。

其次,对国民党及其领导人的革命性作了过高的估计,为了达到利用他们进行反帝的目的,不惜在重大问题上对他们一再退让。共产国际将中国看成殖民地半殖民地人民反抗帝国主义的一个重要战场,在这个战场的反帝统一战线中包括一切可能利用的反帝力量,甚至包括张作霖、吴佩孚这样的封建军阀。罗易曾经对共产国际重视国民党及其领导人作了这样的解释:"共产国际在中国的任务,同在一切殖民地国家一样,是动员一切可以利用的力量进行反帝国主义的斗争。非常明显,组成反帝队伍的各阶级不可能全部动员到共产党的纲领之下。因此,必须寻找一个达到这个目的的更加广泛的基础。基此理由,共产国际在中国政策的出发点,就在于支持国民党,给以人力物力的援助,以期发展反对帝国主义的斗争。"[①] 但是,共产国际未能看清国民党对帝国主义的真实态度,对国民党及其领导人的革命性作了过高的估计,或者说以主观愿望代替了客观实际,因此,在武汉国民政府处理"迁都之争"、提高党权运动、"四·一二"事变等事件的过程中,共产国际均对国民党及其领导人一再退让。

最后,为了维持同国民党的革命统一战线,共产国际不惜压制反封建的土地革命。中国革命的中心问题是农民问题,而农民问题的中心则是土地问题。共产国际在指导武汉国民政府革命的过程中,曾提出尽快解决农民土地问题,以便将农民发动起来,为无产阶级争取广大的同盟军。但共产国际又将反封建的土地革命纲领纳入到中国的反帝统一战线之中,希望通过中国共产党的工作,促使国民政府来领导革命。但是,共产国际的想法显然是一厢情愿,因为封建土地制度彻底变革必然会触及封建地主阶级的根本利益,这是国民党内相当一部分人不愿意看到的,因此理所当然遭到了他们的强烈抵制。这些情况下,共产国际为了拉住国民党继续留在反帝统一战线之内,下令压制土地革命。甚至在大革命后期,武汉国民政府

---

① 《罗易赴华使命》,第 354 页。

已经急剧右转的情况下，共产国际一再强调土地革命必须在武汉国民政府的领导下进行。然而铁的事实证明：在维持国共统一战线的前提下解决农民土地问题是根本不可能的。

此外，在争夺中国革命的领导权、对中国革命阶段的划分等方面，共产国际存在着一系列的错误，而年幼的中国共产党因为缺乏革命斗争经验，在共产国际政策日益右倾之际未能坚持自己正确意见，失去了挽救中国大革命的机会。

总体来说，共产国际、联共（布）真诚地帮助中国革命，向武汉国民政府提供了大量的援助，对中国革命的一些基本问题进行了有益的探索，是值得肯定的。但是，由于共产国际东方理论本身存在缺陷，在实际执行过程中将反帝革命实用主义化，导致武汉国民政府在一系列重大问题上对国民党退让。为了维持统一战线，不惜压制土地革命，最终导致中国大革命的失败，从这个角度上讲，共产国际对武汉国民政府乃至中国大革命的失败负有不可推卸的责任。

参 考 文 献

一 中文参考文献

（一）文献资料

[1]《列宁选集》(第1—4卷)，人民出版社1995年版。

[2]《斯大林全集》(第7、8、9、10卷)，商务印书馆1985年版。

[3]《毛泽东选集》(第1卷)，人民出版社1991年版。

[4]《毛泽东文集》(第1卷)，人民出版社1993年版。

[5]《刘少奇选集》(上卷)，人民出版社1981年版。

[6]《周恩来选集》(上卷)，人民出版社1980年版。

[7]《陈独秀著作选》(第3卷)，上海人民出版社1993年版。

[8]《瞿秋白文集》(政治理论编4)，人民出版社1993年版。

[9]《斯大林与中山大学学生的谈话》(单行本)，人民出版社1953年版。

[10]《斯大林论中国革命的前途》(单行本)，人民出版社1953年版。

[11]《斯大林论中国革命问题》(单行本)，人民出版社1953年版。

[12] 中共中央档案馆编：《中共中央文件选集》(第1、2、3册)，中共中央党校出版社1989年版。

[13] 中共中央档案馆编：《中共中央政治报告选辑(1922—1926年)》，中共中央党校出版社1991年版。

[14] 中共中央党史研究室第一研究部译：《共产国际、联共(布)与中国革命档案资料丛书》(第1—6卷)，北京图书馆出版社1997年版、1998年版。

[15] 中国社会科学院近代史研究所编译：《共产国际有关中国革命的文献资料1919—1928》(第1辑)，中国社会科学出版社1981年版。

[16] 孙武霞等编:《共产国际与中国革命资料选辑 (1919—1924)》, 人民出版社 1985 年版。

[17] 孙武霞等编:《共产国际与中国革命资料选辑 (1924—1927)》, 人民出版社 1985 年版。

[18] 安徽大学苏联问题研究所、四川省中共党史研究会编译:《苏联 (真理报) 有关中国革命的文献资料选辑》(3 辑), 四川省社会科学院出版社 1985 年版、1986 年版、1988 年版。

[19] 张注洪、杨云若等编译:《鲍罗廷在中国的有关资料》, 中国社会科学出版社 1982 年版。

[20] 武汉地方志编纂委员会办公室:《武汉国民政府史料》, 武汉出版社 2005 年版。

[21] 郑自来、徐莉君主编:《武汉临时联席会议资料选编》, 武汉出版社 2004 年版。

[22] 武汉市档案馆编:《武汉国民政府资料选编》, 武汉出版社 1986 年版。

[23] 荣梦源主编:《中国国民党历次代表大会及中央全会资料》, 光明日报出版社 1985 年版。

[24] 中国第二历史档案馆编:《中国国民党第一、二次全国代表大会会议史料》(上、下), 江苏古籍出版社 1986 年版。

[25] 中国第二历史档案馆编:《中华民国史档案资料汇编》第 4 辑 (上), 江苏古籍出版社 1986 年版。

[26] 中共中央党史教研室编:《中国国民党党史文献资料选编》, 中共中央党校出版社 1985 年版。

[27] 中国第二历史档案馆编:《中华民国史史料长编 (民国十六年)》(上), 南京大学出版社 1993 年版。

[28] 季啸风、沈友益:《中华民国史史料外编》, 前日本末次研究所情报资料 (中文部分), 广西师范大学出版社 1997 年影印本。

[29] 中国第二历史档案馆编:《中国国民党中央执行委员会常务委员会会议录》, 广西师范大学出版社 2000 年影印本。

[30] 秦孝仪主编:《中华民国重要史料初编》, 国民党党史委员会 1981 年。

[31] 罗家伦主编:《革命文献》,"中央"文物供应社经销 1978 年影

印再版。

[32] 张其昀主编:《先总统蒋公全集》(第1册),中华文化大学出版社1984年版。

[33] 毛思诚编:《民国十五年前之蒋介石先生》(第8编),龙门书局1965年影印版。

[34] 秦孝仪总编纂:《总统蒋公大事长编初稿》(第1卷),中国国民党党史委员会1978年版。

[35] 秦孝仪总编纂:《总统蒋公思想言论总集》(卷38),《谈话》,台北供应文物社1987年版。

[36]《蒋介石言论集》(第4集),中华书局1964年校订稿。

[37] 国史馆审编处编:《蒋中正总统文物:革命文献(一)——北伐史料》,台北国史馆印行2002年版。

[38] 国史馆审编处编:《蒋中正总统文物:革命文献(二)——宁汉分裂与清党》,台北国史馆印行2002年版。

[39]《吴稚晖先生全集》(第9卷),中国国民党党史史料编纂委员会1969年版。

[40] 上海市档案馆编:《上海工人三次武装起义》,上海人民出版社1983年版。

[41] 广东省党史委编:《广东区党、团研究史料(1921—1926)》,广东人民出版社1983年版。

[42] 湖北省社会科学院历史所编:《汉口、九江收回英租界资料选编》,湖北人民出版社1982年版。

[43] 湖南省博物馆编:《湖南全省第一次工农代表大会日刊》,湖南人民出版社1979年版。

[44] 中国革命博物馆、湖南省博物馆编:《湖南农民运动资料选编》,人民出版社1988年版。

(二) 回忆录、年谱和其他史料

[1] [苏] 崔可夫:《在华使命——一个军事顾问的笔记》,万成才译,新华出版社1980年版。

[2] [苏] 达林:《中国回忆录》(1921—1927),中国社会科学院近代史研究所翻译室译,中国社会科学出版社1981年版。

[3] [苏] 亚·伊·切列潘诺夫:《中国国民革命军的北伐——一个

驻华军事顾问的札记》，中国社会科学院近代史研究所翻译室译，中国社会科学出版社1981年版。

［4］［苏］克里莫夫等：《在中国的土地上——苏联顾问回忆录（1925—1945）》，何智涛、李元吟译，中国社会科学出版社1981年版。

［5］［苏］A. B. 勃拉戈达托夫：《中国革命纪事（1925—1927）》，李辉译，生活·读书·新知三联书店1982年版。

［6］［苏］卡尔图诺娃：《加伦在中国（1924—1927）》，中国社会科学院近代史研究所翻译室译，中国社会科学出版社1983年版。

［7］［苏］维什尼亚科娃、阿基莫娃：《中国大革命见闻（1925—1927）》，中国社会科学院近代史研究所翻译室译，中国社会科学出版社1985年版。

［8］［苏］巴库林：《中国大革命武汉见闻录》，郑厚安等译，中国社会科学出版社1985年版。

［9］［苏］A. B. 勃拉戈达托夫：《中国革命札记（1925—1927）》，张开译，新华出版社1985年版。

［10］中国社会科学院近代史研究所翻译室译：《苏联顾问在中国（1923—1927）》，中国社会科学出版社1980年版。

［11］郭廷以：《中华民国史事日志》（2册），台北"中研院"近代史研究所1984年版。

［12］杨彦君主编：《共产国际大事记（1919—1943）》，黑龙江人民出版社1989年版。

［13］李新总编，韩信夫、姜克夫主编：《中华民国大事记》（第1、2册），中国文史出版社1997年版。

［14］张国焘：《我的回忆》，现代史料编刊社1981年版。

［15］李宗仁口述，唐德刚撰写：《李宗仁回忆录》，华东师范大学出版社1995年版。

［16］政协广西壮族自治区委员会文史资料研究委员会编：《李宗仁回忆录》，广西人民出版社1980年版。

［17］沈亦云：《亦云回忆》（上、下），传记文学出版社1971年版。

［18］陈公博：《苦笑录》，东方出版社2004年版。

［19］吴玉章：《吴玉章回忆录》，中国青年出版社1978年版。

［20］朱其华：《一九二七年底回忆》，新新出版社1933年版。

［21］包惠僧：《包惠僧回忆录》，人民出版社 1983 年版。

［22］中国第二历史档案馆编：《蒋介石年谱初稿》，中国档案出版社 1992 年版。

［23］蒋永敬编：《民国胡展堂先生汉民年谱》，台湾商务印书馆 1981 年版。

［24］《毛泽东年谱》（一八九三——一九四九）（上卷），人民出版社 1993 年版。

［25］《事略稿本》，台北"国史馆"藏"蒋中正总统档案·文物图书"。

［26］邵元冲：《邵元冲日记》，上海人民出版社 1999 年版。

［27］中国第二历史档案馆编：《冯玉祥日记》（第 1、2 册），江苏古籍出版社 1992 年版。

［28］董显光：《蒋总统传》，中华文化出版事业委员会 1952 年版。

［29］张宪文等：《蒋介石全传》（上），河南人民出版社 1996 年版。

［30］章伯锋、顾亚主编：《近代稗海》（第 14 辑），四川人民出版社 1988 年版。

［31］辽宁档案馆编：《奉系军阀密电》（第 3 册），中华书局 1987 年版。

［32］上海市档案馆编：《一九二七年的上海商业联合会》，上海人民出版社 1983 年版。

［33］《汉口民国日报》1926—1927 年。

［34］《广州民国日报》1924—1927 年。

［35］《向导》第 1—200 期。

（三）著作

1. 译著

［1］［英］兰姆孙：《国民革命外记》，石农译，上海北新书局 1929 年发行。

［2］［美］达林：《俄国侵略远东史》，周肇译，台北中正书局 1953 年版。

［3］［美］埃德加·斯诺：《西行漫记》，董乐山译，生活·读书·新知三联书店 1979 年版。

［4］［苏］维戈茨基主编：《外交史》（第 3 卷下集），大连外语学院

俄语系翻译小组译，生活·读书·新知三联书店 1979 年版。

[5]［苏］贾比才：《中国革命与苏联顾问（1920—1935）》，张静译，中国社会科学出版社 1981 年版。

[6]［美］罗伯特·诺斯等编著：《罗易赴华使命——1927 年的国共分裂》，王淇等译，中国人民大学出版社 1981 年版。

[7]［西班牙］费尔南多·克劳丁：《共产国际、斯大林与中国革命》，廖东、王宁编译，求实出版社 1982 年版。

[8]［英］怀德：《中国外交关系史略》，王㲚孙译，商务印书馆 1982 年版。

[9]［苏］费·维·亚历山大罗夫：《列宁和共产国际——共产国际运动理论和策略制定史》，郑异凡等译，求实出版社 1984 年版。

[10]［德］郭恒钰：《共产国际与中国革命：1924—1927 中国共产党与国民党统一战线》，李逵六译，生活·读书·新知三联书店 1985 年版。

[11]［奥地利］尤利乌斯·布劳恩塔尔：《国际史》（第 2 卷），杨寿国等译，上海译文出版社 1986 年版。

[12]［苏］季诺维也夫：《论共产国际》，中共中央编译局国际共运史研究所编译，人民出版社 1988 年版。

[13]［美］丹尼斯·雅各布斯：《鲍罗廷——斯大林派到中国的人》，殷罡译，世界知识出版社 1989 年版。

[14]［美］费正清主编：《剑桥中华民国史（1912—1949 年）》（上卷），杨品泉等译，中国社会科学出版社 1994 年版。

[15]［德］郭恒钰：《俄共中国革命密档（1926）》，东大图书公司 1997 年版。

[16]［美］费正清、费维恺编：《剑桥中华民国史（1912—1949）》（下卷），杨品泉等译，中国社会科学出版社 1998 年版。

[17]［俄］尤·米·加列诺维奇：《两大领袖：斯大林与毛泽东》，部彦秀等译，四川人民出版社 1999 年版。

[18]［德］迪特·海茵茨希：《中苏走向联盟的艰难历程》，张文武等译，新华出版社 2001 年版。

[19]［俄］罗伊·梅德韦杰夫：《让历史来审判——论斯大林和斯大林主义》（上册），何宏江等译，东方出版社 2005 年版。

[20]［英］方德万：《中国的民族主义和战争（1921—1945）》，胡

允桓译，生活·读书·新知三联书店 2007 年版。

2. 中文著作

[1] 王清彬等编辑，陶孟和校订：《中国劳动年鉴》（第 1 次），北平社会调查部 1928 年版。

[2] 刘立凯、王真：《一九一九至一九二七年中国工人运动》，工人出版社 1953 年版。

[3] 李汉云：《从容共到清共》，中国学术著作奖助委员会 1966 年版。

[4] 彭述之：《评张国焘的〈我的回忆〉——中国第二次革命失败的前因后果和教训》，前卫出版社 1972 年版。

[5] 蒋永敬：《鲍罗廷与武汉政权》，传记文学出版社 1972 年版。

[6] 蒋介石：《苏俄在中国》，"中央"文物供应社 1978 年版。

[7] 向青：《共产国际和中国革命关系的历史概述》，广东人民出版社 1983 年版。

[8] 杨云若：《共产国际与中国革命关系纪事（1919—1943）》，中国社会科学出版社 1983 年版。

[9] 陈再凡：《共产国际与中国革命》，华中师范大学出版社 1987 年版。

[10] 杨云若、杨奎松：《共产国际与中国革命》，上海人民出版社 1988 年版。

[11] 王廷科：《共产国际与中国革命研究述评》，四川省社会科学院出版社 1988 年版。

[12] 黄修荣：《共产国际与中国革命关系史》（上下册），中共中央党校出版社 1989 年版。

[13] 翟作君主编：《共产国际与中国革命关系史研究荟萃》，复旦大学出版社 1990 年版。

[14] 杜文焕、刘喜德：《共产国际和中国革命关系研究》，江苏人民出版社 1991 年版。

[15] 王廷科：《共产国际、斯大林与中国革命》，成都人民出版社 1992 年版。

[16] 杨奎松：《中间地带的革命——中国革命的策略在国际背景下的演变》，中共中央党校出版社 1992 年版。

[17] 丁言模：《鲍罗廷与中国大革命》，宁夏人民出版社 1993 年版。

[18] 向青、石志夫、刘喜德主编：《苏联与中国革命》，中央编译出版社 1994 年版。

[19] 郭德宏主编：《共产国际、苏联与中国革命关系研究述评》，中共党史出版社 1996 年版。

[20] 沙健孙主编：《中国共产党通史》（第一、二卷），湖南教育出版社 1996 年版、1997 年版。

[21] 杨奎松：《中共与莫斯科的关系（1920—1960）》，东大图书公司 1997 年版。

[22] 杨奎松：《毛泽东与莫斯科的恩恩怨怨》，江西人民出版社 1999 年版。

[23] 张注洪、王晓波：《国外中国近现代史研究述评》，中国文史出版社 1999 年版。

[24] 罗重一：《共产国际与武汉国民政府关系史稿》，湖北人民出版社 2000 年版。

[25] 唐宝林：《陈独秀与共产国际》，新苗出版社 2000 年版。

[26] 曹军：《中国共产党与共产国际关系史研究》，陕西人民出版社 2001 年版。

[27] 李新、陈铁健主编：《中国新民主主义革命通史》，上海人民出版社 2001 年版。

[28] 姚金果、苏杭、杨云若：《共产国际、联共（布）与中国大革命》，福建人民出版社 2002 年版。

[29] 杨天石：《蒋氏密档与蒋档真相》，社会科学文献出版社 2002 年版。

[30] 铁岩主编：《绝密档案：第一次国共合作内幕》，福建人民出版社 2002 年版。

[31] 陶文钊：《中美关系史（1911—1949）》（上卷），上海人民出版社 2004 年版。

[32] 张秋实：《瞿秋白和共产国际》，中共党史出版社 2004 年版。

[33] 沈予：《日本大陆政策史（1868—1945）》，社会科学文献出版社 2005 年版。

[34] 姚金果、苏杭：《读解中国大革命》，福建人民出版社 2006 年版。

[35] 姚金果：《陈独秀与莫斯科的恩恩怨怨》，福建人民出版社 2006 年版。

[36] 陈清泉：《在中共高层 50 年——陆定一传奇人生》，人民出版社 2006 年版。

[37] 沈志华主编：《中苏关系史纲（1917—1991）》，新华出版社 2007 年版。

[38] 杨奎松：《国民党的联共与分共》，社会科学文献出版社 2007 年版。

（四）论文集

[1] 向青编：《共产国际与中国革命关系论文集》，上海人民出版社 1985 年版。

[2] 中华文化复兴运动委员会主编：《中国近代史论集》，台湾商务印书馆 1986 年版。

[3] 中共上海市委党史资料征集委员会编：《上海工人三次武装起义研究》，知识出版社 1987 年版。

[4] 《中国共产党党史研究论文集》，成都科技大学出版社 1987 年版。

[5] 曾宪林、曾成贵、徐凯希：《中国大革命史论》，中共党史出版社 1991 年版。

[6] 黄修荣主编：《苏联、共产国际与中国革命的关系新探》，中共党史出版社 1995 年版。

[7] 中共中央党史研究室第一研究部编：《俄共秘档与中国革命史研究》，黑龙江教育出版社 1998 年版。

[8] 黄修荣主编：《共产国际、联共（布）秘档与中国革命史新论》，中共党史出版社 2004 年版。

[9] 景河主编：《中俄关系的历史与现实》，河南大学出版社 2004 年版。

（五）档案资料

[1] 《蒋介石日记》（手稿本），美国斯坦福大学胡佛研究所藏。

[2] 《国民党中央政治会议记录》，台北国民党文化传播委员会党史馆藏。

[3] 《汉口档》，《五部档》台北国民党文化传播委员会党史馆藏。

二 英文资料

（一）英文文献及著作

［1］ Andrews, Carol Corder, *The policy of the Chinese Communist Party towards the peasant movement*, 1921—1927: the impact of national on social revolution, Columbia University, Ph.D.dissertation, 1978.

［2］ Anvill, Elis., *Chiang Kai-Shek: Revolutionsmannen-Statsmannen-Manniskan*, Uppsala: J.A. Lindblad, 1946.

［3］ Akira Iriye, *Across the Pacific: An Inner History of America-East Asian Relations*.New York, Harcout, Brace & World, 1967.

［4］ Bernard D.Cole, *Gunboats and Marines: The United States Navy in China*, 1925—1928, Newark: University of Delaware Press, 1983.

［5］ Brandt, Conrad, Schwartz, Benjamin and Fairbank, John K.*A Documentary history of Chinese communism*. Cambridge, Mass.: Harvard University Press, 1952.

［6］ Brandt, Conrad, *Stalin's failure in China*, 1924—1927. Cambridge, Mass.: Harvard University Press, 1958.

［7］ Chaurasia, Radhey Shyam, *History of Modern China*, Atlanti Publishers & Distributors, 2004.

［8］ Chesenaux, Jean, *The Chinese labor movement*, 1919—1927.Trans. from the French by H.M.Wright. Stanford: Stanford University Press, 1968.

［9］ Chevrier, Yves; Stryker, David: *Mao and the Chinese Revolution*, Interlink Books, 2004.

［10］ Chuikov, V. I., Barrett, David P., *Mission to China: Memoirs of a Military Adviser to Chiang Kai-shek*, EastBridge, 1Vol. 2003.

［11］ Dorothy Borg, *American Policy and the Chinese Revolution*, 1925—1928, New York: American Institute of Pacific Relations, distributed by the Macmillan Co., 1947.

［12］ Elleman, Bruce A., *Diplomacy and deception: the secret history of Sino-Soviet diplomatic relations*, 1917—1927, Armonk, N. Y.: M. E. Sharpe, 1997.

［13］ Elis, L. Ethan, *Republican Foreign Policy*, 1921—1933, Rutgers

University Press, 1968.

［14］ Evans, John L., *The Communist International*, 1919-1943, Brooklyn, N.Y.: Pageant-Poseidon, 1973.

［15］ G. E. Hubbard, *British Far Eastern Policy*, New York: Institute of Pacific Relations, 1943.

［16］ Gruber. Helmut, *Soviet Russia masters the Comintern*. Garden City, N.Y.: Anchor Press/Doubleday, 1974.

［17］ Hobart, Alice Tisdale, *Within the walls of Nanking*, London: Jonathan Cape, 1928.

［18］ Isaacs, Harold R, *The Tragedy of the Chinese Revolution*, Stanford: Stanford University Press, 1938.

［19］ Jacobs, Dan. *Borodin, Stalin's man in China*. Cambridge, Mass.: Harvard University Press, 1981.

［20］ John K. Fairbank (ed), *The Cambridge History of China*, Vol.12, Republican China, 1912—1949. New York: Cambridge University Press, 1983.

［21］ Jonathan. D. Spence, *To Chang China: Western Advisers in China*, 1620-1960. Boston: Little, Brown and company, 1969.

［22］ Jordan, Donald A, *The Northern Expedition: China's national revolution of* 1926—1928. Honolulu: University Press of Hawaii, 1976.

［23］ Kuo, Thomas C, *Ch'en Tu-hsiu (1879—1942) and the Chinese communist movement*. South Orange, N.J.: Seton Hall University Press, 1975.

［24］ Laas, Andrew F., *Confidential British Foreign Office Political Correspondence. Series 2, 1920—1931 China*, Bethesda, MD: University Publications of America, 2001.

［25］ Lawrance, Alan, *China since 1919 Revolution and Reform : A Source Book*, Routledge, 2004.

［26］ Lazzerini, Edward J., *The Chinese Revolution*, Westport, Conn.: Greenwood Press, 1999.

［27］ Leutner, Mechthild; Felber; Roland, *The Chinese revolution in the 1920s : between triumph and disaster*, London ; New York: Routledge Curzon, 2002.

［28］ Liu, Xiaoyuan rontier Passages, *Ethnopolitics and the Rise of*

Chinese Communism, 1921—1945, Woodrow Wilson Center Press; Stanford University Press, 2004.

［29］M.N.Roy, *My Experience in China*, Bobay, 1938.

［30］Pantsov, Alexander, *The Bolsheviks and the Chinese revolution*, 1919-1927, Richmond, Surrey: Curzon Press, 2000.

［31］Paul A. Varg, *Missionaries, Chinese and Diplomats*, New Jersey, Princeton University Press, 1958.

［32］Pollard, *China's Foreign Revolution*, 1917—1931, New York, 1933.

［33］Robert C. North and Xenia J. Eudin, *M.N. Roy's Mission to China*, University California Press, 1963.

［34］Schoppa, R. Keith, *Twentieth Century China: A History in Documents*, Oxford University Press, 2004.

［35］Schurmann, F.and Schell O., *The China reader.Vol.2.Republian China: nationalism, War, and the rise of communist 1911—1949*. New York: Random house, 1967.

［36］Schwartz, Benjanin, *Chinese communism and the rise of Mao*. Cambridge, Mass.: Harvard University Press, 1968.

［37］Sheridan, James E, *China in disintegration: the republican era in Chinese history*. New York: Free Press, 1975.

［38］Shieh, Milton J.T., *The Kuomintang: selected historical documents*, 1894—1969.Jamaica, N.J.: St. John's University Press, 1970.

［39］Thomas Buckley, "*J.V.A. MacMuray: the Diplomacy of An American Mandarin*," Richard Burns, et al., ed., *Diplomats in Crisis U. S. - Chinese-Japanese Relations*, 1919—1941, Santa Barbara, 1974.

［40］Trotsky Leon, *Problems of the Chinese Revolution*, New York: Paragon Book Gallery, 1962.

［41］Trotsky Leon, *Leon Trotsky on China: introduction by Peng Shu-tse*, eds. Les Evans and Russell Block. New York: Monad Press, 1976.

［42］U. S. State Department, ed., *Papers Relating to the Foreign Relation of the United States (hereafter as FRUS)*, 1926, Washington: U.S. Government Printing House.

［43］U. S. State Department, ed., *Papers Relating to the Foreign Relation of the United States* (hereafter as *FRUS*), 1927, Washington: U.S. Government Printing House.

[44] Van De Ven, Hans J., *From friend to comrade: the founding of the Chinese Communist Party*, 1920—1927, Berkeley: University of California Press, 1991.

[45] Van De Ven, Hans J., *The founding of the Chinese Communist Party and the search for a new political order*, 1920—1927, Harvard University, 1987.

[46] Vincent Sheean, *Personal History*, New York: The Modern Library Inc.1940.

[47] Voskressenski, AlexeiD., *Russia and China: A Theory of Inter 2State Rela*, Curzon, 2003.

[48] Wang, Ban, *Illuminations from the Past: Trauma, Memory, and History in Modern China*, Stanford University Press, 2004.

[49] Wilbur, C.Martin and How, Julie Lien-ying, eds, *Documents on communism, nationalism, and Soviet advisers in China*, 1918—1927: papers seized in the 1927 Peking raid. New York: Columbia University Press, 1956.

[50] Wilbur, C.Martin and Julie Lien-ying How, *Missionaries of Revolution: Soviet Advisers and Nationalist China 1920—1927*, Document 69.Harvard University Press, 1989.

[51] *Problems of Our Policy with respect to China and Japan, Leon Trotsky on China*, Monad Press, New York, 1976.

(二) 英文论文

[1] Arif, Dirlk, *The Revolution that Never Was Anarchism in the Guomindang*, Modern China, Vol.15, No.4, Oct., 1989.

[2] Arif, Dirlk, *Mass Movements and the Left Guomindang*, Modern China, Vol.1, No.1, Jan., 1975.

[3] Brucea. Elleman, *Soviet Diplomacy and the First United Front in China*. Modern China, Vol.21, No.4, Oct., 1995.

[4] David Z.T.Yui, *China and the Pacific Relation During* 1925—1927. News Bulletin (Institute of Pacific Relations), (Aug., 1927)

[5] Edmund S.K. Fung, *State Building, Capitalist Development, and So-*

cial Justice: *Social Democracy in China's Modern Transformation*, 1921—1949. Modern China, Vol.31, No.3, Jul., 2005.

[6] Hsiao Tso-Liang, *Chinese Communism and the Canton Soviet of* 1927. The China Quarterly, No.30 (Aar.-Jun., 1967).

[7] Hsiao Tso-Liang, *The Dispute over a Wuhan Insurrection in* 1927. The China Quarterly, No.33 (Jan.-Mar., 1968).

[8] Jan J.Solecki; C.Martin Wilbur, *Blucher's "Grand Plan" of* 1926. The China Quarterly, No.35 (Jul.-Sep., 1968).

[9] Liu Chang, *Making Revolution in Jiangnan Communist and the Yangzi Delta Countryside*, 1927—1945. Modern China, Vol.29, No.1, Jan., 2003.

[10] John P. Haithcox, *Nationalism And Communism in India*: *The Impact of the* 1927 *Comintern Failure in China*. The Journal of Asian Studies, Vol.24, No.3, May, 1965.

[11] Marilyna. Levine, *Chen San-ching. Communist-Leftist Control of the European Branch of the Guomindang*, 1923—1927. Modern China, Vol.22, No.1, Jan., 1996.

[12] Maurice T. Price, *Communist Policy and the Chinese National Revolution*, Annals of the American Academy of Political and Social Science, Vol. 152, China (Nov., 1930).

[13] Ning J. Cheng, *Tension Within the Church*: *British Missionaries in Wuhan*, 1913-28. Modern Asian Studies, Vol.33, No.2, 1999.

[14] Sheng, Michael, *The Triumph of Internationalism*: *CCP-Moscow Relations before* 1949. Diplomatic History, Vol.21 (1997) No.1.

[15] Wifed J. Hinton, *Present Economic and Political Position of Great Britain in China*. Annals of the American Academy of Political and Social Science, Vol.152, China (Nov., 1930).

[16] Wu Tien-wei, *A Review of the Wuhan Debacle*: *The Kuomintang-Communist Split of* 1927. The Journal of Asian Studies, Vol. 29, No. 1, Oct., 1969.

[17] Xu GuangQiu: *American-British Aircraft Competition in Soth China*, 1926-1936.Modern Asian Studies Volume 35.Issue 01.Feb.2001.

后　记

2004年我有幸考入华中师范大学政法学院中共党史专业，师从田子渝教授和李良明教授攻读博士学位。后来选择共产国际与武汉国民政府的关系作为博士论文的选题，得到了两位导师的支持，因为我工作的学校（中南财经政法大学）有很好的武汉国民政府史研究基础，使我对这段历史的研究多了些不可选择的天然条件。两位恩师是从事大革命史研究的知名专家，在他们的悉心指导下，2008年通过了博士学位论文答辩。

从2008年到现在，正好是十年。十年间斗转星移，论文曾一度束之高阁。后来在两位导师的帮助下，重新收集了一些档案资料，对相关内容进行了补充和完善，最终以现在面目呈现给大家。

感谢中南财经政法大学学术专著出版资助基金及湖北省人文社科重点研究基地社会主义核心价值观研究中心的资助。

感谢田子渝教授、李良明教授两位恩师的鼓励鞭策。感谢台北中国国民党党史馆高纯淑，台北台湾大学图书馆蔡碧芳，中国社会科学院近代史研究所档案馆茹静，她们在资料收集等方面给予了帮助和指导。感谢中国社会科学出版社的田文编审及各位编辑老师，他们为本书的出版付出了大量的心血。感谢中南财经政法大学马克思主义学院的朱书刚教授主审了书稿，感谢龚先庆院长对本书给予了极大的关注和支持。

由于本人学识浅陋，文中不当之处在所难免，敬请各位专家学者批评指正！

黄家猛

2018年8月于汉口寓所